高等院校财会专业系列教材

管理会计学

主 编 苏文兵 张 帆

南京大学出版社

图书在版编目(CIP)数据

管理会计学 / 苏文兵,张帆主编. -- 南京：南京
大学出版社,2020.9
ISBN 978-7-305-23312-8

Ⅰ. ①管… Ⅱ. ①苏… ②张… Ⅲ. ①管理会计-高
等学校-教材 Ⅳ. ①F234.3

中国版本图书馆 CIP 数据核字(2020)第 104441 号

出版发行 南京大学出版社
社　　址 南京市汉口路 22 号　　　邮　编　210093
出 版 人 金鑫荣

书　　名 **管理会计学**
主　　编 苏文兵　张　帆
责任编辑 徐　媛　　　　　编辑热线　025 - 83685720

照　　排 南京南琳图文制作有限公司
印　　刷 江苏凤凰扬州鑫华印刷有限公司
开　　本 787×1092　1/16　印张 23.25　字数 610 千
版　　次 2020 年 9 月第 1 版　2020 年 9 月第 1 次印刷
ISBN 978-7-305-23312-8
定　　价 56.00 元

网址：http://www.njupco.com
官方微博：http://weibo.com/njupco
官方微信号：njupress
销售咨询热线：(025) 83594756

前　言

　　管理会计是为适应企业内部管理的需要而产生的,是将会计与管理融为一体的一门新兴的综合性交叉学科。它既是实现企业管理现代化、提高经济效益的手段,又是企业现代化管理的一项重要内容。作为会计学科的一个新兴领域,从20世纪初以来,管理会计得到了迅速的发展,内容不断丰富,在理论研究与管理实践上都取得了丰硕成果。学习、借鉴和吸收西方发达国家在市场经济基础上形成和发展起来的管理会计理论与方法,并与我国的社会经济环境和企业管理实践相结合,对改进我国企业的经营管理,发展我国的市场经济,提高经济效益和社会效益,具有重要的现实意义。

　　本书以"立足中国,放眼世界,继承、发展和创新"为指导思想,在系统阐述基础性管理会计、决策性管理会计和执行管理会计基本原理、技术和方法的基础上,尽可能反映当今管理会计的最新研究成果。全书分为三个部分。

　　第一部分"基础篇",它是为执行性管理会计和决策性管理会计提供基础信息服务的,主要包括成本性态分析、变动成本计算、本量利分析等内容。

　　第二部分"决策篇",它是为筹划未来服务的,主要包括预测分析、生产决策、定价决策、存货决策、项目投资决策等内容。

　　第三部分"控制篇",它是为分析过去和控制现在服务的,主要包括企业预算、成本控制、责任会计和业绩评价等内容。

　　本书的特点可以概括为三点:一是在内容上力求减少复杂的数学推导,注重内容的实用性,以满足不同知识背景学员的学习需要;二是增加案例研究,以提高读者适应环境和条件改变,灵活运用书中所述原理和方法的能力;三是力争反映当前国内外管理会计的研究成果及其发展趋势,在注重所述内容实用性的同时,又致力于理论探索的前瞻性,力争使读者扩大视野、开拓思路。

　　本书由南京大学会计学系苏文兵教授、南京财经大学会计学院张帆副教授担任主编。苏文兵教授负责总体框架的设计、编写大纲的拟定、全书的总纂,张帆副教授负责各章初稿的修订和定稿。参加编写人员的具体分工是:第一章由苏文兵执笔,第二章由周媛、苏文兵执笔,第三章由罗慧、苏文兵执笔,第四章由张帆、周爱琳执笔,第五章由张帆、张国法执笔,第六、第七章由苏文兵、张帆执笔,第八章由苏文兵、丁爱琴执笔,第九章由苏文兵、陈波执笔,第十章由苏文兵、周海鹰执笔,第十一章由卓毅、苏文兵执笔,第十二章由苏文兵、张海珏执笔,第十三章由苏文兵、汪艳、张帆执笔。

　　在本书写作过程中,我们参阅和借鉴了大量国内外有关文献和最新研究成果,因篇幅所限难以一一致谢,只能一并感谢。

　　尽管在编写中我们已尽了很大努力,但因水平有限,书中不妥和疏漏在所难免,敬请读者批评指正。

作　者
2020 年 8 月

目　录

■　第三篇　控制篇　■

第一篇 基础篇

第一章 管理会计总论

管理会计是从传统会计中分离出来的一个新的分支。它将管理与会计有机地融合到一起,侧重于研究企业内部现在和未来经济活动的规划和控制,从而拓宽了会计的作用领域,扩大了会计的管理职能,增强了会计的参谋功能,在企业的管理实践中发挥着越来越大的作用,成为现代企业管理中不可缺少的一个组成部分。

本章着重阐明:管理会计是怎样形成和发展起来的? 管理会计在发展过程中存在哪些问题? 管理会计的定义如何? 与财务会计相比较,管理会计具有哪些特点? 管理会计包括哪些基本内容? 管理会计的主要职能是什么? 在企业管理中起什么作用? 管理会计职业的现状和前景怎样?

通过本章的学习,读者将对管理会计有个总体的印象,为以后各章的学习奠定基础。

引导案例

超越数字的管理会计

听到管理会计这个名词和管理会计师这个称谓的时候,你会想到什么? 一门会计学科? 一些从事咨询、评估、税务筹划的注册会计师们? 还是在企业中编制预算、处理报表的那些人? 对外行人来说,会计就是一门玩转数字的学科,会计师就好像"数字人"。实质上,管理会计紧紧围绕组织的经营活动而展开,既有传统的提供财务和非财务信息、辅助决策功能,更是一种直接参与过程管理的控制体系,终极目标在于落实组织战略、创造组织价值。对于管理会计师而言,若想取得职业生涯的成功,必须形成自己稳定的价值观,注重培养以下几种能力。

(1) 知识技能和在跨职能团队中与人合作的能力。管理会计师首先需要具备会计、财务、管理等多方面的知识和技能;同时,管理会计师只有专业技术是不够的,他们必须具有与组织成员协同的能力,能与工作伙伴清晰、公开、坦诚地沟通,了解业务流程和经营问题,在信任基础上尊重成员观点。

(2) 主动而敏锐的基于事实进行分析和判断的能力。管理会计师要能够在熟知业务、基本功扎实的基础上,敏锐地捕捉到问题,主动提出一些棘手的问题让管理人员思考,特别是在编制预算的时候。在安然(一个曾一度繁荣却最终倒闭了的公司)案例中,管理会计师应该对公司复杂的经营模式是否能够盈利提出质疑。

(3)领导和激励人们进行改变与创新的能力。管理会计的终极目标在于通过改善组织经营来创造组织价值。当瑞典的加热元件制造商采用它的成本创新系统时,主记长和管理会计师团队信任并充分理解这一改变,并且对所有的管理人员进行了新方法的培训教育,最终取得了很好的效果。

(4)正直、保密、客观,并坚持做正确的事。管理会计师不能屈从于管理人员压力或掺杂个人主观意愿操纵财务信息。他们必须牢记职业操守和自己对组织和股东的承诺,公允、客观地告知有关信息,充分披露那些可以合理地预计到影响用户理解的所呈送的报告和意见。由于会计人员缺少了坚持的勇气而在高级经理施压下隐瞒重要的财务信息的例子屡见不鲜,而这往往会导致公司最终破产,一些会计人员也因为他们的行为被判刑。

第一节　管理会计史:形成与发展

一、管理会计在西方的形成

管理会计是"管理"与"会计"融合在一起的交叉学科。它既是会计的一个分支,又是企业管理的一个分支。它不是在某一天形成的,是随着经济与管理的不断发展而逐渐从传统会计中派生出来的,其产生与发展大致可分为四个阶段。

(一)从 18 世纪中叶至 19 世纪中叶

这个阶段的经济背景是西方国家完成了工业革命,机械化大生产取代了工场手工业,市场表现为卖方市场,商品大多供不应求。企业的组织形式主要是独资和合伙,规模较小,经营活动并不复杂,企业的所有权与经营权高度统一,"老板就是经理,经理就是老板"。

这一阶段的管理特点是,资本家主要凭个人经验和判断管理企业,工人靠自己的经验和直觉从事工作。管理的目标就是维护和扩大资本家的利润。由于此时企业内外的经济关系较为简单,因而这一时期的企业会计以对内管理为目的,为了业主自身的需要而进行记账和算账。这时,会计的主要任务是计算盈亏和保护资本家的财产。记账是为了保护资本家的财产,算账是为了计算盈亏。企业会计着重于资产、负债的计算,并把资产负债表视为最重要的会计报表。会计学科的主要研究对象是记账方法和账簿设置。从服务对象上看,这一时期的会计具有现在意义上的管理会计的实质。

(二)从 19 世纪中叶到第一次世界大战

这个阶段的经济背景是企业的生产规模随着市场的开拓而迅速扩大,资本高度集中,股份公司不断涌现,市场竞争日益激烈,内部管理日趋复杂。资本的集中化和股份化,使企业的经营管理权逐渐落入一批受过严格训练、学有专长、知识丰富的经理人员之手,管理成为一种专门职业。

股份制的结果是使企业的所有权与经营权得到分离。由于企业的所有者不再直接参与企业的管理活动,为维护资本的完整,保障自己的利益,他们便对会计提出了更高的要求,除了计账、算账之外,还应定期向外提供由独立第三方审查过的财务报告,以达到查错防弊之目的。

于是,"公认会计原则"(generally accepted accounting principles:GAAP)的制定和实施便成为当时会计研究的重点,"注册会计师"制度亦随之诞生,企业会计师向公共会计师转化。这时,企业将损益放在首位,着重于企业经营过程的核算,并把损益表看作是最重要的会计报表,"公认会计原则"主要研究如何按照"权责发生制"(Accrual Basis)进行收入与成本的配合,以准确计算"分期损益",主要包括收入实现理论、权责发生理论、折旧理论和跨期收支摊配理论等,具体包括会计期间的确定、资本支出与收益支出的划分、固定资产折旧的计算、资产的计价、收入的确认、跨期费用的预提、待摊与跨期收入的调整,等等。"公认会计原则"的形成和发展,标志着财务会计进入一个新的发展阶段——现代财务会计阶段。

(三) 从第一次世界大战以后至第二次世界大战结束

第一次世界大战以后,美国崛起,在经济实力、科学技术和经营管理等方面完全取代了英国的统治地位,世界会计理论的研究中心由英国转到了美国。为应付 1929—1933 年的经济大危机,泰罗的科学管理理论得到了推广和运用。

泰罗(1856—1915 年)是管理理论中古典学派的代表,被称为"科学管理之父"。他于 1911 年在《会计月刊》上发表了著名的《科学管理原理》(*Principles of Scientific Management*)一文开创了企业管理上的新纪元。科学管理学说的理论核心是研究如何提高劳动生产率,其主要方法是实现标准化。他主张为生产劳动制定各种标准,并要求每个工人使用标准的工具,通过标准的动作,耗用不超过标准的时间和原料,生产出符合质量标准的产品。标准化的思想与传统的成本计算相结合,导致了标准成本制度的出现。在科学管理理论基础上发展起来的标准成本、预算控制和差异分析构成了早期管理会计的主要内容。

虽然标准成本的思想随着科学管理理论的推广而不断深化,但其最终成型是由美国的工程师 G•C•哈里森完成的。他于 1918 年至 1920 年发表了《有助于生产的成本会计》《新工业时代的成本会计》《成本会计的科学基础》三篇文章,提出了标准成本理论的基本轮廓,于 1930 年写成的《标准成本》(*Standard Costs*)一书对这一理论进行了全面系统的论述。起初标准成本还主要应用标准人工方面,后来人们把标准人工成本概念引申到标准材料成本和标准制造费用等方面。最初的标准成本是独立于会计系统以外的一种计算方法,经过 1920—1930 年美国会计学界的长期争论,标准成本终于纳入了会计系统,形成了标准成本会计制度。

预算控制始于 19 世纪末美国小城镇实施的公共预算制度。1922 年,美国人 J•O•麦金西所著的《预算控制》(*Budget Control*)一书是预算控制方面的第一本专著。该书对 20 世纪 20 年代以至以后较长历史时期预算控制的发展产生了巨大影响,流传很广,使预算控制理论在 20 世纪 20 年代得到迅速发展和传播。该书的主要贡献是把过去部分地、非正式地实施的预算控制,发展成为具有科学性、系统性的经营管理工具。在预算控制方面,人们起初主要在成本和费用方面采用预算,后来推广到销售以及资本支出方面,并由最初的单项预算(如销售预算、制造费用预算、管理费用预算、资本支出预算、现金预算等),逐渐发展成为综合考虑销售、生产、采购、资金等各方面的全面预算。

在这一时期产生了成本会计,先后出现了分批成本法、分步成本法和标准成本法。变动成本法、弹性预算、盈亏平衡分析和责任会计等管理会计的一些内容也在这一时期的后期被提出,但是在当时它们还未得到足够的重视和普遍的运用。

早期的管理会计还只是执行性管理会计,它以泰罗的科学管理学说为基础,内容以标准成本和预算管理为两大支柱,核心是研究如何提高生产效率和工作效率,这是管理会计的初级阶段。其基本特点是：在企业的计划、决策等重大问题已经确定的前提下，研究如何促进企业在一定的生产条件下用较少的原料和较少的工时生产出较多的产品，也就是研究如何提高设备利用率、材料利用率和劳动生产率，从而将企业生产经营中一切可以避免的损失和浪费尽可能缩减到最低限度，以降低生产成本。为实现这个目标，要求在管理上要有"最完善的计算和监督制度"，相应地，在会计上也就是要科学地制定"标准成本"，严格地进行"预算控制"和"差异分析"。

在早期的管理会计阶段，决策在企业中还没有被提到突出位置，管理会计还未发展成为现代意义上会计和管理相结合的一个分支，对管理会计是否应作为一个独立的会计分支，其时人们的认识还不一致，管理会计人员专门职业当时也未得到社会的普遍承认。

（四）第二次世界大战结束以来

第二次世界大战结束以后，资本主义经济发展迅速，一方面表现为科学技术突飞猛进，企业生产力迅速提高，商品供过于求，买方市场形成，市场竞争日趋激烈；另一方面，社会资本进一步集中，企业规模越来越大，跨国公司大量涌现，公司经营日益多角化，生产经营日趋复杂，需要处理的信息也越来越广泛。这一时期，为适应新形势下企业管理现代化的需要，满足经营者计划和控制经营过程的要求，会计科学的重心转向如何收集、处理和阐明会计信息。在实践中，会计增加了预测和决策分析等方面的新内容，丰富了责任会计和会计控制等内容，本量利分析、成本效益分析在会计实践中得到运用。这些内容，加上20世纪20年代末引进的标准成本制度、预算控制论和差异分析等内容，便逐渐形成会计方面的一个独立分支——管理会计。

由于管理会计的这些内容与企业的生产经营结合得更加密切，有利于指导企业经营者进行决策和经营，因而第二次世界大战后，管理会计在西方的大中型企业中很快得到了广泛运用，管理会计作为独立的会计分支开始得到会计界较为普遍的承认，并在1952年的国际会计师联合会（IFAC）上正式通过了"管理会计"（management accounting）这个专门术语，从而标志着现代管理会计正式形成。

当然"管理会计"这一名称，并不是直到20世纪50年代才被提出的。早在1922年美国人H·W·奎因坦斯就在其新著《管理会计：财务管理入门》（*Managerial Accounting: An Introduction to Financial Management*）中明确提出了管理会计一词，后来，麦金西在其著作《预算控制》一书中对管理会计也有较详细的论述。

在管理会计于20世纪50年代正式形成后，传统会计便分裂为既相互独立又相互依存的两大部分——财务会计和管理会计。管理会计分离出来以后，传统会计中剩下的从凭证到财务报表的部分，就被称为"财务会计"（financial accounting）。

在与财务会计分离后，由于管理会计不断吸收科学管理学派、行为科学学派、数量管理学派、系统管理学派以及权变管理、代理理论等现代管理科学，特别是系统论、控制论、信息论和决策论等方面的研究成果，同时又引进了现代数学方法、预测技术、网络工具、电脑手段，会计工作的重点由对经济过程的事后反映和分析，逐渐过渡到对经济过程的控制和事前预测及决策，由控制日常经营活动为目的的执行性会计转变为以帮助企业管理当局制订计划、进行决策的决策性会计，从而使管理会计能够更加充分地发挥现代会计的各项管理职能，在改变企业内部经营管理、提高经济效益方面做出了杰出贡献。因而到了20世纪70年代，管理会计跃出美国，风靡全球；管理会计的各种方法和技术，不仅制造业采用，且被推广到各行各业。

进入20世纪80年代后，随着社会需要多样化、企业生产顾客化和市场竞争国际化的不断加深,企业的经营环境、生产方式和管理理念发生了巨大变化,电脑辅助设计、辅助生产、弹性制造系统等高科技技术在生产中得到了广泛应用,适时制(JIT)、全面质量管理(TQC)等新观念、新理论、新方法相继形成,这对原有的管理会计技术方法产生了冲击,于是作业成本计算与作业管理、质量成本计算与管理、人力资源成本管理、环境成本管理等新的领域开始受得到人们的重视,并被纳入管理会计的研究范畴。

总的来看,与早期的管理会计相比较,现代管理会计的工作重点由管理的控制职能向管理的决策职能转变,工作性质由执行性管理会计转变为决策性管理会计,基本内容由以标准成本和预算控制为主要支柱转变为以决策分析为主要支柱,研究对象由主要研究提高企业的生产效率和经济效果转变为主要研究提高企业的经济效益,根本目的由成本的最低化向利润的最大化转变。

二、管理会计在我国的发展

管理会计这一概念引入我国始于 20 世纪 70 年代末、80 年代初,但管理会计的有关内容在 20 世纪 50 年代和 60 年代在我国就已出现。如 20 世纪 50 年代推行的成本事前控制和事后分析制度、班组核算制度、重点工程可行性研究制度,20 世纪 60 年代实行的国有企业资金归口分级管理制度、生产技术财务计划和厂内经济核算制度等等,这些都具有中国特色。这些做法虽然支离破碎,没有形成体系,但它毕竟突破了传统财务会计只是记账、算账和报账的老框框,形成了具有中国特色的管理会计基础。

进入 20 世纪 70 年代后期,我国的工作重点转移到以经济建设为中心上来,实行对内搞活、对外开放,企业的经营自主权逐步扩大,企业管理由生产型逐步向生产经营型转变。与此同时,企业会计也面临着如何由核算型会计向管理型会计转变的任务,措施之一便是大力引进并推广在西方风靡一时的管理会计。于是,学习、宣传和应用管理会计的热潮于 20 世纪 80 年代在我国会计界形成,全国高校纷纷开设管理会计课程,有关单位积极举办各种形式的管理会计培训班,从而为我国建立和推行管理会计培养了人才;同时还翻译和出版了众多有关管理会计的著作,发表了无数管理会计方面的论文,许多企业纷纷引入西方管理会计的各种方法和技术为己所用,取得了一定成效。

但在管理会计的发展过程中,也有不尽人意的地方,主要表现在以下几个方面。

1. 体系不完善

管理会计发展至今还只是一些缺乏内在逻辑联系的、零散的技术和方法的总汇,没有形成一套完整的方法体系,因而有人说"管理会计只有方法,没有理论",说它是一个独立的学科有点勉为其难。

2. 理论不成熟

纵观管理会计的发展史可以看出,管理会计的内容一直在随着其他学科的发展而不断变化,它只是一些企业成功经验的总结,至今没有形成一套相对稳定的方法体系和理论体系。所以,有人说,"管理会计只有实务,没有理论"。

3. 特色不明显

管理会计发展至今还没有自己的核心内容,它因与其他学科相互交叉、渗透而界限不清,其很多内容与其他学科(如成本会计、财务管理、管理学)相重复。如果剔除其他学科的内容,管理会计将所剩无几,因而有人说管理会计是多个学科的大杂烩。从会计学的角度看,如何恰当安排管理会计、成本会计和财务管理的内容,值得进一步研究。将成本会计和管理会计中与成本有关的内容合并为成本管理会计,其他内容归并到财务管理中,这是一个可行的选择方案,也是西方近年流行的做法。

特色不明显,在我国还表现在,中国的管理会计教材至今还是照搬照抄西方的那一套,在引进的同时,没有消化、吸收和创新,这一点只要大家翻开任何一本中西方的管理会计教科书就可以得到证明。将我国企业管理实践中的一些成功经验(如邯钢的"成本否决法")及时加以归纳、总结、整理、应用和推广,是我们每一个会计工作者的义务和责任,也是形成具有中国特色管理会计理论和实践的前提。

4. 应用不普遍

据调查,目前管理会计在我国企业的应用还不普遍。其原因不外乎三个:一是管理会计理论本身的问题,这主要表现为在一段时间内管理会计过于追求数学化、公式化和模型化,而与管理实践严重脱节;二是会计人员的问题,由于会计人员的水平和能力不高,致使管理会计的实际应用效果不佳;三是企业领导者的问题,许多企业领导由于知识或认识方面的不足,对管理会计的应用重视不够,导致管理会计形同虚设甚至缺位。

5. 发展不平衡

发展不平衡具体表现在三个方面。一从不同时期看,在我国,管理会计的发展于 20 世纪 80 年代中后期达到高潮,20 世纪 90 年代至今则处于低潮时期。二从不同地区看,沿海企业比内地企业应用管理会计的比重要大一些。三从不同类型企业上看,大型企业比中小企业更重视管理会计的应用。另外,从有关的调查结果看,不同行业之间在应用管理会计方面也存在较大差别。

第二节　管理会计学科:定义、特点和内容

一、管理会计的定义

管理会计是从传统会计中分离出来的一个新的会计分支,是将管理与会计有机结合的一门综合性的交叉学科。那么,管理会计是什么呢? 至今没有一个统一的说法。在西方,有人认为它是决策会计;有人认为它是为企业内部管理提供资料的会计;有人认为它是企业会计信息中区别于财务会计的另一个信息子系统;有人认为它是向企业管理当局提供信息,帮助企业进行经营活动的一个会计分支。

全美会计学会(NAA)下属的管理会计委员会于 1958 年对管理会计下的定义是:"管理会计是指,为了协助经营管理人员拟定能达到合理经营目的的计划,并做出能达到上述目的的明智的决策,在处理本企业历史和计划的经济资料时所运用的被认为是适合的技术和概念"。

英国成本与管理会计师协会(ICMA)则于 1982 年提出了一个新的更广泛的定义,认为:除审计之外,会计的其他各个组成部分(包括财务会计和司库)均属管理会计。认为财务会计也属于管理会计,这是因为财务会计的一切工作都服务于企业管理的需要,财务报表便是管理决策的依据之一。

美国著名管理会计专家罗伯特·卡普兰在其于 1982 年出版的专著《高级管理会计》一书

中认为:"管理会计是一个收集、分类、总结、分析和报告信息的系统,它有助于管理者进行决策和控制。"

在我国,人们对管理会计概念的解释也不尽相同。有人认为它是会计与管理相结合的交叉学科;有人认为它是一门新兴的综合性的边缘学科;有人认为它是西方企业会计的一个分支;有人认为它是一个服务于企业内部经营管理的信息系统;有人认为它是一种为管理部门提供信息服务的工具。

余绪缨教授认为:"管理会计是西方企业为了加强内部经营管理,实现最大利润的目的,灵活运用多种多样的方法方式,收集、储存、加工和阐明当局计划和有效控制经济过程所需要的信息,围绕成本、利润、资本三个中心,分析过去、控制现在、规划未来的一个会计分支。"[①]

李天明教授认为:"管理会计主要是通过一系列专门方法,利用财务会计提供的资料以及其他有关资料进行整理、计算、对比和分析,使企业各级管理人员能据以对日常发生的一切经济活动进行规划与控制,并帮助企业领导作出各种专门决策的一整套信息处理系统。"[②]

由此我们可以大致概括为:管理会计就是以企业内部为主要服务对象,对企业的经营和投资活动进行规划、控制和评价的一个会计分支,它是为企业内部管理提供信息支持的信息系统。

二、管理会计的特点

按照西方会计学的一般解释,管理会计从传统会计中分离出来以后,企业会计中负责组织日常会计核算和对外报告的会计被称为财务会计,着重为内部经营管理人员制订计划和控制日常业务活动以及作出非例行决策服务的会计被称为管理会计。管理会计的特点可以从两者的若干不同点中得到体现。

1. 主要职能上

财务会计的主要职能是反映和监督,而管理会计则主要是规划和控制。

2. 服务对象上

财务会计主要为企业外部服务,向外提供有关财务信息,信息使用者包括投资者、债权人、供货单位、领导机关、财政和税务部门,以及证券交易、管理和咨询等部门,目的是要发挥会计信息的外在社会职能,因而在这个意义上,财务会计又可称为"外部会计";而管理会计则主要为企业内部服务,为经营决策和改善经营管理提供信息支持,信息使用者为企业内部各级各部门的管理人员,以发挥会计信息的内部管理职能,因而管理会计又可称为"内部会计"。

3. 工作重点上

财务会计是反映过去,即根据日常的业务记录,登记账簿,定期编制有关的财务报告,反映过去已经发生的经济活动;而管理会计则是控制现在和面向未来,针对企业经营管理中遇到的特定问题,进行分析研究,以便向企业内部管理人员提供有价值的预测、决策、控制和评价方面的信息资料,重点强调企业各部门的责任和生产经营的发展趋势。

---

① 余绪缨,《管理会计》,辽宁人民出版社,1996年。
② 李天明,《管理会计学》,中央广播电视大学出版社,1984年。

4. 会计主体上

财务会计以整个企业为一个会计主体,所提供的信息主要是整个企业的财务信息,一般不涉及企业内部各单位的详细资料;而管理会计则是以企业内部各责任单位为会计主体,对其日常经营活动的实绩和成果进行规划、控制、评价和考核,当然也从整个企业的全局出发,考虑各项决策与预算之间、各责任单位之间、责任单位与整个企业之间的协调、配合和综合平衡,所以,管理会计所提供的信息既包括企业的整体信息,也包括企业内部各个局部的详细信息。

5. 价值观念上

财务会计的着眼点放在如何真实准确地反映企业生产经营过程中人、财、物在供、产、销各个阶段上的分布、使用及消耗情况上,而不太关心管理过程及其结果对企业内部人员心理和行为的影响;而管理会计不仅重视实施管理行为的结果,而且更加关注管理的过程,重视管理过程及其对企业内部各方面人员心理和行为的影响,以千方百计地调动其工作积极性,充分发挥其主观能动性。

6. 指导原则上

财务会计必须遵守"公认会计原则"、统一会计制度及有关法律法规,会计业务处理程序较为统一、固定,会计人员没有多少选择余地,对外报表统一为资产负债表、损益表和现金流量表三张表,报表的格式统一、定期报告,报告的时间跨度少有弹性;而管理会计则没有公认的原则可供遵循,一般不受公认会计原则的约束,但要遵守成本核算制度,并受行为科学、决策论、控制论等管理理论的较大影响,管理会计的业务处理程序一般不固定,有较大的选择自由,对内报告为各种预算报告、业绩报告和专门分析报告等,报告没有统一格式、期限不限定、时间跨度弹性大。

7. 理论和方法上

财务会计的理论和方法较为成熟、定型,所用的会计方法属于描述性的方法,在一定期间内只采用同一种专门方法,一般只涉及常数,只采用货币计量,只需运用简单的算术方法和原始的计算工具;而管理会计则处在发展之中,不断吸取各学科的研究成果,其理论和方法都尚未定型,所用的会计方法则多为分析性方法,不仅涉及常数,而且涉及变数,采用的方法灵活多样,也兼用其他计量单位(如实物度量、劳动度量、比率度量),大量采用现代数学方法(如线性规划、回归分析、概率统计、微积分等)和计算机技术,另外还利用其他学科(如经济学、统计学、组织行为学、信息论、系统论、控制论、运筹学等)的一些成果。

8. 信息特征上

财务会计按照历史成本原则对外提供财务数据,信息客观、准确,资料全面、系统、连续、综合,因对外公开,因而企业对所提供信息一般负有法律责任;而管理会计则是根据企业内部的管理需要向内提供有选择的、部分的和特定的管理信息,所提供信息不限于历史成本,不要求绝对准确,更强调信息的相关性、灵活性和及时性,因其不对外公开,故不负法律责任。

9. 实施程度上

按照有关规定,每个企业都必须配备适当的财务会计,确认、计量、记录、报告企业的财务信息。但管理会计的配备则视企业管理的实际需要和可能而定,各个企业不尽相同,没有法定约束。

10. 人员要求上

由于管理会计的方法灵活多样,又没有固定的工作程序可以遵循,其体系缺乏统一性和规范性,这就决定了一个管理会计的应用水平、作用大小,在很大程度上取决于会计人员素质的高低,同时,由于管理会计工作涉及的内容复杂,从事管理会计工作需要考虑的因素较多,因此从事这项工作的人员必须具备较宽的知识面和较为深厚的专业造诣,具有较强的分析问题、解决问题的能力和果断的应变能力,所以管理会计工作对人才素质的要求较高,需由复合型的高级会计人才来担任;而相对而言,财务会计工作对人员素质的要求不高,侧重点也不同,需要由操作能力强、工作细致的人员担任。

由上可知,管理会计与财务会计之间存在明显差异。但是管理会计毕竟是从财务会计中派生出来的,它们共同构成现代企业会计的有机组成部分,因此两者之间也有一些相似之处,彼此相互渗透、相互补充。主要表现在以下几个方面。

第一,根本目的上,两者统一服从于企业会计的总体要求,其根本目的是相同的,都是为企业改善经营管理、提高经济效益服务。

第二,研究对象上,两者同属企业的会计系统,都以企业经营过程中的价值运动为研究对象。

第三,会计主体上,两者的会计主体在总体上是一致的,只是因为分工不同而在时间和空间上各有侧重。

第四,服务对象上,两者都既对内服务,又对外服务,只是侧重点有所不同。财务会计侧重于对外服务,但同时也对内服务。例如任何企业的规划和控制都是在分析研究财务会计资料的基础上进行的;同样,管理会计侧重于对内服务,但同时它也对外服务。例如企业对外提供的利润预测、投资计划就属于管理会计的工作范畴。

第五,资料来源上,在企业统一的会计信息系统中,财务会计与管理会计这两大分支是同源而分流的,它们使用的原始资料大多是相同的,管理会计所需要的资料主要来源于财务会计信息系统,它们要么是直接取自财务会计资料,要么是对其加工、改制和延伸的结果,这样,管理会计工作质量的高低就直接受到财务会计的影响和约束;而财务会计的发展和改革,又必须充分考虑管理会计的要求,以扩大信息的处理、交换和兼容能力,避免不必要的重复和浪费。

三、管理会计的内容

自从传统会计中分离出来成为一个独立的学科至今,管理会计得到了迅速的发展,它在企业管理中所发挥的作用也日益显著,并受到会计学界和企业界的普遍重视。管理会计的各种专门方法被广泛使用,关于管理会计的论著也不断发表。但对于管理会计究竟应该包括哪些内容至今却仍无定论,甚至对于什么是管理会计,学者、专家们仍是众说纷纭。造成这种现象的主要原因在于,管理会计的主要目的是为企业内部管理服务,企业的具体情况千差万别,企业管理当局对信息的需求也不尽相同,而且在企业外部并不存在对管理会计的具体工作进行规范的约束力量,因此,企业管理当局总是根据自身的实际需要选用自己认为是适当的方法,获取对其管理有用的信息,从而形成了管理会计在内容和方法上灵活多样的特点。另外,由于与企业管理工作的结合越来越深入,并不断运用其他学科的先进技术和方法,管理会计正处于一个蓬勃发展的阶段,对其理论的研究和应用仍在不断扩展,其内容也在不断丰富之中。

美国会计学会在1958年的年度报告中曾将管理会计的内容概括为七个方面,即标准成本计算、预算控制、本量利分析、差额成本分析、弹性预算、边际分析、责任会计。这一范围现已成为各种管理会计教材的必备内容。

到了 20 世纪 60 年代以后,管理会计有了新的拓展,增加了许多新的内容,诸如成本会计和成本管理方法、存货的计划和控制、通货膨胀会计、重置成本会计、经营分析、成本效益分析、价值分析、内部控制系统,等等。

另外,由于管理科学的不断发展,信息论、系统论、控制论、工业工程学、运筹学等学科研究成果的大量涌现,以及计算机技术的飞速发展和广泛运用,致使管理会计使用的方法更加百花齐放,内容不断推陈出新,人力资源管理、环境管理、战略管理等与会计相关的内容也被纳入了管理会计的研究范畴。所以,发展至今,管理会计究竟应该包括哪些具体内容,采用哪些专门方法,没有定论。

尽管如此,管理会计的基本内容大体上还是一致的,主要包括决策性管理会计和控制性管理会计等内容,具体包括成本性态分析、变动成本法、本量利分析、预算管理、标准成本制度、短期决策分析评价、长期决策分析评价以及责任会计等内容。

决策性管理会计是为筹划未来服务的,其主要任务是利用财务信息和其他有关信息,对未来的利润、收入、成本、销量和资金等专门问题进行科学的预测,进而对生产、存货、价格和投资进行决策。因此,决策性管理会计主要包括生产决策、存货决策、定价决策、投资决策、预算编制等内容。

控制性管理会计是为分析过去和控制现在服务的,其主要任务是制定控制制度;开展价值分析;编制整个企业的全面预算和各个责任单位的责任预算,并按照预算指标对即将发生的经济活动进行预防性的调节和控制;根据责任预算对已经发生的经济业务的实际数与预算数的差异进行对比和分析,编制日常业绩报告,评价和考核各责任单位的工作业绩,并对其中不合常规的关键性差异和重要问题及时反映给有关部门和人员,迅速采取措施加以解决,实现反馈性的调节和控制。因此,控制性管理会计主要包括预算编制、时效控制、责任会计和业绩评价等内容。

然而,从具体内容上看,管理会计发展至今还没有形成自己的核心内容,很多内容与成本会计、财务管理等其他学科重复。例如,“生产决策”在管理学的生产管理部分有所涉及,“定价决策”涵盖在市场营销学之中,“预算”“标准成本制度”“作业成本计算和管理”一般包括在成本会计学中,“存货管理”和“投资决策”在财务管理学中则一定提及。在教学中,如何将这些内容在各门学科之间进行安排,避免不必要的重复,需要各科教师在内容上进行协调,改进方法,调整侧重点。

四、管理会计与公司治理

近几年来,国内外企业会计舞弊丑闻频发,无论是发达国家的安然事件、世通事件、巴林银行事件等,还是国内的银广夏事件、中海油事件,都让公司治理问题成为研究热点。因此美国在 2002 年立法,颁布了《萨班斯—奥克斯利法案》。中国也由财政部牵头,联合国资委、证监会、保监会、银监会、审计署等组成国家内部控制委员会来制定有关内部控制规范。

那么,管理会计与公司治理有什么关系呢?公司治理包括内部治理和外部治理,其中最核心的内容是处理所有者与管理者的关系,大股东与小股东的关系,以及企业内部上下级之间的关系,主要包括股权结构(所有权结构)、企业的股东大会、董事会、监事会制度等公司治理制度安排。管理会计主要对内提供会计信息,本身就融入了企业内部治理,为公司内部治理服务。

我国改革开放 30 多年的重点一直都是企业的产权制度,目标是建立独立面对市场竞争,自主经营、自负盈亏的法人实体。按照委托—代理理论的观点,产权不明晰的后果只能是委托人与代理人之间的关系混乱,代理人可能完全不把心力投于管理,而独自追求特别利益的最大化。如此,管理会计在企业管理中的作用就被弱化了。实质上,公司治理的理论基础是委托—代理理论和信息不对称理论。企业所有者与管理层之间、大股东与小股东之间、公司内部上下级之间甚至部门之间的委托—代理关系和信息不对称问题始终存在,这就需要解决激励和管理控制的问题,而现代管理会计就是帮助企业进行管理控制的有效工具。

具体来看,成本问题是管理会计的基础,同时也是公司治理的基础。成本控制过程直接体现公司治理的内部控制要求。管理会计中的短期经营决策和长期投资决策是涉及公司短期和长期生存和发展的科学方法体系,与公司治理密不可分。管理会计中的预算控制是一个企业内部控制系统的制度安排。管理会计中的业绩评价系统,既是公司激励制度的安排,也是控制制度的安排。因此,可以说,现代管理会计是现代公司治理不可或缺的组成部分,是现代公司治理的必要基础和条件。

第三节　管理会计工作:职能、作用和职业

一、管理会计的职能

总的来讲,作为企业管理的一个组成部分,管理会计是为改进经营管理、提高经济效益服务的。在这点上,大家的看法一致。但它具体包括哪些主要职能,人们的看法不尽相同。

有人认为管理会计的任务是"提供信息"和"参与管理",前者包括计划、控制和评价经营活动,维护资产安全,与企业外部的利益集团(如股东、立法机构等)进行沟通;后者是指管理会计要积极介入企业的经营管理过程,包括制定各种战略、战术和经营决策,帮助企业领导人协调企业的各项活动,确保企业在总体上朝着利益最大化的方向发展。[①]

有人认为会计人员扮演着财务会计和管理会计两个角色,担负三项任务。一是记录业绩,指会计人员要积累各项财务信息,使管理人员能够据以评价企业的财务状况和经营成果,并向外界有关经济利害人提供报告。二是提醒注意,即会计人员要分析和解释会计信息,提醒各级管理人员把注意力集中到重要问题上来。为此,会计人员要参与企业计划的编制和经营活动的控制,对日常内部管理报告进行分析,对有关问题进行调查研究。三是协助解决问题,指会计人员要对企业日常经营过程中存在的问题提出批评和改进意见,为非例行活动的决策提供方案或运用会计资料进行分析、比较并向领导推荐。在这三项任务中,"记录业绩"使会计人员成为管理人员的"账房先生",这是财务会计的主要职能;"提醒注意"和"协助解决问题"使会计人员成为企业的"管家"和领导人的"助手",这是管理会计的主要职能。

我们知道,企业的经营活动总是按照如下的逻辑顺序周而复始地进行着:为实现一定的经营目标,企业要先通过预测和决策程序确定最优方案;然后对选定的最优方案进行加工、汇总,形成企业在一定时期内的全面预算;再将全面预算层层分解,形成企业内各个部门和单位的责任预算;各责任单位在日常的经营过程中,对预算的执行情况进行系统的记录和计量,并不断

---

① 这是美国会计学会在《管理会计公告》(SMA1B)中的观点。

将实际完成情况与预定目标相对比,评价和考核各责任单位及其有关人员的工作成果,并通过信息反馈,及时对企业生产经营的各个方面发挥制约和促进作用。

现代管理会计是以财务会计提供的经济信息为基础,对企业经营管理各个方面的变动情况和未来趋势进行预测,选择最佳方案进行决策,编制事前的目标计划,进行事中的控制和事后的分析总结,通过反馈,实现再控制,进而形成一个完整的价值管理系统。它将财务会计单纯的反映和监督职能扩展到将总结过去、控制现在和筹划未来有机地结合起来,从经济效益上预计和分析未来的经济活动,按照目标规划和控制正在和即将发生的经济活动,根据责任范围考核和评价已经完成的经济活动,其主要职能可以概括为规划、组织、控制和评价四个方面。

(一)规划

规划,就是事先选定目标,并拟定出具体方法,以达到目标的过程。管理会计的规划职能,就是利用财务会计所提供的历史资料和其他有关信息,对企业未来的各项经济活动及其指标进行预测分析,在此基础上帮助企业管理当局对企业未来的短期经营活动和长期投资活动进行决策分析,进而编制未来一段时间内整个企业的全面预算和各个责任单位的责任预算,用以指导和监督未来的经济活动。也就是说,企业规划包括了预测、决策和预算三个方面。其中,预测是决策的基础,决策是规划的关键,预算是决策的具体化。通过规划,明确企业在未来一段时期内的目标及其实现手段。

预测是根据已知推测未知,根据过去和现在推测未来的过程,提供一定条件下企业生产经营各方面在未来一定时期内可能的数据。决策以预测为基础,对为实现一定经营目标可供选择的各个方案,通过优劣比较和得失权衡,从中选择最优方案的过程。预算则是将决策结果具体化的过程,包括全面预算和责任预算两个部分。前者是企业在一定时期内各项最优决策方案的汇总,集中反映了企业在一定时期内的总目标和总任务;后者是总目标和总任务层层分解的结果,是各责任单位的具体目标和具体任务。

(二)组织

为实现企业规划过程中的各项决策目标,完成预算指标,有效利用企业的人力、物力和财力,企业的管理会计人员要按照行为科学的基本原理,并结合本企业的具体情况,设计和制定合理、有效的责任会计制度,以及各项具体会计处理程序,这就是管理会计的组织职能。

(三)控制

控制主要是在执行计划(预算)过程中,不断地将实际已经发生和预计可能发生的有关信息进行收集、整理,并与原定的目标、计划、预算、标准或定额进行对比,分析差异,发现问题或潜力,以便及时采取措施加以纠正,以保证日常工作按照预定的轨迹运转,确保既定目标的实现。这是一个规划的实施、信息的反馈和偏差的纠正不断反复的过程。

从时间上看,控制有事先控制、事中控制和事后控制三种。事先控制是根据既定的目标,明确各项活动的目标标准、组织程序及其相关制度,包括事前制定成本控制制度和开展价值工程活动进行预防性和前馈性的控制、调节;事中控制是在日常经营活动过程中,通过及时的信息收集、整理、对比和分析,对出现的偏差进行调整和纠正;事后控制则是在一项经济活动结束后进行的全面系统的总结工作,找出存在的问题及其原因,以作为评价过去行为、监督未来行为的参考。

从内容上看,会计控制还包括对企业内的各个部门和经营中的各个环节在执行其职能中的监督,包括各部门之间疑问的解答,困难的解决和争议的裁决。

(四)评价

评价主要是对企业日常发生的经济活动进行追踪、收集和计算,以及定期根据各个责任单位编报的责任报告,将各责任单位的实际业绩与预算指标进行对比、分析,用来评价和考核各责任单位的责任履行情况,以便奖勤罚懒、奖优罚劣、总结经验、吸取教训、揭露矛盾,挖掘增产节约、增收节支的潜力,及时提出合理化建议,以保证经济责任制的贯彻执行。

在评价和考核时,应以期初制定的预算指标为标准,反映各责任单位的超支或节约程度,据以衡量其管理水平的高低和应负责任的大小。

对业绩进行合理评价的前提是要科学地制定评价指标。制定的评价指标,既要能够据以衡量各责任单位的经营管理水平,又要有利于调动其工作的积极性和主动性。为此,企业应建立健全各项定额标准、责任制度和奖惩制度,明确各责任单位的责权利。对于每一责任单位,都要有明确的评价和考核指标,而且这些指标是该责任单位所能控制。同时企业还应有准确的计量工具、可靠的计量手段和完整的信息系统,以对各责任单位的实际行为及预算执行情况进行及时、准确的测定。

现代管理会计的以上职能不是孤立存在的,而是结合在一起,相互影响、相辅相成,综合发挥作用的。没有规划,企业的经营活动就没有目标;没有组织,企业的美好计划就不能付诸实践;没有控制,企业的远大目标就难以实现;没有评价,人们的主观能动性就难以充分发挥。然而相对而言,它们的作用又不是完全相同的。其中,规划和控制最为关键,规划对企业的影响广泛而深远,是管理会计最为重要的职能;控制贯穿于企业经营的全过程和管理的各方面,是现代管理会计的基本职能。

二、管理会计的作用

西方企业一般将其内部部门分为两类:一类是生产部门,又称"直线部门",它们是直接参与企业产品(或劳务)的生产和销售等基本活动的部门,这些部门对产品的生产和销售以及劳务的提供一般具有直接指挥的权力,其活动通常与实现企业目标直接联系在一起;另一类是服务部门,又称"参谋部门",是对生产部门提供专门服务,协助生产部门实现企业目标的部门,如人事、财务、研究开发等部门,他们通常只具有参谋作用。以制造企业为例,其一般的组织结构如图 1-1 所示。

由图 1-1 可以看出,西方的会计机构与财务机构是分开设置的,其具体职能如图 1-2。

由图 1-2 可知,西方企业的财务副总经理主管企业的会计和财务两个方面工作,其下设有财务长(又称"司库")和会计长(又称"主计长"),两者在企业中各负其责。其中,财务长负责企业内与"钱"有关的业务,包括财务决策、(短期)筹资、(长期)投资、放账收款、保险、银行往来及与投资人保持联系等事项;会计长为企业会计部门的最高主管,负责企业内与"账"有关的业务,其权限因企业组织的规模及性质而定。小公司里可能只有一名记账员,其责任是向外提供会计报告;而大公司里会计长的主要职责则为规划和控制,包括财务会计、成本会计、管理会计、税务会计和内部审计等工作,负责规划、控制、核算、业绩评价和考核、报告编制及解释、税务管理、资产保护等事项。但是,在有的公司里,负责内部审计工作的审计长与会计长、财务长并列,直接受财务副总经理领导。

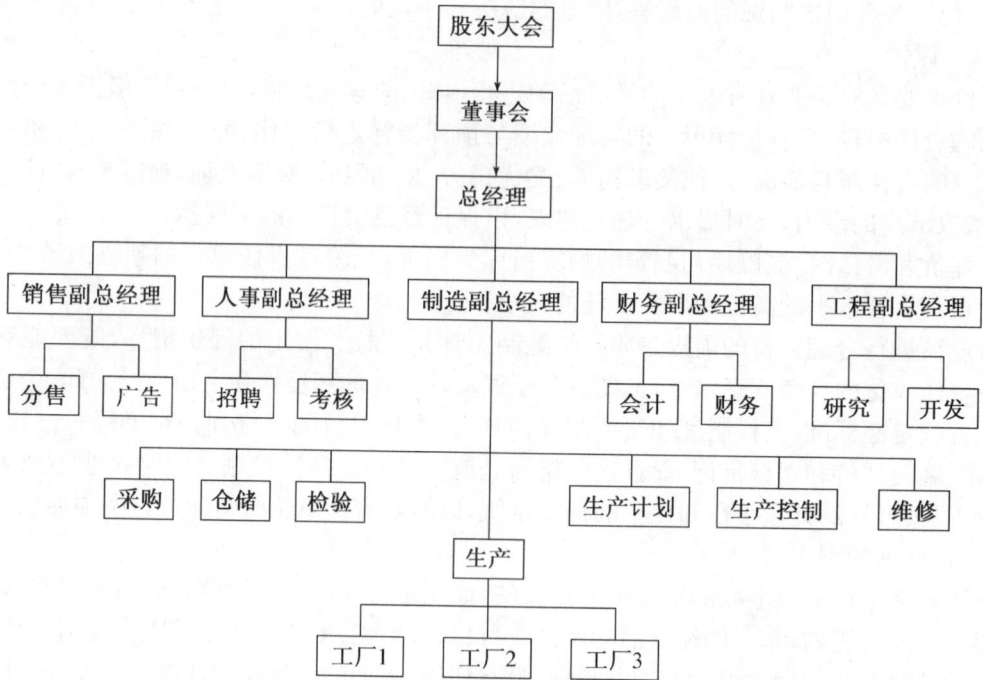

图 1-1　企业组织结构图

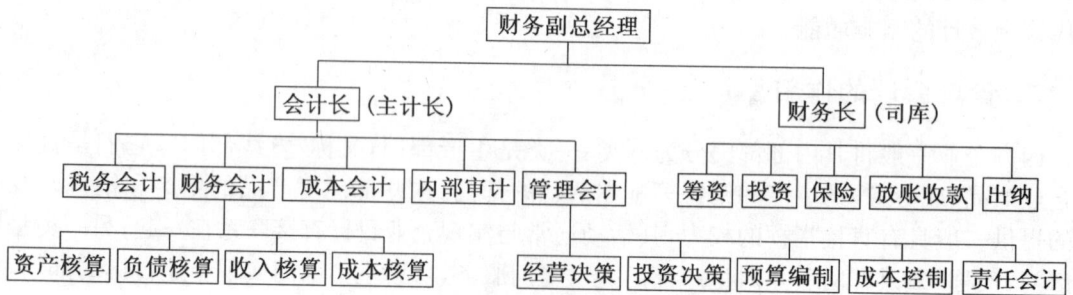

图 1-2　企业会计机构组织系统图

在企业的会计部门,财务会计主要负责检查记录经济活动的原始凭证、登记账簿和编制财务报表等;成本会计主要负责材料成本、人工成本、制造费用以及产品成本的核算,特别是间接费用的分配;税务会计主要负责记录与纳税有关的收支情况,选择低税负的税则,填写报税单和办理纳税手续等;内部审计主要负责检查财务规章和会计制度的执行情况,揭露营私舞弊,寻找低效和浪费现象和评价财务经营活动等;管理会计主要负责决策的分析研究,预算的编制和协调及执行情况的分析、评价,责任会计的推行等。

目前,我国企业的会计组织结构一般是总会计师领导下的财务与审计分设的形式(如图1-3所示)。总会计师与财务副总经理一般兼任,对企业的财务活动全面负责。目前,在我国企业中一般很少有单独的管理会计部门,其职能由各相关科室承担。

```
                    ┌────────┐
                    │ 总会计师 │
                    └────────┘
                         │
             ┌───────────┴───────────┐
             ▼                       ▼
        ┌────────┐              ┌────────┐
        │ 财务处  │              │ 审计处  │
        └────────┘              └────────┘
             │
     ┌───────┼───────┬───────────┐
     ▼       ▼       ▼           ▼
  ┌──────┐┌──────┐┌──────┐  ┌──────┐
  │会计科 ││成本科 ││资金科 │  │预算科 │
  └──────┘└──────┘└──────┘  └──────┘
```

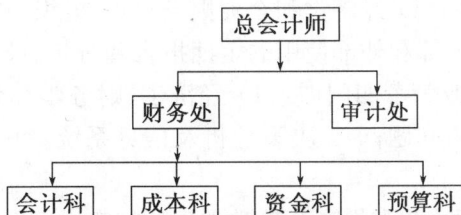

图 1-3　中国企业会计组织图

从在企业经营过程中发挥的作用来看,无论是在西方企业还是在我国企业,管理会计并不单纯是信息的提供者,而是管理过程的全面参与者,他们虽然无权作出经济决策和直接控制经济过程,但实际上他们是现代化管理中的得力助手,是企业领导的重要参谋,并日益成为企业领导不可缺少的左右手。这是因为现代管理科学将决策提高到前所未有的地位,认为管理首先是决策,决策是领导者、管理者的首要职能。而决策离不开信息的支持,决策的执行情况如何、效果好坏也需要信息的反馈,这样决策系统、决策支持系统和执行与控制系统就构成企业内部一个完整的管理系统。在这一系统中,作为信息专家,管理会计从属于决策支持系统,扮演着参谋的角色,发挥着参谋的作用,主要从事决策的研究工作,研究如何科学地确定决策目标;收集各种数据;拟定备选方案,并分析比较权衡各种方案,以帮助领导者作出正确的判断和选择,为领导者进行最终决策提供科学依据。如此可见,管理会计专业水平的高低,工作质量的好坏,对企业能否实现决策的科学化具有重大影响。

但是,这里需要特别强调的是,尽管在西方企业的管理实践中,管理会计发挥的作用越来越大,渗透的领域越来越多,参与的程度越来越深,但这些都不能改变管理会计工作的参谋属性。管理会计可以有效利用他们所掌握的相关信息,充分发挥信息的职能去帮助和影响决策者、执行者,但是管理会计不拥有最终的决策权和执行权,不能越俎代庖,不能代替决策者、执行者。

三、管理会计职业——管理会计师

管理会计自 20 世纪 50 年代正式形成以来,在以美、英为代表的西方主要发达国家具有明显的专业化和职业化的趋势和特征。

(一)美国的管理会计师

随着管理会计的应用越来越广、影响越来越大,为使管理会计得到社会和会计界的承认,美国全美会计师联合会(NAA)于 1972 年在其协会下分设了"管理会计协会"(IMA)[①],并创办了"管理会计证书"项目,举行美国全国的管理会计师资格统一考试,考试合格者获得"注册管理会计师"(CMA)证书。这样,在美国社会除了"注册公共会计师"(CPA)外,又出现了以从事管理会计为专门职业的"注册管理会计师"。两者的区别在于,CPA 证书是政府机关颁发的一张开业执照,而 CMA 证书则是证明持证人具有专业造诣的水平证明。

为保证质量,NAA 规定,只有取得学士学位或注册 CPA 证书,且具有至少两年专业经验的人才能参加管理会计师资格统一考试,而且规定不准免试,这一点与其他专业考试不同。考

---

① 1985 年,该协会改名为美国"注册管理会计师协会"(ICMA)。

试分三年五个单元,内容包括:(1)经济学和企业财务;(2)组织与行为科学;(3)对外报表的编制准则、审计和税务;(4)内部和外部使用的定期报告和分析;(5)决策分析,包括决策模型的建立和信息系统。现在则改为考四门课:(1)经济学、财务学和管理学;(2)财务会计与报告;(3)管理报告、分析及行为问题;(4)决策分析及信息系统。只有在三年内通过四门课的考试,方能申请获得 CMA 证书。

为"促进管理会计师的职业化和提高会计学学生的教育水准","为 NAA 会员及广大工商集团提供有关管理会计学的概念、政策及实务方面的权威性指导",全美会计师联合会(NAA)的管理会计实务委员会在 1948—1964 年发表了一系列有关管理会计的研究报告,并于 1986 年开始对外陆续颁布了一系列"管理会计实务公告"(SMAs),同时编辑出版《管理会计》月刊,专门探讨会计实务问题。

另外,为确保管理会计师在履行职责时能够实现管理会计的目标,全美会计师联合会(NAA)于 1982 年颁布了"管理会计师职业道德标准",要求管理会计师不得从事违反这些标准的行为。这些标准包括技能、保密、廉正和客观等方面,要求管理会计师不断提高自身的知识和技能,以保持适当的专业技术水平,不得随意泄露工作中所获得的机密信息,不得从事有害于其履行职责的活动,要充分、客观、公允地反映和沟通信息,并就管理会计如何确认和解决违反道德的问题进行了明确。

随着管理会计理论的不断丰富和完善,及其在实践中的不断应用和推广,管理会计人员在美国经济中的地位越来越重要,CMA 和 CPA 一样得到了社会的承认。在美国,已有越来越多的人同时拥有 CMA 和 CPA 证书,许多高校甚至将 CMA 和 CPA 列为大学教师的必备条件,CMA 证书成为具有较高专业水平和能力的象征,CMA 的持有者在应聘工作时会受到许多大公司的青睐,并为社会所尊重。

(二)英国的管理会计师

成立于 1919 年的英国成本和工厂会计师协会在 1965 年 1 月将其创办于 1931 年 7 月的《成本会计师》杂志更名为《管理会计》,并在 1972 年成立了"成本和管理会计师协会"(ICMA),1986 年再次改名为"特许管理会计师协会"(CIMA),开始举办全国的管理会计统一考试。考试内容,在 1987 年以前由基础阶段和专业阶段两个阶段的五个部分组成①,1987 年做了调整,包括:管理会计,财务会计,成本会计,财务管理,管理学,公司发展战略及市场学,法律、税收及经济学,数量分析技术和信息处理技术。

考试合格者,由英格兰和威尔士特许会计师协会、爱尔兰特许会计师协会、苏格兰特许会计师协会和成本和工厂会计师协会等组织联合授予英国的管理会计师证书。在英国,企业中成本会计师的位置逐渐被管理会计师所取代。

(三)中国的管理会计职业化问题

我国自 20 世纪 70 年代末、20 世纪 80 年代初引入管理会计以来,在短短十几年的时间里,管理会计无论是在实务应用还是在理论建设上都取得了较大发展,为我国的经济建设做出了积极贡献。一些企业在保持并发扬我国传统管理会计方法(如成本定额管理制度、资金和成

---

① 基础阶段的第一部分包括:财务会计(一),成本会计,经济学;第二阶段包括数学和统计学,商法,生产组织。专业阶段的第一部分包括:财务会计(二),经济分析,定量方法,成本会计;第二部分包括:公司法和税收,组织理论和市场管理,财务会计,管理信息系统与数据处理;第三部分包括:管理会计(一),管理会计(二),财务管理,公司计划编制和控制。

本的归口分级管理、班组经济核算制度等）的同时，还结合我国的实际，积极推行标准成本制度、目标成本管理、价值工程和产品质量管理等现代管理会计方法，保本分析、存货管理、弹性预算、投资决策等方法在我国得到了普遍应用，并取得了良好的效果，同时，创造出诸如邯钢的"市场模拟法""成本否决制"、潍坊亚星集团的"比价购销管理"等一系列具有中国特色、行之有效的管理会计新方法。

但是，从总体来看，管理会计在我国还没有得到普遍应用。从有关的调查结果看，我国只有 61% 的企业或多或少应用过管理会计方法，应用的效果也不甚理想，究其原因，有 66% 的被访者认为是"企业领导不重视"[①]。另一项调查也证实了前项调查的结果，在我国企业经营管理者中"重视财务会计"的占 60%，财务会计和管理会计"同等重视"的占 30%，"重视管理会计"的占 10%[②]。由此可见，管理会计在我国的推广还不普遍，应用还不广泛，推广和应用管理会计的工作任重而道远。

造成这种局面的原因多种多样，有管理会计方法本身的问题，有管理会计人员的素质问题，有企业领导的认识问题，也有我国的管理会计职业化建设问题。

从工作实际来看，在我国现有的 1 200 万会计人员中，从事管理会计工作并以其为职业的人员还很少。虽然有些大中型企业已设有兼职管理会计人员，但在绝大多数企业里，目前既没有专门的管理会计机构，也没有专门的管理会计人员，会计人员难有应用管理会计的机会和积极性，管理会计工作被视为可有可无。

从会计组织设置和专业资格考试方面来看，我国的管理会计还没有作为一种职业来发展。虽然我国现有中国会计学会、中国总会计师协会和中国注册会计师协会等多个全国性会计组织，办有《会计研究》《总会计师》《注册会计师通讯》等专业杂志，还定期举办会计专业资格考试和注册会计师考试。但是，至今我国既没有专门研究和指导管理会计工作的专门机构和学术刊物，又没有专门的管理会计师考试。目前的会计资格考试也只能称作财务会计师考试，因为它以财务会计为主要内容，管理会计的内容不多，甚至从 1998 年起还取消了管理会计这门课的考试。

那么，我国究竟要不要发展管理会计职业呢？我们认为答案是肯定的。原因有如下几个方面。

第一，社会经济发展的必然要求。在传统的计划经济体制下，企业的经营自主权很少，会计的主要职能是核算和监督，"如实地反映过去"是会计人员的追求目标。然而，现在我国实行的是社会主义市场经济，随着我国经济改革特别是企业改革的深入，政企要分开，政府职能要转变，企业经营机制要转换，企业要成为自主经营的法人实体和市场竞争的主体，要在变幻莫测、竞争激烈的市场环境中求生存、谋发展，企业就必须强化管理、科学决策。这一方面为会计人员进一步发挥作用提供了可能，另一方面也对会计人员提出了更高的要求。因为在市场经济条件下，会计人员对生产过程的如实反映已不能满足企业领导管理和决策的需要，会计人员在提供会计信息的同时，还要利用这些信息来对企业的日常经济活动进行有效的调节、控制、评价和考核，并对企业的未来进行预测、决策和规划，实现以较少的劳动消耗和资金占用，获得最佳的经济效益和社会效益。因此，会计人员必须由原来的"核算型""报账型"会计转变成"经

① 孟凡利等，"管理会计应用：现状、问题与应有的改进"，《会计研究》，1997 年第 4 期。
② 何建平，"管理会计在企业中的运用透视"，《会计研究》，1997 年第 6 期。

营管理决策型"会计。

第二,信息时代的必然要求。传统会计人员的主要精力用于记账、算账,但随着科学技术的迅猛发展,特别是随着计算机的普及应用和企业内部信息网络的建立健全,传统意义上的核算型会计工作将逐渐被计算机所取代,这一方面将使会计人员从过去日常繁重的记账、算账中解脱出来,从而使会计人员可以将更多的精力转移到协助企业领导人进行经营管理上;另一方面将导致企业对财务会计人员的需求大大减少。会计界如何面对科技发展的挑战?笔者认为,出路之一就是适应信息时代的发展需要,尽早实现会计人员的角色转变,由传统的财务会计转变为现代的管理会计,积极参与企业的经营管理活动,将工作重心由事后反映、监督转移到事中控制和事前规划上,为企业的经营管理、投资决策出谋划策,为企业管理当局提供及时、有用的决策方案和管理信息,以更好地为企业的经营管理服务。会计人员实现这种角色转变,不仅能够充分发挥现有会计人员的知识优势和智力优势,保证会计人员不被时代所抛弃,而且能够更好地适应市场经济和信息时代对会计人员的新要求,满足企业管理的新要求。

第三,会计管理体制改革的现实需要。在国外,对会计人员的管理,尽管都有一定程度和形式的政府行政监督,但更多的还是以各类会计职业组织进行自律管理和自我监督。如在美国,会计职业的组织很多,所有的会计人员都有相应的组织,有管理会计师协会、财务主管人员协会、全国会计人员协会、政府会计人员协会等,这些组织都有相应的执业标准和道德规范,自律管理的效果较好。而我国,在经济生活中长期存在着"一统就死,一放就乱"的不良现象,会计管理也是如此。会计人员若由政府直接委派、直接管理,虽能保证政府的各项法规和制度得到贯彻执行,确保会计信息真实可靠,但同时又以削弱会计人员参与企业经营管理的积极性为代价,以牺牲企业的经济利益为条件,并且使会计人员成为企业里不受欢迎的人,甚至成为打击、报复、排挤的对象;若会计人员回归企业,虽能提高会计人员参与企业管理的程度,维护企业的利益,但往往又难以保证会计信息的质量,损害国家的利益。所以,在我国现有的会计管理体制中,会计人员时常面临着是对国家负责还是对企业负责的两难选择。如何解决这一问题,如何建立适合我国国情的会计管理体制,笔者认为管理会计职业化是一个可行的出路。因为在市场经济条件下,政府再也不能直接管理会计人员,会计人员回归企业是其必然选择;然而,由于会计信息是我国进行经济管理、实现宏观调控的重要信息来源,因而又不能对企业会计人员放任自流,仍需加强管理、引导和监督。为此,实行会计人员职业化,并成立一个介于政府与企业之间的民间组织(如中国管理会计协会),来对会计人员实行自律性管理,这样才能让政府放心,企业安心,会计人员有信心。

会计人员实行自律性管理,是目前世界上经济发达国家的通行做法。我国目前只有总会计师协会,还缺少所有会计人员参加的专门组织,因此成立我国管理会计协会,让所有通过专业考试的会计人员都加入这个协会之中,不仅有利于保障会计人员行使职权,而且有利于提高会计人员的业务素质。通过协会的自律管理,一方面可以增强会计人员遵纪守法的意识,因为只有严格遵守协会的执业规则和职业道德,才能通过年检,保持专业资格,才能在同行中立住脚;另一方面还能有效地保护会计人员的合法权利。有了自己的组织,在协会会员受到打击报复时,可以以协会的名义进行申辩和诉讼,对会员依法行使职权进行保护;另外,成立协会后,通过协会组织的活动,将不同地区、不同部门、不同企业的会计师、高级会计师、总会计师、财务总监、会计学教授、管理学教授等聚集在一起,交流经验,互通有无,取长补短,共同提高;通过对会员进行的后续教育,还可促进会员不断更新知识,提高水平,避免当前会计专业技术资格考试中存在的一朝拥有、终身享用的弊端。

第四，推广和发展管理会计的迫切要求。管理会计自 20 世纪 50 年代正式形成以来，至今仍没有形成系统、完整的理论体系，仍使人感到内容上变化莫测、方法上复杂多变，理论与实际相脱节；另一方面，随着高新技术的飞速发展，管理会计的发展又面临着多方面的严峻挑战，新的研究领域层出不穷，新的技术方法不断涌现，如电脑辅助设计（CAD）、电脑辅助工程（CAE）、弹性制造系统（FMS）、电脑整合制造（CIM）、适时生产系统（JIT）、作业成本（简称ABC）[①]等，既扩大了管理会计的研究领域，丰富了管理会计的方法、内容，同时，又向管理会计的理论研究和实际应用提出了挑战。管理会计如何适应时代的发展需要，如何修正、改进甚至抛弃某些过时的传统方法，引进适用时代发展需要的新技术、新方法，是摆在我们每一位管理会计研究者和应用者面前的一大问题。我们认为，解决的办法之一就是实现管理会计的职业化，这样一来不仅有利于理论研究和实际应用相结合实现职业化，通过管理会计师和管理会计协会，在理论界与实务界之间架起一座沟通的桥梁，从而使理论界可以及时了解管理会计在实务中的应用情况、最新发展及经验教训，以便及时将实践中的成功经验加以科学、系统的归纳和总结，实现由特殊推广到一般，由实践上升到理论，同时可使理论界的最新研究成果在实践中得到检验、运用和发展，而且有利于管理会计的推广和普及。实现职业化，一方面通过专业考试、集中交流、后续教育和培训，可以提高管理会计的知识水平和应用能力，从而改进管理会计的应用效果；另一方面可以提高管理会计在企业的地位，增强管理领导应用管理会计的意识，从而有利于管理会计的推广和应用。

第五，国外管理会计的发展启示。从 20 世纪 50 年代起，管理会计在西方经济发达国家发展迅速，其规范化和职业化已达到相当高的水平。作为一种职业，管理会计在西方社会得到了普遍的承认和接受，在国民经济生活中的作用和地位也越来越大、越来越重要。在美国，"注册管理会计师（CMA）成为拥有丰富知识和较高社会地位的象征，从而为社会所尊重"。"他们不仅具有广泛的理论知识，而且还具有丰富的实践经验，因而成为许多大公司的猎取对象"。"据美国劳工部统计，美国会计人员中 60％属于管理会计师，25％为注册会计师。""管理会计在制定决策、编制规划及企业经营活动的全过程等方面发挥着重要作用，注册管理会计师成为企业

---

① 电脑辅助设计（Computer-Aided Design：CAD）：指利用电脑技术协助企业设计人员进行新产品的开发、分析和设计。电脑辅助工程（Computer-Aided Egineering：CAE）：指产品设计人员在利用电脑辅助设计得到一种设计方案后，要将设计方案转入该系统，以验证该设计方案能否充分利用企业现有的生产设备。若不能，更新设备是否合算？ 新设计方案的产品成本水平是高还是低？ 在未来的市场竞争中是否具有优势？ 电脑辅助制造（Computer-Aided Manufacturing：CAM）：指利用先进的电脑化制造系统进行产品的加工和制造，以及成本控制。弹性制造系统（Flexible Manufacturing System：FMS）：指在电脑控制下，利用机器人及其他自动化设备，以弹性方式生产少量多品种的产品。该系统由一套自动化的机器设备组成，整个系统由若干个工作站和制造单元组成，在每一个工作站和制造单元内部的生产程序已经完全实现自动化了；但在工作站与工作站之间、制造单元与制造单元之间还需要若干个孤立的"人力桥"进行衔接，而这些"人力桥"的衔接过程还会导致时间上的延误。所以，弹性制造系统的实施从企业整体上看，还未实现生产的完全自动化，因而它还只是电脑整合系统的初级形式。电脑整合制造（Computer-Integrated Manufacturing：CIM）：指从市场调查、产品设计、生产直至销售的整个过程，均在电脑的参与下进行，从而使整个流程实现自动化。它与弹性制造系统的不同在于，一是它将连接各个"工作站"和制造单元的各个孤立的"人力桥"予以消除，使各个工作站和制造单元连接成一个整体性的自动化网络，以实现企业整个生产经营系统的完全自动化；二是它甚至可以从企业内部向外延伸，对企业的材料供应与产品的供销关系，通过电脑网络联成一体，做到信息相通，使企业内外的产、供、销之间密切配合、协同运作，实现生产的电脑化、自动化。适时生产系统（JIT）、作业成本（ABC），我们将分别在第 9 章和第 12 章详述，故这里不做解释。

内部负责信息收集、加工和分析的高级管理人员。"①在英国,"管理会计的职业化程度已相当高,并得到社会的普遍接受。过去,英国的报纸和杂志尽是招聘成本会计师的广告,如今已为大公司招聘管理会计师的广告所代替。"②

那么,如何实现我国的管理会计职业化呢?

首先,要提高企业领导对管理会计的认识。这是推进我国管理会计职业化的关键环节。为此,我们可以采取以下措施。(1)加强教育。建议有关单位和部门在组织企业领导人培训和有关职称考试(如会计师、经济师)时应适当增加管理会计的内容,通过学习、考试,使企业领导人了解、熟悉甚至掌握管理会计,从而增强他们的管理会计意识。(2)提高素质。努力提高管理会计人员的专业素质,使他们能够在企业的经营管理活动中真正发挥参谋作用。(3)加强交流。加强成功企业的经验交流,这样不仅可以提高管理会计人员的应用能力,而且可以增强企业领导人对管理会计的认知程度。(4)建立制度。在制度上鼓励和要求企业必须设立管理会计机构、配备管理会计人员,并对管理会计人员的职责、权限作出界定,从而加快管理会计在我国的应用进程。

其次,健全推广管理会计的组织。为提高我国管理会计的研究水平,推动管理会计在我国的普及和应用,加快管理会计的职业化进程,我们认为,我国应当借鉴西方国家的成功经验,组建专门的管理会计机构,来组织、协调我国的管理会计理论研究和应用推广工作。其主要职责应当包括:(1)组织管理会计的学术研究,创办专门研究管理会计的学术刊物,创建具有中国特色的管理会计理论体系和方法体系;(2)制定并发布具有指导意义的"管理会计公告",以规范会计的常见概念、主要内容和基本方法,并指导管理会计的实际工作;(3)制定管理会计师执业标准、规则、指南和准则,领导和组织全国管理会计师资格考试;(4)开展案例研究,及时总结、推广管理会计的成功经验;举办管理会计研讨会,在理论界和实务界之间架起沟通的桥梁,使理论与实际相结合,解决管理会计理论与实际脱节的问题;(5)负责管理会计的推介工作,促进管理会计在企业中的普及应用;(6)开展国际合作和交流。

再次,改进管理会计的教育。目前,我国会计人员的总体素质还比较低,知识结构不尽合理,知识老化的现象严重,会计人员普遍缺乏财务会计之外的知识和经验,从而难以适应现代经济发展和企业管理的需要,限制了管理会计在企业中的普及、应用。因此,只有建立一支高素质的管理会计人员队伍,才能架起管理会计从理论到实践的桥梁,才能促进管理会计的应用和发展。为此,我们认为,我国应从以下几方面进行改进:一是管理会计提升为所有管理学科甚至经济学科的基础课程。我国不但要在财会专业中开设管理会计,而且还需在管理类甚至经济类专业中进行管理会计的基础教育;不仅要使财会人员掌握管理会计,而且要使管理工作者和经济工作者了解管理会计。只有这样,管理会计才能被企业领导所了解、认识,并予以重视,管理会计的推广才能得以顺利进行;二是做好管理会计、成本会计和财务管理之间的分工协作。目前这三门课程之间在内容上有些重复(如标准成本制度、投资决策等),在三者之间如何合理界定,尚需进一步深入讨论;三是在教材内容上要具有中国特色,注重方法的实用性,减少高难度的纯数学方法,加大案例分析,增加典型经验介绍,特别是一些在我国历史上行之有效的甚至至今仍被广为采用的方法、经验应被引入我国的管理会计材料中。

---

① 费文星,《西方管理会计的产生和发展》,辽宁人民出版社,1990年版。

② 费文星,《西方管理会计的产生和发展》,辽宁人民出版社,1990年版。

● **思考题**

1. 管理会计是怎样形成和如何发展起来的？
2. 管理会计在发展过程中存在哪些问题？
3. 与财务会计相比较，管理会计具有何特点？
4. 管理会计的主要职能有哪些？
5. 在企业管理中管理会计扮演着什么角色？
6. 管理会计职业的现状和前景怎样？

第二章 成本性态分析

成本可按不同的指标进行分类。传统会计按照经济用途将成本分为制造成本和期间费用,这种划分是正确计算期间损益的前提;而管理会计则按成本性态将成本分为固定成本和变动成本,这是管理会计规划和控制企业全部经济活动的基础,也是研究所有管理会计问题的起点。进行成本性态分析,就是在对成本与产量之间的依存关系进行分析的基础上,从数量上掌握成本与产量之间的对应关系,以便为企业制定科学决策和改善经营管理提供有价值的资料和信息。

本章着重阐述:企业有哪些类型的成本?如何进行成本性态分析?混合成本怎样分析?成本性态分析有何意义?目前存在哪些问题?

通过本章的学习,使读者掌握如何按照成本性态进行成本划分和分解,为进一步研究、规划和控制企业的经营活动奠定基础。

引导案例

通用汽车在固定成本重压下的抗争

通用汽车公司的大部分运营成本来自那些不随汽车产量的变化而变化的固定性开支,如购置固定资产投资、员工退休金等,从而导致通用汽车公司的市场竞争力不断减弱,市场份额逐步被日本丰田公司侵蚀,失去世界第一大汽车制造商的地位。

在意识到自身问题后,通用汽车公司开始缩减开支,逐步降低其生产过程中随汽车产量变化的成本,如材料成本等,但工会合同使得公司很难通过关闭工厂或减少年金、退休福利等来降低固定性支出。为了弥补高额的固定性开支,通用公司开始通过销售折扣大量销售汽车,试图通过销售量的增长来弥补成本。

然而,2005—2006 年通用公司的增长愿望没能得以实现,于是通用公司关闭了十几个工厂,裁掉了成千上万的员工,与工会协商每年再节省 10 亿美元,大幅削减 4 万多工人的退休福利,并冻结了养老金项目,企图通过这种方法来达到目的。

这个方法似乎确实起了一定作用,但是在行业分析师看来,通用公司还应更多地削减成本。而为了实现这一目标,通用公司的管理人员就必须理解成本的含义,从而更好地利用这些信息来解释会计报告和按照会计报告行动。本章讨论成本在不同性态下的划分,理解和掌握这些成本的概念和术语,是对外和对内报告会计信息的基础。

第一节　成本的分类

为了适应成本计算、成本控制和成本规划的需要,寻求进一步降低产品成本的途径,成本可依不同的标准加以分类。

一、以计算产品成本和确定损益为目的进行划分

(一) 按成本的经济用途或职能分

按经济用途或职能,成本可分为制造成本和非制造成本。

1. 制造成本

制造成本,又称"生产成本",它是在产品制造过程中所发生的各项费用。它又可分为直接材料、直接人工和制造费用。

(1) 直接材料:是指加工后直接构成产品实体或主要部分的原料和材料成本。例如,钢材是制造汽车构成其实体的主要材料,木材是生产家具构成其实体的原料。直接材料的特征是:不论是在理论上还是在实践中,该项成本都能准确地归属于某一产品。

(2) 直接人工:又称"直接工资",在生产中对材料进行直接加工制成产品所耗用的人工工资、奖金和各种津贴,以及按规定比例提取的福利费。其特征也是必须能直接归属到具体的某一产品上。

(3) 制造费用:指在生产过程中所发生的那些除了直接材料及直接人工以外的各种费用。在西方,制造费用又称"厂房费用"或"间接制造成本"。其特征是:制造费用在发生时一般无法直接判定其归属于哪个产品。

以上各项目按经济用途划分是多数企业进行成本分类和计算产品成本的依据,所以将这些项目称为成本项目。当然,由于各个企业的生产特点不同,故可根据各项费用支出的比重和成本管理的要求不同,在上述统一成本项目的基础上,按需要适当增加一些项目,如"外部加工费""燃料动力费""废品损失"等。

在上述三类制造成本中,人们通常将直接材料和直接人工合称为主要成本,它们通常是产品成本的主要部分;将直接人工和制造费用合称为加工成本,它是指在产品加工时所发生的各项成本。但是,随着生产机械化、自动化水平的不断提高,产品的成本结构发生了重大变化。制造费用在产品生产成本中所占的比重不断增大。例如,当今西方有些企业的制造费用占制造成本的比例甚至超过50%。在这种情况下,直接材料和直接人工之和显然就不再是主要成本了。此外,在高度自动化的企业中,生产工人的数量往往很少,而且必须完成多种工作,在这种情况下,直接人工一般只占制造成本的极小部分,这时就很难或不值得花很大精力去研究工资的归属和分配问题。所以,西方有些企业往往将直接人工成本与制造费用合并为一个项目,称为加工成本,直接材料则单独列为一项。

2. 非制造成本

非制造成本,是指在经营管理过程中发生的各项费用。其特征是与产品生产没有直接关

系,它们要在发生的当期全部转作费用,从当期的营业收入中一次全额扣除,故又称"期间费用"。主要分为销售费用、管理费用和财务费用三项。

(1)销售费用:指企业在销售商品过程中发生的各项费用。包括为了取得购买单位订单而发生的费用,以及专设销售机构的人员工资和其他经费。

(2)管理费用:指企业行政管理部门为管理整个企业组织,保证其正常运作所发生的费用,以及技术转让费、技术开发费、无形资产摊销和公共关系等费用。

(3)财务费用:指企业在筹资、调剂外汇和调整外汇牌价等财务活动中所发生的费用。

按照经济用途对成本进行划分,是财务会计最基本的成本分类方法。这是因为财务会计的一项重要任务就是计算期间损益。为了计算期间损益,需要先确定该期间的收入和成本,两者之差为损益。计算损益要遵循"配比原则"。为贯彻这一原则,对发生的成本就要区分为两类:一类是产品成本,即应归属于特定产品或劳务的成本。这些成本在生产产品时发生,但不一定在该期间转为费用,只有在这些产品售出时才能转为费用,与销售期的收入相配合。另一类是期间成本,即应归属于特定会计期的成本。这些成本容易认定其发生的期间和地点,但难以判别其所应用的产品或劳务,因而于发生的当期便转为费用,与当期的收入相配合。

由此可见,这种成本分类的好处是:不仅可以清楚地反映产品的成本构成,而且适应了计算产品成本和期间费用的要求,对成本计算和确定损益具有重要意义。其缺点是:没有将成本与企业的生产能力相挂钩,不能反映成本与产销量之间的关系。

(二)按成本同特定产品的关系分

按与特定产品的关系,成本可分为直接成本与间接成本。

1. 直接成本

直接成本又称"可追溯成本",指与某一特定产品之间具有直接联系的成本。它是为某一特定产品所消耗,因而可以直接计入该产品成本。

由于直接材料和直接人工所发生的成本大多能准确地归属于某一特定的产品上,它们可以根据材料费用和工资费用发生的原始凭证加以汇总,分配后直接计入成本计算对象的成本中,故大部分的直接材料和直接人工属于直接成本。

2. 间接成本

间接成本又称"不可追溯成本",是指与某一特定产品之间没有直接联系的成本。它为几种产品所消耗,因而不便于直接计入产品成本,必须先按其发生的地点或用途加以归集,然后采用适当的标准在有关产品之间进行分配,方可计入各种产品的成本。例如小部分的直接材料和直接人工成本以及制造费用,通常是分配计入各有关产品的成本。

将成本划分为直接成本和间接成本,对于正确计算产品成本是十分重要的。凡是直接成本必须根据原始凭证直接计入该种产品的成本;对于间接成本则要选择合理的分配标准分配给相关产品。分配标准是否恰当,将直接影响成本的正确性。

(三)按成本与收入相配合的时间不同分

按成本与收入相配合的时间不同,成本可分为产品成本和期间成本。

1. 产品成本

产品成本是指与产品生产有着直接联系的成本,它们汇集于产品,随产品流动而流动。期末,按产品汇集的成本,先要在完工产品和在产品之间进行分配;产品完工后,由生产车间转入仓库,成本由生产成本转化为存货成本;当产品出售时,完工产品成本又由存货成本转化为销售成本,反映在当期损益表上,并与当期的销售收入相配比,据以确定损益。至于未销售产品或尚未加工完成的在产品,则留存于存货成本中,反映在资产负债表上。所以,产品成本是随产品实体流动而流动的成本。

2. 期间成本

期间成本亦即"期间费用",它是与一定期间相联系的成本。它不计入产品成本,而是直接归入当期损益的本期费用。也就是说,期间成本发生时即与当期的销售收入相配比,全额列在损益表上,作为该期销售收入的一个扣减项目。它不随产品实体流动而流动,而是随着企业生产经营活动持续期的长短而相应增减。

产品成本与期间成本的范围存在着此增彼减的关系。我国过去只是把销售费用作为期间成本,财务费用和管理费用都作为产品成本。现在《企业会计准则》参照国际惯例,将销售费用、管理费用和财务费用均作为期间成本处理。从而严格划分了产品成本与期间成本的界限,将属于与经营期间相联系的费用,直接从当期损益中扣除。这样,既简化了产品成本计算,能准确地反映企业的经营状况,又有利于进行成本预测和决策。

二、以成本规划和控制为目的进行划分

(一) 按成本习性分

成本习性,是指成本总额与业务量(产量或销量)变化的依存关系。成本按成本习性可分为变动成本、固定成本和混合成本(关于这三类成本将在本章第二、三节详细进行讨论)。

(二) 按成本与决策的相关性分

按成本是否与决策相关,可分为相关成本和无关成本。

1. 相关成本

相关成本是指与决策有关联的成本,即在决策分析过程中必须认真加以考虑的各种形式的成本。在现实中,有些成本一般不必记录在凭证和账簿上,因为他们是尚未发生的未来成本。但是在企业决策时,又必须结合实际情况对他们逐一进行认真研究,从而有效地对各个备选方案进行比较和选择,否则,往往会造成决策失误。例如,机会成本、重置成本、边际成本等等,都属于相关成本的范畴,这些成本概念,在以后的学习中,我们会详细介绍。

2. 无关成本

无关成本是指过去已经发生,或虽未发生但对未来决策没有影响的成本。沉没成本就是一种常见的无关成本;另外,在决策过程中,凡是项目一致、金额相同,为各个备选方案所共同拥有的未来成本,也属于无关成本。

(三) 按成本可控性分

成本按其是否可控,可分为可控成本与不可控成本。

1. 可控成本

可控成本是指在一定时期内,某一责任单位或个人能够加以控制的成本。

2. 不可控成本

不可控成本是指在一定时期内,某一责任单位或个人不能加以控制的成本。

成本分为可控成本与不可控成本,对评价责任单位的工作好坏非常重要。对于一个成本责任单位来说,只有可控成本属于责任成本,只有根据可控成本进行考核才有意义。如此,可以促使各成本责任单位增强成本意识,不断降低可控成本。

第二节 成本性态分析

虽然成本按其经济用途进行的传统分类方法可以有效地贯彻"配比原则",有利于"产品成本"与"期间成本""直接成本"与"间接成本"的划分,但由于这种分类没有与企业的生产能力挂起钩来,不能体现成本与业务量之间的变动关系,因而不能满足企业规划与决策、控制与评价的需要,难以起到改善经营管理、提高经济效益的作用,因此,为适应企业内部管理的需要,人们突破了传统会计的旧框框,从研究成本与业务量之间的依存关系出发,提出了"成本习性"这个分类标准,把企业的全部成本分为"变动成本"和"固定成本"两大类。这是管理会计规划与控制企业经济活动的前提条件,也是研究管理会计全部内容的起点。

所谓成本性态,是指成本总额与业务量之间的依存关系。由于这种关系是客观存在的,具有固有的性质,故称为"习性"。成本性态又称"成本习性"。

这里的"成本总额"是指企业为取得营业收入而付出的营业成本和营业费用,既包括生产成本,又包括非生产费用。这里的"业务量"是指企业为进行生产经营活动而投入的工作量,如产量或销售量、工作小时、里程数等。

一、固定成本

(一)固定成本的定义

所谓固定成本,是指在一定条件下,总额与业务量变动无关的成本。其特点是,固定成本的发生额在一定期间和一定业务量范围内不直接受业务量的影响,业务量在一定范围内变动,而固定成本总额仍保持不变,不过单位固定成本则随着业务量的增加而相对减少。例如,按直线法计提的厂房、机器设备的折旧费、管理人员工资、保险费、照明费、取暖费、办公费、差旅费、广告费、职工培训费、新产品研究开发费、不动产税、租金等,均属固定成本。

例如,某机床制造厂生产车间所使用的三台关键专用设备是向租赁公司租用的,每年约定一次租金,每月支付租金 60 000 元。假定这三台设备的最大生产能力为 500 台机床,即该厂每月机床产量在 500 台以内时,租金总成本不随产量的变动而变动。因而专用设备租金就是该机床制造厂的一项固定成本。但每台机床所负担的租金成本,则随业务量的增加成反比例的减少。

为便于建立数学模型进行定量分析,现假定机床的产量(即业务量)为 x,租金总成本(即固定成本总额)为 a,每台机床的租金成本(即单位固定成本)为 a/x。它们之间的关系如表 2-1 和图 2-1 所示。

表 2-1　固定成本与业务量的关系　　　　　　　　　　　　　　　　单位:元

机床产量 (即业务量 x)	租金总成本 (即固定成本总额 a)	每台机床的租金成本 (即单位固定成本 a/x)
100(台)	60 000	600
200(台)	60 000	300
300(台)	60 000	200
400(台)	60 000	150
500(台)	60 000	120

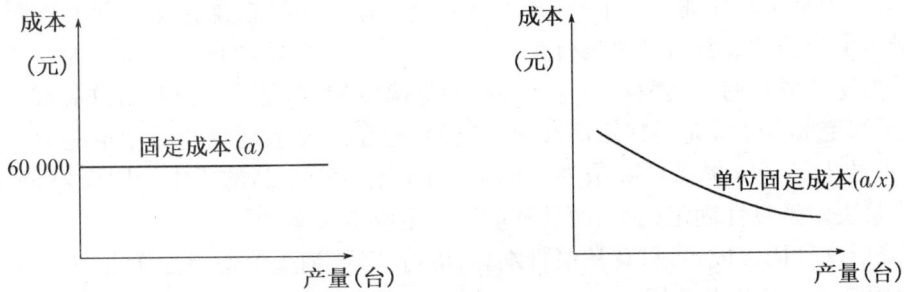

图 2-1 固定成本性态模型

（二）固定成本的分类

固定成本按其支出额是否可以在一定期间内改变，可分为约束性固定成本和酌量性固定成本。

1. 约束性固定成本

约束性固定成本是指在一定期间内，企业管理人员的决策行动不能改变其数额的固定成本。例如，固定资产折旧费、保险费、租金、不动产税、管理人员工资、照明费、取暖费等。这些费用是企业经营业务必须负担的最低成本，是维持整个企业生产能力必不可少的成本，具有很大的约束性。如果稍加削减，势必会影响企业的盈利能力，即使业务经营中断，该项固定成本仍需保持不变。

这类固定成本的发生往往与企业的生产经营能力（包括基本组织机构）的形成及其正常维护有关，因此有人将其定义为：企业为维持提供产品和服务的经营能力而必须开支的成本。

由于企业的生产经营能力一经形成，在短期内难以作重大改变，与此相关的成本也将在较长时期内继续存在，因而具有相当程度的约束性，故名约束性固定成本。由于它们与维持企业的经营能力有关，故又称"经营能力成本"（Capacity Cost）。它给企业带来的是持续一定时间的生产经营能力，而不是产品，是生产经营能力成本，而不是产品成本。

这种成本的基本特征如下。第一，其大小取决于生产经营能力的规模和质量，因此，管理当局的当前决策行为无法改变它。第二，其实质是生产经营能力成本，是企业实现长期目标的基础，因此它的预算期通常较长。要想降低约束性固定成本，只有从经济合理地利用企业的生产能力、提高产品的产量入手。随着企业资本密集化程度的提高，约束性固定成本的比重不断上升，这就要求企业要更加关注这类成本的发生和生产经营能力的利用，经济而又合理地形成并利用企业的经营能力，就成为企业提高经济效益的一种重要手段。

2. 酌量性固定成本

酌量性固定成本是指在一起时期内，企业管理人员的决策行为能改变其数额的固定成本。例如，广告费、新产品研究开发费、职工培训费、科研试验费等。

从短期来看，这些费用与企业的实际经营水平并无直接关系，故被归入固定成本。它们一般由企业领导在会计年度开始时，根据企业的经营方针、财务承受能力等具体情况，对这类固定成本项目是否需要增加或减少或完全停止支出分别做出决策，制定出预算数，所以，它亦称为"选择性固定成本"。这类成本通常按预算来支出，只在预算期内有效，并在执行中可根据情况变化进行调整。由于预算是按计划期编制的，因此，预算一经确定，这类成本的支出额便与时间相联系而与产量无关。

这类成本的基本特征如下。第一,其大小取决于企业领导根据企业经营方针而做出的判断,其数额可由当期的经营管理决策行为加以改变。第二,预算期较短,通常为一年。需要指出的是,虽然这类成本的支出额是由企业最高领导决定的,但是绝不意味着这类成本是可有可无的。这类固定成本通常是为特定活动而支出的,它往往关系到企业的竞争能力。其实质是一种为企业的生产经营提供良好条件的成本,而不是生产产品的成本。因而,从某种意义上说,不是产量决定酌量性固定成本,而是酌量性固定成本影响产量。

要想降低这种固定成本,只有从精打细算、厉行节约、消灭浪费等方面入手。

（三）固定成本的相关范围

固定成本的固定性并不是绝对的,而是有条件限制的。例如折旧费,资产的增减或者折旧方法的变更都将对其产生影响。所以,正如前面我们在定义固定成本时所说,固定成本是在一定条件下保持不变,这里的"一定条件"在管理会计中统称为"相关范围",它具有如下两方面的含义。

一是指特定的期间。从较长时期看,所有的成本都是可变的。即使是约束性固定成本,其总额也会发生变化。因为随着时间的推移,企业生产经营能力的规模和质量都将发生变化,这就必然引起厂房的扩建、设备的更新、管理人员的增减,从而改变折旧费、大修理费及工资的支出额。由此可见,只有在一定期间内,企业的某些成本才具有不随产量而变动的固定特征。

二是指特定的产量水平,即指企业现有的生产能力。因为产量一旦超出这一水平后,势必要扩建厂房、增添设备、扩充必要的机构和增加相应的人员,从而使原属于固定成本的折旧费、修理费、修理人员工资等也必须相应增加,甚至广告宣传也可能由此而追加支出,以便使扩大生产能力而增加的产品得以顺利销售出去。

如在前例中,假设某机床制造厂三台专业设备的每月租金 60 000 元,其最大生产能力为500 台,如超过 500 台,势必还需增租固定设备,租金支出就要相应增加。另外,若该厂的机床产量低于 100 台,租用的设备就无须三台,租金支出就可相应减少。由此可见,该机床制造厂的租金成本 60 000 元固定不变的稳定性,是受一定条件所制约的,即产量在最低 100 台与最高 500 台之间,这就是租金总成本的相关范围。

很显然,即使在有限的期间内具有固定特征的成本,其固定性也是针对某一特定产量范围而言的。如果脱离了一定的"相关范围",固定成本的固定性就不复存在了。

二、变动成本

（一）变动成本的定义

变动成本是指在一定条件下,总额与业务量成正比例关系的成本。如制造自行车时所需轮胎的数量就与自行车的产量成正比。变动成本一般包括直接材料、直接人工,制造费用中随业务量总数成正比例增减变动的机物料消耗、燃料费、动力费,按销售量支付的推销员佣金、装运费、包装费、营业税,以及按产量计提的固定设备折旧等。它们都与单位产品的生产直接联系,其总额会随着产量的增减成正比例的增减,若产量增长一倍,其成本总额也会相应增长一倍。由此可见,变动成本总额与产量之间存在着一个稳定的比例关系。

不过,虽然变动成本总额在一定范围内随着业务量的增减而增减,但是,单位变动成本却在此范围内不受业务量变动的影响而保持不变。

例如,某机床制造厂生产机床,每台机床需配一组电瓶,若每组电瓶的外购价为 400 元。

当机床产量发生增减时,则耗用电瓶的总成本就随机床产量成正比例变动,但每台机床的电瓶成本,则保持 400 元不变。因此,电瓶的成本对该制造公司来说,就是生产机床的变动成本。

为便于建立数学模型进行定量分析,现假定机床的产量为 x,每台机床的电瓶成本(即单位变动成本)为 b,那么电瓶的总成本(即变动成本总额)则为 bx。它们之间的关系如表 2-2,变动成本总额与单位变动成本的性态模型,如图 2-2 所示。

表 2-2 变动成本与业务量的关系

机床产量(台) (即业务量 x)	电瓶总成本 (即变动成本总额 bx)	每台机床的电瓶成本 (即单位变动成本 b)
100(台)	40 000	400
200(台)	80 000	400
300(台)	120 000	400
400(台)	160 000	400
500(台)	200 000	400

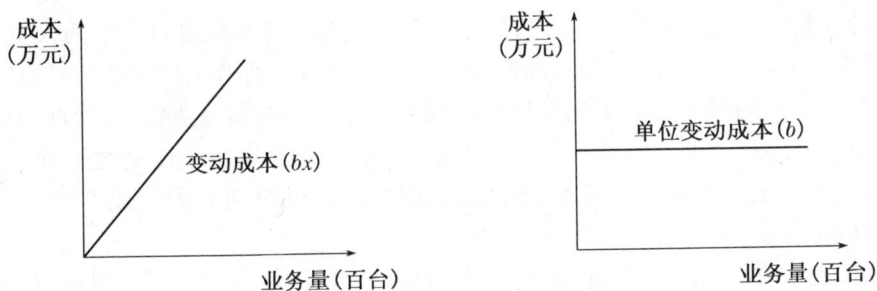

图 2-2 变动成本的性态模型

(二) 变动成本的分类

变动成本也可区分为技术变动成本和酌量性变动成本两大类。

1. 技术变动成本

技术变动成本是指与产量有明确的技术或实物关系的变动成本。如生产一台电脑要用一块主板、一个硬盘、一个显示器,这类成本的实质是利用生产能力进行生产所必然发生的成本,若企业不生产产品,其技术变动成本变为零。

2. 酌量性变动成本

酌量性变动成本是指可以通过管理决策行动而改变的变动成本。如按销售收入的一定百分比支出的销售佣金、技术转让费等等。这类成本的特点是其单位变动成本的发生额由企业最高管理层决定。

(三) 变动成本的相关范围

与固定成本相似,变动成本的变动性也是有条件的,表现在其与产量成正比例变动的关系(即完全的线性关系),通常也是在一定范围内存在,超过这一产量范围,两者之间就不一定存在正比例关系,而可能表现为非线性关系。例如,当一种产品产量较低时,单位产品的材料和工时的消耗可能较高;而当产量增加到一定程度时,由于可以更为经济合理地下料和利用工时,从而相应降低了单位产品的材料和工时的消耗。因此,在产量增长的初始阶段,变动成本就不会与产量成正比例的变动。一般说来,成本的增长幅度往往低于产量的增长幅度,因而其总成本线的斜率一般随着产量的增加而减小。在产量的中间阶段,有关指标可能趋于平稳,使成本与产量之间呈现完全的线性关系。变动成本的"相关范围"就是针对这一段而言的。如图2-3所示。

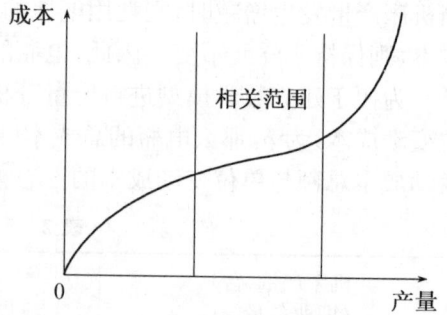

图2-3 变动成本的相关范围

上述分析表现,在现实经济生活中,成本与产量之间的关系,在大多数情况下表现为一种非线性关系,而不是线性关系。但若从某一特定的产量范围进行观察,则可以假定成本与产量之间存在着完全线性关系,并以此进行成本性态的分析,预测有关的成本随产量的变动而变化的水平。这种成本性态描述的好处是,能使许多复杂的经济现象得以纳入相对简化的成本性态模式之中进行分析。

三、混合成本

前面我们根据成本性态将企业的全部成本划分为变动成本和固定成本两大类,这实际上是现实经济生活中诸多成本形态的两种极端形式。在实际工作中,大多数成本是处于两者之间的混合成本,它们同时兼有固定成本和变动成本的性质。例如制造费用、管理费用和推销费用,它们其中的许多成本项目既非完全固定不变,又不随业务量成正比例地变动,因而不能简单地将它们列入固定成本或变动成本,于是人们就将这类同时兼有固定成本和变动成本两种不同性质的成本统称为"混合成本"。

在管理会计中,根据混合成本同时兼具变动与固定两种性质的不同情况,可进一步细分为半变动成本、半固定成本、延期变动成本和曲线变动成本,现分述如下:

(一)半变动成本

这类变动成本是指在一定初始基数的基础上随着产量的变化而成正比例变动的成本。其特点是:它通常有一个初始量(即基数),一般不变,类似固定成本;在这个基础上,产量增加了,成本也会成正比例的增长,这一部分又类似变动成本。如电话费、煤气费、暖气费、有线电视费、水费和电费以及机器设备的维修保养费等。

例如,某企业在生产中租用一台设备,租约规定租金的计算分为两部分:按年支付固定租金5 000元;在此基础上,机器每运转一小时支付租金0.80元。那么,这台设备每年的租金总额 y 与机器每年的运转时间 x 之间的关系即为:

$$y=5\,000+0.8x$$

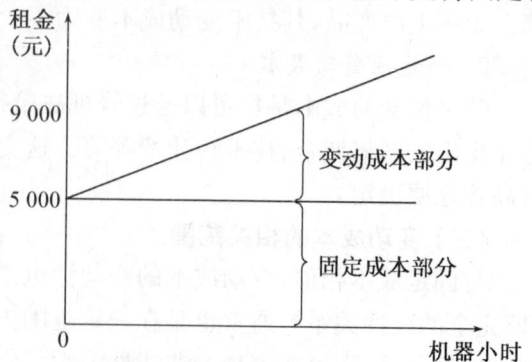

图2-4 半变动成本

如图2-4所示。假定该设备今年累计运转5 000小时,则该项设备的租金支出共计9 000元(5 000+0.8×5 000),其中固定成本5 000元,变动成本4 000元。

（二）半固定成本

半固定成本，是指总额随产量的变化呈阶梯式变动的成本。其特点是：业务量在一定范围内，其成本发生额保持不变，这时具有固定成本的特征，但当业务量增加到一定限度时，其成本额就将突然跳跃到一个新的水平，并在新的一定范围内又保持不变，直到另一个新的跳跃为止，故半固定成本又称"阶梯式变动成本"。如企业的管理员、化验员、运货员、检验员、保养工、领班等的工资，以及受开工班次影响的动力费、整车运输费、设备修理费等项目都属于这一类。

例如，某企业每个管理员每月的工资为 10 000 元，每人可以管理至多 15 个工人的工作，且每个工人可以产出 30 000 件产品。则管理员的工资支出在不同生产产量下呈阶梯式的增长，如图 2－5 所示。

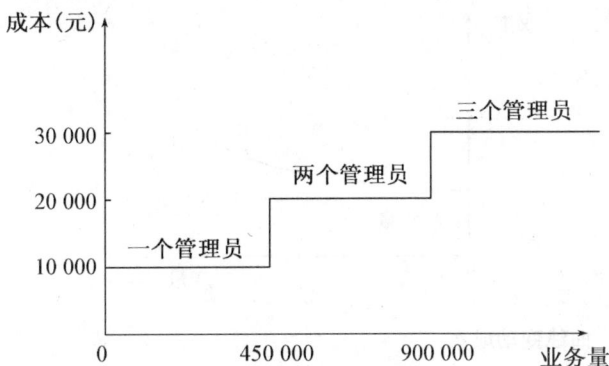

图 2－5　阶梯式变动成本　　　　　　　　图 2－6　延期变动成本

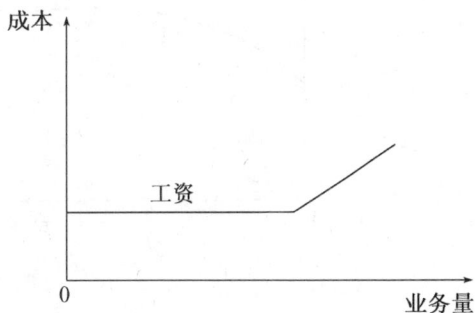

（三）延期变动成本

延期变动成本是指在一定业务量范围内总额保持不变，一旦超过一定业务量后便会随业务量的增长而成正比例增长的成本。例如，企业在正常工作时间（或正常生产量）内，对职工所支付的薪金通常是固定不变的；但当工作时间（或产量）超过规定标准，则需按加班时间的长短（或超产数量的多寡）成比例的支付加班薪金（或超产津贴），所有为此而支付的人工成本，属于延期变动成本，其性态模型如图 2－6 所示。

（四）曲线变动成本

曲线变动成本是指总额与产量之间呈非线性关系的成本。其特点是，通常有一个初始量，一般不变，相当于固定成本；但在这个初始量的基础上，随着业务量的增加，成本也逐步增加，不过两者不成正比例的直线关系，而成非线性的曲线关系。这种曲线关系根据其曲线的形状又进一步分为两种类型。

1. 递减曲线成本

这类成本是指变化率递减的成本，即成本的增减速度慢于业务量的增减速度。其特点是：成本随着业务量的增加而逐步上升，但上升的速度越来越慢，即成本曲线的二阶导数小于零。

例如，冷冻厂使用的冷柜的日耗电量，它随着储藏物的增加而增加，但两者不成正比例关系，而呈非线性关系，并且用电量上升的速度越来越慢。

又如，热处理的电炉设备，每班需要预热，其预热成本（初始量）属固定成本性质，但预热后进行热处理的耗电成本，则随业务量的增加而逐升，但两者不成正比例，而成非线性关系，并且成本上升越来越慢,即其上升率是递减的,如图2-7(a)所示。

2.递增曲线成本

这类成本是指变化率递增的成本,即成本的增减速度快于业务量的增减速度。其成本特点是:成本随着业务量的增加而逐步上升,但上升的速度越来越快,即成本曲线的二阶导数大于零。

例如,累进计件工资、各种违约金、罚金等就属这类成本,因为当产量刚达到约定产量(或约定交货时间)时,成本是固定不变的,属于固定成本性质;但在这个基础上,随着产量(或延迟时间)的增加,计件工资(或违约金、罚金)就逐步上升,而其上升率是递增的,如图2-7(b)所示。

另外,个人所得税也属于这类成本。

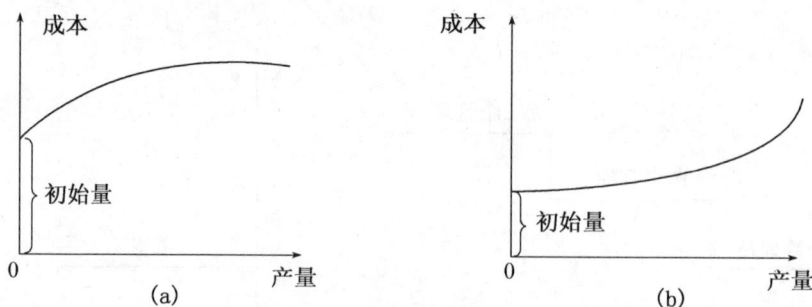

图2-7 曲线变动成本

对于各种曲线成本,仍可在相关范围内近似地把它们看作是变动成本或半变动成本。在这个相关范围内,可以用直线代替曲线,用直线方程代替曲线方程,从而大大简化计算过程。

四、成本性态分析

成本性态分析,是指依照成本按性态所做的分类,运用一定的程序和方法,将企业的全部成本划分为变动成本和固定成本两大类,并相应建立数量化的总成本性态模型的过程。

进行成本性态分析,目的有三:一是为了计算本期产品的变动生产成本,并进行损益计算;二是为了对某项混合成本预算的实际执行情况进行分析考核;三是为了对计划期内某项成本进行预测。

在成本性态分析中,可采用两类方法:一类是定性的方法,即根据经验和惯例及有关规定,采用定性分析的方法将企业的全部营业成本分别划归为变动成本、固定成本和混合成本,然后再采用适当的方法将混合成本分解为变动性部分和固定性部分。如账户分析法、合同确认法等;另一类是定量的方法,如数学分解法中的高低点法和回归直线法等,它们根据企业总成本的性态模型:$y=a+bx$,按照一定的方法一次性地将总成本中的固定性成本与变动性成本分离开来。

(一)账户分析法

账户分析法,又称"会计分析法",它是根据各个成本项目及其明细项目的账户内容,结合其与业务量的依存关系,通过经验判断,将与业务量关系不明显的成本项目划归固定成本;将与业务量关系密切的成本项目划归变动成本;不易区分的,则可通过一定比例将其分解为固定和变动两个部分。

例如大部分的制造费用项目(如固定资产折旧费、设备租金、制造费用中的间接人工)以及财产税、保险费等,它们在正常范围内与产量变动的关系不明显,就可按固定成本处理;而直接材料、直接人工、燃料及动力费以及制造费用中的外部加工费、物料消耗、运输费、低值易耗品摊销等,虽然不与产量成正比,但其费用的大小与产量的关系十分密切,因此,可视为变动成本。

这种分类方法只用于特定期间内总成本的分解。此法虽十分粗糙,但简便易行、便于理解,故在实际工作中常为人们所运用。但因在使用这一方法时,需要人们做出主观判断,因而可信度相对较低。

(二) 合同确认法

这种方法是根据企业与供应单位所签订的合同或契约中关于支付费用的规定,来确认哪些属于变动成本、哪些属于固定成本的方法。一般地说,它是一种半变动成本,其中,不论业务发生与否或发生多少都要支付的部分为固定成本,按业务量的多少进行计价的部分为变动成本。如电费、电话费、工资支付、专用工具分摊、折旧费等。

[例 2-1] 中华公司与本市供电局在订立合同规定:中华公司每月需支付供电局的变压器维持费 500 元,每月用电额度 51 000 度。在额度内每度电费为 0.25 元;如超额用点,则按正常电价的 10 倍计算。若该公司每月照明用电平均为 2 000 度,另生产甲产品时,平均每件耗电 7 度。要求:为中华公司分别确定在用电额度以内以及超额度用电时的固定成本总额和变动成本总额各为多少?

首先,计算在每月用电额度内生产甲产品的最高产量:

用电额度内甲产品的最高产量=(用电额度-照明用电量)/甲产品每件耗电量

$$=(51\,000-2\,000)/7$$
$$=7\,000(件)$$

其次,建立电费在用电额度内的半变动成本公式:

在用电额度内的半变动成本 $y=a+bx=(500+0.25\times2\,000)+(0.25\times7)x$
$$=1\,000+1.75x$$

从以上计算结果可以看出:若甲产品的产量在 7 000 件以内电费的半变动成本中,1 000元为固定成本总额,每件甲产品的电费成本(即单位变动成本)为 1.75 元,变动成本总额为1.75×产量。

然后,建立电费在额度以上的半变动成本公式:

在用电额度以上的半变动成本为 y,则:

$y=$产量在 7 000 件的电费成本$(a)+$产量在 7 000 件以上部分的电费成本

$$=(1\,000+1.75\times7\,000)+[0.25\times10\times7\times(x-7\,000)]$$
$$=13\,250+(17.5x-122\,500)$$
$$=-109\,250+17.5x$$

从以上计算结果可以看出:若甲产品的产量在 7 000 件以上的电费半变动成本中,-109 250元为固定成本总额,17.5x 为变动成本总额。

(三) 技术测定法

技术测定法,又称"工程法",它是工程技术人员通过一定的技术方法测定正常生产过程中材料、工时的投入与产出量之间的关系,并在此基础之上估算出固定成本和单位变动成本的一种方法。它是根据生产过程中各种材料和人工成本消耗量的技术测定,来划分并估算固定成本和变动成本的一种成本分解方法。其基本做法是:利用数学、物理、社会科学和工业工程学等方面的专门知识和技术,对生产过程中的材料、人工和机器设备的使用情况进行科学分析,以测定各项投入的单位产品消耗定额,将与产量有关的部分汇集为单位变动成本,与产量无关的部分汇集为固定成本。

[例2-2] 假设某企业铸造车间的燃料用于铸造工段的熔炉,分别在点炉和熔化铁水这两项程序中使用。按照最佳的操作方法,每次点炉要用木柴 0.08 吨,焦炭 1.2 吨,熔化一吨铁水要使用焦炭 0.12 吨;每个工作日点炉一次,全月工作日 24 天。木柴每吨价格 250 元,焦炭每吨价格 400 元。

解题步骤:

(1) 选择需要研究的成本项目——燃料成本;

(2) 对整个过程进行技术测定,确定最佳操作方法,并将其作为准确方法使用;

(3) 测定标准方法的每项投入成本,并按成本性态划分固定成本和变动成本。

在本例中,点炉燃料总成本为 y,产量为 x 吨铸件,每日固定成本为 a,单位变动成本为 b,则每月固定成本 $a=(0.08 \times 250 + 1.2 \times 400) \times 24 = 12\,000$(元)

每吨铸件变动成本 $b = 0.12 \times 400 = 48$(元)

因此,$y = 12\,000 + 48x$

这种方法可能是最完备的成本分析方法,它可以使用其他方法作为自己的工具,而其他方法都不是独立的方法,它们只能用于具备充分历史资料的情况下。

不过,采用这种方法测定的结果虽然比较准确,但工作量很大,特别是对某些制造费用和管理费用的明细项目,分析起来则更为困难,而且它常需有一定的专业知识作背景。

这种方法通常适用于在没有历史数据、或历史数据不可靠、或需要对历史成本分析结论进行验证,并且投入的成本与产出的数量之间有规律性联系的情况下使用,尤其在建立标准成本和制定预算时,使用这种方法,比历史分析更科学。但是,对于一些不能直接归属于某一特定产出的投入,或者不能单独进行观察的联合过程,如各种间接成本,就不能使用这种方法。

(四) 数学分解法

它是通过对历史成本数据的分析,依据以前各期实际成本与产量的依存关系,来推算一定期间固定成本与变动成本的平均值,并以此来确定所估算的未来成本的一种成本分解方法,故亦称"历史成本分析法"。

在使用这种方法进行成本分解时,为了保证分解的可靠性,需要特别注意以下几点。第一,所收集的数据是否因为会计政策的变化而产生较大的偏差,因为期间的成本性态是与该期的会计政策密切相关的。第二,选择恰当的期间,以便既能消除期限较长带来的不稳定状态的影响,又能使所选择的期间可保证获得较为精确可靠的成本数据。第三,要选择适当的业务量的计量单位。选择时应遵循的原则是:选定的变量必须与被估计的成本存在某种密切的关系,而且能对观察产生重要影响。使用最广泛的变量是实物单位的产量、直接人工小时以及机器小时等。

根据具体方法的不同,数学分解法又可分为高低点法、散点图法、回归直线法等。

1. 高低点法

它是以某一期间内的最高业务量与最低业务量及其对应的成本为基础来确定固定成本和单位变动成本的一种方法。这是分解混合成本的一种最简便的方法。

高低点法的基本原理是：任何一个混合成本，其总成本都可以写成 $y=a+bx$ 的形式。在相关范围内，a 固定不变，b 是个常数，于是

$$b=\frac{高低点成本之差}{高低点产量之差}=\frac{\Delta y}{\Delta x}$$

a ＝最高(或低)点的半变动成本总额－单位变动成本×最高(最低)点的产量

　＝$y-bx$

[例 2-3]　某工厂今年上半年的设备维修费数据如表 2-3 所示。

表 2-3　设备维修费表

月份	1	2	3	4	5	6
机器运转(小时)	4 000	5 000	4 500	3 200	3 500	3 700
维修费(元)	25 000	30 000	27 500	21 000	22 500	23 500

要求：采用高低点法将设备维修费分解为变动成本和固定成本。

解：该历史成本数据在相关范围内(3 200～5 000 小时)的变动情况如下：

	业务量(x)	维修成本(y)
最高点	5 000	30 000
最低点	3 200	21 000
差额	$\Delta x=1 800$	$\Delta y=9 000$

据此，可分别确定如下：

$$b=9\,000/1\,800=5(元/小时)$$

$$a=21\,000-3\,200\times5=5\,000(元)$$

$$y=5\,000+5x$$

必须指出：采用高低点法选用的历史数据，应能代表该项业务活动的正常情况，不得含有任何不正常状态下的成本。此外，通过高低点法分解而求得的混合成本计算公式 $y=5\,000+5x$ 只适用于相关范围内的情况。在本例中只适用于 3 200～5 000 千小时的相关范围，超出该相关范围即不适用。

在实际工作中，若混合成本的变动部分与业务量基本上保持正比例关系时，采用高低点法进行分解最为简便。但此法也有明显的局限性，因它只采用了历史成本资料中的高点和低点两组数据，没有考虑其他数据的影响，故代表性较差。

2. 散点图法

它是在同一坐标系中，以产量为横轴，成本为纵轴，将过去某一期间的历史数据逐一标记在坐标图上，通过各点的平均变动趋势来确定混合成本中的固定成本和变动成本数额的一种成本分解方法，由此而绘制的图即称之为散点图或散布图。

在散点图上，可以根据目测，在各成本点之间画一条能够大致反映成本变动趋势的直线，再根据它来确定混合成本中的固定部分和变动部分各占多少。

这种方法的优点是全面考虑了全部历史成本资料,排除了高低点法带来的偶然性,因而其结果较为准确、更为可靠,而且该法使用方便,容易使人理解。但由于它要通过目测画出趋势直线,因而很难十分准确,且结果会因人而异。

3. 回归直线法

回归直线法是一种较为精确的方法。它是根据历史成本资料,运用统计学上的最小二乘法原理,计算出能代表平均成本水平的直线的截距和斜率,借以确定混合成本中的固定成本和单位变动成本的一种成本分解方法。

回归直线法的基本原理是:在采用散点图法进行成本性态分析时,一般需要通过目测来画一条能反映业务量与混合成本关系的平均变动趋势直线。但在画这条直线时,往往会因人而异,那么,究竟哪条更为准确呢? 更能全面反映业务量与成本之间的关系呢? 为了能画出一条更为准确地反映各散点的平均趋势直线,从数学的观点来看,就是要选择全部成本点的误差平方和最小的直线,这条直线在数理统计上称为"回归直线"。由于这种方法要使所有成本点的误差平方和达到最小,故其亦称"最小平方法"。

最小平方法的原理如下:

对于线性方程 $y=a+bx$,令 $d_i=y_i-y$,$Q=d_i^2$

即 $d_i=y_i-(a+bx)$,$Q=\sum(y_i-a-bx)^2$

为计算出回归系数 a 和 b 的估计值,Q 分别对 a 和 b 求一阶导数,并令其等于零,得:

$$\begin{cases} na+b\sum x_i=\sum y_i \\ a\sum x_i+b\sum x_i^2=\sum x_iy_i \end{cases}$$

解上述方程组,得:

$$\hat{a}=\frac{\sum x_i^2\sum y_i-\sum x_i\sum x_iy_i}{n\sum x_i^2-(\sum x_i)^2}$$

$$\hat{b}=\frac{n\sum x_iy_i-\sum x_i\sum y_i}{n\sum x_i^2-(\sum x_i)^2}$$

于是,
$$y=\hat{a}+\hat{b}x$$

这种方法较之其他的方法,虽然计算的工作量大,但在理论上比较健全,计算结果较为准确。不过,采用回归直线法计算出来的 y 值只是一个平均数,它与实际数还存在一定程度的误差。误差愈大,表明用回归直线法预测结果的精确度愈差。其预测精确度的大小受到成本与业务量之间相关程度的影响,相关程度越高,预测结果越准确。两变量之间的相关,可用统计学上的一个指标——相关系数来衡量。相信大家对这个指标一定很熟悉,其具体计算,这里不再赘述。

上述三种数学分解方法虽各有优点和缺点,但他们并非孤立存在,在实际应用中常常相互补充和印证。在具体使用时,当混合成本的变动部分与业务量基本上保持正比例关系时,采用高低点法最为简便;否则,就需采用散点图法或回归直线法。散点图法通过目测画线,一般很难准确,结果因人而异。相对来说,只有回归直线法所得到的是较为精确的结果,它可使混合成本的分解建立在科学分析和精确计算的基础之上,但它的缺点是计算量大。但是,这三种方法都是对历史成本进行分析的方法,只适应于有历史成本资料的情况;而且三种方法均含有估计的成分,带有一定的假定性,故其分解结果均不可能绝对准确,只是一个近似值。正因如此,在西方国家的一些中小型企业中,如果它们的混合成本在相关范围内数额变动不大时,为简化计算,常将混合成本全部视作固定成本处理,而不进行分解。

五、成本性态分析模型

前面我们已经说过,管理会计规划和控制企业经济活动的前提条件,就是要把企业的全部成本划分为"变动成本"和"固定成本"两大类。虽然混合成本既非变动成本,又非固定成本,但由于它同时兼有变动成本和固定成本两种不同的性质,所以,我们总是可以采取适当的方法将其中的变动和固定两种因素近似地分解出来。这样一来,企业的全部成本就可划分为变动成本和固定成本两部分,因此,企业在一定时期内的总成本公式就可采用如下公式进行计算:

$$总成本=固定成本总额+变动成本总额$$
$$=固定成本总额+(单位变动成本×业务量)$$

现用 y 代表总成本,a 代表固定成本总额,b 代表单位变动成本,x 代表业务量,则上述公式即为:$y=a+bx$。

从数学的观点来看,上述公式是一直线方程式:x 是自变量;y 是因变量;a 是常数,即截距;b 是直线的斜率。这个方程式很重要,在今后的混合成本分解、预测分析、决策成本和编制弹性预算时,都要应用它来进行定量分析。其性态模型的图形如图 2-8 所示。

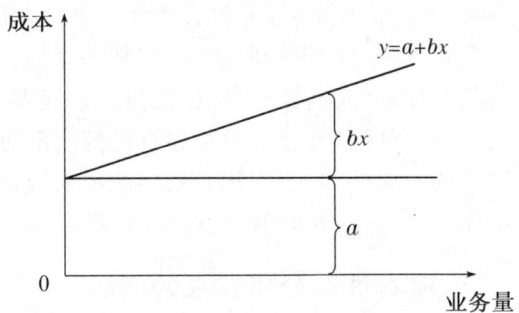

图 2-8　总成本的性态模型

需要指出的是,虽然企业的总成本模型与混合成本模型在形式上完全相同,但两者有着本质区别。前者表示的是在经营活动中企业全部成本与业务量之间的关系,而后者只是针对单一成本项目的成本性态而言。

第三节　成本性态分析的意义及存在的问题[①]

一、成本性态分析的意义

1. 成本性态分析,是采用变动成本计算法的前提

研究成本性态的直接目的,是为了向企业管理当局提供有关固定成本及变动成本的信息,以满足管理当局规划与控制企业经济活动的要求。而变动成本计算的目的也在于此。

进行变动成本计算的首要条件就是将企业一定时期发生的所有成本划分为固定成本和变动成本两大类。在此基础上再将与产量变动成正比例变动的生产成本作为产品成本,并据以确定已销产品的单位成本,以及作为期末存货计价的基础;而将与产量变动无关的所有固定成本作为期间成本处理,全额从当期损益中扣除掉,并由此计算出企业的期间损益。可见,进行成本性态分析、正确区分变动成本与固定成本是进行变动成本计算的基础。

① 参见余绪缨主编:《管理会计》,辽宁人民出版社,1996年版,第107-110页。

2. 成本性态分析,为进行本量利分析提供了可能

对成本—产量—利润依存关系的分析,是管理会计的基本内容之一,这种分析的前提条件是要有相对准确的固定成本和变动成本资料,显然,不经过成本性态分析,就无法建立成本性态模型,也就无法进行成本—产量—利润的分析。

3. 成本性态分析,是正确制定经营决策的保证

为了分清相关成本和无关成本,短期决策首先需要将成本按其性态划分为固定成本和变动成本。固定成本既然不随产量变动而变动,在短期经营决策中一般也就属于无关成本;而变动成本则属于相关成本。理解这一概念,是正确进行短期经营决策的关键。此外,在经营决策中还必须应用许多特殊的成本概念,而这些成本概念有许多是建立在成本按其性态进行分类的基础之上的。

4. 成本性态分析,是正确评价各部门工作业绩的基础

在管理会计的控制职能中,控制程序的一个重要部分就是衡量、评价实际工作的业绩,以及将其与计划(或预算)指标相比较。就成本控制而言,为了正确评价基层各部门控制成本的成效,亦应将成本划分为可控和不可控两部分。由于变动成本和固定成本划分的依据是成本与产量的变动性,对于生产的基层单位来说,大多数变动成本是可控成本。我们评价一个部门的工作业绩,最主要的就是看它对可控成本控制得如何,是否达到了预期的目标。

二、成本性态分析存在的问题

1. "相关范围"的确定有局限性

如前所述,固定和变动的成本性态,只是在一段有限的产量范围内,才是正确的。这一限定本身,就使成本性态的分析研究,不可避免地带有一定的假设性。

2. "成本与产量之间存在线性关系"的假定,不切实际

为了达到会计分析的目的,我们在进行成本性态研究时,假设在相关范围内,成本与产量之间的变动关系是线性的,因而可用直线方程 $y=a+bx$ 来反映。但在许多情况下,成本与产量之间的关系是非线性的。若要准确地描述其实际成本性态,就需要用非线性函数来反映,这样得出的方程式可能相当复杂。例如,曲线成本要使用二次方程式或高次方程式来描述;当引起成本变动的变量不止一个小时(如成本变动同时依存于人工小时和机器工作小时这两个变量),就要使用多元线性方程来描述,建立和计算这些方程式,往往要花费许多时间和精力。这种以复杂曲线方程或多元方程取代一元线性方程来描述实际成本性态之目的,是为了得到更准确的描述变化多端的实际成本性态的有效成本函数,企业也能利用这些复杂的数学方法,以取得更为精确的成本性态分析,从而得到更为有效的结果。但是,为了得到这些信息,我们需要将付出的代价与得到和利用它们可能带来的收益进行权衡和比较,才能决定取舍。且不可简单地认为,只要将分析和计算复杂化便可能给企业带来良好的效果,这样做有时甚至可能"得不偿失"。不过,随着计算机技术的迅猛发展,专用统计分析软件的开发和利用,许多原来看起来非常复杂的问题现在都可迎刃而解,许多非线性回归分析和多元回归分析都变得简便起来。

思考题

1. 传统的成本会计是怎样把企业的全部成本按经济职能分类的？这种分类有哪些优点？

2. 什么是"成本性态"？在管理会计中为什么要按成本性态对成本进行分类？

3. 变动成本和固定成本的主要特征是什么？固定成本在实际工作中又是怎样进一步细分为两类的？试分别举例说明。

4. 什么是固定成本的相关范围？变动成本在什么情况下也会出现相关范围？

5. 什么是混合成本？它具体可细分为哪几种类型？在管理会计中对混合成本不分解，行不行？为什么？

6. 最常用的分解混合成本的方法有哪几种？其中数学分解法又有哪几种？试分别予以评价。

拓展案例：成本分析[①]

布瑞资船业公司准备制造两种帆船：9英尺[②]帆船和12英尺帆船。公司计划通过大西洋中南部国家的销售商进行销售。船只生产过程包括设计、制造每种产品的模具，向模具中加玻璃纤维，修整制成的船壳，安装外购的元器件。每套模具每天（一班）生产8个船壳，在其报废前可生产2 000~4 000只船。

公司设有两个生产车间，各有一个工长负责。一个是塑模车间，它负责完成船只外壳的制造过程；另一个是组装车间，它负责安装外购元器件，将船桅、帆和其他组建装箱以备发运。

如果公司只开一班，塑模车间需要6个人，组装车间需要4个人。另外，还有1个人管理仓库，兼管收货、发货工作；2个人负责清洁。办公室人员包括一名负责开发产品、改进生产方法的工程师，总经理、销售经理、生产经理各一名和4名负责应收、应付及工资等文书工作的人员。

在全勤时，公司生产费用每月约为30 000美元，其他工资费用约为12 000美元。每月一班生产320只船的材料、外购零部件和摊销的模具成本约为53 000美元。每月一班生产的间接费用，不包括工资，约为17 000美元。320只帆船的销售收入约为115 000美元。

发挥你的想象力，试勾画出布瑞资船业公司的生产经营情况，列出需要用成本信息做出的决策和采取的行动，然后大致设计出可以获得成本信息的方法，暂忽略成本信息的加工成本。

提示：根据布瑞资船业公司的资料，利用销售收入和各项成本费用的数据计算可得出该公司的生产经营情况；以上成本资料可以方便企业根据销售状况决定工人开班的班次多少。

---

① 引自《管理会计与控制系统案例》，威廉·罗奇著，东北财经大学出版社2000年版，第6~7页。

② 英尺是英制长度单位，1英尺约等于0.304 8米。

第三章 变动成本计算

随着科技的迅猛发展、市场竞争的日趋激化、预算管理的广泛实行、决策管理的日益重要，企业内部强烈要求会计部门能够提供与之相适应的成本资料，以加强对经济活动的事前规划、事中控制及事后考核。同时，由于传统成本计算法的缺点日渐突出，成本信息严重失真，企业急需一种新的成本计算方法，为内部管理和决策服务，这种新方法就是变动成本计算法。

本章着重阐述：何为传统成本计算法？何为变动成本计算法？变动成本计算法有何特点？如何编制贡献式损益表？传统成本法与变动成本法各有什么优劣？等等。

通过本章的学习，使读者了解变动成本法的意义，熟悉变动成本法的理论依据和计算原理，掌握变动成本法与完全成本法的异同，同时，认识用变动成本法和完全成本法确定营业利润的变化规律。

引导案例

李主任的困惑

华达工艺制品有限公司是一家从事工艺品加工销售的公司，一直以"重质量、守信用"在同行中赢得较好口碑，并拥有良好的管理机制。近期，公司决定实行全员责任制，对各个部门进行单独考核，以降低成本、提高效益。

李杰是华达工艺制品有限公司生产车间的主任，自从公司宣布了业绩考核报告后，他一直感到十分困惑。整个公司的人都知道，李杰从任职以来工作兢兢业业，在降低生产成本上花尽了心思，对每一笔成本支出都进行严格的管控，换来的考核结果却是没有完成工作任务，李杰的工作积极性遭到了严重的打击。财务负责人了解情况后，召集了有关成本核算人员，寻求原因，将采取进一步行动。

原来是公司的成本计算方法惹的祸！华达工艺的材料消耗实行定额管理，产品耗用优质木材，单件定额 6 元，人工工资实行计件工资制，计件单价 3 元，在制作过程中需用专用刻刀，每件工艺品限领 1 把，单价 1.30 元，劳保手套每生产 10 件工艺品领用 1 副，单价 1 元。当月固定资产折旧费 8 200 元，摊销办公费 800 元，保险费 500，租赁仓库费 500 元，当期计划产量 5 000 件。

车间实际组织生产时，根据当月订单组织生产 2 500 件，车间主任李杰充分调动生产人员的工作积极性,改善加工工艺,严把质量关,杜绝了废品,最终使材料消耗定额每件降到 4.5 元,领用专用工具刻刀 2 400 把,价值 3 120 元。公司在考核业绩时采用的是完全成本法,分摊到单位工艺品的固定成本高达 4 元。就算李杰再努力降低材料和工具消耗,恐怕也难以完成业绩指标。

我们明显可以看出,华达工艺上述成本计算方法存在着一定的缺陷,那么你能解决李主任的困惑吗? 哪些成本纳入业绩的考核范围才更加合理? 学了本章,你或许就能找到答案。

第一节　变动成本法的意义

一、变动成本法的含义

关于变动成本法的起源,国外学者的看法不尽一致。美国的很多会计著作认为它是由美籍英国会计学家乔纳森·N·哈里斯于 1936 年首创的,这是目前比较权威并被广泛接受的一种看法,因为他于 1936 年 1 月 15 日在美国的《全国会计师协会公报》上发表了第一篇变动成本计算的文章"What Did We Earn Last Month?";不过,在英国,有一些会计著作指出,变动成本法在 1904 年出版的《会计百科全书》中就已见其端倪;而苏联的一位会计学家却经过考证发现,早在 1876 年,法国人施特劳斯·别尔格就已经提出了变动成本法的初步设想。由此看来,变动成本法从出壳至羽毛丰满、展翅高飞,经历了一个由粗糙到完善,由不被重视到广泛应用的漫长历史过程。

实际上,直到 20 世纪三四十年代,变动成本法还只是一些会计学家的研究课题,并没有受到社会上的广泛关注,更鲜有企业应用它。只是到了第二次世界大战时期,随着经济和科学技术的迅速发展,市场竞争的日趋激化,企业规模越来越大,管理活动越来越复杂,市场竞争越来越激烈,决策的重要性也就日显突出,从而迫使人们去探索科学化的管理道路,这时,预测分析、决策分析、预算控制日益受到人们的普遍重视,企业管理者强烈要求会计部门能够提供与之相适应的成本资料,以便加强对经济活动的事前规划和日常控制。但由于传统的完全成本法所提供的信息越来越不能满足预测、决策、控制和考核分析的需要,于是,变动成本法才受到世人瞩目。此时,美国的一些会计师和经理人员开始研究并考虑推广变动成本法。第二次世界大战以后,它已日益广泛地应用于美国、日本、加拿大、澳大利亚及西欧各国的企业内部管理方面,成为管理会计的一项重要内容。

变动成本法,又称"边际成本法"或"直接成本法"①,它是指在计算产品成本时,只将产品生产过程中发生的变动生产成本(一般包括直接材料、直接人工、变动制造费用)作为产品成本的内容,而将固定生产成本(主要是指固定制造费用)及非生产成本作为期间成本或期间费用处理的一种成本计算方法。这就是说,在这种方法下,产品的生产成本仅为产品的变动生产成本,即:

产品的变动生产成本＝直接材料＋直接人工＋变动制造费用

显然,与完全成本法相比较,变动成本法计算的产品成本只是部分生产成本,因此有人又称变动成本法为"部分成本法"。

---

① 为与完全成本法相对应,有人又称变动成本法为"部分成本法"。

尽管目前这种成本计算方法不符合会计准则的要求,不能用来编制对外财务报告,但是它为企业内部的管理,如预算、决策、控制、考核等带来了很大的方便,因而成为企业内部管理的一种主要方法,成为管理会计计算成本的一种专门方法。

二、变动成本法的特点

(一) 以成本性态分析为前提

在采用变动成本法时,首先必须将成本按性态划分为固定成本和变动成本两种,这是采用这种成本计算方法的前提条件,因此在使用它时,首先必须对企业在一定期间内所发生的全部成本进行性态分析,以将其界定或分解为固定成本和变动成本两种。

(二) 将产品生产过程中发生的固定成本作为期间费用处理

在采用变动成本法计算产品生产成本时,只考虑产品生产过程中所消耗的直接材料、直接人工和变动制造费用,而将与产量无关的固定制造费用作为期间成本在发生的当期从当期收入中全额扣除。其理由是:固定制造费用主要是为企业提供一定的生产能力和生产条件而产生的(例如车间的房屋和设备折旧、车间管理人员的工资等),因此其数额的大小与维持这种能力和条件的时间长短成正比。而这些能力和条件一经形成,不管其实际利用程度如何,其费用照常发生,而与产品的实际生产没有直接联系,它不随着产量的变化而变化,因而它不应计入产品的生产成本。这一成本实际上是会计期间所发生的费用,它会随着时间的消逝而逐渐丧失。本期的生产能力和生产条件只能在本期发挥作用,没有可储蓄性,不能延期发挥作用。因此,那些为维持生产能力和生产条件而发生的固定成本不应摊入到期末在产品和产成品而部分地递延到下一个会计期间,进而转嫁到以后各期,而只应作为期间成本,全数由本期负担。当期受益,当期列支,理所当然。

(三) 企业在一定期间内实现的税前利润由销量决定而与产量无关

变动生产成本是指已销产品的变动生产成本,其核算公式为:变动生产成本＝销量×单位变动生产成本。按照变动成本法编制的损益表称为"贡献式收益表",而以完全成本法为基础编制的损益表被称为"职能式收益表"。采用变动成本法计算产品成本的一大好处是可以避免完全成本法下税前利润受产量影响的缺陷,从而可以更好地反映企业的经营实绩。

(四) 主要应用于企业的内部经营管理

由于目前我国的会计准则要求企业按完全成本法对外提供成本资料,所以,变动成本法现在还只能用于企业内部的成本记录、账户设置、成本汇集、内部报表编制以及预算、决策、控制和评价等。

不过,由于变动成本法要求企业要将一定期间内所发生的所有成本都只划分为固定成本和变动成本两种,显然这是不大可能的,从而这在一定程度上也限制了变动成本法的适用范围。

三、变动成本法的意义

变动成本法将产品成本定义为变动性生产成本,即在生产过程中发生的、且随着产量的变动而变动的,并对某一特定产品来说,本期发生以后就不再重复发生的成本,而将固定性生产成本作为期间成本处理,直接从销售收入中扣除。这就是变动成本法与传统成本法的根本区别。尽管变动成本法目前还不能作为对外提供成本资料的计算方法,但其意义却不容忽视,主要有以下三点。

（一）变动成本法能够为企业进行短期决策、编制弹性预算提供各种有用的会计信息

在完全成本法下，有时会出现销售量下降而利润反而增长的情况，这就容易助长只重生产、不重销售的不良倾向。而变动成本法可以排除产量对利润的影响，利润的增长只同销量的增长作同向变动，这样会促使企业更加努力地开拓销售渠道，增加企业的税前利润。我们可以看出，变动成本法能够提供成本与产量、利润与销售量之间的变化规律，而这正是短期决策所需的会计信息。同时，由于变动成本法是建立在成本性态分析基础上的，也就使得弹性预算的编制成为可能。

（二）变动成本法可以为制定经营决策、进行成本计划和控制提供依据

由于变动成本法下的单位产品成本不包括固定性生产成本，不但可以简化产品成本的计算过程，省掉间接费用的分摊手续，避免固定性生产成本分摊的主观随意性；而且可以提供每种产品的盈利能力信息。因为产品的盈利能力通常是以边际贡献来综合表现的。同时，在变动成本法基础上计算得出的边际贡献，是盈亏临界点分析、本量利分析的基础，它可揭示产销量与成本变动之间的内在规律，找出产销量、成本、利润之间的依存关系，用于预测前景、规划未来、控制现在。

（三）变动成本法便于与责任会计等直接结合，进行不同期间的业绩评价

在采用完全成本法时，如果本期的生产能力得不到充分利用，产品的单位生产成本就会随着产量的下降而上升，期末存货就会将这种损失部分地转嫁到下期，从而减少下期的利润。反之，则会猛增下期的利润，使盈亏不能正确反映当期的工作业绩。

而在变动成本下，则可以避免这种情况，因为变动成本下的生产成本就是变动性生产成本，变动性生产成本的高低一般只反映生产部门和供应部门的工作业绩，而不反映销售部门的工作业绩，这样，就比完全成本法便于分清部门责任，有利于正确评价各基层部门的工作业绩。

第二节　变动成本法与完全成本法的比较

一、运用的前提条件不同

变动成本法要求企业进行成本性态分析，全部成本只划分为固定成本和变动成本两种。变动成本法认为，产品成本应该是那些只有在产品实现销售时才能转化为与相关收入相配比的成本，因此，固定性生产成本不能递延到下期，而应计入期间成本作为销售收入的扣除项目。

完全成本法以成本按其用途分类为前提，将全部生产性成本作为产品成本的构成内容，而将非生产性成本作为期间成本。完全成本法认为，既然是计算产品成本，就没有必要再区分固定性制造费用和变动性制造费用。因为这些费用都是为生产产品而发生的，因而在计算产品成本时，理应同等对待，全部计入产品成本中。

二、产品成本的构成不同

在变动成本法下，只将生产过程中所发生的直接材料、直接人工以及变动性制造费用计入产品成本,而把固定性制造费用以及全部的管理费用、销售费用和财务费用作为期间成本处理。因此,变动成本法的产品成本只包括变动性生产成本,不包括固定性生产成本和非生产性成本,其产品成本由直接材料、直接人工和变动制造费用三部分构成。

而在完全成本法下,除了直接材料、直接人工、变动性制造费用等变动性生产成本计入产品成本外,还要将固定性制造费用计入产品成本中去,而对于管理费用、销售费用和财务费用,则全部作为期间成本处理。就是说,完全成本法的产品由直接材料、直接人工和全部制造费用所构成。

〔例 3-1〕 某公司生产一种产品,2020 年的有关资料如下:年产量为 10 000 件,每件产品的直接材料为 10 元,直接人工为 5 元,变动性制造费用为 4 元,年固定性制造费用为 60 000元。请按变动成本法和完全成本法分别计算单位产品成本,见表 3-1。

表 3-1 产品成本计算表

单位:元

项目	变动成本法下计算的产品成本	完全成本法下计算的产品成本
直接材料	10	10
直接人工	5	5
变动性制造费用	4	4
固定性制造费用	—	6(=60 000/10 000)
单位成本	19	25

三、存货的计价不同

采用完全成本法时,包括固定性生产成本即固定性制造费用在内的各会计期间发生的全部生产成本要在完工产品和在产品之间进行分配;完工产品在销售时,全部产成品存货成本要在已销产品和库存产成品之间进行分配,因此,已销产品、库存产成品和在产品中都包含了一部分固定性生产成本,也就是说,已销售产品、产成品和在产品的成本中都不仅包括变动性生产成本,还包括固定性制造费用。因而在一般情况下,单位产品成本不仅取决于变动性生产成本,而且也取决于固定性生产成本,从而致使单位产品成本的高低与产量的大小密切相关。

采用变动成本法时,由于只将变动性生产成本计入产品成本,于是无论是在产品、库存产成品,还是已销产品的成本中都只包含变动生产成本,所以,期末产成品和在产品存货在计价时不包含固定性生产成本,因而在一般情况下,单位产品成本可以保持稳定,并且采用变动成本法对期末在产品和库存产成品的计价金额,必然低于采用完全成本法时的金额。

在例 3-1 中,如果假定年初无存货,若今年已销售产品 8 000 件,尚有 2 000 件作为期末存货,则按变动成本法计算,期末存货的价值是 38 000 元;而按完全成本法计算,期末存货的价值是 50 000 元。可以看出,完全成本法下的期末存货价值比变动成本法下的期末存货价值多 12 000 元,原因何在呢? 这是因为完全成本法下的存货成本中包括了固定性制造费用12 000元(2 000 件×6 元/件=12 000 元)。

再假定已销售产品 9 000 件,尚有 1 000 件作为期末存货。按变动成本法计算,期末存货的价值是 19 000 元,按完全成本法计算,期末存货的价值是 25 000 元。这时,完全成本法下的期末存货价值比变动成本法下的期末存货价值只多 6 000 元(1 000 件×6 元/件)。

四、利润的计算方法不同

用变动成本法计算利润是根据以下公式进行的:

$$税前利润＝销售收入－本期已销售产品的变动成本总额－$$
$$(固定性生产成本＋固定性非生产成本)$$

其中,销售收入－本期已销售产品的变动成本总额＝边际贡献,固定性生产成本＋固定性非生产成本＝固定成本

而用完全成本法计算利润是根据下列公式得出的:

$$税前利润＝销售收入－本期已销售产品的完全生产成本－非生产性成本$$

其中,本期已销售产品的完全生产成本＝期初存货的完全生产成本＋本期完全生产成本－期末存货的完全生产成本,非生产性成本＝期间成本＝管理费用＋销售费用＋财务费用。

[例 3-2] 以例 3-1 的资料为例,假定单位售价为 50 元/件,2020 年的销量为 8 000 件,年固定性管理费用为 5 000 元,固定性销售费用为 15 000 元,固定性财务费用为 2 000 元,变动性管理费用、变动性销售费用、变动性财务费用分别为:1 元/件、2 元/件、1 元/件(为简化起见,这里假定只有已销售的产品发生变动性管理费用、变动性销售费用、变动性财务费用)。假设期初无存货。分别按变动成本法和完全成本法计算损益,过程如表 3-2、3-3 所示。

表 3-2 按变动成本法计算

摘　要	金额(元)
销售收入(50×8 000)	400 000
减:本期已销售产品的变动成本总额	184 000
变动性生产成本(19×8 000)	152 000
变动性管理费用(1×8 000)	8 000
变动性销售费用(2×8 000)	16 000
变动性财务费用(1×8 000)	8 000
边际贡献	216 000
减:固定成本总额	82 000
固定性制造费用	60 000
固定性管理费用	5 000
固定性销售费用	15 000
固定性财务费用	2 000
税前利润	134 000

表 3-3 按完全成本法计算

摘 要	金额(元)
销售收入(50×8 000)	400 000
减:本期已销售产品的完全生产成本总额	200 000
期初存货完全生产成本	—
本期完全生产成本	250 000
减:期末存货完全生产成本	50 000
销售毛利	200 000
减:管理费用	13 000
销售费用	31 000
财务费用	10 000
税前利润	146 000

　　从表 3-2、表 3-3 可以看出,两种方法计算出来的税前利润不一样,相差 12 000 元。这是因为本期产品并没有完全销售,期末存在存货 2 000 件。由于在变动成本法下,产品成本不包括固定性制造费用,而在完全成本法下,产品成本包括固定性制造费用,根据资料,每件产品的固定制造费用为 6 元/件,所以,在完全成本法下,存货吸收了固定制造费用 12 000元(2 000 件×6 元/件),因而完全成本法所确定的税前利润比变动成本法所确定的税前利润多 12 000 元。也就是说,在变动成本法下,12 000 元的固定性制造费用被作为期间成本处理了,而在完全成本法下,它却被作为存货的价值列入资产负债表。这就是说,两种方法计算的税前利润的差异是由于存货中包含的固定制造费用产生的。那么,这个差额是否一定等于期末存货中所包含的固定制造费用呢? 答案是不一定。这一点可从下面的例子得到验证。

　　[例 3-3] 仍以例 3-2 中的资料为例,假定该产品的单位售价为 50 元/件,2000 年的销量为 8 000 件,为简化起见,假设 25 000 元的期间费用全部为固定成本。

　　如果该公司 2001 年的产量为 1 500 件,销量是 1 600 件;2002 年的产量为 2 000 件,销量是 1 400 件,其他资料与 2000 年相同(采用先进先出法进行存货计价)。

　　则该公司 2001 年在完全成本法下的税前利润是 403 000 元,在变动成本法下的税前利润是 411 000 元;2002 年在完全成本法下的税前利润是 366 000 元,在变动成本法下的税前利润是 349 000 元。就是说,该公司的两种税前利润在 2001 年相差 8 000 元,2002 年相差 17 000元。这一差额是否等于年末存货中所包含的固定制造费用额呢?

　　容易知道,2001 年和 2002 年末存货中所包含的固定制造费用分别为 4 000 元和 21 000元,显然这两年完全成本法下的利润与变动成本法下的利润差额并不等于每年年末存货中所包含的固定制造费用额。这是为什么? 前面我们已经知道,两种成本计算方法下的税前利润产生差异的原因是由于他们对于固定制造费用的处理方式不同。变动成本法下的产品成本和存货成本中不包含固定制造费用,而完全成本法下的产品成本和存货成本中却包含。

　　显然,在变动成本法下,计入当期损益表的是当期发生的全部固定性制造费用;而在完全成本法下,计入当期损益表的固定性制造费用数额则不仅受当期发生的全部固定性制造费用影响,而且还受期初、期末存货水平的影响。在其他条件不变的前提下,只要完全成本法下的期末存货吸收的固定性制造费用不等于期初存货释放的固定性制造费用,就一定会使两种成本法的税前利润不一样。

本例中2001年完全成本法的税前利润比变动成本法的利润多8 000元,这是因为采用完全成本法在计算利润时,在收益中比变动成本法多扣减了8 000元的固定制造费用。这从年初和年末存货中包括的固定制造费用额的变化就可以看出。2001年年初和年末存货中的固定制造费用分别为12 000元(=2 000×6)和4 000元(=1 000×4)。显然,两种方法计算的利润差额正好等于年初和年末存货中所包括的固定制造费用的差额。与此类似,2002年也是如此,因为2002年年初和年末存货中的固定制造费用分别为4 000元(=1 000×4)和21 000元(=7 000×3),两者的差额正好等于2002年两种方法下的利润差额。于是,我们可以得到如下一般结论:

(1)若期初存货中的固定制造费用等于期末存货中的固定制造费用,则采用两种方法计算的税前利润相等;

(2)若期初存货中的固定制造费用大于期末存货中的固定制造费用,则采用完全成本法计算的税前利润小于采用变动成本法计算的税前利润;

(3)若期初存货中的固定制造费用小于期末存货中的固定制造费用,则采用完全成本法计算的税前利润大于采用变动成本法计算的税前利润。

由此可见,在采用完全成本法核算产品成本时,企业人员完全可以通过变动产量的大小,进而影响单位固定制造费用的高低来影响当期利润。不仅如此,在采用完全成本法核算产品成本时,企业人员还可以通过存货计价方式的改变来调节利润。

[例3-4]　某厂20×0年、20×1年和20×2年的有关财务资料如表3-4所示,试分别在先进先出法和后进先出法的存货计价方法计算该厂在完全成本法和变动成本法下的税前利润。

表3-4　某厂20×0年、20×1年和20×2年的财务资料

年份	产量(件)	销量(件)	售价(元/件)	生产成本		推销和管理成本	
				变动(元/件)	固定(元)	变动(元/件)	固定(元)
20×0年	6 000	4 000	25	10	24 000	0.5	1 000
20×1年	3 000	4 000	25	10	24 000	0.5	1 000
20×2年	5 000	4 000	25	10	24 000	0.5	1 000

解:计算结果见表3-5所示。

表3-5　某厂20×0年、20×1年和20×2年在不同计算方法下的利润情况　　　单位:元

	先进先出法			后进先出法		
	20×0年	20×1年	20×2年	20×0年	20×1年	20×2年
完全成本法	41 000	33 000	34 600	41 000	29 000	37 800
变动成本法	33 000	33 000	33 000	33 000	33 000	33 000

由表3-5我们可以发现,在采用完全成本法时,尽管这三年该厂的销量没有发生变化,成本标准也没有改变,但因各年的产量不同,导致各年的利润差别很大。不仅如此,在使用完全成本法时,采用不同的存货计价方式,也直接影响各年的利润大小。这再次验证了这样一个事实,即采用完全成本法时,经营者不仅可以通过增减产量,而且可以通过改变存货计价方法来调节账面利润。与此相反,采用变动成本法时则不存在这一问题。

五、提供的信息用途不同

完全成本法是为了反映产品的全部生产成本,满足对外报告的需要而产生的。它所提供的成本资料具有一定公认性,可以反映成本与产品在质的方面的归属关系。同时,由于它相对变动成本法有高估税前利润的倾向,因而有助于企业扩大生产,刺激企业增产的积极性。

变动成本法主要用于企业内部的经营管理。由于它能够提供成本与产量、利润与销售量之间的变化规律,从而有助于加强成本管理的预测、决策、计划、控制以及考核等职能,以销定产,减少或避免因盲目生产而带来的损失。在不考虑其他因素的情况下,企业的税前利润是单价、成本和销售量这三个要素的函数,所以当单价和成本水平不变时,税前利润应该直接与销售量的多少挂钩,税前利润的变动趋势应该直接与销售量的变动趋势相联系,而这一规律只有在变动成本下才能得到充分体现。变动成本法不仅是一种比较成熟的成本计算方法,而且也是企业内部的一种成本会计制度。在有些企业,成本的记录、账户的设置、成本的汇集、内部报表的编制等均是按照成本性态的分类来进行会计处理的。但由于有关的会计准则仍要求企业按完全成本法提供的成本资料编制对外财务报表,因此,尽管变动成本法有它的优越性,但至今主要还是用于企业内部的经营管理。

第三节　对变动成本法的评价

变动成本法是20世纪30年代以来产生的,它突破了传统的成本观念,得到了会计学界的广泛认同,并在实践中的一定范围内得到了运用。

一、变动成本法的主要优点

(一)能够更好地为企业的短期生产经营决策服务

从短期看,企业一般不存在生产能力的变动,并且现有生产能力一经形成,就难以改变,从而导致与现有生产能力相联系的固定性生产成本(固定性制造费用)不可避免,并使得他们与短期生产经营决策无关,成为一种无关成本。因此,短期生产经营通常需要借助于边际贡献进行决策,而这正是变动成本法之长所在。变动成本法将固定性制造费用排除在生产成本之外,便于揭示边际贡献的信息,明确销量、利润、成本之间的依存关系,方便进行本量利分析,从而能为企业的短期生产经营决策提供所需的数据。

(二)有利于企业重视销售环节,防止盲目生产

在完全成本法下,企业利润不仅受销量影响,而且受产量大小和存货计价方式的影响。其原因主要在于:假定某企业产品的单位变动成本、年固定成本总额、年销量都未发生变化,而企业不断扩大生产,使得年产量大大增加。由于固定性制造费用要在产成品和在产品之间进行

分配,所以,随着产量的不断增加,单位产品的固定性制造费用就会不断下降,产品的单位成本也会较以前年度有所降低。如此,今年的利润就会比以前年度有所增加。事实上,这是将固定性制造费用转移到期末存货中去,然后再通过期末存货将固定性制造费用转移到以后会计期间。所以,我们可以看出,在完全成本法下,只要扩大生产,即使销售不变,也可能增加利润,从而会导致企业盲目扩大生产,而不注重销售。特别是在销量下降、利润反而有所增长的情况下,更容易助长企业管理当局重生产轻销售的不良倾向。同时,在这种方法下,由于存货计价方式的改变,可以直接影响利润的大小,所以它又给企业管理人员篡改利润以可乘之机。

而在变动成本法下,这种情况就可以完全避免。它可以排除产量和存货计价方式对利润的影响,能够反映销量对税前利润的决定性作用,从而使利润的增长与销量的联系更加紧密。这主要是因为,在变动成本法下,固定性制造费用无须在产成品和在产品之间进行分配,直接将它从销售收入中一次性扣除就可以了,这样就不会出现将固定性制造费用通过产量的提高转移到以后的会计期间中去了,以致在变动成本法下,企业利润的高低仅与销量的高低有关,而与产量的高低无关。因而,变动成本法所提供的数据资料更易于为企业管理部门所理解、掌握和使用,从而能够促使管理当局更加重视销售环节,考虑市场需求,实行"以销定产",防止盲目生产。

(三)更符合配比原则

配比原则是公认的会计原则,它要求有关费用的发生应当与所产生的收入相配比。也就是要求在一定的会计期间内,应当以产生的收益为依据,把有关的成本、费用与所产生的收益配合起来。在这一点上,变动成本比完全成本法更符合这一原则。因为变动成本法的基本原理是将本期的成本划分为两大类:一类是与产品生产直接相关的成本,主要包括直接材料、直接人工、变动性制造费用;另一类是与产品生产不直接相关的成本,主要包括固定性制造费用、管理费用(包括固定性管理费用和变动性管理费用两大类)、销售费用(包括固定性销售费用和变动性销售费用两大类)、财务费用(包括固定性财务费用和变动性财务费用两大类)。同时,将第一类成本作为产品成本的内容,在产成品和在产品之间分配,将第二类成本(包括固定性制造费用)作为期间成本,一次性地从销售收入中扣除。这种做法,比起完全成本法来说,更加符合配比原则。

支持完全成本法的学者可能会认为,固定性制造费用也是为生产产品而发生的,为体现配比原则,理应将它计入产品成本中去。但事实上,配比原则的根本点在于期间配比而非产品配比。因为,损益表中的损益是按照会计期间计算的,而不是按照产品计算的。对于产品来说,只是把其中已销售部分的产品成本作为销售成本,与当期销售收入相配比,而把未销售部分的产品成本作为存货价值,以便与未来获得的销售收入相配比。由于固定性制造费用是为提供生产条件和生产能力而发生的,并且这种生产条件和生产能力是随着时间的消逝而消失的,如果当期不利用这些生产条件和生产能力,就会产生机会损失,而这种机会损失只能通过当期收入来补偿,所以,它不应当通过期末存货转移到以后会计期间,故需要把固定性制造费用列入期间成本中去。

(四)能够更为准确地反映企业业绩的好坏

由于采用完全成本法时,企业在一定时期实现利润的多少在一定程度上受到产量和存货计价方式的影响,因此采用这种方法计算出的利润指标不能准确地衡量一个单位、部门的工作业绩。例如,尽管企业的销售部门今年努力扩大产品的市场份额,增加销售,但在损益表上却有可能出现由于产量下降而导致利润下滑的现象,这不但难为管理当局所理解,而且也难以使管理当局准确考核销售部门的业绩。

而相对而言,变动成本法的业绩评价作用则要强一些,因为它较少受到主观因素的影响。例如在采用变动成本法时,在直接材料、直接人工和变动制造费用方面,如有所节约或超支,就立即会从产品的变动生产成本指标上反映出来。而固定生产成本的高低一般不是基层生产单位所能控制的,通常应由管理部门负责,可以通过制定费用预算加以控制,这样就便于分清各部门的经济责任,有利于正确评价各部门的工作业绩,有利于企业的成本控制。

(五)更有利于预测分析、决策参与和预算编制

预测分析的一项重要内容是进行本量利分析,它对销量、成本、利润和价格的决策影响重大。进行这种分析,首先要求将所有成本划分为变动成本和固定成本,变动成本法则正好提供了这个条件。如在短期决策中,常常需要对各种产品的获利能力进行比较分析,以便确定企业应该发展哪种产品和应该停止生产哪种产品,而变动成本法由于可以提供每种产品的变动成本资料,从而可以知道每种产品的盈利能力——边际贡献(率),这样就为利润规划和经营管理中的许多重要决策提供了重要的参考依据。而完全成本法,由于将固定生产成本分摊到产品中,从而难以准确反映各种产品的获利情况。另外,在市场竞争日益激烈的今天,按一系列产销水平编制的弹性预算,比只按一个产销水平编制的固定预算更为实用,因为它增强了成本和利润的预算数与实际数之间的可比性。而弹性预算恰恰就是建立在成本按习性划分的基础之上。

(六)可以简化成本计算,提高成本资料的准确性

采用变动成本法,把固定成本列入期间成本中去,可以省去许多间接费用的分摊工作,不仅可以简化产品成本计算工作,而且可以避免或降低间接费用分摊中的主观随意性,以提高成本报表编制的及时性和准确性。同时,成本计算工作的简化,可以使会计人员从繁杂的核算中解脱出来,更好地研究解决成本管理的深层次问题。

二、变动成本法的主要缺点

(一)不能适应长期决策的需要

长期决策要解决的是增加或减少生产能力、扩大或缩小经营规模等对企业有深远影响的问题。尽管变动成本法所提供的信息在短期经营决策中能作为确定最优方案的重要根据,但从长期看,由于技术进步和通货膨胀等因素的影响,产品的销售单价、单位变动成本和固定成本总额都很难一成不变,这样也就难以正确估计若干年后的生产成本和利润;另外,在定价决策中,一般需要掌握产品的全部成本资料,以判断每种产品能否以收抵支。因为从长期来看,变动成本和固定成本都需得到补偿。如果忽视固定成本,就有可能把价格定得过低,从而使固定成本补偿不足,简单再生产难以为继。所以,变动成本法不能满足长期决策的需要,不能直接据以进行定价决策。不过,也有人认为,无论是变动成本法还是完全成本法都不能保证我们准确制定产品售价,因为我们最终制定出来的产品售价,不仅要足以抵补生产成本,而且也必须抵补期间费用。同时,他们还认为上述说明,夸大了成本数据在定价决策中的作用。因为对大多数公司来说,竞争对手所制定的价格或代用品的价格等市场状况是决定产品能否按某一价格出售的决定性因素。也就是说,产品售价最终是由市场而非成本决定。

（二）成本划分带有一定的主观性

在实际工作中,成本支出受多种因素影响,哪些属于变动成本,哪些属于固定成本,并不容易辨认,况且"纯粹"的变动成本和固定成本很少,而大多是以混合成本的形式存在。为应用变动成本法,首先必须对其进行划分和分解,而无论采用哪种方法,都只是对混合成本的近似界定,分解的结果很难与实际情况完全吻合。

（三）不能对外提供成本信息

尽管从理论上讲,变动成本法比完全成本法更好并更准确地反映企业的经营业绩。但是至今还没有哪一个国家正式要求企业采用变动成本法编制会计报表对外公布,甚至像美国注册会计师协会（AICPA）、美国证券交易委员会（SEC）和美国国内税务局（IRS）等一些权威机构至今还是主张采用完全成本法来计算产品的单位成本,据以进行存货计价、税前利润确认和对外财务报表的编制。我国的会计准则也是如此规定,要求企业必须采用完全成本法编制财务报告,对外提供成本信息。造成这种状况的可能原因,一是习惯使然。因为完全成本法已深入人心,因而变动成本法在短期内很难为各方所接受;二是出于利益的考虑。因为采用变动成本法计算产品成本,一般会降低期末存货的计价,从而减少当期的税前利润,于是就要延期支付所得税和股利。另外,由于企业或多或少要保持一定的存货,变动成本法确定的利润总要落后于完全成本法。

（四）所提供的成本资料不完整

变动成本法将产品成本仅定义为变动性生产成本,而将固定性制造费用作为期间成本处理,不仅理论依据不足,而且在实践上也容易造成对这一部分成本管理的忽视。因为固定性制造费用同变动成本一样,都是为了生产产品而支出的,理应计入产品成本中去。

● 思考题

1. 变动成本法的主要特点是什么?
2. 变动成本法与完全成本法有哪些不同?
3. 造成变动成本法与完全成本法差异的主要原因是什么?
4. 你认为变动成本法与完全成本法,哪个更能满足企业经营管理的需要? 为什么?
5. 与完全成本法相比较,变动成本法有哪些优点和缺点?
6. 在企业的日常核算中,如何将变动成本法和完全成本法统一起来?

拓展案例:变动成本法和完全成本法的计算

某公司决定从今年1月起采用变动成本法进行日常会计核算,到月终经过适当调整再按完全成本法编制对外财务报告。

该公司年初有A产品产成品存货30件,其全部生产成本1200元(其中固定部分20%),年初"未分配利润"账户余额1000元。本月发生的有关经济业务及会计处理如下:

1. 本月投产A产品100件,其变动生产成本分别为:直接材料1000元,直接人工600元,变动制造费用400元。

2. 月末完工A产品50件,月末50件在产品的约当产量为30件。

3. 本月销售A产品60件,单价50元,货款已收到。

4. 本月共发生固定制造费用 800 元,固定销售和管理费用 100 元,已用银行存款支付。

5. 月末结转本月售出的 60 件 A 产品的变动生产成本。

6. 月末将本期销售的 A 产品应分摊的固定制造费用转入销售成本。

7. 月末将本月的销售收入转入本期利润账户。

8. 月末将本月的销售成本和期间费用转入本期利润账户。

存货计价分别采用先进先出法、后进先出法和加权平均法。

要求:完成下列工作:

1. 就上述经济业务分别编制会计分录;

2. 将上述主要会计处理程序编制成流程图;

3. 分别按完全成本法和变动成本法编制收益简表和资产负债简表(因篇幅所限,这里我们只给出采用先进先出法存货计价方式时的答案)。

解:1. 分录

(1) 借:在产品   2 000

  贷:直接材料   1 000

   直接人工   600

   变动制造费用   400

(2) 本月 A 产品的单位变动生产成本为(1 000+600+400)/(50+30)=25 元/件

则完工产品的分录:

借:产成品   1 250

  贷:在产品   1 250

(3) 售出 60 件 A 产品并收到货款时的分录:

借:银行存款   3 000

  贷:销售收入   3 000

(4) 本月发生的固定制造费用和固定推销管理费用以银行存款支付时分录:

借:存货中的固定制造费用   800

  固定推销和管理费用   100

  贷:银行存款   900

(5) 结转售出的 60 件产品的变动生产成本的分录:其值为:$30 \times 32 + 30 \times 25 = 1710$

借:销售成本   1 710

  贷:产成品   1 710

(6) 本月发生的固定制造费用分配率=800/(50+30)=10 元/件,

则:本月销售的产品应分摊的固定制造费用=240+10×30=540 元

月末产成品应分摊的固定制造费用=20×10=200 元

月末在产品应分摊的固定制造费用=30×10=300 元。

于是,本月销售的产品应分摊的固定制造费用转入销售成本:

借:销售成本   540

  贷:存货中的固定制造费用   540

(7) 将本月的销售收入转入本期利润账户:

借:销售收入   3 000

　　　　贷:利润　　　　　　　　　　　　　　　　　　　　　　　　　　　3 000

（8）将本月的销售成本和期间费用转入本期利润账户:

　　借:利润　　　　　　　　　　　　　　　　　　　　　　　　　　　　2 250

　　　贷:销售成本　　　　　　　　　　　　　　　　　2 250(＝1 710＋540)

　　　　推销和管理费用　　　　　　　　　　　　　　　　　　　　　　　　100

2. 会计处理程序流程图

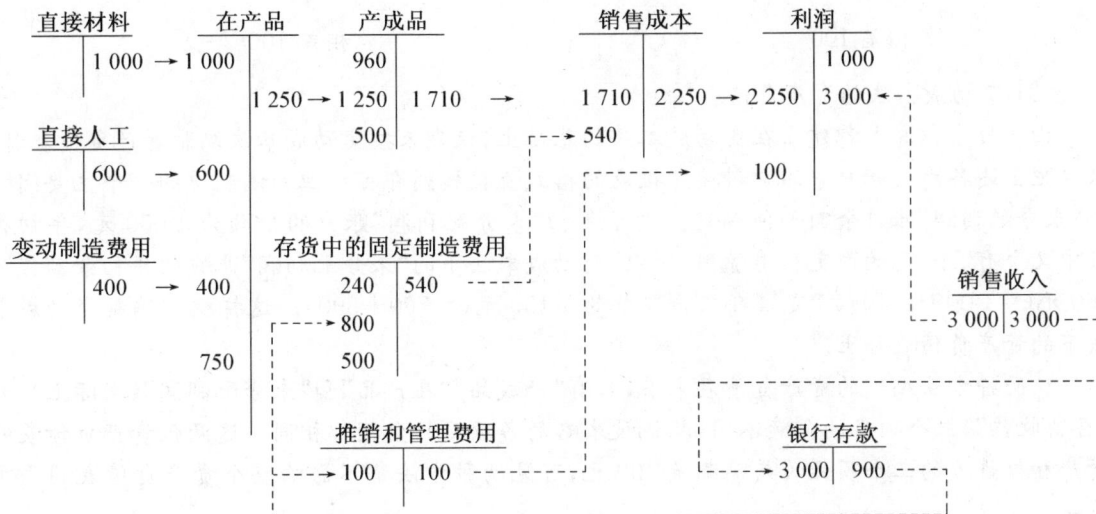

3. 收益表

职能式损益表

销售收入	3 000
减:销售成本	2 250(＝1 700＋540)
减:期间费用	100
税前利润	650

贡献式损益表

销售收入	3 000
减:变动成本	1 710
减:固定成本	
固定制造费用	800
固定推销和管理费用	100
税前利润	390

4. 资产负债表

（1）完全成本法下的资产负债表

为编制完全成本法的资产负债表,需要将"存货中的固定制造费用"附加到"产成品"和"在产品"账户的余额上:

　　　产成品＝产成品账户余额＋产成品应负担的固定制造费用＝500＋200＝700

　　　在产品＝在产品账户余额＋在产品应负担的固定制造费用＝750＋300＝1 050

完全成本法下资产负债表的其他数据直接来自有关账户余额,包括"期末未分配利润"亦可根据"利润"账户的余额加以确定。其资产负债简表如下:

资产负债简表（完全成本法下）		资产负债简表（变动成本法下）	
产成品	700　未分配利润1 000＋650	产成品	500　未分配利润
在产品	1 050	在产品	750　　（1 000－240）＋390

相差 100　　　　　　　　　　　　相差 100

（2）变动成本法的资产负债表

由于日常核算大都建立在变动成本法的基础上，故期末按变动成本法编制资产负债表时，只要把上述各有关账户中的资料按照报表的格式直接填列即可。但其编制中的一个主要问题是"未分配利润"账户余额如何确定。由于年初"未分配利润"账户的余额为 1 000 元，年初存货中又含有 240 元的固定制造费用，所以，变动成本法下的"未分配利润"账户的年初余额应为 760 元（＝1 000－240），于是其年末余额就为 1 150 元（＝760＋390）。这样就可编制变动成本法下的资产负债表如上。

从两种方法编制的资产负债表来看，只有"产成品""在产品"和"未分配利润"（实际上应为"存留收益"）三个项目的金额不同，其他被省略的各项目的金额都相同。这两张资产负债表的资产和权益方的三个项目的差额都是 100 元，可见两种方法都不影响整个资产负债表的平衡关系。

第四章 本量利分析

本量利分析是成本、业务量和利润分析的简称,又称 CVP 分析(Cost-Volume-Profit Analysis)。它是指在成本性态分析的基础上,运用数量化模型研究企业在一定时期内的固定成本、变动成本、销售数量、销售价格和营业利润之间相互影响、相互制约的数量关系的一种定量分析方法,是企业管理当局在既定的成本特性条件下,着重研究成本(C)、利润(P)和业务量(V)三者之间互动关系及其规律的一整套方法体系。

本量利分析主要运用于企业管理的预测分析和决策分析两大环节。在预测分析中,该方法的运用可以预测企业目标利润水平及相应的业务量和成本水平,同时还可以预测某些因素变动对于企业利润水平的影响。在决策分析中,企业在计算、分析各个经营备选方案时,可借鉴本量利分析的具体技术或原理,为管理当局择选出最佳经营方案。

本量利分析所提供的原理和方法在管理会计中有着广泛的用途,是短期经营决策的核心,在企业销售决策、生产决策、定价决策等决策活动方面起着决定性作用,其思想贯穿于管理决策活动的始终,是企业进行决策、计划和控制的重要工具。不仅营利性组织的管理者关心产量对于收入(销售额)、费用(成本)和净收益(净利润)的影响,而且非营利性组织也会受益于本量利关系的研究,例如,作为非营利性组织的医院,其管理者一直关心病人数量的变化对成本的影响这一问题。

本章着重阐述:本量利分析的基本公式是什么?有哪些假设前提?怎样进行保本分析、安全边际分析、营业杠杆分析和敏感性分析?

通过本章的学习,使读者明了成本、业务量与利润三者之间的数量关系,掌握生产经营保本点的确定方法。

引导案例

XM 的卫星业务为何失败?

固定成本对于一个企业来说越多越好吗?这个问题很多同学都可以给出直观的正确回答。但是,相信曾经的卫星广播业巨头——XM 卫星广播公司对此感受颇深。

XM 卫星广播公司成立于 1992 年 6 月 6 日。经过数十年的快速发展,

2001 年初,为了开展卫星广播业务,XM 花费了数十亿美元用于购买广播拍照、发射两颗卫星和进行技术引进。开始经营后,XM 公司继续投入数十亿美元用于编程、卫星传输之类的固定支出项目。对比鲜明的是,XM 公司的变动成本很低。事实上,XM 的卫星广播业务开创了一种高经营杠杆的业务模式,即在支出结构中包含高比例的固定成本支出。正因为如此,XM 的盈利必须依赖于积聚大量用户和出售广告。

很快,这一高经营杠杆的业务模式的弊端显现出来。2002 年 Sirius 公司进入市场,采取相似的业务模式并提供和 XM 几乎相同的服务,后续竞争者更是越来越多。为了应对众多竞争对手,XM 公司开始投入大量资金开发独家节目。但随之 Sirius 公司也开始效仿,竞争愈演愈烈。

巨额支出最终没能换取相应地回报。到 2006 年,尽管拥有 800 万用户,XM 却从未实现盈利。观察家甚至预测 XM 和 Sirius 永远不可能收回他们的巨额固定支出。

究竟是什么导致了 XM 公司卫星业务的失败?作为公司管理者,如何才能确定公司业务盈利所要达到的最低用户数量?如何考虑固定成本、变动成本、销售量等因素的变化对利润的影响?这些都是本章将要学习的内容。

第一节 本量利分析基础

一、基本假设

任何理论模型的建立,离不开一系列假设界定,本量利分析也不例外。本量利分析是一种定量分析方法,与任何数量化的分析方法一样,为逻辑上的严密起见,在进行本量利分析时,我们需做如下假设。

1. 成本性态假设

假定成本性态分析的基本工作已经完成,全部成本按习性划分为固定成本与变动成本,而且可以通过成本性态模型加以反映。

2. 相关范围假设

即假设在相关范围内,固定成本是真正固定不变的,变动成本与业务量成正比例增减。

3. 线性关系假设

假设在相关范围内,产品的销售收入与销量成正比,生产成本与产量呈线性关系。

上述两个假设,实际上是假定在一定时期和一定业务量范围内,企业各生产要素的价格,包括原材料、工资、制造费用水平不变,因而成本函数表现为线性方程;产品售价不随外部环境的变化而变化,所以销售收入函数也是线性方程。

4. 产销平衡假设

假定本期生产的产品在本期全部售出或在本期生产量不变的情况下,期初生产量与期末生产量相等,即产销平衡。

5. 品种结构不变假设

假设企业在生产多种产品时,不仅各种产品产销量平衡,而且各种产品销售额的比重,即品种结构保持不变。

6. 变动成本法的假设

假定产品成本是按变动成本法计算，不是按制造成本法，更不是完全成本法计算的。成本中的全部固定成本均作为期间成本一次全部扣除。

7. 经营利润的假设

本量利分析中所指的"利"是经营利润额；财务会计中所讲的"利"，一般是指利润总额，利润总额不仅包括经营利润，还包括投资损益、营业外收支净额等。需要指出的是，西方管理会计本量利分析中所讲的"利"，通常是指"息税前利润"。

那么，为什么进行本量利分析需要建立若干假设前提呢？这是因为：

第一，假设是建立科学理论体系的基础。

例如，在欧氏几何中有"过直线外一点有且只能做一条平行线"这样一条公理，这条公理就是建立欧氏几何的一个假设前提，没有这样一条公理，平面几何将不复存在，平面几何中的大量定理和推论将难以成立。当然，人们可以同意，也可拒绝这一假设。不过，接受这一假设是学习欧氏几何的前提。在学习上有两个非欧氏几何，它们都没有"过直线外一点有且只能做一条平行线"这一假设和结论。一种是黎曼几何，又称球面几何，在这种几何中，过直线外一点连不出一条平行线；另一种是罗巴切夫斯基几何，它却假定通过给定的一点可以引出许多条直线平行于给定直线。类似地，牛顿的力学理论、财务会计理论等都有一定的假设前提。由此可见，任何一种理论都是在一定的假设前提下成立的，量利分析也不例外。

第二，假设是界定科学理论应用的界限。每一种理论都有其应用的范围。如牛顿的经典力学理论只适用于宏观低速领域，常规的财务报表编制方法不适用于通货膨胀情况下。

第三，假设是解释客观事实的前提。通常，我们难以解释成本与某一业务量之间的全部内在联系，但在把成本划分为固定与变动两大类的前提下，则就可解释两者间的关系，并用一定的数学模型来揭示这种关系。

第四，假设是使复杂问题简单化的需要。我们知道，现实的经济生活是复杂多变的，企业的利润会受到各种因素的影响，并且这些因素的影响方式、程度、大小又是不断变化的，因此我们很难甚至不可能找到一个能够准确、全面反映企业经济活动状况的数学模型来为我们的管理和决策服务。为此，我们必须将复杂问题简单化，这样我们才能分清主次，抓住关键。

二、基本公式

在上述一系列假设明确之后，企业的成本、利润与业务量之间的数量关系就会变得简明清晰，可以通过一系列公式、图形抽象表达出来，从而建立起本量利分析模型。

企业日常经营管理工作通常是以产量、销量等业务量作为起点，以利润作为终极目标。利润的计算可按以下步骤进行：

$$边际贡献 = (单价 - 单位变动成本) \times 销量$$
$$= 销售收入 - 变动成本总额$$
$$经营利润 = 边际贡献 - 固定成本$$
$$销售利润 = 经营利润 - 所得税$$
$$目标利润 = (单价 - 单位变动成本) \times 销量 - 固定成本$$
$$= 边际贡献 - 固定成本$$
$$目标税后利润 = (单价 - 单位变动成本) \times 销量 - 固定成本 - 所得税$$

$$＝边际贡献－固定成本－所得税$$

因此,销售单价、成本、业务量诸因素与利润的关系可用公式来反映:

$$利润＝收入－成本$$
$$＝销售收入－销售成本－期间费用$$
$$＝边际贡献－固定成本$$

即:　　　　　利润＝销售量×(单价－单位变动成本)－固定成本

这就是本量利分析的基本公式,又称"损益方程式"。在这个公式中,销量、单价、单位变动成本、固定成本和利润量是五个相互联系的变量,假定任意四个因素已定,相应地第五个因素的数值就能得到确定。由此可见,运用本量利基本公式,可以揭示出目标利润、成本、业务量之间的内在联系,从而为企业管理当局提供所需的预测和决策资料。

三、边际贡献与边际贡献率

边际贡献,又称"贡献边际""贡献毛益""创利额"或"边际利润",是指产品的销售收入减去其变动成本以后的差额,即:

$$边际贡献＝销售收入－变动成本$$

由于"变动成本"既包括生产制造过程中的变动成本,称为产品变动成本,又包括销售和管理中的变动成本,称为期间变动成本,所以,边际贡献也可具体分为"制造边际贡献"(又称"生产边际贡献")和"产品边际贡献"(又称"总营业边际贡献"):

$$制造边际贡献＝销售收入－产品变动成本$$
$$产品边际贡献＝制造边际贡献－期间变动成本$$

在以后的学习中,若未在"边际贡献"前面加任何定语,则通常指"产品边际贡献"。

从表现形式上看,边际贡献有两种表现:

一是"单位边际贡献(cm)",它是产品的销售单价减去其单位变动成本后的余额,即:

$$单位边际贡献＝销售单价－单位变动成本$$

即:　　　　　　　　　　$$cm＝p－b$$

它反映该产品的盈利能力,即每多销售一个单位产品可增加多少盈利。

二是"边际贡献总额"(Tcm),它是产品的销售总额减去其变动成本总额后的余额,即

$$边际贡献总额＝销售收入总额－变动收入总额$$

即:　　　　　　　　　　$$Tcm＝px－bx$$

于是有:　　　　　　$$Tcm＝(p－b)x＝cm \cdot x$$

即:　　　　　　边际贡献总额＝单位边际贡献×销量

因而,　　　　　　　　　$$P＝Tcm－a$$

即:　　　　企业的营业利润＝边际贡献总额－固定成本

边际贡献是反映企业盈利能力的一个重要指标,在企业的短期决策中具有十分重要的作用。虽然边际贡献不是企业的利润,但它是企业补偿固定成本和为企业创造利润的源泉。若企业在一定时期的边际贡献大于零,表明企业的产品销售收入除可以完全补偿产品生产中投入的变动成本之外,还有能力用来补偿企业先期投入的固定成本,从而可能为企业提供利润。

边际贡献还有一种相对形式——"边际贡献率"(cmR),它是边际贡献占企业销售收入的比率,即:

$$边际贡献率＝单位边际贡献/销售单价$$
$$＝边际贡献总额/销售收入总额$$

亦即：
$$cmR＝cm/p＝Tcm/px$$

它表示 1 元销售收入中所能提供的边际贡献,反映产品为企业创利做出贡献的能力。

与边际贡献绝对形式相比,边际贡献率这一相对指标对企业的决策更具指导意义,因为它便于横向比较,能够对不同种类产品之间的创利能力进行大小对比。

例如,某企业同时生产甲、乙两种产品,两产品的销售单价分别为 50 元/件、100 元/件,单位变动成本分别是 30 元/件、40 元/件。在其他条件相同情况下,该企业尽量多生产乙产品,因为甲、乙两产品的边际贡献率分别是 40％、60％,相比较而言,乙产品的创利能力更强。

在有了边际贡献率这一指标后,我们还可根据它的数值来计算企业的边际贡献和营业利润。

由：
$$cm＝p－b$$

得：
$$cm＝p(1－b/p)＝p \cdot cmR$$

即：
$$单位边际贡献＝单价×边际贡献率$$

从而：
$$Tcm＝cm \cdot x＝xp(1－b/p)＝px \cdot cmR$$

即：
$$边际贡献总额＝销售收入 \cdot 边际贡献率$$

于是,
$$P＝Tcm－a＝cm \cdot x－a＝px \cdot cmR－a$$

即：
$$营业利润＝边际贡献总额－固定成本总额$$
$$＝单位边际贡献×销量－固定成本总额$$
$$＝销售收入×边际贡献率－固定成本总额$$

与边际贡献率相联系的一个指标是"变动成本率"(bR),它是指变动成本占销售收入的比率,即：

$$变动成本率＝单位变动成本/销售单价$$
$$＝变动成本总额/销售收入总额$$

它反映 1 元销售收入中变动成本所占的金额。

显然有：
$$边际贡献率＋变动成本率＝1。$$

由此可见,边际贡献率与变动成本率是两个互补指标:凡是变动成本率低的产品,其边际贡献率则高,创利能力则强;反之,变动成本率高的产品,其边际贡献率则低,创利能力则弱。因此,企业应设法增加生产和销售边际贡献率高的产品,以迅速增加利润。

第二节　保本分析

保本,是指企业在一定时期内盈亏平衡、收支相抵,利润为零。当企业达到这种不盈不亏的临界状态时,即称企业达到了保本状态,保本状态能否达到,对于企业管理当局的预测和决策甚为重要,而保本分析就是研究处于保本状态下企业的本量利关系的一种定量分析方法。它是利用本量利基本公式进行损益平衡分析,因此又称"损益平衡分析"或"盈亏临界分析"。

保本分析的关键是保本点的确定。所谓保本点(BEP),又称"盈亏临界点",是指处于保本状态时企业所必须达到的业务量。在保本点,企业在一定时期内的收入等于成本,在这一业务量水平下企业的边际贡献总额恰好等于企业的固定成本总额。

我们知道,企业的销售收入扣减变动成本以后得到的边际贡献总额,首先要用以补偿固定成本,只有在补偿固定成本以后还有余额,才能为企业提供最终的利润;否则,企业就会发生亏损。如果边际贡献总额恰好等于固定成本总额,那就是处于不盈不亏的状态,此时的销售量即为保本点或盈亏临界点。由此可见,"保本点"这一概念对于企业管理非常重要,它是企业赢利还是亏损的分水岭。在达到保本状态时,只要稍微提高一点业务量,企业就能盈利;反之,稍微降低一点业务量,企业就会亏损。

一、单品种条件下的保本分析

假定企业生产单一产品,则保本点有两种表现形式:一种用实物量表示,称为"保本销售量",即销售多少数量的产品时才能保本,简称"保本量";一种用货币金额来表示,称为"保本销售额",即销售多少金额的产品时才能保本,简称"保本额"。它们都是企业处于保本状态下的业务量指标。

单一品种保本分析是在假定一个企业的产品销售单价、单位变动成本和固定成本在一定期间内保持不变前提下,着重研究销售量与利润的关系,以确定企业保本量、保本额的过程。

(一)单一品种保本分析数量模型

设 P 代表利润,x 代表销售量,p 代表单价,b 代表单位变动成本,a 代表固定成本,VBE 代表保本量。

首先,根据本量利基本公式,可以得到在保本状态下企业本量利之间的基本关系。

由 $P=px-a-bx$

令 $P=0$,则 $px-a-bx=0$

即:$(p-b)x=a$

上式表明企业处于保本状态时边际贡献总额=固定成本总额

于是,得到:$x=a/(p-b)$

即:保本量=固定成本总额/单位边际贡献

因而,保本额=保本量×单价

【例 4-1】 某企业生产 A 产品,根据生产部门有关资料计算,每件 A 产品的变动成本为 10 元,固定成本总额 1 500 元,若销售单价为 20 元,则该厂必须销售多少数量或多少金额的 A 产品才能保本?

解:保本销售量=$a/(p-b)$=1 500/(20-10)=150(件)

因此,保本销售额=150×20=3 000(元)

由变动成本法基本原理可知,产品所提供的边际贡献,在补偿固定成本之后尚有节余,才能形成盈余,反之则会导致亏损。因此只有当产品提供的边际贡献总额恰好补偿固定成本总额时,企业处于保本状态,因此我们可以对上面推导的公式进行分解:

单位边际贡献=$p-b$

则边际贡献率=$(p-b)/p$

于是,保本额=保本量×单价=$[a/(p-b)]\cdot p=a/[(p-b)/p]$

即:保本额=固定成本/边际贡献率

【例 4-2】 承前例资料,试利用产品的边际贡献资料预测生产的保本量和保本额。

解：单位边际贡献＝20－10＝10（元）

边际贡献率＝10÷20＝50％

故，保本量＝1500÷10＝150（件）

保本额＝1500÷50％＝3 000（元）

此外，保本点的计算还为企业的利润预测和控制提供了有效方法，从而大大简化了利润预测。通过保本点的利润预测公式如下：

$$目标利润＝（目标销量－保本量）×单位边际贡献$$

$$或 ＝（目标销额－保本额）×边际贡献率$$

（二）单一品种保本分析几何模型

在平面直角坐标系上，使用解析几何模型将影响企业利润的有关因素及相应关系形象地加以反映的图像，统称为本量利分析图，亦称"保本图""利润图"或"盈亏临界图"。

本量利分析图通过描绘由变动成本和固定成本所构成的总成本线和销售收入线，以提供有关企业销售额、成本和盈亏之间关系的信息，其重点是要找出盈亏转折点，即保本点。

通过本量利分析图，企业管理当局能够直观地，从动态角度掌握相关因素与利润水平的关联关系，从而有助于决策者提高自身决策的预见性和主动性。当然，由于绘制本量利分析图所依据的是技术性或历史性资料来源，而现代市场信息瞬息万变，所以这些数据资料不可能完全符合企业的客观实际，通常应结合其他分析方法一并使用。

本量利分析图可以依据不同的绘图目的，依掌握的不同资料而绘制成不同形式的图形，通常分为三种形式，即传统式、贡献式和利润式。

1. 传统式本量利图

传统式本量利图的绘制方法如下。

（1）在直角坐标系中，以横轴 x 表示销售量，纵轴 y 表示成本和销售收入。

（2）绘制销售收入线：以坐标原点为起点，并在横轴上任取一个整数销售量，计算其销售收入，在坐标轴上找出与之相对应的纵轴交叉点，连接这两点就可画出总收入线 $y＝px$。

（3）绘制固定成本线：在纵轴上确定固定成本的数值 a，并以此为起点，绘制一条平行于横轴的直线，即为固定成本线。

（4）绘制总成本线：在横轴上取一销售量并计算其总成本，在坐标轴上标出该点，然后将纵轴上的固定成本点与该点联结便可画出总成本线 $y＝a＋bx$。

（5）总成本线与销售收入线的交叉点，即为保本点。

图 4－1 集中而又形象地反映了销售数量、成本与利润之间的相互关系，从中可以得出以下几条基本规律：

在保本点不变条件下，销售量越大，能实现的利润越多，或亏损越少；销售量越小，能实现的利润越少，或亏损越多。这是因为：当销售量超过保本点时，每多销售一个单位的产品，就

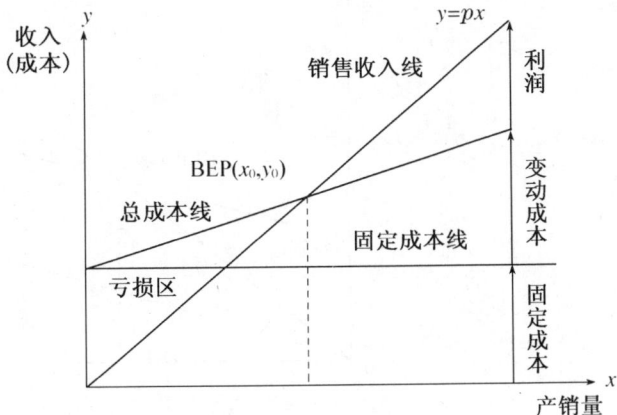

图 4－1 传统式本量利图

可多获得一个单位边际贡献的利润。

在销售量不变条件下,保本点越低,能实现的利润就越多,或亏损越少;反之,保本点越高,能实现的利润就越少,或亏损越多。所以,保本点的高低对于利润的多少具有决定性作用。因为若保本点降低,则安全边际水平提高,盈利区面积扩大,亏损区面积减少,从而可实现的利润越多或将发生的亏损越少,企业经营的安全程度就越高。反之,则相反。

在销售总成本既定条件下,保本点受单位售价变动的影响而变动。产品单价越高,表现为销售总收入线的斜率越大,因而保本点就越低;反之,保本点就越高。

在销售收入既定条件下,保本点的高低取决于固定成本和单位变动成本的高低。固定成本越高,或单位产品的变动成本越高,盈亏临界点就越高;反之,保本点就越低。其中,单位产品变动成本的变动对于保本点的影响,是通过变动成本线的斜率的变动而表现出来的。

明确以上基本规律,对企业根据主、客观条件有预见地采取相应的措施,实现扭亏为盈,将有较大帮助。

2. 贡献式本量利图

贡献式本量利图的绘制方法如下。

(1)在直角坐标系中,以横轴表示销售量,纵轴表示成本和销售收入。

(2)绘制销售收入线:以坐标原点为起点,并在横轴上任取一个整数销售量,计算其销售收入,在坐标轴上找出与之相对应的纵轴交叉点,连接这两点就可画出总收入线。

(3)绘制变动成本线:以坐标原点为起点,并在横轴上任取一个整数销售量,计算其变动成本,在坐标轴上找出与之相对应的纵轴交叉点,连接这两点就可画出变动成本总额线。

(4)绘制总成本线:在纵轴上确定固定成本的数值,并以此为起点,绘制一条平行于变动成本线的直线,便得到总成本线。

(5)总成本线与销售收入线的交叉点,即为保本点。

由图 4-2 可知,贡献式本量利图与传统式本量利图相比,其优点是可以表示边际贡献的数值。不同之处在于总成本线的画法和推导方法不同。贡献式本量利图的绘制方法是先确定销售总收入线和变动成本线,然后以固定成本为起点,再画一条与变动成本线平等的直线,即为总成本线。这就是说,贡献式本量利图的总成本线是在变动成本线的基础上加上固定成本

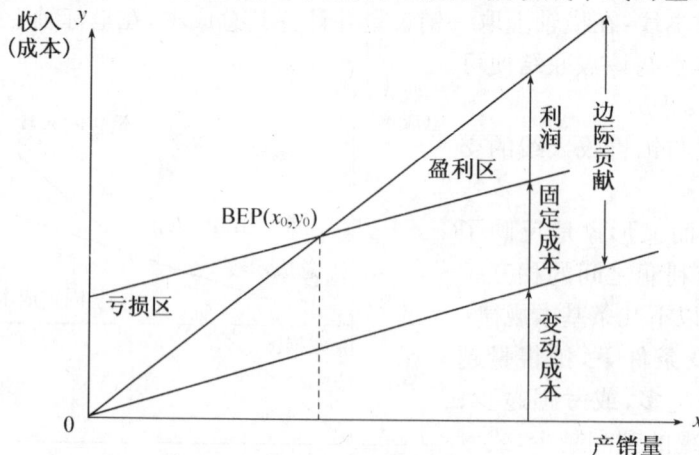

图 4-2 贡献式本量利图

总额得到的,总成本线与变动成本线平行。它将固定成本线置于变动成本线之上,以便形象地反映边际贡献的形成过程和构成,即产品的销售收入减去变动成本以后就是边际贡献,边际贡献再减去固定成本便是利润。而传统式本量利图的绘制方法是先确定销售收入线和固定成本线,然后在固定成本线的基础上,再画出总成本线。也就是说,在传统式本量利图中将固定成本线置于变动成本线之下,以表明固定成本在相关范围内稳定不变的特征。尽管如此,两种方法得到的保本点是相同的。

从贡献式本量利图,我们可以看到:销售收入线与变动成本线之间的垂直距离为产品的边际贡献,在边际贡献与固定成本总额相等处(即收入线与总成本线相等处)为保本点。当销量在保本点以下时,边际贡献先补偿固定成本;当销量超出保本点后,超出部分产品创造的边际贡献才形成企业的利润。

3. 利润式本量利图

利润式本量利图的绘制方法如下。

(1)在直角坐标系中,横轴表示销售数量(可用实物单位表示),纵轴表示利润和亏损。

(2)在纵轴利润等于零的点上画一条水平线,作为横轴,代表损益平衡线。

(3)在纵轴标上固定成本点,该点即销售量为零时的亏损数。

(4)在横轴上任取一整数销售量,然后计算在该销售水平下的损益数,并依此在坐标图中再确定一点,连接该点与固定成本点,便可画出利润线。

(5)利润线与横轴的交点即为盈亏临界点。

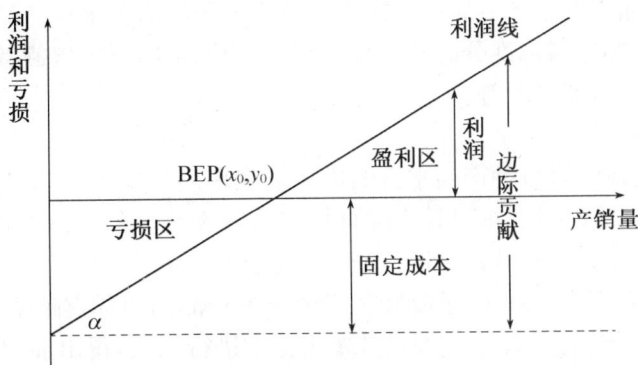

图 4-3　利润式本量利图

由图 4-3 可知,利润式本量利图反映了销售数量与利润之间的依存关系。这是一种简化的盈亏临界图,却受到企业高层经理人员的欢迎,因为它特别简明扼要,易于理解。

观察利润式本量利图,我们可以发现以下几点。

(1)利润线与横轴的交点是企业的保本点,该点所对应的销售收入是企业的保本销售额。

(2)利润线与固定成本线间所夹的区域为边际贡献。边际贡献低于固定成本时企业亏损,等于固定成本时企业处于保本状态,大于固定成本时企业有盈利。

(3)由于在销售收入超过保本点后,每销售一个单位产品所增加的利润全部来自边际贡献,所以,图中夹角 α 的斜率就是产品的单位边际贡献。也就是说,利润线可以看作是由边际贡献向下垂直平移相当于固定成本总额的数额而得到的。

二、多品种条件下的保本分析

前面讨论的是单品种条件下的保本分析,单品种条件下保本分析的出发点是保本量,但在实际经营中,绝大多数企业都不可能只销售一种产品,而往往有几种,几十种甚至上百种。多品种保本点的计算和分析,不可以简单等同于单品种条件下保本点的计算和分析。对于多品种条件而言,不同品种的销售量无法直接相加减,因此以单一品种为基础的保本量和保本量计算公式便无法直接应用于多品种条件,这就需要进一步研究多品种条件下保本分析的方法和模型。

很显然,在一个企业同时生产并销售多种产品时,其保本点就不能用实物量,而只能用货币金额来表示。其确定方法有如下几种。

(一) 主要产品法

主要产品法是在企业生产的多种产品中,如只有一种是主要产品,其他产品的销售额比重极小,或其他产品的边际贡献率与主要产品的边际贡献率很接近时,可把它们视同单一产品,按主要产品的边际贡献率进行计算。这是一种较为简便的方法。

(二) 分算法

分算法是先将企业在一定期间内所发生的固定成本总额分配给各种产品,然后每种产品分别按单产品条件下的保本分析方法进行计算。不过,在产品种类较多时,为简化计算,可先将边际贡献率相同或相近的产品归为一类,然后按类分别计算。需要注意的是,在分配固定成本时,专门因某种产品而发生的专属固定成本自然应该分配给各该种产品;与各种产品都有关的共同固定成本则应按适当标准分配给各种产品,分配的标准有销售额、销售量、产品的重量、长度、体积、人工工时、机器工时等。

(三) 加权平均法

加权平均法是指在掌握每种产品本身的边际贡献率的基础上,按各项产品销售额占全厂销售收入的比重进行加权平均,据以计算综合加权边际贡献率的一种办法。这是计算多种产品保本点的一种最常用方法。其计算通常分为如下五个步骤。

(1) 分别计算出每种产品的边际贡献率,即第 i 种产品的边际贡献率。

(2) 对每种产品的边际贡献率分别以其销售比重进行加权,得出加权平均边际贡献率,即第 i 种产品的边际贡献率×第 i 种产品的销售比重。

(3) 将每种产品的加权平均边际贡献率相加,得到能够综合反映全部产品边际贡献水平的综合加权边际贡献率,即 $\sum$(第 i 种产品的边际贡献率×第 i 种产品的销售比重)。

(4) 用固定成本总额除以综合边际贡献率,得到包括每种产品在内的综合保本销售额,即:

综合保本销售额＝固定成本总额÷综合加权边际贡献率

(5) 以综合保本销售额分别乘以各产品的销售比重,从而得出每种产品各自保本销售额的近似值,即:

第 i 种产品的保本销售额＝综合保本销售额×第 i 种产品的销售比重

因而,第 i 种产品的保本销售量＝该种产品的保本销售额÷该产品的销售单价。

[例 4-3] 已知甲企业 2002 年生产计划资料如表 4-1,试求该企业的保本点。

表 4-1　生产计划资料

	销量	单价	单位变动成本	单位边际贡献	销售收入	边际贡献总额	边际贡献率	固定成本
A	30 000 件	10	8	2	300 000	60 000	20%	—
B	8 000 件	25	15	10	200 000	80 000	40%	—
C	12 500 件	40	20	20	500 000	250 000	50%	—
合计	50 500 件	—	—	—	1 000 000	390 000	39%	78 000

解:(1)预计全部产品销售总额

销售总额＝30 000×10＋8 000×25＋12 500×40

＝1 000 000(元)

(2)计算各种产品销售比重

A产品销售比重＝300 000/1 000 000×100%＝30%

B产品销售比重＝200 000/1 000 000×100%＝20%

C产品销售比重＝500 000/1 000 000×100%＝50%

(3)计算各种产品的加权平均边际贡献率

加权平均边际贡献率＝20%×30%＋40%×20%＋50%×50%＝39%

(4)计算综合保本额

综合保本额＝78 000/39%＝200 000(元)

(5)计算各种产品保本点销售额和销售量

A产品保本销售额＝200 000×30%＝60 000(元)

B产品保本销售额＝200 000×20%＝40 000(元)

C产品保本销售额＝200 000×50%＝100 000(元)

A产品保本销售量＝60 000/20＝3 000(件)

B产品保本销售量＝40 000/25＝1 600(件)

C产品保本销售量＝100 000/40＝2 500(件)

另外,在进行多种产品保本点分析时,人们还很关心各种产品销售比重的变化对综合加权边际贡献率的影响。由于各种产品的边际贡献率不同,那么,即使全部产品的总销售额不变,只要各种产品的销售比重发生变化,也会使得综合加权边际贡献率有所改变。如果边际贡献率大的产品销售所占比重加大了,则综合加权边际贡献率就会加大。这时,综合保本销售额就会减小。这说明,提高边际贡献率大的产品的销售比重,会使综合保本销售额降低;反之,如果边际贡献率小的产品比重加大,则综合保本销售额就会提高。企业在生产经营过程中,应积极采取措施,努力提高边际贡献率水平较高的产品销售比重,降低边际贡献率水平较低的产品销售比重,从而提高企业的综合边际贡献率水平,达到降低全厂保本额和保利额的目的。

(四)边际贡献率分解法

由 $P=Tcm-a$ 得:$Tcm=P+a$

可知,边际贡献总额首先用来弥补固定成本。若边际贡献正好等于固定成本总额,那就只能保本;若弥补固定成本后还有多余,则就是创造的利润。同样,边际贡献率也可分为两个部分:一部分是用来补偿固定成本的,它叫作"边际贡献保本率";另一部分是用来创利的,称为

"边际贡献创利率",即：

$$边际贡献保本率＝固定成本÷边际贡献$$
$$边际贡献创利率＝利润÷边际贡献$$

通过证明可以得到：

$$保本销售额＝销售额×边际贡献保本率$$
$$销售利润＝边际贡献×边际贡献创利率$$

于是对于多种产品，类似可以得到：

$$综合边际贡献保本率＝固定成本总额÷各种产品的边际贡献$$
$$综合边际贡献创利率＝1－综合边际贡献保本率$$
$$综合保本销售额＝全部产品的销售总额×综合边际贡献保本率$$
$$综合销售利润总额＝全部产品的边际贡献总额×综合边际贡献创利率$$
$$某种产品的保本销售额＝该种产品的销售额×综合边际贡献保本率$$
$$某种产品的利润额＝该种产品的边际贡献总额×综合边际贡献创利率$$

如在例 4-3 中，A、B、C 三种产品的综合边际贡献保本率＝78 000/390 000＝20%

$$综合边际创利率＝1－20\%＝80\%$$

故，综合保本销售额＝1 000 000×20%＝200 000（元）

$$甲产品的保本销售额＝300 000×20\%＝60 000（元）$$
$$甲产品创造的利润＝60 000×80\%＝48 000（元）$$

(五) 联合单位法

联合单位法是指在事先掌握多品种之间客观存在的相对稳定产销实物量比例的基础上，确定每一联合单位的单价和单位变动成本，进行本量利分析的一种方法。

如果企业生产的多个品种之间的实物产出量之间存在着较为稳定的数量关系，而且所有产品的销路都很好，那么就可以用联合单位代表按实际物量比例构成的一组产品。如企业生产的甲、乙、丙三种产品的销量比为 2∶3∶5，则一个联合单位就相当于两个甲产品、三个乙产品和五个丙产品的集合。以这种销量比可以算出每一联合单位的联合单价和联合单位变动成本。在此基础上，就可按照单一品种的本量利分析法计算联合保本量和联合保利量。

三、降低保本点的途径

任何企业都应设法降低保本点，它不仅可以在销售收入一定的情况下，使企业获得更多销售利润；而且也为企业降低售价，提高产品的市场竞争能力提供了更大的回旋空间。

(一) 对于单一产品

根据单一产品的保本计算公式：

$$保本量＝固定成本÷（单位售价－单位变动成本）$$

我们容易知道，可以通过如下几种方式来降低单一产品的保本点：

(1) 降低固定成本总额；
(2) 提高销售单价；
(3) 降低单位变动成本。

(二) 对于多种产品

由多种产品的保本点计算公式：

综合保本销售额＝固定成本总额÷综合加权边际贡献率

我们也容易知道,可以通过如下两种方式来降低多种产品的保本点:

(1)降低固定成本总额;

(2)提高综合加权边际贡献率,即提高边际贡献率高的产品在总销售收入中的销售比重。

例如在上例中,A、B、C三种产品的边际贡献率分别是20％、40％、50％。如果下年该企业三种产品的总销售数量还保持505 000件不变,但将边际贡献率较高的甲、乙两种产品的销量分别由今年的8 000件、125 000件增加到18 000件、22 500件,丙产品的销量降为10 000件,则这时其综合保本销售额降低为1 720 303元,与原来相比,综合保本销售额降低了25 970元。

第三节 经营安全性分析

上一节重点讨论了企业在保本状态下所对应业务量水平的计算方法和分析方法,但是企业要生存、要发展,仅仅做到不盈不亏还是远远不够的。只有当销售量或销售额超过保本点时,企业才能获得利润。因此,企业当前的产销情况与保本点之间的差量关系,可从一个侧面反映企业经营的安全程度。评价企业经营安全程度的指标有三个:安全边际(率)、保本点作业率和经营杠杆系数。

一、安全边际和安全边际率

前面所说的保本点,是企业处于不盈不亏的状态,这时的边际贡献全部被固定成本所抵消,所以,只有当企业的销售量超过保本点时,其超出部分所提供的边际贡献才能形成企业的最终利润。显然,企业的销售量超过保本点越多,说明企业发生亏损的可能性越小,企业的经营也就越安全。由此可以得到与保本点有关的另一个指标,即"安全边际"。

所谓安全边际,是指正常销售量(或额)超过保本点销售量(或额)的部分。这一指标用来反映企业现有的销售量或销售额下降多少还不致造成亏损,即反映了企业或产品盈利的安全程度,安全边际越大,盈利的可靠性越高;反之,安全边际越小,盈利的可靠性越低。

它有两种表现形式。

用实物量表示,称为"安全边际量"(MSu),即:

安全边际量(MSu)＝正常销售量(Su)－保本销售量(BEu)

用货币金额表示,称为"安全边际额"(MSd),即:

安全边际额(MSd)＝正常销售额(Sd)－保本销售额(BEd)

其中,"正常销售量"是指在正常开工和正常市场情况下企业的销售数量或金额,在某些情况下,也可以用预计销售量或实际销售量或现有销售量代替。

保本点与安全边际的关系是:保本销售量＋安全边际量＝正常销售量

安全边际也可以用"安全边际率"这一相对指标来表示:

安全边际率(MSR)＝安全边际量(额)÷正常销售量(额)

安全边际率也是用来反映企业或产品盈利安全程度高低的一个重要指标。安全边际率越高,该企业(或产品)盈利的可靠性越强。

与安全边际率相关的一个概念是保本点作业率,它是指保本点业务量占正常业务量的比

例,又称"达到保本点的开工率"或"盈亏临界点作业率",即:

保本点作业率＝保本销售量(或额)÷正常销售量(或额)

显而易见,保本点作业率＋安全边际率＝1。

因此,保本点作业率也是用来反映企业经营安全程度的一个指标,它表明企业的业务活动水平在达到保本点时生产经营能力的利用程度,即开工率要达到多少时才能保本,其值越大,说明企业经营的安全程度越低。

显然,无论是安全边际的绝对指标还是其相对指标,其数值越大,表明预计或实际的销售水平超出保本点就越多,从而说明企业发生亏损的可能性越小,企业经营的安全性就越高;相反,安全边际的指标值越小,表明企业经营的安全性越低,发生亏损的可能性越大。不过,作为相对指标的安全边际率更便于在不同企业、不同行业、不同产品之间进行横向比较,因而较为常用。在西方,企业经常用安全边际率来测定企业的经营风险,并与经验标准(如表 4-2 所示)相比较,以判断经营的安全程度和状态。

表 4-2　企业经营安全性的经验标准

安全边际率	10%以下	10%～20%	20%～30%	30%～40%	40%以上
安全程度	危险	值得注意	比较安全	安全	非常安全

当然,安全边际多高才适合,这要视企业所经营产品的性质和类型而定。一般地说,经营生活必需品的企业,由于社会对此类产品的需求较为稳定,因此,即使安全边际率较低,也未必有多大风险。但对于经营非生活必需品、耐用品及奢侈品的企业来说,因其需求波动大,因而即使安全边际率极高,也未必没有风险。另外,安全边际率只反映企业的经营安全程度,并不反映企业增加利润的难易程度。

[例 4-4]　某公司生产 A 产品,现有甲、乙两个企划方案:

甲方案:单位售价定为 6 元;购置新机器,固定成本由 1 万元增至 4 万元;单位变动成本由 4 元降为 3.5 元。

乙方案:单位售价提高至 6.5 元;推广新的广告策划,固定成本由 1 万元增至 2 万元;单位变动成本则由 3 元上升到 4.5 元。

假设甲、乙两个方案都能实现原定的 2.5 万元目标利润,试问哪个方案更好?

解:甲方案下:保本量＝40 000/(6－3.5)＝16 000(台)

实际销售量＝(40 000＋25 000)/(6－3.5)＝26 000(台)

安全边际率＝(26 000－16 000)/26 000＝38.46%

乙方案下:保本量＝20 000/(6.5－4.5)＝10 000(台)

实际销售量＝(20 000＋25 000)/(6.5－4.5)＝22 500(台)

安全边际率＝(22 500－10 000)/22 500＝55.56%

可见,如果企业管理当局对实现这两个方案的目标销售量有同样把握的话,为经营安全着想,企业会选择乙方案。

由于保本点是盈亏临界点,所以保本销售量提供的边际贡献只能用于为企业收回固定成本,只有超过保本点以上的业务量(即安全边际)才能为企业带来利润,这就是说,安全边际部分所提供的边际贡献为企业利润。这是因为:

利润＝边际贡献总额－固定成本总额

　　＝保本销量所提供的边际贡献额＋安全边际所提供的边际贡献额－固定成本总额

　　＝安全边际所提供的边际贡献额

于是，　　　　　　　　　　利润＝安全边际量×单位边际贡献

也就是说，在保本点以上，每多销售一个产品，便增加一个产品边际贡献的营业利润。

类似可以得到：

利润＝边际贡献率×安全边际额

销售利润率＝边际贡献率×安全边际率

上述公式为我们提供了一个计算销售利润率的新方法。它说明，企业要想提高销售利润率，就必须提高边际贡献率或安全边际率，或降低变动成本率或保本点作业率。

总之，安全边际分析是衡量企业经营或决策风险的一种分析方法。它通过衡量企业正常业务量或(预计业务量)超出保本点业务量的幅度，来确定备选的或事实上的决策方案或经营状况的风险程度，因而成为企业管理当局预测和决策的一种重要分析方法。

二、成本结构和经营杠杆系数

(一) 成本结构

成本结构是指固定成本和变动成本在企业成本总额中所占的比重。不同行业、同一行业中的不同企业，其成本结构会因具体情况的不同而有较大的差异。例如，计算机行业属于资本密集型产业，该行业中的固定成本在企业总成本中的比重一般很高；而会计师事务所这类企业则属于劳动密集型产业，其成本中的很大一部分是变动性成本。

在不同的成本结构下，企业利润对于业务量的敏感程度有很大差别。例如，现有甲、乙、丙三家企业，其在 2001 年的销售收入、成本及利润情况如下表 4－3 所示。

表 4－3　甲、乙、丙三企业的资料　　　　　　　　单位：万元

企业	销售收入	变动成本	边际贡献	固定成本	营业利润
甲	100 000	80 000	20 000	10 000	10 000
乙	100 000	60 000	40 000	30 000	10 000
丙	100 000	20 000	80 000	70 000	10 000

从表 4－4 可以看到，虽然三家企业的销售收入和营业利润均相等，但他们在成本结构方面却存在着较大差异。假设在 2000 年三家企业的销售收入均比上年增长 5%，则各自的利润增长率不相同，见表 4－4。

表 4－4　销售收入变动对利润的影响

企业	销售额增长	边际贡献率	营业利润增长额	营业利润增长率
甲	5 000	20%	1 000	10%
乙	5 000	40%	2 000	20%
丙	5 000	80%	4 000	40%

由表 4－4 可知，固定成本比重较小(即变动成本比重较大)，从而边际贡献率较低的甲企

业由销售带动的利润增长率最低;而固定成本比重最高的丙企业的利润增长率最高。从而我们可以归纳得出这样一条结论,即:在成本结构中,固定成本所占比重越高的企业,其利润受销售的影响越显著。这一结论具有普遍性。这是因为固定成本的存在会导致销售量的变化与由其引起的营业利润(或损失)变化不成比例。因为当业务量发生变动时,销售收入会发生变化,从而引起利润变化;同时,业务量变动会导致单位产品分摊的固定成本发生变动,从而间接影响利润变化,这样,利润就会以更大幅度变动。如同用来将某一点的力放大为在另一点上更大的力的杠杆一样,固定成本的存在使销售量变动一个百分比产生了一个放大的营业利润(或损失)百分比。

(二)经营杠杆系数

通过对成本结构的分析,我们发现当企业的固定成本占较大比重时,只要销售额稍有变化,就会导致营业利润的大幅变化,这种现象通常被称为"经营杠杆效应"。在这里,固定成本就如一个杠杆一样,它使企业的利润变动幅度大于收入的变动幅度,这一杠杆,就是经营杠杆。

"杠杆"是个物理学术语,其作用在于施加于某一点上的力可以放大为另一点上更大的力,从而可以用较小的力量撬起较重的物体。在企业经营中,经营杠杆的作用是指销售的较小波动会引起利润的较大变化。如在上例中,甲、乙、丙三个企业在销售收入都增加 5% 时,利润却分别增加 10%、20%、40%,增长幅度分别是收入增幅的 2 倍、4 倍和 8 倍。之所以上例中的丙企业的利润增幅最大,是因其固定成本的比重最大,从而产生的经营杠杆效应最大。

可见,经营杠杆效应是用来反映,在销售收入变动时,可以带动营业利润更大幅度增减的能力。因而可以用来反映企业的经营风险,能够帮助企业管理当局进行预测分析和决策分析。当然,经营杠杆效应的获得和提高是通过固定成本的增减来实现,通过增减固定成本在总成本中所占的比重,从而影响企业的经营风险和收益。如在上例的三个企业中,丙企业的固定成本比重最高,从而具有最高程度的经营风险,在销售收入等幅增长时,其利润增长最快;相反,在销售收入等幅下降时,其利润下降也最快。

衡量经营杠杆能力大小的指标为"经营杠杆系数"(简称 DOL),它是利润变动率($\Delta P/P$)与销售额变动率($\Delta S/S$)的比值,通常亦称"经营杠杆率"或"经营杠杆程度",即:

$$经营杠杆系数 = 利润变动率 / 销售额变动率$$

即,$DOL = \dfrac{\Delta P/P}{\Delta S/S}$

这里的"利润"一般指"营业利润"或西方的"息税前利润"(EBIT),P、S 分别为基期的利润和销售收入,ΔP、ΔS 分别是本期相对于基期的利润和销售收入增长额。

经过数学证明,上述公式还可变形为:

$$经营杠杆系数\ DOL = 基期的边际贡献总额\ Tcm \div 基期的利润\ P$$

于是,$DOL = (P+a)/P = 1 + a/P$

上式表明,随着企业销售收入的增加,经营杠杆系数趋近于 1,也就是说,这时固定成本存在的对营业利润的放大效应趋近于零。

(三)经营杠杆与保本点和安全边际

由 $DOL = 1 + a/P$

得:$a = (DOL - 1)P$

从而,保本量 $= (DOL - 1)P/(p - b)$

从上式可以看出，经营杠杆系数较高的企业相应地具有较高的固定性成本，其保本点也因此较高，从而具有相对较高的风险。这一点也可从经营杠杆系数与安全边际率之间的关系方面得到验证。

由于营业利润 P＝安全边际额 MSd×边际贡献率 cmR

所以，经营杠杆系数(DOL)＝Tcm/P＝$Tcm/(MSd \cdot cmR)$

$$＝Tcm/(Msd \cdot Tcm/px)$$

$$＝1/(MSd/px)＝1/MSR$$

即：　　　　　　　经营杠杆系数＝1/安全边际率

上述公式表明，经营杠杆系数与安全边际率之间存在互为倒数的关系，即经营杠杆系数越高，安全边际率越低，经营风险越大。因此，经营杠杆系数可用来衡量在一定销售量水平上经营风险的大小。经营杠杆系数越大，利润的变动就越剧烈，企业的经营风险也就越大。这是因为，经营杠杆系数高的企业，对销售的敏感性强，略为提高销售就可大幅度增加利润，但也要承担销售稍有下降，利润即将大幅降低的风险，故处于容易发生亏损的境地。而经营杠杆低的企业，虽然利润增加的潜力较小，但对销售不太敏感，即当销售下降时，其利润下降的风险比较小，故较为安全。

那么影响经营杠杆系数的主要是什么？是成本构成。固定成本越高，单位变动成本越低，DOL 就越高；反之，固定成本越低，单位变动成本越高，DOL 就越低。如果企业没有固定成本，则 DOL 为 1，这时利润的变动幅度等于销售的变动幅度，不存在经营杠杆效应。

当然，除了成本构成之外，销量的高低也对 DOL 的大小产生影响。因为：

$$DOL＝Tcm/P$$

$$＝cm \cdot x/(cm \cdot x－a)$$

$$＝1＋a/(cm \cdot x－a)$$

上式说明，DOL 是随着销售量(x)的变动而反方向变动的。因此，充分利用现有生产能力，努力扩大销售，不但可以增加利润，而且可以降低经营风险。

需要说明的一点是，引起企业经营风险的主要原因，是市场需求和成本等因素本身的不确定性，经营杠杆本身不是利润不稳定的根源。因此，营业杠杆系数只能衡量企业的经营风险，并不能决定企业的经营风险。

但是，当产销量增加一倍时，利润将以 DOL 倍的速度增加；而当产销量变减少一半时，利润又将以 DOL 倍的速度减少。可见，经营杠杆扩大了市场和生产等不确定因素对利润变动的影响，经营杠杆系数越高，利润变动越强烈，企业的经营风险就越大。于是，经营杠杆系数也就成为影响营业利润的一个因素，这不仅是因为由"经营杠杆系数＝利润变动率/销售变动率"可得"利润变动率＝销售变动率×经营杠杆系数"，说明经营杠杆系数的大小直接影响着利润的变化程度；而且由上述公式可知，经营杠杆系数的大小还影响到保本点的高低。因此，企业在经营管理中，应该将经营杠杆系数作为决策的一个参考指标。

当生产的产品处于成长或成熟阶段，此时市场风险小，产销量较为稳中有升，建议企业应选择资本密集型生产方式，增加固定资产投资，采用固定成本高的成本结构，充分利用经营杠杆的正面效应，以尽可能在短期内获得高额利润；相反，若产品接近或已达到饱和或衰退阶段，市场已趋向于萎缩，产品业务量接近保本点销售，这时建议企业应选择劳动密集型生产方式，减少固定资产投资，采用单位变动成本高的成本结构，尽量避免或降低经营杠杆的负面影响，以放慢利润的衰减速度;对于技术密集型产品,在较高的经营杠杆系数作用下,可以通过降低售价、提高销量而使利润迅速增加;而对于劳动密集型企业,因其经营杠杆系数较小,因而通过降低售价、提高销量,可能难以达到大幅增加利润之目的。

第四节　敏感性分析

敏感性分析是一种"假如——会怎样!"(what-if)的分析方法,通常是指研究和分析一个系统因周围条件发生变化而引起其状态或输出结果变化的敏感程度的方法。它是在既定多因素模型分析中最常使用的方法。其研究对象是目标值相对于构成这个经济模型的各相关因素的敏感程度;基本原理是:假设其他因素暂时保持不变,既定经济模型中某一因素发生变动,通过研究分析这种变动给目标值造成的影响程度和影响方向,以确定经济模型中各构成因素的敏感性。如果相关因素的微小变动会对目标值造成很大影响,表明该相关因素敏感性很强;反之则说明相关因素敏感性很低。

本量利关系的敏感分析,主要研究和分析有关参数发生多大变化,会使盈利转为亏损,和参数变化对利润变化的影响程度,以及各因素变动时如何调整销售量,以保证原有目标利润的实现等问题。所以,这一敏感分析通常称为"利润敏感性分析"。它主要是对影响利润的各有关因素(销售价格、销售数量、单位变动成本和固定成本总额)进行具体分析,从而确定各因素的变动对企业利润产生影响的趋势和程度。

一、利润敏感性分析概述

利润敏感性分析,是一种定量分析法,研究的是决定利润水平的有关因素的变动对利润所产生的影响程度。它对于利润预测分析,尤其是目标利润设计有十分重要的指导意义。

在现实经济环境中,影响企业利润水平的因素很多,各种因素的变化对于利润变化的影响相差甚远。例如有些因素增长会导致利润水平上升,而另一些因素只有降低才能使利润提高;有的因素只要有较小变动就会引起利润较大的变动,这些因素称为强敏感因素或称利润灵敏度高;而有的因素虽有较大幅度变动,对利润影响不大,称之为弱敏感因素,或利润灵敏度低。

由此可见,由于各相关因素的利润灵敏度不同,对于各因素应区别对待,企业当局更应当关注的是利润敏感度高的因素。

为了明确量化利润相关因素各自的敏感度,管理会计引入了利润敏感性分析,它的主要任务是计算有关因素的利润灵敏度,揭示利润与各因素之间的相对数关系,并利用灵敏度指标进行利润规划。

二、单因素变动的利润敏感性分析

根据本量利分析的基本公式可以看出,影响利润的因素主要有销售量,销售单价、单位变动成本和固定成本总额四个因素。

[例4-5]　已知甲企业只生产一种产品,单价200元/件,单位变动成本120元/件,固定成本400 000元,2001年实现销售10 000件,利润400 000元。要求:假定2002年各因素均变动1%,求各因素变动对利润的影响程度。

解:各因素变动前的利润:$P=400\,000$ 元

(1) 销售单价提高 1% 时,变动后的利润=420 000 元,利润增加 5%;

(2) 销售量增加 1% 时,变动后的利润=408 000 元,利润增加 2%;

(3) 单位变动成本降低 1% 时,变动后的利润=412 000 元,利润增加 3%;

(4) 固定成本降低 1% 时,变动后的利润=404 000 元,利润增加 1%。

由以上结果可以看出,利润对各有关因素的敏感程度并不相同。对于本例来说,产品销售单价(p)对利润的影响最大,单位变动成本(b)次之,再次是销售量(x),利润对固定成本(a)的变动表现最不敏感。当然这一敏感次序并不是所有情况下都是相同的,在有些情况下,其次序会发生变化。因此,只有当我们具体掌握了各种因素对利润的影响程度后,在企业的经营管理决策中我们方能有的放矢。

通过上面的计算,我们可以总结出单一因素对利润的敏感性的一般计算公式,如表 4-5 所示。

表 4-5 各因素对利润的影响的敏感性计算表

影响因素	因素变动率	各因素变动对利润影响的绝对额	各因素变动对利润影响的相对比
p	+1%	$(p\times1\%)\times x$	$[(p\times1\%)\times x]\div P$
x	+1%	$(p-b)\times(x\times1\%)$	$[(p-b)\times(x\times1\%)]\div P$
b	-1%	$(b\times1\%)\times x$	$[(b\times1\%)\times x]\div P$
a	-1%	$a\times1\%$	$[a\times1\%]\div P$

上例中我们假定 p、x、a、b 都增减 1%,变化的幅度相同,在此条件下容易比较各因素的敏感程度。但若它们的变化幅度不相同,那么如何比较各因素的敏感性呢? 人们通常采用"敏感系数"这个指标来反应敏感程度。

对于利润而言,敏感系数=利润变动率/因素变动率。

通常认为,敏感系数大于 1 的因素称为"强敏感因素"(或"敏感因素"),敏感系数小于 1 的因素称为"弱敏感因素"(或"不敏感因素")。

确定敏感系数的目的是使经营管理人员能够清楚地知道,在影响利润的诸因素中,哪个对利润的增减影响大,哪个影响小,以便决策时能分清主次,准确把握关键因素,提高决策的有效性。从本例各因素的敏感性看,售价对利润的影响最明显,利润以 5 倍的速度随售价而变化。因此,涨价是提高盈利的最有力手段,同时,售价下跌也是企业的最大威胁,企业领导人必须对销售价格予以格外关注。

不过,要提醒注意的是,在决策分析中又不能过分拘泥于敏感系数的大小,而忽视销量对利润的重大影响。这是因为要想通过提高销售价格来增加企业利润是非常困难的,售价的提高有时不仅不能增加利润,反而还会降低利润。所以,根本的办法还是要想方设法提高销量,以达增加利润之目的。尤其是在市场供大于求、销路欠佳、销售量下降时,企业宁可降低单价,薄利多销,以打开销路。

为了科学考察各因素的利润敏感度,人们在进行利润敏感性分析时为其建立了三个基本假设前提。

(1) 有限因素假设。为了简化分析,假定利润只受单位售价 p,单位变动成本 b,销量 x 和

固定成本 a 的影响。

（2）单独变动假设。假设以上任一因素的变动均不引起其他三个因素变化。

（3）利润增长假设。为了使分析结果具有可比性，假设每项因素的变动最终都能够导致利润增加，这样，属于正指标的 p 和 x 的变动率为增长率，而属于反指标的 b 和 a 的变动率为降低率。

三、综合计算多因素同时变动对利润的影响

上述讨论仅局限于每个因素的单独变动。我们知道，在实际生活中各个因素之间相互影响、相互制约，单个因素变动的情形非常少，因素的综合变动才是最经常的。下面我们便把讨论的重点放到各有关因素同时变动的情形上：在预测时，我们采取经济学上常用的静态比较分析手法，分别比较变动前的状况和各因素综合变动后的状况即可，进而分析对利润变动的绝对额和相对数的影响。

[**例 4 - 6**] 某公司每月销售某种产品 3 000 件，每件的单位售价为 80 元，单位变动成本为 55 元，固定成本总额为 50 000 元。现在公司准备更新设备和进行营销渠道的重组，设备更新后，固定成本总额增至 150 000 元，但单位变动成本下降为 48 元，因此单位售价降为 76 元，而每月的销售量有望达到 8 000 件，计算各有关因素同时变动对利润的影响。

解：

各因素变动前的利润：

$$P=(p-b)\times x-a=(80-55)\times 3\,000-50\,000=25\,000（元）$$

各因素同时变动后的利润：

$$P=(p-b)\times x-a=(76-48)\times 8\,000-150\,000=74\,000（元）$$

$$\Delta P=74\,000-25\,000=49\,000（元）$$

即各有关因素同时变动使利润增加了 49 000 元。

四、商品结构的变化对利润的影响

通常，一个企业会同时生产多种商品。对于同时生产经营多种商品的企业来说，不仅可以通过变动销售单价、销售量、单位变动成本和固定成本总额这四个影响利润的因素，而且还可以通过调整企业的生产经营结构，来实现目标利润，提高企业的经济效益。在调整企业商品结构过程中我们可以通过提高贡献毛益（率）高的商品的份额，降低贡献毛益（率）低的商品的份额，来提高企业整体的加权贡献毛益（率），实现企业生产经营的目标。

[**例 4 - 7**] 某企业同时生产经营 A、B、C 三种产品，其固定生产成本为 13 500 元，各种商品的贡献毛益率和该商品的销售额占全部销售额的比例，如表 4 - 6 所示：

表 4 - 6 各种商品的贡献毛益率和该商品的销售额占全部销售额的比例表

	A	B	C	合计
贡献毛益率①	20%	40%	25%	—
各产品的销售额占全部销售额的份额②	50%	30%	20%	100%
加权贡献毛益率＝①×②	10%	12%	5%	27%

现在企业管理当局为了提高企业的盈利水平,保证利润目标的实现,欲对其生产经营的商品的结构进行调整。也就是将各种商品的销售额占全部商品销售额的比例调整为:A商品的销售额占全部商品销售额的比例为20%,B商品的销售额占全部商品销售额的比例为50%,C商品的销售额占全部商品销售额的比例为30%。求调整后该企业盈亏平衡的销售额为多少?比调整前变化了多少?

解:根据题意,调整后各种商品的贡献毛益率和该商品的销售额占全部销售额的比例如表4-7所示:

表4-7　调整后各种商品的贡献毛益率和该商品的销售额占全部销售额的比例

	A	B	C	合计
贡献毛益率①	20%	40%	25%	—
各产品的销售额占全部销售额的份额②	20%	50%	30%	100%
加权贡献毛益率=①×②	4%	20%	7.5%	31.5%

调整前盈亏平衡的销售额=固定成本总额÷加权贡献毛益率=13 500÷27%=50 000(元)
调整后盈亏平衡的销售额=固定成本总额÷加权贡献毛益率=13 500÷31.5%=42 857(元)

即调整后盈亏平衡的销售额下降为42 857元,降幅达14.3%。

可见,调整产品结构也是提高企业经济效益,保证目标利润实现的一种重要手段。

思考题

1. 什么是保本点? 它有哪两种表现形式?
2. 为什么说保本点是一项很重要的管理信息?
3. 单品种分析有哪些具体方法? (试举例说明)
4. 什么是安全边际? 什么是安全边际率? 安全边际率与保本点和经营杠杆率之间有何内在联系?
5. 企业为何存在经营杠杆? 如何衡量企业的经营杠杆的大小? (列出具体公式及其推导过程)
6. 什么是利润敏感性分析? 影响利润水平的因素主要有哪些? 怎样计算它们的敏感程度?

拓展案例:某特钢企业的错误决策案例[①]

1. 案例背景

某特钢公司拥有钢材产销能力14万吨(历史最高产量),1997年实际产销钢材20万吨,实现销售收入3.8亿元,当年亏损却高达5.8亿元;1998年年初该企业已经陷入基本停产的境地。这种情况引起国家有关部门的高度重视,1999年3月原国家经贸委、原冶金部和地方政府派出调研组进驻该厂进行调研,发现该厂编制的1998年生产经营计划中钢材产销量只有

---

① 资料来源:郑雄伟,卢侠巍. 管理会计案例教程[M].北京:经济科学出版社,2004.

18万吨,比上年实际产量还减少了2万吨。其理由是很多钢材没有边际利润。"生产越多亏损越多。"调研组分析其测算方法时发现,该企业将制造成本当作变动成本,从而把销售毛利当作边际利润,以致得出了荒谬的结论和错误的营销决策。由于该企业主要领导缺乏基本财务知识,认可并开始实施这种错误的决策,同时调研组认为其领导班子对企业扭亏缺乏信息,经上级批准对该企业管理层进行了全面调整。

2. 方案对比

(1)基础数据

由于涉及企业经营机密以及该企业产品品种过多,本例将数据简化,如下表所示。

该公司预计年管理费用4 500万元,年财务费用3 000万元。

品种	生产能力(吨)	预测销售价格(元)	可能的收入(万元)	满负荷制造成本(万元)	制造成本总额(万元)	单位销售毛利(元)	销售毛利(万元)	单位变动成本(元)	变动成本总额(万元)	单位边际贡献(元)	边际贡献(万元)	固定成本总额(万元)
A	53 000	4 600	24 380	4 650	24 645	−50	−265	3 950	20 935	650	3 445	3 710
B	60 000	5 700	34 200	5 800	34 800	−100	−600	4 700	28 200	1 000	6 000	6 600
C	54 000	8 100	43 740	7 900	42 660	200	1 080	6 500	35 100	1 600	8 640	7 560
D	11 000	12 000	13 200	10 100	11 110	1 900	2 090	9 300	10 230	2 700	2 970	880
E	115 000	3 400	39 100	3 100	35 650	300	3 450	2 950	33 925	450	5 175	1 725
F	107 000	6 000	38 520	3 700	39 590	−100	−1 070	3 300	35 310	300	3 210	4 280
合计	400 000		193 140		188 455		4 685		163 700		29 440	24 755

(2)该公司产销18吨的方案

该公司认为A、B、F三种产品是亏损产品,根据"亏损产品不生产"的原则,砍掉了这三种产品,只安排了C、D、E三种盈利产品的生产,总产量18万吨。

按此方案,表面上可获得销售利润1 080+2 090+3 450=6 620(万元),减去管理费用4 500万元和财务费用3 000万元后,只亏损880万元。但由于其制造成本是满负荷生产时所能达到的水平,总产量下降而固定成本仍然要发生。因此,方案的执行结果将是:

销售收入:43 740+13 200+39 100=96 040(万元)

减:变动成本35 100+10 230+33 925=79 255(万元)

减:固定成本24 755万元

销售毛利:−7 970万元

减:管理费用4 500万元

减:财务费用3 000万元

利润总额:−15 470万元

(3)满负荷生产方案

销售收入:193 140万元

减:变动成本总额163 700万元

减:固定成本24 755万元

销售毛利:4 684万元

减：管理费用 4 500 万元

减：财务费用 3 000 万元

利润总额：—2 815 万元

后来政府对该公司采取了贴息政策，免除财务费用 3 000 万元，如产销量达到满负荷，可实现利润 185 万元。

3. 评论

客观地讲，本例对多数企业可能并非典型，变动成本与制造成本的区别是有管理会计知识的人所共知的。但这样的实例确实在这样一个国有企业发生了。据了解，该公司财会部门并非不知道二者的区别，只是由于该企业产品品种数量多达几百个，涉及 3~5 个工序环节，一一测量各自的变动成本需花费大量的时间，财会部门为了省事而采取了"简便"的测算方法。这一方面说明了某些企业领导不懂会计专业知识，盲目听信不负责任的会计人员的意见的危险性；同时也暴露出某些国有企业的会计人员缺乏应有的责任感。

是否把成本信息用于生产的决策，是一件复杂的工作。其一，要确定哪些成本是变动的，哪些成本是固定的。制造业往往是多工艺环节的生产过程，每一道主要环节以及辅助生产环节都有固定成本和变动成本。例如对主体分厂来说内部运输是变动成本，但对公司来说运输费中大部分属于固定成本，确认变动成本时需要从最终环节一直追溯到对外采购为止，是件麻烦的工作。其二，有些成本要素，例如燃料、动力和直接人工工资，其性质介于变动成本和固定成本之间，需要采用专门方法认真分析测算。其三，对历史成本数据要做技术与经济相结合的分析。不能简单地拿来就用。

通过本案例，你能得到什么启示？

第二篇　决策篇

第五章 预测分析

随着市场竞争的日益激烈,企业为了谋求生存和发展,就需要对市场的发展和变化趋势进行深入的调查和研究。在此基础上,企业可以进行加工计算和科学分析,从中找出客观存在的规律,用于预测未来,从而减少盲目性,提高经济效益。

为了规划企业的经济活动,管理会计必须对一些重要的经济指标,例如盈亏平衡点、利润、销售量、成本以及所需的资金量等进行预测,进而把利润、销售量、成本以及资金需求量的目标值等确定下来,以便更好地进行决策和预算。

本章主要阐明:什么是预测和预测分析?预测分析有哪些特征?如何进行预测分析?预测分析的基本方法有哪些?怎样进行销售预测?如何进行利润预测、成本预测和资金需求量预测?等等。

本章的主要目的是使读者初步了解预测分析的基本原理和方法,掌握对各项重要经济指标的预测方法和技术。

✎ 引导案例

唐山自行车厂的市场研究与预测[①]

唐山自行车厂在1969年建厂初期,没有对用户需求认真地进行调查,而是想在产品设计和生产上一鸣惊人。该厂派出工程技术人员去天津、上海等地,研究各种名牌自行车的优点。他们采"永久"的前叉,取"飞鸽"的车架,摘"凤凰"的车把,取"富士"的泥瓦,希望能集天下之大成,设计了28型燕山牌标定车。

由于产品的开发没有以消费者需求为依据,不能产销对路,消费者称之为"四不像"车。同时,由于企业管理混乱,质量低,成本高,1969—1979年累计亏损500多万元。

严峻的现实使工厂的领导认识到,确定产品的发展方向必须面向用户。不研究市场,企业就无法生存,迟早得关、停、并、转。于是,该厂组成了由厂长、科长、工程技术人员参加的市场调查组,调查全国各地自行车的产销趋

---

① 参见:李来儿,现代管理会计,经济管理出版社,2001,p87。

势,研究各厂的长处和本厂自行车的短处,了解到市场上急需农用超载自行车。这种车既可做交通工具,又可做生产工具,而且价格不高,一般农民买得起,适合于华北平原等地区农民的需要。根据本厂的设备、技术力量和生产经验,完全可以生产。在市场研究和预测的基础上,唐山自行车厂做出了全部转产 28 型燕山牌农用载重车的战略决策。由于适销对路,产品供不应求,产量逐年增加。1979 年为 13 万辆,1980 年为 41 万辆,1982 年为 53 万辆,四年间销售量翻了两番多。

唐山自行车厂的实例,生动地说明了预测分析在企业经营管理活动中的作用。那么,什么是预测分析? 具体的预测过程和预测方法如何呢? 本章将给我们带来解答。

第一节　预测分析概述

一、预测分析概念

在人类社会的早期,预测的意识和简单的直观预测就已经产生了,譬如天气预测、政治军事预测等。当然这些预测大多是依靠直观分析和实践经验,与我们今天的预测不太相同。到了 20 世纪 30 年代,由于科学技术的发展,生产力高速提高,经济竞争以及军事竞争日益激烈,使人们越来越感到预测未来的重要性。客观的需要推动了预测的理论和实践的向前发展。随着预测的手段和方法越来越有效,在 20 世纪 60 年代以后预测发展成为一门新兴的综合性的学科,也称"预测技术"。预测学是一门研究预测理论、方法、评价及其应用的新兴学科,是软科学中的重要组成部分。现代预测大量地运用观察、归纳、演绎、推理等分析方法,运用数学模型和实验方法,根据客观资料、主观的经验教训,探索研究对象发展的趋势和量变的程度,并在技术上力求提高预测的可靠性和精确度。

准确地说,预测是一个活动过程,在这个过程中预测者根据所拥有的过去和现在的资料,运用恰当的方法和技术,对研究对象的未来状况和发展趋势进行科学的分析、估算和推断,并对预测结果进行验证,最终提交预测结论,以支持决策。

拥有一定的信息与资料是预测的基础,因此调查研究就成了预测的基础性工作。其任务是通过适当的方式、方法,搜集与被预测对象相关的各种资料和情报。通过对调查所获得的信息进行整理和分析,就能得到预测所必需的信息。

预测分析是根据有关的理论所进行的思维研究活动,是指在预测过程中,根据过去和现在预计未来,根据已知推测未知所采用的各种科学的专门分析方法。预测分析贯穿于整个预测过程,其核心在于寻找和把握研究对象的特性及其发展变化的规律。人们不是为了预测而预测,预测的最终目的旨在指导人们的实践活动,即为决策服务。

二、预测分析理论

(一)预测分析的意义

简单地说,预测就是运用科学的方法预计、推测事物发展的趋势和未来状况。预测的理论依据是被研究对象的发展趋势具有一定的规律性,并且这种规律性是可以为我们所认识和掌握的,从而可以对它们的发展变化进行科学的估计。由此可见,预测的主要特点就是:根据过去和现在预计未来,根据已知推测未知。

预测的基本功能是为决策提供依据。我们知道,决策是现代企业管理的重心,是一个企业经营成败的关键,重大决策的正误关系到企业的生死存亡。企业的经营要受到社会、经济、技术、自然等各个方面因素的影响。因此在预测分析中,我们必须综合运用社会科学和自然科学各方面的研究成果。同时,为了达到企业的经营目标,管理当局会根据预测分析的结果,在各种方案中权衡利弊,从多个方案中选出一个最优决策,这一过程被称为"决策分析"。

科学预测则是决策的基础。预测分析直接为决策服务,是决策的先导和前提。如果预测失误,也会导致决策的失败。因此要提高决策的效率和正确性,首先必须有准确、可靠的预测。预测分析要解决的就是如何更加准确地预见或描述未来的状况。

(二) 预测分析的理论基础

1. 规律性原理

规律性原理认为,世界是物质的,物质是运动的,运动是有规律的,规律是可为人们认识和掌握的。也就是说,任何预测对象的未来发展趋势都有一定的规律,只要掌握了它的发展变化规律,就有可能预测其未来状况。

2. 延续性原理

延续性原理认为,未来是过去和现在的自然延伸。任何事物的发展都具有一定的连贯性,不是突变的,与它过去的状况或多或少存在着一定的联系。一定事物过去随时间而发展变化的趋势,也是今后该事物随时间而发展变化的趋势。没有它的过去和现在,就不会有它发展变化的未来。所以,了解过去和现在,是预测未来的基础和出发点。掌握过去和现在的发展规律,就可以预测未来。

3. 可控性原理

可控性原理,又称相关性原理。它认为,事物未来的发展变化,是在其内因和外因的共同作用下产生的,它有着自己的发展规律。但在掌握其规律性的条件下,就可以发挥人的主观能动性,使它朝着符合人们需要的方向发展。在经济活动中,各种经济变量之间存在着相互依存、相互制约的关系。人们可以利用对某些经济变量的分析研究来推测受它们影响的另一个或另一些经济变量的发展趋势。

对于工业企业来说,其所进行的经营预测的具体内容包括销售、成本、利润和资金等方面的预测。由于不同的预测对象的各自发展趋势都有一定的规律性,同时,这些规律也是能够为人们所认识和掌握的,因而进行科学预测的可能性是存在的。又由于科学的预测是正确决策的基础,预测是为决策服务的,没有科学的预测是不可能做出正确决策的,因而进行科学的预测是非常必要的。

(三) 预测分析的特点

预测需要具备三个基本要素:实际资料、经济理论和数学模型。其中,实际资料是预测的依据,经济理论是预测的基础,数学模型是预测的手段。

从系统论的观点看,预测过程实际上是一个信息处理的过程。首先是要收集大量的信息资料;其次是整理分析资料,去粗取精、分清主次;最后对各种因素的影响程度或变化趋势进行计算,并修正预测值。这一过程决定了预测具有如下特征。

(1) 在任何情况下预测都会涉及未来,并直接涉及时间。预测一定是对未来的某一个时点做出的,改变这个时点往往会影响到预测的结果和性质。加上经济社会的复杂性和不确定性,因此预测的时间越长,预测的结果越容易偏离实际。所以,预测分析的外推时间越短,结果越准确。

(2)预测中总是存在不确定的因素。如果预测者能够掌握完全信息,即"对未来了如指掌",那么预测也就不会存在了。实际上企业所面临的所有未来情况都包含着不确定性,必须搜集各种资料作为预测的依据,从而做出判断。

(3)预测是在一定的假设前提的基础上对现实经济世界和经济过程所做的估计和推断,存在误差是在所难免的,因此预测还要对差异加以评价和分析,并说明预测值的可信程度,从而尽量减少和控制误差,使预测更加接近实际。

(4)各种预测都在不同的程度上依赖于历史资料所包含的信息,也就是在大多数情形下,预测是直接或间接地以历史信息为依据,进行推测和估计的。

(四)预测分析的类型

1. 按预测的时间长短分类

(1)短期预测,即对一年以内经济发展前景的预测,如年度、季度和月度预测。短期预测应考虑产品销售的季节性变动。

(2)长期预测,有时又将其分为中期预测(二到五年)和长期预测(五年以上)。长期预测要对未来若干年经济是否景气进行估计。

2. 按预测的范围大小分类

(1)宏观预测,是指对整个国民经济所做的各种预测。

(2)中观预测,是对一个部门或地区经济发展所做的预测。

(3)微观预测,是对企业范围内的各种指标所做的经济预测,又称"经营预测"。

3. 按预测的性质划分分类

(1)定量预测,是指依据完整的历史数据资料,采用一定的数学方法对未来作出数据性预测的方法。

(2)定性预测,是指在缺乏完整、可靠的历史资料情况下,根据经验、直觉所进行的分析、判断。

4. 按预测的内容分类

按预测的内容,分为利润预测、销售预测、成本预测和资金预测等。

(五)预测分析的原则

预测分析的基本逻辑,是假设任何经济运行过程及其发展趋势总有一定的规律可循,而且是可以为人们认识和掌握的。也就是说,存在一些客观规律,它们实质上就成了预测分析的基本原则。

1. 惯性原则

惯性原则又称延续性原则,是指过去和现在的趋势与规律会延续到未来。其认为,一些经济现象在过去和现在的发展变化过程中存在着某种规律,这一规律在未来的一段时间内将持续存在。规律越明显,惯性就越大,从过去、现在预测未来就越准确。

2. 类推原则

类推原则是指利用预测对象与其相似事物之间的特点,将在时间上先发展变化的事物的发展过程和规律类推到预测对象上,从而对预测对象的前景做出预测。在运用此原则时,确定经济现象之间的相似性是很重要的,同时分析比较两者的不同也是很必要的。

3. 相关原则

经济现象的发展变化不是孤立的,其发展变化都是相互联系、相互作用的,具有相关关系。相关原则就是依据经济现象之间的相关关系,来对预测对象进行预测。

4. 概率原则

又称概率推断原则,是指预测是以一定的概率对预测对象的未来做出判断。

5. 反馈原则

经济现象的预测值与实际值之间总有一定的差异,差异越小,预测的可信度越高。预测工作中要对预测误差进行经常、及时的反馈,并根据反馈的误差大小对预测模型进行修正,使模型更加符合实际,从而降低预测误差。

(六) 预测分析的步骤

预测分析的一般程序,大体可以分为以下几个步骤。

1. 确定预测目标

首先要搞清楚预测什么?预测目标决定着所需的资料以及所采取的方法。然后,根据预测的具体对象和内容,确定预测的范围、时间期限和数量单位等。

2. 收集和研究有关资料

这里资料既包括与预测对象有关的内部资料,也包括与预测对象有关的外部资料,这些都是市场预测的前提和出发点。同时还要对所收集到的资料进行审查以确定其正确性,进而进行整理以方便以后的使用。

3. 选择预测模型和预测方法

预测模型和预测方法是多种多样的。不同的预测对象要采用不同的模型和方法,而且通常人们愿意选用简便易行、成本较低、预测结果比较准确的方法。因此,对于一项特定预测目标,既有选择模型的问题,又有选择恰当的预测方法的问题,这取决于资料和预测目标之间的关系。

4. 做出预测结论

利用预测方法对影响预测目标的各个方面进行具体的计算、分析、比较,做出定量分析或定性分析的预测结果,得出实事求是的预测结论。

5. 定期进行验证,评价所选模型

选定了预测方法和预测模型以后,还要定期根据所获得的资料和发展情况进行检查,验证模型的正确性。

6. 分析预测结果,及时修正

预测未来,差异在所难免。对得到的预测结果应与实际的数据进行比较,分析误差存在的原因,从而对预测值进行修正。总之,这是一个定性与定量相结合的过程。

7. 得出最后的预测结论

经过这一系列的预测、修正过程,最后得出预测结论,供有关决策者使用。

以上预测程序可用图 5-1[1] 表示。

---

[1]　参见:李天民,现代管理会计学,立信会计出版社,1996,p126。

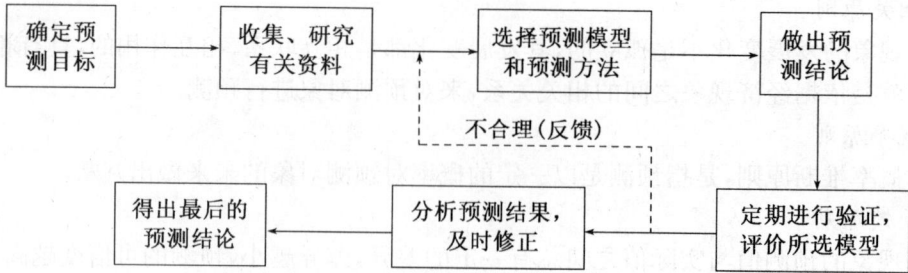

图 5 - 1

三、预测分析方法

预测分析的方法很多,根据预测目标和预测期限以及预测模型的不同而各有所异,主要有两大类。

(一)定量预测法

定量预测法,又称数量分析法。它是根据所提供的过去的资料、数据,经过加工整理,采用数学的方法,建立相应的数学模型,推算出所研究的事物在一定时期内可能达到的规模或水平,据以测算生产经营活动的发展状况。按照具体方式的不同,可以分为趋势预测分析法和因果预测分析法。

1. 趋势预测分析法

趋势预测分析法,是根据某项指标过去的、按照时间顺序排列的数据,运用一系列的数学方法与模型进行整理计算,借以预测未来发展趋势的分析方法。它的实质是以一个指标过去变化的趋势作为预测的依据,进行历史的延伸。具体有简单平均法、移动加权平均法和指数平滑法等。

2. 因果预测分析法

因果预测分析法,是根据某项指标与其他有关指标之间的相互依存、相互制约的关系,分析研究其规律性的联系,建立相应的因果数学模型所进行的预测分析。例如本量利分析法、回归分析法等。

在进行定量分析时,往往需要建立一些经济模型,以便用各种数学方法和各种计算工具加工预测所依据的各种经济信息,并对计算结果作出分析说明。所谓经济模型,就是客观经济过程发展变化规律的数学描述或定量抽象。

由于预测所依据的信息不一定都很准确,所用的经济模型也不一定能完全如实地反映各种因素之间的相互关系,而且预测是建立在某种假设基础上的,加之常常会有人的意志和活动参与、影响经济过程,因此预测的准确性是相对的,通常会有一些误差。预测的时间越远,难度越大,准确性越低。不影响正确决策的误差是允许的,因此预测时应设法把误差控制在允许的范围之内。

需要指出的是,这里仅仅是理论上的简单探讨。在现实经济活动中,人们可能采用更多更好的方法,而且下文将要论述的定性方法可能在实际中的作用更大,虽然它的结果看上去是那么的不精确。

(二)定性预测法

定性预测法又称非数量分析法。它是由熟悉经营业务的相关人员,如高层管理人员、销售部经理、营销学教授等,根据其过去的实践经验,并考虑到政治经济形势、市场状况和前景、消费倾向、价格政策等对生产发展的影响,作出初步的分析和判断,首先提出个人的预测意见,然后再通过一定形式(如座谈会或函询调查征集意见等)进行综合,对个人的预测加以修正和补充。如市场调查法、分析判断法、专家意见法、顾客意向调查法、市场汇总法等①。显然采用定性方法预测得到的结果正确与否,在很大程度上要受预测人员的实践经验、知识技能和综合分析能力的影响。

需要指出的是,定性和定量分析法并非互相排斥,而是相互补充、相辅相成的。预测人员应根据具体情况,把两类方法结合起来加以应用,才能收到良好效果。

第一,现代经济生活是十分复杂的,经济的发展状况往往同时要受许多因素的影响,其中有的因素可以通过定量加以分析,但也有不少因素一般只有定性的特征,无法加以定量描述。如政治形势和政府政策的变化、战争爆发的可能、经济发展的前景和股票市场的动向、市场竞争情况和竞争对手的动态、消费者的心理和投资者的意向,等等。这些非经济因素是不易或不能用数学方法计算出来的,而这些非经济因素,在某些情况下却可能对企业的销售状况产生重大的不可忽视的影响。在进行预测分析时若只考虑少数几个相对重要的经济因素,而忽略不能定量的非经济因素,显然是不够的。所以我们在强调定量分析的同时,还必须指出,定性分析法仍是不可忽视的,因为定性预测是有关人员凭借自己的知识和经验,根据过去的信息和对未来的预期进行分析判断,虽然有一定的主观性,但不能否认其价值。

第二,定量分析是把未来看成是过去和现在的自然延伸,假定决定过去和现在的条件,同样适应于未来,但如果在预测期这些条件发生了较大的变化,如政府或企业的政策、方针的重大改变,市场上出现强大的竞争对手或过去资料中没有反映的其他重要情况,则根据数学计算所得到的结果,就还要根据这些定性因素进行修正。再者,定量分析是运用数学模型与数学方法对过去的数据进行计算、分析、判断,但由于纳入模型的因素的不完备性和模型自身的缺陷,这样得出的结论虽然很精确,但不能盲目地相信之。因此,必须将两种方法结合起来,以期得到更接近现实的预测结论。

第三,企业拥有的历史资料有些可能不真实,不能反映客观经济的发展规律,或由于取得信息的成本太高、花费的时间太多,而得不偿失。

鉴于以上原因,为了使预测结果更接近客观实际,我们在采用定量分析的同时,还必须辅之以定性分析进行综合研究,这样才能得出较为准确的预测结论。

为了提高预测的准确性,一般应注意以下几个方面。(1)以前只出现过一次而以后不大可能再出现的偶然因素,应该从所用的历史资料中排除出去。(2)以前未出现过而以后可能出现的因素,在预测未来时却应加以考虑,以便留有余地。(3)要不断用实际情况检验预测结果,找出产生预测误差的原因,以便改进预测工作。(4)增加预测所需的信息数量,提高信息质量,有利于提高预测的准确性,但要以因此而增加的收益足以补偿增加的费用为条件。

---

① 有些学者认为定性预测方法主要用于缺乏系统、完备的信息资料的情况。笔者不赞同这种说法。定性预测方法应该引起我们的重视。

第二节　销售预测

一、销售预测的意义

我们知道,任何企业生产的产品只有被销售出去,才能实现利润。因此,销售现已处于企业整个生产经营活动过程中的中心位置。企业为了实现目标利润,产品销售必须达到目标利润的要求,因而需要确定目标销售量和目标销售额。但在计划期间企业究竟能销售多少产品,只有通过广泛的市场调查和科学的销售预测才能得到较为准确的结论。

销售预测,是根据历史的销售资料以及市场对产品需求的变化情况,对未来一定时期内有关产品的销售发展趋势及其估计值所进行的预计和推测。

销售预测在企业的生产经营活动中是一个十分重要的环节。一个企业从事生产经营活动,首先就需要确定其经营目标,即目标利润,而这一目标能否实现,很大程度上取决于企业的产品未来在市场上的销售情况,因此销售是企业生产经营的关键。如果没有正确可靠的销售预测,企业的生产经营活动就会迷失方向,企业在经营管理上所做出的各种努力也将付之东流。销售预测的重要性表现在以下几个方面。

1. 它是安排企业生产经营活动的基础

企业要订购材料、安排人员、规划生产、处理财务,必须有销售预测作基础。通过销售预测,可掌握产品市场需求的动态和产品销售变动的一般规律,从而可以科学组织未来时期的生产经营,合理安排有关产品的生产、销售和其他各项经济活动,做到产销平衡,使整个企业的经营管理工作得以顺利进行。

2. 它是进行其他各项经营预测的前提

企业的经营预测包括销售预测、利润预测、成本预测和资金预测等。虽然利润、成本和资金预测各有其特定的内容和范围,但是都必须以销售预测为前提条件,直接或间接与销售预测的内容和结果密切相关。因此,只有在认真做好销售预测工作的前提下,才能正确开展利润、成本和资金预测。因而,销售预测不仅是编制销售预算的依据,而且是编制全面预算的基础。

3. 它是企业进行经营决策的依据

企业在日常经营过程中,时刻面临着一系列决策问题,例如产品的售价多少比较合适,各种产品应该如何搭配生产,某种新产品是否应该生产等。要对这一系列的问题做出科学的决策,决策人员必须充分了解企业的主客观、内外部条件,因而需要大量的、可供决策者利用的预测资料。需要通过销售预测,既可随时掌握企业生产经营内外部环境的变化情况,又可全面了解有关政治、经济、技术等因素对企业未来发展的影响,从而使企业管理人员能够准确地根据市场变动和竞争情况,按照经营战略和目标要求,科学地进行各项经营决策。

二、定性的销售预测方法

在进行销售预测时,要综合考虑可能影响销售量的内部和外部因素。一般说来,内部影响因素有产品的功能、价格和企业的生产能力、服务范围、促销手段等;外部影响因素包括当前的市场状况、经济发展趋势等。销售预测的方法很多,归纳起来如前述有两大类:定性销售预测方法与定量销售预测方法。

定性销售预测法，又称非数量分析法。它主要是依赖有关专业人员的知识技能、实践经验和综合判断能力，在调查研究的基础上，对企业产品的市场销售量的发展趋势做出判断和预测。具体说来，包括全面调查法、典型调查法、直接调查法、间接调查法、专家集合意见法和德尔菲法等。

（一）全面调查法

全面调查法，顾名思义就是对涉及该产品的所有的潜在消费者进行全面的调查，经过综合整理，得出该产品在未来的某一时段中的需求及变动的总体情况。这种方法要求对所有可能的潜在消费者进行普查，因而范围广，工作量大，适用于客户量较少的专用产品的市场分析。

（二）典型调查法

典型调查法，就是针对某种产品，通过对一些重要的、有代表性的用户情况进行调查，进而推算出市场的总体情况（如市场需求量以及其变化趋势），在科学整理分析的基础上，得出准确合理的销售预测。从某种程度上看，这是一种抽样调查，因此，为了使预测结果更加接近实际，就要注意样本的普遍性和代表性，可以采用一定的抽样技术，例如分层抽样等。

（三）直接调查法

直接调查法就是将所要调查的产品的有关内容，直接向被调查者进行一系列的询问，以获取所需的资料，进而确定产品销售量及其变化趋势的一种销售预测方法。其调查对象可能是全部消费者，也可能是部分消费者。

（四）间接调查法

间接调查法，又称关联法，它是指通过市场调查，了解影响市场需求的各种因素的变化情况，进而根据这些因素的变化趋势来预测市场需求和产品销售的一种方法。它与直接调查法不同，直接调查法是直接向被调查者进行询问，进而进行预测。

（五）专家集合意见法

专家集合意见法，也称为专家小组法，是一种通过向学有所长、见识广博的专家进行咨询，根据他们多年来的实践经验和职业判断能力，客观地对未来市场情况和销售情况做出预测的方法。这是专家们"面对面"地交流后得出的集体见解。

（六）德尔菲法

德尔菲法，又称通信调查法或专家调查法，这是20世纪40年代末美国兰德公司最早采用的一种预测方法。德尔菲法与专家小组法的最大不同在于，它不是集中专家在一起开会讨论，而是运用匿名、反馈和反复进行的方式，得到一个渐趋同意的预测数据。具体地说，就是由预测人员采用调查表，分别征询不同专家对预测问题的答案，并把各位专家的意见进行汇总、整理后，再返回给每位专家征询意见，如此反复多次，最后形成比较统一的结论。这种方法的优点在于：各位专家只与调查人员有联系，各专家之间没有任何联系，是"背靠背"的，从而各专家能独立地、充分地发表自己的意见。其主要特点是：匿名性、反馈性和收敛性，但采用这种方法，工作量大，预测过程也较长。

三、定量的销售预测方法

定量销售预测法主要根据过去的数据资料，经过加工整理，采用数学的方法，建立相应的数学模型，预测出未来的销售量在一定时期内可能达到的水平，并据以测算出生产经营活动的发展状况。定量销售预测通常在具有系统、完备的历史观察数据,或影响未来销售量发生变动的有关因素可以量化的情形下使用。

按照具体方式的不同,又可以分为趋势预测分析法和因果预测分析法。

(一)趋势预测分析法

趋势预测分析法最为重要的前提是,假定企业未来的销售变化仍然遵循着历史资料中所表现出来的规律。常用的预测方法有简单平均法、移动平均法(又分为简单移动平均法和加权移动平均法)、指数平滑法和趋势平均法等。

1. 简单平均法

简单平均法是利用过去若干期的实际销售量(或销售额)的平均数,作为对未来某一时期的销售量(或销售额)的预测。其计算公式为:

销售量(额)的预测值=过去若干期的实际销售量(额)÷期数

[例 5-1] 某企业 2001 年 1—12 月的产品销量如表 5-1 所示,试预计其 2002 年 1 月的销售量。

表 5-1 某企业 2001 年 1—12 月的产品销售量

月份	1	2	3	4	5	6	7	8	9	10	11	12	合计
销售量(万吨)	106	108	112	106	108	107	110	109	106	107	105	112	1 296

解:根据上述资料,运用简单平均法预测得到:

2002 年 1 月的预计销售量=2001 年月平均销售量=1296÷12=108(万吨)

这种方法简单易操作,但其缺点是要求被预测企业业务简单,生产经营活动正常,市场行情稳定。

2. 移动平均法

移动平均法是通过计算以往若干期的销售量(额)的移动平均数,作为预测期销售的预测值的一种方法。所谓"移动",是指用来预测的数据资料随着预测期的推移而推移。如用 1、2、3、4 月的实际销售量预测 5 月销售量,用 2、3、4、5 月的实际销售量预测 6 月销售量。

(1)简单移动平均法

简单移动平均法是指通过计算以往若干期的销售量(额)的算术平均数,作为预测期的销售的预测值。这种方法也简单易操作,但与简单平均法不同的是:它对历史的数据和资料的运用进行了一定的划分,它注重近期的数据资料对预测的作用,从而使得预测值更接近实际。

(2)加权移动平均法

加权移动平均法是指赋予以往若干期的销售量(额)以不同的权数,计算而得的算术平均数,作为预测期销售的预测值。这种方法在简单移动平均法的基础上进一步认为,越是近期的销售额资料的作用越大,资料越久远对预测的价值就越低。因此赋予近期的销售额资料的权数要大于远期的销售额资料的权数。因此采用这种方法得到的预测值一般比简单移动平均法更接近现实,但确定权数比较困难。

[例 5-2] 采用例 5-1 的资料,运用 2001 年 9、10、11、12 月的销售资料预测 2002 年 1 月的销售量。要求:① 运用简单移动平均法;② 运用加权移动平均法(权数分别为 0.1、0.2、0.3 和 0.4)。

解:① 运用简单移动平均法

2002 年 1 月的预计销售量＝2001 年 9、10、11、12 月的平均销售量＝430÷4＝107.5(万吨)

② 运用加权移动平均法

2002 年 1 月的预计销售量＝2001 年 9、10、11、12 月销售量的加权平均数
$$=112×0.4＋105×0.3＋107×0.2＋106×0.1$$
$$=108.3(万吨)$$

3. 指数平滑法

采用指数平滑法进行下期的销售预测,需要引入平滑系数 α($0<\alpha<1$,通常在 0.3 与 0.7 之间)进行测算。其计算公式如下:

下期的销售预测值＝($\alpha×$本期实际销售额或销售量)＋($1-\alpha$)×本期销售预测值

指数平滑法实际上是一种变形了的加权平均法。它是采用对不同的实际资料采取不同的权数进行平均的方法来进行预测的,也是近期资料权数大,远期资料权数小的加权平均数[①]。采用这种方法能否预测成功的关键在于平滑系数 α 的确定上。α 的值取决于资料对于预测期的影响的大小,如果近期的资料影响大,则取较大值;若各期变化较小,趋于平稳,则取较小值。

[例 5-3]　仍用例 5-1 的资料,用加权移动平均法和指数平滑法($\alpha=0.3$)预测 2002 年 1 月的销售量。

解:用加权移动平均法可得出 2001 年 12 月的预计销售:
$$105×0.4＋107×0.3＋106×0.2＋109×0.1＝106.2(万吨)$$

进而用指数平滑法可得出 2002 年 1 月的预计销售量:
$$(\alpha×本期实际销售额或销售量)＋(1-\alpha)×本期销售预测值$$
$$=0.3×112＋0.7×106.2＝107.94(万吨)$$

上述三种方法的基本思路是相同的,都是根据过去的历史资料计算而得的平均值,不同的只是采用了不同的数学方法。但它们都忽略了事物向前发展的基本规律,没有考虑事物不断向前发展的规律,下面介绍趋势平均法。

4. 趋势平均法

趋势平均法,又称平均趋势法,是指根据历史资料计算移动平均数及其趋势平均数(即移动平均数增长量的平均数)来进行预测的方法。这种方法既考虑了事物发展的基本要求,又对趋势进行了平均,以消除偶然因素导致的趋势的不稳定性。

[例 5-4]　某公司 2001 年各月份的销售量如表 5-2 所示,要求用趋势平均法预测 2002 年 1 月的销售量。

表 5-2　某公司 2001 年各月份的销售量

月份	1	2	3	4	5	6	7	8	9	10	11	12
实际销售量(万台)	32	34	37	39	36	42	44	47	43	51	52	54

解:有关计算如表 5-3 所示。

①　关于对不同时期资料的权数的证明,见陈金菊,管理会计,中国对外经济贸易出版社,2001。

表 5 - 3　趋势平均法预测计算表

月份	实际销售量(万台)	五期平均	变动趋势	三期平均变动趋势
1	32			
2	34			
3	37	35.6		
4	39	37.6	+2.0	
5	36	39.6	+2.0	2.0
6	42	41.6	+2.0	1.6
7	44	42.4	+0.8	1.9
8	47	45.4	+3.0	1.9
9	43	47.4	+2.0	2.3
10	51	49.4	+2.0	
11	52			
12	54			

从上表中,我们可以看出,2001 年 9 月的平均销售量(即 7 月、8 月、9 月、10 月、11 月的平均销售量)为 47.4 万台,同时从 2001 年 9 月到 2002 年 1 月相距 4 个月,并且 2001 年 9 月平均变动趋势(即 8 月、9 月、10 月的平均变化趋势)为 2.3 万台。因此,预测如下:

2002 年 1 月的销售量预测值＝47.4＋2.3×4＝56.6 万台。

实际预测中,可能不是采取五期平均数,而是三期或四期等,但原理是相同的。

(二) 因果预测分析法

因果预测法也是销售预测中经常采用的一种预测方法。它是通过分析事物发展变化的因果关系,找出影响预测变量的因素,将它们与预测变量之间建立相关关系,从而建立相应的因果预测分析的数学模型进行预测,来推测事物发展的趋势,不是就指标论指标。

在进行销售预测时,建立这样的因果模型进行预测,首先要全面考察影响销售量(额)的因素有哪些,其次通过对历史资料的分析确定这些因素与销售之间的关系,进而建立销售量(额)的预测模型。因果预测所采用的具体方法较多,一般最常用的是线性回归法。

设 x 为影响预测对象销售量(额)的相关因素,即自变量;y 为预测对象销售量(额),即因变量。

假设 x 与 y 之间存在关系,即满足线性方程 $y=a+bx$,采用统计学上的最小二乘法原理可以确定一条能最大限度反映自变量 x 和因变量 y 之间关系的线性方程,其回归系数 a、b 的估计值的计算公式为:

$$a = \frac{\sum y - b \sum x}{n} \quad b = \frac{n \sum xy - \sum x \sum y}{n \sum x^2 - (\sum x)^2}$$

在计算出 a、b 的估计值,得出线性方程 $y=a+bx$ 后,我们就可以将影响预测期销售量(额)的因素的预计值,代入线性方程 $y=a+bx$,即可得出销售预测值。

[例 5 - 5]　某市一地方垄断性企业,经过调查研究,发现该企业的销售与该市人均收入

大致呈线性关系。2002 年该市人均收入预计为 1 400 元。该企业的销售额与该市人均收入的统计资料如表 5-4 所示,试运用因果预测分析法预测该企业 2002 年的销售额。

表 5-4　某企业的销售额与该市人均收入的统计资料

年份	1992	1993	1994	1995	1996	1997	1998	1999	2000	2001
人均收入	700	760	780	880	850	840	890	1 000	1 100	1 250
销售额(千元)	400	440	420	460	430	450	500	520	550	580

解:根据题意,运用因果预测分析法,设人均收入为 x,该企业的销售额为 y,建立线性方程 $y=a+bx$,利用 1992—2001 年的历史数据,经计算可得:

$$b=0.342\ 3$$
$$a=165.22$$

则所求的直线方程为:
$$y=165.22+0.342\ 3x$$

预计 2002 年该市人均收入为 1 400 元,则 $y=165.22+0.342\ 3\times1\ 400=644.44$(千元),即 2002 年该企业的销售预测值为 644.44 千元。

在销售预测中,有时会有几个因素同时影响着销售量(额)的变动,此时要建立多元线性或非线性回归方程,用最小二乘法建立预测模型。

四、销售预测应注意的几个问题

在进行销售预测时,应注意以下几个问题。

第一,要充分占有资料,并认真分析。进行销售预测时,需要对影响销售的各种可能的因素进行分析和研究,其基础是大量、充分地占有资料,占有的资料越多,预测就越有可能接近实际。

第二,要注意预测结果的可信程度。作为预测,不可避免地带有估计成分,这是定性预测时较常遇到的;而在进行定量预测时,我们也不能迷信计算得到的"精确结果",因为任何定量预测方法都有一些苛刻的假设条件,而在实际经济生活中,这些假设条件是很难满足的。

第三,要注意讲求预测工作本身的经济效益。会计上一贯坚持这样一个原则,即成本效益原则。预测活动本身会或多或少要付出一定的代价,即预测费用。而如果这些预测所带来的效益不足以弥补预测费用的话,那么这种预测便是不值得的。

第三节　利润预测

一、利润预测的意义

利润预测是按照企业经营目标的要求,根据企业未来发展目标和其他相关资料,通过对影响利润变化的各种因素进行综合分析,预计、推测或估算未来应当达到和可望实现的利润水平及其变动趋势的过程。对企业利润的预测,主要是对营业利润的预测。

做好利润预测,不仅有利于规划企业的目标利润,而且有利于企业寻求增加利润的途径。

利润预测的重要意义体现在以下两个方面。

1. 有利于规划企业的目标利润

利润预测的主要目的是预测目标利润。目标利润是企业在未来一定时期内所期望实现的利润指标,它是企业经营活动必须要考虑的重要战略目标之一。目标利润预测是根据企业经营目标的要求,在市场预测基础上,根据企业的具体情况,采用一定的预测方法合理地测定目标利润的过程。科学的利润预测,有利于规划好企业的目标利润。

2. 有利于企业寻求增加利润的途径

企业经营过程中的多方面因素都会影响到利润变动,如销售量、价格、成本费用、相关税费等。通过利润预测,认真分析各种因素的影响方向和影响程度,有利于企业在生产经营活动中有的放矢,寻求增加利润的途径。

二、目标利润的预测步骤

目标利润是指企业在未来一定时期内,经过努力应该达到的最优化利润控制目标。

1. 调查研究,确定利润率标准

从可供选择的利润率的计算口径上看,利润率主要包括:销售利润率、产值利润率、资金利润率等,这些参考指标既可以是平均利润率、历史最高水平利润率;也可以是国内外同行业、本地区和本企业的利润率。

2. 计算目标利润基数

$$目标利润数=预定的销售利润率×预计产品销售额$$
$$=预定的产值利润率×预计总产值$$
$$=预定的资金利润率×预计资金平均占用额$$

3. 修正利润目标

对影响利润的因素进行分析,形成目标利润预测值。比较目标利润基数与目标利润预测值,修正目标利润。

$$目标利润=目标利润基数+目标利润修正值$$

4. 分解利润目标,纳入预算体系

目标利润一经确定就应立即纳入预算执行体系,层层分解落实,以此作为采取相应措施的依据。

二、利润预测的方法

利润预测分析的方法主要有直接预测法、比例法和运用经营杠杆预测利润等三种方法。

(一)直接预测法

直接预测法是指根据本期的有关数据,直接推算出预测期的利润数额。预测时,可以先分别预测利润总额的各组成部分,然后将各部分预测数相加,得出利润预测数额。即:

$$利润总额=营业利润+投资净收益+营业外收支净额$$

营业利润是由产品销售利润和其他业务利润组成的,这两部分预测利润的公式分别为:

$$预测产品销售利润=预计产品销售收入-预计产品销售成本-预计产品销售税金$$
$$=预计产品销售数量×(预计产品销售单价-预计单位产品成本-预计单位产品销售税金)$$

预测其他业务利润＝预计其他业务收入－预计其他业务成本－预计其他业务税金

预测企业的投资净收益是根据预计企业向外投资的收入减去预计投资损失后的数额得出的。预计营业外收支净额是用预计营业外收入减去预计营业外支出后的差额。

最后,将所求各项预测数额加总,便可计算出下一期间的预测利润总额。

(二)比例法

所谓比例法预测利润,就是根据有关利润率指标来预测计划期产品销售利润的一种方法。常用的利润率指标主要有销售利润率、成本利润率、产值利润率和资金利润率。

1. 根据销售利润率预测

其计算公式为:

预计产品销售利润＝预计产品销售收入×销售利润率

式中,销售利润率可根据以前年度的产品销售利润占产品销售收入的比重求得。

2. 根据成本利润率预测

其计算公式为:

预计产品销售利润＝预计产品销售成本×成本利润率

式中,成本利润率可根据以前年度的产品销售利润与产品销售成本的比例求得。

3. 根据产值利润率预测

其计算公式为:

预计产品销售利润＝预计产品总产值×产值利润率

式中,产值利润率可根据以前年度的产品销售利润占产品总产值的比重求得。

4. 根据资金利润率预测

其计算公式为:

预计产品销售利润＝预计资金平均占用额×资金利润率

式中,资金利润率可根据以前年度的产品销售利润与资金平均占用额的比例求得。

(三)运用经营杠杆预测利润(此处指息税前利润)

通过第二章成本性态分析的学习我们知道,在其他条件不变的情况下,产销量的增加虽然不会改变固定成本总额,但会降低单位固定成本,从而提高单位利润,使利润的增长率大于产销量的增长率。反之,产销量的减少会提高单位固定成本,降低单位利润,使利润下降率也大于产销量下降率。

在有关因素不变的情况下,只要存在固定成本,利润的变动幅度就会大于产销量的变动幅度,这一规律称为经营杠杆。对经营杠杆进行计量最常用的指标就是经营杠杆系数,即利润变动率相当于销售量(额)变动率的倍数。计算公式为:

经营杠杆系数＝利润变动率/销售量(额)变动率

上述理论公式在实际计算中对变动前后的数据资料要求较高,使用不便。经过推导,还可以简化为以下计算形式:

经营杠杆系数＝基期边际贡献总额/基期利润

利用上述公式求得经营杠杆系数后,如果销售变动率也已测定,那么,在目前的利润水平基础上,可以按以下公式来预测未来利润:

利润预测数＝基期利润×(1＋利润变动率)

＝基期利润×(1＋销售变动率×经营杠杆系数)

[例5-6]　某企业当年资料如下:销售量20 000件,边际贡献总额8 000 000元,固定成本总额4 000 000元,利润4 000 000元。预计明年销售量增长20%。要求:运用经营杠杆预测该企业明年的利润。

解:首先根据今年相关资料计算出明年的经营杠杆系数。

$$经营杠杆系数=8\ 000\ 000/4\ 000\ 000=2$$

再预测明年利润。

$$利润预测数=4\ 000\ 000\times(1+20\%\times2)=5\ 600\ 000(元)$$

经营杠杆系数不仅可以用于利润预测,同时还可以反映经营风险的大小。经营杠杆扩大了市场和生产等不确定因素对利润变动的影响。从上例也可以看出,经营杠杆系数越高,利润变动越激烈,企业的经营风险越大。一般来说,当其他因素不变时,固定成本越高,经营杠杆系数越大,经营风险也越大。

第四节　成本预测

一、成本预测的意义

成本预测,是根据历史成本资料和其他相关因素的变化趋势预见和推测企业所经营的产品未来成本水平及其变化趋势。

在竞争异常激烈的市场经济中,一个企业要想生存和发展,就必须依赖自己,改善经营管理方式,提高员工素质,培育企业的核心竞争力,增强企业的竞争优势。按照迈克·波特的理论,一个企业的核心竞争力,不外乎两个方面:一是以同样的价格提供比别人更好的产品;二是以更低的价格提供同样的产品。因此,企业追求经济效益,不仅要追求产品质量,而且还要不断地提高企业的成本管理水平,不断地降低成本,把成本的发生额控制在允许的范围内。

当然,为了提高企业的成本管理水平,保证目标利润的实现,我们的工作不应该是成本发生后的事后分析;更应该着眼于未来,关注未来成本的变化,对企业未来成本的变化趋势做出预测,规划好预测期内的成本发生。然后在日常经济管理活动中,对各个单位的成本严加控制,鼓励全体员工积极参与,实现全面质量管理(TQM)。因此,可以说,成本预测对于提高企业管理水平和经济效益,降低产品成本具有十分重要的意义。

二、成本预测的步骤

成本预测牵涉的范围很广,通常包括经营管理、组织结构、技术开发、生产过程等多个方面。因此,成本预测和销售预测一样,首先必须占有大量、充分的资料,其次由企业管理层和有关专家组成的小组讨论与研究,然后采用一系列的专门方法,综合分析影响成本的各个因素,进行计算、比较与分析,进而做出判断和决策。

成本预测通常有以下几个步骤。

(一)提出目标成本草案

目标成本,是指企业在生产经营活动中某一时期要求实现的成本目标,即一定时期内为完成目标利润而应该达到的成本限额。它的形式主要是标准成本、计划成本或定额成本,一般低于当前的实际成本,是企业及其全体员工需经过努力才能实现的成本。因此,目标成本应是可以实现的现实成本,即既不能轻松达到,也不能可望而不可即。当然,在制定目标成本时,要充分考虑到对员工的激励作用,例如让员工参与其中等。

目标成本草案的提出通常有两种方法。

(1) 倒推法。这种方法主要是在确定利润的基础上,首先经过市场调查,得出一个适当的单位销售价格;然后计算销售额的预测值,减去目标利润和与此匹配的相关费用后的余额,就是这种产品的目标成本。这种方法是有其合理性的,在竞争日益激烈的当代社会中,一个厂商面对庞大的消费群体,只能作为一个价格的接受者,正如新古典经济学中有关完全竞争市场的厂商的定义一样。

(2) 以某一先进的成本水平作为目标,可以是本企业历史上最好的成本水平,也可以是同行业甚至国际上最先进的成本水平。这种做法是有道理的。因为市场上若有其他厂商可以以更低的价格提供这种商品,那么消费者为什么还要去负担更高的价格呢? 这种方法的缺点是目标成本没有与目标利润联系起来。

(二) 预测成本

在调查和分析的基础上,采用专门方法并建立相应的数学模型,预测企业在目前的实际情况下,产品成本可能达到的水平,并算出预测成本与目标成本的差异。常用的成本预测有:高低点法、加权平均法与回归分析法。

(三) 制定降低成本的方案与措施

调动企业员工的积极性,挖掘其潜能,制定出降低产品成本的各种可能的可行性方案,并力求预测成本最大限度地接近目标成本。

(四) 确定目标成本

对降低成本的各种可行性方案从各个方面进行分析,选出最佳的方案,并据以制定正式的目标成本,为管理决策服务。

三、成本预测的方法

进行成本预测,通常的做法就是:根据成本习性原理,利用本企业的历史资料数据,运用数理统计方法,来预测成本及其变动趋势。

如第二章所述,按照成本习性的划分,成本一般可用线性方程表达:

产品总成本＝固定成本＋单位变动成本×产量,即:$y=a+bx$

只要我们采取一定的方法确定了 a、b 的值,同时拥有产品的数量资料就可以测算产品总成本。通常确定 a、b 的办法有以下三种。

(一) 高低点法

高低点法是根据一定时期内历史数据资料中最高产量与最低产量的总成本之差(Δy),除以两者产量之差(Δx),所得便是单位产品变动成本 b;在此基础上计算固定成本 a,进而确定产量和成本之间的关系方程式,并依此进行成本预测。

[例 5-7]　某企业 1997—2001 年年产量和成本资料如表 5-5 所示,如果预计 2002 年产量为 110 台,试预测其成本。

表 5-5　某企业 1997—2001 年年产量和成本资料

年份	1997	1998	1999	2000	2001
产量（台）	20	85	67	43	100
成本（千元）	16 000	29 800	33 500	27 300	48 000

解：根据高低点法找出最高产量与最低产量及其对应的成本资料如下：

2001 年的产量最高，为 100 件，成本为 48 000 千元；1997 年的产量最低，为 20 件，成本为 16 000 千元。

所以，$b=\Delta y/\Delta x=(48\,000-16\,000)\div(100-20)=32\,000\div80=400$

以 2001 年为基础，计算固定成本 a，即：

$$48\,000=a+100\times400$$

得到：$a=8\,000$。

也就是说，该企业的成本预测公式为：$y=8\,000+400x$

因此预测 2002 年的成本为 $y=8\,000+400\times110=52\,000$（千元），单位成本为 472.73 千元。

高低点法是一种非常简易的预测分析方法，但这种方法对资料没有充分地利用，经常会偏离实际。

（二）加权平均法

加权平均法是根据过去若干期的成本资料（固定成本总额和单位变动成本），按照资料距预测期的远近而进行加权。通常认为距预测期越近，对预测期的成本影响越大，所以权数就应大一些；距预测期越远，对预测期的影响越小，权数就应小一些。其计算公式如下。

仍根据成本性态的基本原理：$y=a+bx$

所以，预测期总成本 Y（w 为权数）为：

$$Y=\frac{\sum aw}{\sum w}+\frac{\sum bw}{\sum w}x$$

[例 5-8]　某企业近几年的成本资料如表 5-6 所示，预计 2002 年生产 20 000 件的成本。权数分别为 0.4、0.3、0.2 和 0.1。

表 5-6　某企业近几年的成本资料

年份	固定成本总额（元）	单位变动成本（元）
1998	60 000	40
1999	65 000	36
2000	70 000	30
2001	75 000	30

解：根据题意，我们可以按照上述公式，求出 a 与 b。

$$a=60\,000\times0.1+65\,000\times0.2+70\,000\times0.3+75\,000\times0.4=70\,000$$

$$b=40\times0.1+36\times0.2+30\times0.3+30\times0.4=32.2$$

即，总成本预测公式为：$y=70\,000+32.2x$

所以,2002 年的预计总成本=70 000+32.2×20 000=714 000(元),单位成本为 35.7 (元)。

这种方法适合于历史成本资料更为详细,具有固定成本总额与单位变动成本详细数据的企业。但采用这种方法的难点是权数难以确定。

(三) 回归分析法

这种方法,仍然坚持成本性态的原理,应用统计学上的最小二乘法原理来确定 $y=a+bx$ 中的 a 与 b 的值,得出一条最大程度反映数据资料的直线方程。a 与 b 的值的计算公式如下:

$$a = \frac{\sum y - b \sum x}{n} \quad b = \frac{n \sum xy - \sum x \sum y}{n \sum x^2 - (\sum x)^2}$$

[例 5-9] 某高科技公司近五年的成本资料如表 5-7 所示,2002 年计划生产 80 台,试预测其成本。

表 5-7 高科技公司近五年的成本资料

年份	1997	1998	1999	2000	2001
产量	10	40	30	20	50
总成本	6 000	12 000	13 500	11 000	20 000

解:将表中的数据代入上述计算公式,求出 a 与 b 的估计值:

$$b = \frac{n \sum xy - \sum x \sum y}{n \sum x^2 - (\sum x)^2}$$
$$= 1\ 450\ 000 \div 5\ 000 = 290$$

$$a = \frac{\sum y - b \sum x}{n}$$
$$= 3\ 800$$

因此,总成本 $y = 3\ 800 + 290x$

预计 2002 年的总成本:$y = 3\ 800 + 290 \times 80 = 27\ 000$(元),单位成本为 337.5(元)。

需要指出是,上述三种方法在进行预测分析时虽有一定的作用,但还是过于简单,而且也没有考虑到企业内外部诸多因素的影响和变化。因此在实际的成本预测活动中,我们必须综合分析可能影响成本的各种因素,参考各个方面的意见,缜密地进行分析研究,才能使预测更加符合实际。

第五节 资金预测

一、资金需求量预测及其意义

资金需求量预测,是指根据企业历史资金占用资料和其他相关因素的变动趋势,来估计、分析、预测企业在未来一定时期内对资金的需求量。实际上,资金需求量的预测过程也是一个不断提出不同方案,然后在一定的约束条件下找出一个最佳方案的过程。

我们知道,资金是企业生产经营活动必需的生产要素。科学地进行资金需求量的预测,不仅可以为企业正常的生产经营活动提供适当的资金,而且也能够为改善经营管理创造条件。因此可以说,资金需求量预测的目的,就是有意识地引导生产经营活动中以最少的资金占用取得最佳的经济效益。资金需求量预测对改善经营管理、提高经济效益有着十分重要的意义。

由于影响资金需求量的最主要因素是销售预测量,因此资金预测是建立在销售预测的基础上的。

二、资金需求量预测的基本方法

资金需求量预测通常使用的是销售百分比法,此外还有回归直线法、现金收支法、调整净损益法和估计资产负债表法,等等。

(一) 销售百分比法

销售百分比法,是指根据资产负债表项目以及其他因素与资金之间的依存关系,并考虑未来的销售变动,从而预测未来资金需求量一种方法。准确地说,它是根据资金的各个项目与销售之间的关系,按照预测期的销售变动情况来预测需要追加的资金量。其预测步骤如下。

(1) 分析并确定资产负债表中各个项目的资金数额与销售量(额)变动之间的依存关系。

资产类项目。通常,资产中的货币资金、应收账款和存货等流动资产项目的数额与销售量(额)的关系比较密切,一般会随着销售量(额)的增长而增长。而固定资产项目,其数额是否会随着销售量(额)的增长而增长,取决于企业生产能力的利用情况,即现有各种固定资产是否达到充分利用状态。如果生产能力大量闲置,即使销售量有所增加,也不必增加固定资产;当生产能力已经充分利用,销售量有所增加,势必要增添设备,则需要追加固定资产投资。

负债类项目。在负债中,随着销售量(额)的增长,应付账款、应交税金、短期借款以及其他应付款等短期负债一般随之有所增长,从而可以减少追加资金;而长期负债类项目一般不会随销售量(额)的变化而变化。

所有者权益类项目。这类项目一般不会随着销售量(额)的变化而变化。

另外,折旧和留存收益也是资金筹措的渠道之一。因此在进行资金需求量预测的时候,要充分考虑预测期的折旧和留存收益。

(2) 将资产类项目随销售量(额)变化的百分比的合计数减去负债类资产类项目随销售量(额)变化的百分比的合计数,其余额就是预测期每增长一个单位的销售量(额)所需要增加的资金的百分比,然后再乘以销售量(额)的增长额,就是预测期应增加的资金额。

(3) 在计算出预测期应增加的资金额的基础上,扣除企业内部融资所形成的资金,如预测期的折旧和留存收益,经过分析和调整后就可确定预测期的资金追加量。

综上所述,我们可以得到预测期资金追加量的计算公式[①]:

预测期资金追加的数额 $= (A/S_0 - L/S_0)(S_1 - S_0) - Dep_1 - S_1 R_0 (1 - d_1) + M_1$

其中,S_0:指基期的销售量(额)

S_1:指预测期的销售量(额)

A/S_0:指基期随着销售量(额)的增长而要求增加的资产项目占销售量(额)的百分比

---

① 参见李天民,现代管理会计学,立信会计出版社,1996,p185—186。

L/S_0:指基期随着销售量(额)的增长而要求增加的负债项目占销售量(额)的百分比

$(A/S_0 - L/S_0)$:指销售量(额)每增加 1 个单位,所需追加的资金数量

Dep_1:指预测期内提取的折旧准备减去用于更新改造的余额

R_0:指基期的税后销售利润率

d_1:指预测期的股利发放率

M_1:指预测期增加的零星资金量

[例 5-10]　某公司 20×1 年的销售收入为 1 000 000 元,税后净利为 40 000 元,发放的股利为 20 000 元,20×1 年其生产设备已经达到了饱和状态。该公司 20×1 年度的简单资产负债表如表 5-8 所示。

表 5-8　某公司 2001 年度的资产负债表

资产负债表

编制单位:某公司　　　　　　　　20×1 年 12 月 31 日　　　　　　　　单位:元

资产		负债及权益	
		负债类项目	
1　货币资金	20 000	1　应付账款	100 000
2　应收账款	170 000	2　应付税金	50 000
3　存货	200 000	3　应付票据	30 000
4　固定资产(净值)	300 000	4　长期票据	200 000
5　无形资产	110 000	所有者权益类项目	
		5　实收资本	400 000
		6　留存收益	20 000
资产合计	800 000	负债权益合计	800 000

若该公司预计 20×2 年的销售收入为 1600 000 元,并仍按 2001 年的股利发放率支付股利,提取折旧为 40 000 元,其中 60% 用于更新改造现有的设备,又假定需增加零星资金 12 000元。试预测 20×2 年该公司需要追加的资金量。

解:根据 20×1 年 12 月 31 日的资产负债表中有关各项目的性质,分析它们与当年销售收入之间的依存关系,并用销售百分比的形式把这些依存关系表示,如表 5-9 所示。

表 5-9　销售百分比形式的资产负债表项目与销售收入之间的依存关系

资产类项目		负债权益类项目	
		负债类项目	
1　货币资金	2%	1　应付账款	10%
2　应收账款	17%	2　应付税金	5%
3　存货	20%	3　应付票据	不适用
4　固定资产(净值)	30%	4　长期票据	不适用

（续表）

资产类项目		负债权益类项目	
		负债类项目	
5 无形资产	不适用	所有者权益类项目	
		5 实收资本	不适用
		6 留存收益	不适用
A/S_0	69%	L/S_0	15%

可见，$A/S_0 - L/S_0 = 69\% - 15\% = 54\%$，说明了每增加 1 元的销售收入，需要追加资金 0.54 元。

因此，预测期资金追加的数额为：

$(A/S_0 - L/S_0)(S_1 - S_0) - Dep_1 - S_1 R_0 (1 - d_1) + M_1$

$= (69\% - 15\%) \times 600\ 000 - 40\ 000 \times (1 - 60\%) - 1\ 600\ 000 \times (40\ 000 \div 1\ 000\ 000) \times (1 - 20\ 000 \div 40\ 000) + 12\ 000 = 288\ 000(元)$

（二）回归直线法

回归直线法，是指对过去若干期的销售额与资金占用量的历史数据资料进行分析，运用最小二乘法的原理，构造线性方程 $y = a + bx$，以最大限度地反映销售额与资金占有量之间的关系，并把这种关系延伸到未来，用于预测未来期间的资金需求量。

如果通过研究考察，有多个因素影响资金占用量，那么可以建立多元线性或多元非线性方程，分析历史数据确定方程系数，进行预测。在计算技术迅速发展的今天，一元、多元线性或一元、多元非线性方程的建立与系数确定已经不再是阻碍这些方法使用的主要因素，这些烦琐的工作可以被计算机和专业软件所代替。

（三）现金收支法

现金收支法，是指在预测现金流量（流入量与流出量）的基础上来确定现金余缺的一种预测方法。这里的现金是指"现金流量表"中所指称的"现金"，即现金和现金等价物，其步骤如下。

（1）预测现金流入量。企业的现金流入量主要是本期销售收入中的付现部分和往年的应收账款的收回，因此预测的重点是各期的销售收入中的现金部分和对应收账款的管理。当然也要正确估计非正常收入。

（2）预测现金流出量。要正确估计为了正常生产经营而必须进行的采购活动和添置固定资产等资金需求量和付现时间，正确估计应付工资和应付税金等支出所需的资金量等，从而正确预测各期间内的现金流出量。

（3）根据预测的现金流量（流入量与流出量）情况，判断在预测期内现金的余缺，以便更好地进行生产经营，提高经济效益。

这种做法的好处在于可以与实际的现金收支状况进行比较，以便控制和分析现金预算的执行情况。

（四）调整净损益法

调整净损益法，是指以预测期预计损益为出发点，通过逐笔分析影响损益和现金余额的会计事项，把权责发生制的净收益调整为现金流量，用来分析现金余缺的一种预测方法。这种方法是针对现金制的不足而提出的，具体有以下几个步骤。

（1）将按照权责发生制编制的税前净收益调整为现金收付制的税前净收益，即在原税前净收益的基础上，加上不影响现金收支的各项费用，如各种准备、折旧等，再加上账款收回超过销售额的数额，或减去销售收入超过账款收回的数额。

（2）在现金收付基础上的税前净收益中减去实际支付的所得税额，调整为现金收付基础上的税后净收益。

（3）现金收付基础上的税后净收益加上与损益无关的现金收入，减去与损益无关的现金支出，表现为预测期内现金余额的增加额。

（4）预测期内现金余额的增加额加上期初现金余额，减去期末必需的现金余额，再扣除需发放的股利的现金支出数，即表现为现金的余缺数。

这种方法的缺点在于不能显示营业过程中的现金收支情况，如销售收入取得的现金、采购支出的现金等。

（五）估计资产负债表法

估计资产负债表法，是指根据会计恒等式来预测资金需求量的一种预测方法。

由会计等式：资产＝负债＋所有者权益

得：现金余额＝负债＋所有者权益－非现金资产

在此基础上，采用不同的方法和程序，推算出各非现金资产、各负债项目、各所有者权益项目的数额，根据上面的公式计算出预期的现金余额，并在此基础上，与预测期必需的现金余额进行对比，得出现金余缺的数额。

🔵 思考题

1. 什么是预测？预测分析的意义表现在哪些方面？

2. 预测分析需经过哪几个步骤？

3. 简述预测分析的基本方法。

4. 利润预测的意义？什么是"利润的敏感性分析"？

5. 销售预测具有哪些作用？常用哪些方法？

6. 成本预测一般要经历哪些步骤？通常有哪几种方法？

7. 资金预测的依据是什么？常用资金预测方法有哪些？

拓展案例：销售预测[①]

华艺家用电器厂最近引进国外的先进技术，试制一种用于毛皮大衣和高级呢绒服装的新式清洁吸尘器。这种产品在当地还没有销售记录。于是，工厂决定聘请专家多人，预测该种新产品明年投放市场后可能的销售量。

在预测前，他们首先对产品的样式、特点和性能用途及可能的售价，连同其他地区和国外市场的销售情况做了详细介绍，同时发给每人一件书面意见表，让个人进行判断，经过三次反馈，得到资料如下：

---

① 参见李来儿，《现代管理会计》，经济管理出版社，2001，p469－470。

专家	第一次预测(台)			第二次预测(台)			第三次预测(台)		
	最低	可能	最高	最低	可能	最高	最低	可能	最高
A	2 100	7 000	11 900	3 300	7 000	11 900	3 600	8 000	12 800
B	1 500	5 000	9 100	2 100	5 500	9 800	2 700	6 000	12 000
C	2 700	6 500	11 900	3 300	7 500	11 900	3 300	7 000	12 000
D	4 200	8 500	20 000	3 900	7 000	15 300	3 300	5 000	20 000
E	900	2 500	5 600	1 500	4 500	7 700	2 100	5 500	10 400
F	2 000	4 500	9 800	1 800	5 000	10 500	2 100	5 500	10 400
G	1 500	3 000	5 600	1 200	3 500	11 300	2 700	4 500	9 600
H	1 900	3 500	6 800	2 400	4 500	9 100	2 400	4 500	10 400
I	2 100	4 500	13 800	2 100	5 000	15 100	2 100	8 000	10 400
平均数	2 100	5 000	10 500	2 400	5 500	11 400	2 700	6 000	12 000

对资料加以整理并运用概率进行测算,最低销售量、可能销售量和最高销售量的概率分别为 0.2、0.5、0.3。

该厂零售店经理从该市各大服装公司了解到,去年市场上衣用清洁吸尘器的销量与毛皮大衣和高级呢绒中西服装的销量关系密切。两者的比例,国外市场约为 1:3,国内市场约为 1:23,零售店经理估计该市可能的比例约为 1:35,销售量约 18 429 台。

该厂销售人员对如何预测其销售量产生了不同意见。

第一种意见认为:只要把专家预测数加以平均,再加以适当考虑概率便可,依此作为销售预测量。

第二种意见认为:只有在排除专家预测中的各种最大和最小因素后,才能加以平均,因此无须考虑概率因素。

第三种意见则坚持按服装和产品的比例来确定全年的销售量,认为无须考虑专家预测的因素。

上述几种方案,哪种最合理?(说明理由)较为准确的销售预测量应是多少?

解答:

从长远看,按吸尘器与服装销售量的比例进行预测,是比较合理的。特别是国内市场已有过去的销售记录,完全可供参考。

但是从本例具体情况来看,该吸尘器属于新产品试销性质,要一下子达到国内市场销售水平需要一个过程。第一年销售数不能期望过高。资料中对零售店经理估计的比例可能为 1:35,没有进一步提供依据,缺乏说服力。预测可能建立在单纯的主观估计上。如果零售店经理能够提供数据,说明理由,应该首先考虑零售店经理的意见。

如果零售店经理不能证明他的意见是合理的,则应考虑专家的意见,并将概率因素作为销售预测依据。因为专家意见经过两次反馈,应该说各方面的情况都考虑了,是可以参考的。按照这种方法预测销售量如下:

$$2\,700 \times 0.2 + 6\,000 \times 0.5 + 12\,000 \times 0.3 = 7\,140(台)$$

必须指出的是,上述概率 0.2、0.5、0.3,应该是各专家估计各种可能性概率的平均数。如果专家提供资料中没有做出估计,仅凭预测人员主观决定,则不如另一部分同志的意见,即排除专家预测中最大最小因素后,以可能数的平均值作为预测数,也就是 6 000 台。

第六章 生产决策

如前所说，企业的短期经营决策通常只涉及一年以内的专门业务，一般不改变企业现有的生产能力，不增加或只少量增加固定资产的投资。因此，管理会计在决策分析时，无须考虑货币的时间价值和投资的风险价值，而应将考虑的重点放在现有生产条件下，研究如何使企业的现有资源得到最合理、最有效、最充分的配置和利用，以取得最佳的经济效益。

企业短期经营决策，从内容上来看，可分为生产决策、定价决策和存货决策三类；从确定性方面看，它又可分为确定型决策、风险型决策和不确定型决策三种类型。本章将学习生产决策和风险型决策及不确定型决策的各种专门方法，定价决策和存货决策将在后两章进行介绍。

本章着重阐述：什么是生产决策？常用的生产决策方法有哪些？它们是如何进行决策分析的？

通过本章的学习，使大家掌握生产决策的各种常用方法。

引导案例

喜福吉公司面对特殊订单的抉择

喜福吉公司在南京市的一家高度自动化的毛巾生产工厂，该厂的最大生产能力是 48 000 条，现在每月产量是 30 000 条，零售部门负责所有毛巾的销售。喜福吉公司预测下个月销售数量 30 000 条，每条售价 20 元。单位产品变动生产成本 7.5 元，单位产品固定生产成本为 4.5 元。单位产品销售费用为 7 元。我们假定对一个成本动因（单位产量）而言，所有成本要么归入变动成本，要么归入固定成本。

一家快捷连锁酒店由于其现有毛巾供应商罢工，因此向喜福吉公司提出下月以 11 元的价格购入 5 000 条毛巾的订货要求。预期这家连锁酒店以后不会再向喜福吉公司购买毛巾。如果喜福吉接受这笔特殊订单，它可以利用现有闲置生产能力生产这 5 000 条毛巾，而不影响固定生产成本。这笔 5 000 条毛巾的一次性特殊订货没有销售费用，接受这笔订货也不影响产品的正常售价或销售量。

按照传统成本计算方法，单位产品的制造成本为 12 元，期间费用为 7 元，单位成本为 19 元，远远超过购买价格 11 元，我们应该拒绝该订单。但是喜福吉公司的管理层却做出了相反的决定,他们经过考虑接受了该订单。

或许你正在为喜福吉公司管理层的决定感到不解,那么管理层的决定是否正确呢? 像喜福吉公司这样的抉择,很多公司都会遇到,面对这些非常规的问题,公司应该如何做出正确的生产决策呢? 本章就能帮你解决这些问题。

第一节　生产决策基础

生产决策是企业短期经营决策的重要内容之一。它通常要着重解决以下三个方面的问题。

一是生产什么,即生产什么产品或提供什么劳务。包括增加何种新产品,是否停产亏损产品,零部件是自制还是外购,半成品和联产品是否应进一步加工等。

二是生产多少,即生产多少数量的产品或提供多少数量的劳务。包括生产产品的批数、批量和产品组合等。

三是如何生产,即如何组织和安排生产或提供劳务。包括生产时间的安排、成本的控制、工艺的选择和标准的制定等。

从生产决策所涉及的具体内容来看,主要包括以下几个方面。

1. 产品的品种决策

它是在一定的生产能力下,分析生产哪种产品可以为企业带来最大利益。

2. 亏损产品的停产或转产决策

这类问题旨在回答:目前会计信息所反映出的亏损产品是否应该停产? 还是应该转产? 转产什么产品?

3. 零部件是自制还是外购决策

企业生产产品所需要的某些零部件,既可企业自己制造获得,也可以通过向外部购买获得,那么,该如何选择呢? 除考虑自制成本、外购价格外,还必须考虑零部件的需用量等因素,在综合考虑基础上,做出决策。

4. 特殊订货决策

企业有时会面临这样的选择:购买者的报价不足以抵补目前产品的成本,那么,是接受还是拒绝这种特殊订货呢? 对此,不能简单处理,而必须进行必要的计算和分析,方可决策。

5. 产品最优批量的决策

一种产品,是一年到头不断生产,还是分期分批组织进行呢? 这就是最优批量的决策问题。

6. 产品最优组合的决策

企业在同一时期生产的产品往往多种多样,那么,在各种产品的需求量及各生产部门的生产能力都有一定限制的情况下,各种产品应该生产多少呢? 这便是产品的最优组合问题,目的是通过适当的产品组合使企业在一定的限制条件下实现最大利润。

7. 半成品的深加工决策

某些企业的半成品既可马上投放到市场销售,也可以继续进行进一步的深加工。深加工会增加成本,但产品售价也会相应提高,于是就产生了半成品是上市销售还是继续加工的选择。

8. 加工工艺的决策

同一种产品，往往可以采用不同的工艺、不同的设备进行加工，其各自的生产效率和费用发生的特点都不相同，那么，如何根据特定的生产批量来选择经济的加工工艺和设备，便是此类决策所要解决的问题。

9. 企业营业还是歇业的决策

企业有时由于市场严峻和竞争激烈等原因，而采取暂时歇业的策略，以便把损失降低到最低程度。继续营业与歇业的选择，旨在寻找一个最佳的歇业时机，即要回答"业务量为多少时不再继续营业"的问题。

生产决策的基本思想是选择能够创造最多利润的备选方案。而我们知道利润是由收入和成本两个因素共同决定的，所以在进行生产决策分析时，一种方法是只比较各个方案的收入多少（前提是各方案的成本相同），一种方法是只比较各个方案的成本多少（前提是在各方案的收入相等），再一种方法是同时比较各方案的收入和成本的多少。

尽管生产决策所涉及的问题很多、内容丰富，且不同的问题和不同的内容需要采用不同的决策分析方法，但是它们具有两个共同的特点：一是生产决策一般只涉及如何利用现有的生产能力，而不涉及新的投资决策，即在现有的生产条件下，研究如何合理、有效、充分地利用企业的现有资源，以取得最佳经济效益；二是在进行生产决策时，基本不考虑货币定额的时间价值因素，而非常重视产品成本的形成规律、企业生产能力的限制及其利用程度等因素。

第二节　生产决策方法

生产决策的方法多种多样，主要有差量分析法、边际贡献分析法、本量利分析法、经济批量法、线性规划法、限制理论法等方法。

一、差量分析法

这是一种成本效益分析法。在管理会计中，不同备选方案间的差别，叫作"差量"，有"差量收入"和"差量成本"两种形式。差量收入为两个备选方案的预期收入间的差额；差量成本是两个备选方案的预期成本间的差额。

差量分析法，就是根据两个备选方案的差量收入与差量成本的比较来确定哪个方案较优的方法。若两方案的差量收入大于差量成本，则前一方案较优；反之，若差量收入小于差量成本，则后一方案较优。其实质就是比较哪个方案能够创造更多的利润，以利润多的方案为优。

那么，为什么要通过比较差量收入与差量成本的大小而不是直接比较利润的大小来进行两个方案的优劣分析呢？这是因为，要计算利润，就必须知道每个方案中所涉及的所有收入和所有成本，必须考虑对备选方案的预期收入和预期成本产生影响的所有项目，而在实际问题中，一方面是有的收入或成本项目不一定已知，因而无法计算出利润；另一方面是由于有的收入或成本项目在两个方案中保持不变，它们对利润的影响相同，因而在选择方案时无须对其加以考虑。因此，采用差量分析法的关键在于进行决策分析时，只考虑那些对备选方案的预期总收入和预期总成本会发生影响的项目；其他项目则为无关因素（无关收入或无关成本），可以不

管理会计学

予考虑。

[例6-1] 某厂有一批可修复的废品,其生产成本为10 000元,修复后可售12 000元,修理费用为3 000元;如不加修理,则只能降价销售,售价为8 000元。

为了确定是否应该修复后出售,可以用全面分析比较的方法(见表6-1),也可仅就相关成本之间的差额和相关收益之间的差额进行分析比较(见表6-2),对两方案中数额相等的生产成本(都为10 000元)、销售成本(都为500元)和管理成本(都为1 500元)不予考虑。如果考虑这些因素,只会徒增干扰,对正确抉择并无裨益。既然数额相等、时间相同,就没有比较的必要。

表6-1 全面比较   单位:元

项 目	销售收入	生产成本	修理成本	销售成本	管理成本	利润
修复后出售	12 000	10 000	3 000	500	1 500	−3 000
降价出售	8 000	10 000	—	500	1 500	−4 000

表6-2 差量分析   单位:元

项 目	收入差异	成本差异	净利差异
差 额	4 000(=12 000−8 000)	3 000	1 000

[例6-2] 某厂每年需要乙零件6 400个。若从市场购买,每件成本25元。若自制,成本资料如表6-3。

表6-3 成本资料   单位:元

成本项目	金 额
直接材料	9
直接人工	7
变动制造费用	4
固定制造费用	
其中:专属固定费用	3
共同固定费用	5
单位成本	28

(1) 假定若该厂停止生产这种零件,则其有关生产设备别无他用。那么,该厂是自制还是外购这种零件?

由于自制和外购的预期收入相同,故进行差量分析时不必考虑差量收入,而只需比较外购的预期成本与自制的预期成本,从中选择成本较低的方案即可。零件的自制成本是指为制造乙零件所发生的直接材料、直接人工和变动制造费用。对于固定制造费用中的专属固定费用和共同固定费用要区别对待,共同固定费用既不会因零件的自制而增加,也不会因零件的外购而减少,故共同固定费用属于无关成本;而由于专属固定费用是与自制零件方案相联系的成本,故它属于自制方案的相关成本。

外购的预期成本:25×6 400=160 000元

自制的预期成本:$(9+7+4+3)\times6\,400=147\,200$ 元

差量成本$=12\,800$,即应自制。

(2) 假定若该厂停止生产这种零件,其有关生产设备可用于生产另一种产品,每年可提供边际贡献 15 000 元。在此情况下,该厂是自制还是外购这种零件?

由于剩余生产能力若用于自制零件,就不能用于生产另一种产品。如果我们选择了自制零件,就必须放弃生产另一种产品的机会,所以这里生产另一产品所提供的边际贡献 15 000 元实际上就是自制零件的机会成本,在决策时应加以考虑。

外购的预期成本:$25\times6\,400=160\,000$ 元

自制的预期成本:变动成本和专属成本 $23\times6\,400$+机会成本 $15\,000=162\,200$ 元

差量成本:($2\,200$ 元)

上述计算结果表明,如果考虑了机会成本,外购乙零件比自制节约 2200 元,故以外购为宜,而将剩余生产能力用于生产另一种产品。

[例 6-3] 假定某公司使用的一台机器,既可生产甲产品,也可生产乙产品。若机器的最大年生产能力 20 000 机器小时,生产两种产品所需机器小时及各项成本数据如表 6-4 所示。现在该公司确定从两种产品中选择一种进行生产。试问该公司应该选择生产哪种产品?

表 6-4 成本数据

摘　要	甲产品	乙产品
每件机器小时	20 机器小时	25 机器小时
销售单价	16 元	28 元
单位成本:		
直接材料	6 元	9 元
直接人工	4 元	7 元
变动制造费用	3 元	8 元
固定制造费用	25 000 元	25 000 元

解:这里的固定制造费用由于在两种方案下是相同的,故在决策中属于无关成本,可不加考虑。

(1) 最大产量:甲 $20\,000/20=1\,000$ 件,乙 $20\,000/25=800$ 件

(2) 单位变动成本:甲 $6+4+3=13$,乙 $9+7+8=24$

(3) 差量收入:$(16\times1\,000)-(28\times800)=-6\,400$ 元

(4) 差量成本:$(13\times1\,000)-(24\times800)=-6\,200$ 元

由于差量收入小于差量成本,故应选择生产乙产品,这样可以每年多得 200 元的利润。

当然,通过差量分析法所做出的结论,只是从两个备选方案中选择一个较好的。如果有两个以上的备选方案,可分别两两进行比较,最终以能提供最大经济效益的方案为最优。

二、边际贡献分析法

边际贡献分析法,就是通过比较各种备选方案所提供"边际贡献总额"的大小来确定最优方案的专门方法。这种方法的适用条件是假定企业的固定成本在相关范围内保持不变。

[**例6-4**] 某厂本年产销 A、B、C 三种产品,其 48 000 元的固定成本总额按各产品的销售额比例进行分摊。其他资料如表 6-5 所示。试为该厂做出 B 产品是否停产的决策分析。

表6-5 A、B、C 三种产品的财务资料

	A 产品	B 产品	C 产品
销售量	2 000 件	1 000 件	800 件
销售单价	20 元/件	60 元/件	25 元/件
单位变动成本	5 元	46 元	15 元

解:某种产品发生亏损,是企业常会遇到的问题。用全部成本法分析,产品亏损一段时期后,企业很容易做出停止亏损产品生产的决定,但这样制定决策不一定正确。表 6-6 和表 6-7 分别列示了包括 B 产品和不包括 B 产品时该厂的利润总和。

表6-6 包括 B 产品时的利润总和   单位:元

	A 产品	B 产品	C 产品	合　计
销售收入总额	40 000	60 000	20 000	120 000
变动成本总额	10 000	46 000	12 000	68 000
边际贡献总额	30 000	14 000	8 000	52 000
固定成本总额	16 000	24 000	8 000	48 000
利润	14 000	(10 000)	0	4 000

表6-7 不包括 B 产品时的利润总和   单位:元

	A 产品	C 产品	合　计
销售收入总额	40 000	20 000	60 000
变动成本总额	10 000	12 000	22 000
边际贡献总额	30 000	8 000	38 000
固定成本总额	32 000	16 000	48 000
利润	(2 000)	(8 000)	(10 000)

由表 6-5 和表 6-6 列出的利润总和来看,显然继续生产 B 产品比停产 B 产品更有利。这是因为虽然从表 6-5 中的数据来看,B 产品亏损,故应该停产。但是这一亏损是考虑到 B 产品分摊了当年 24 000 元的固定成本后计算出来的结果。如果 B 产品停产。在其剩余生产能力无法转移的情况下,原来由 A、B、C 三种产品分摊的 48 000 元固定成本,就要分摊给 A、C 两种产品,这势必增大 A、C 两产品的成本,从而导致企业由盈利转为全面亏损。这说明,在剩余生产能力无法转移的情况下,只要亏损产品能提供边际贡献,就能给企业增加利润,也就不应停产。故本厂 B 产品不应停产。

一般来说,决定一种产品是否应该停产,应该采用变动成本法而不能用完全成本法进行计算和分析。当然,如果亏损产品下马后腾出的生产能力可以用来生产其他产品,或腾出的厂房、设备等固定资产可以出租,那么,即使亏损产品能够提供边际贡献,也不一定不该停产。在转产产品的边际贡献或出租收入大于原亏损产品的边际贡献时,就应转产或出租。

三、本量利分析法

这种方法是根据各个备选方案的成本、业务量和利润三者之间的依存关系来确定在什么情况下哪个方案更优的一种分析方法。

[例6-5] 假定某厂专门产销 A 产品。过去一直采用普通加工工艺,其最大年生产能力是 40 000 件,单位变动成本 16 元,固定成本总额 200 000 元,售价 36 元。为提高工艺水平,该厂准备购置全自动设备进行生产,这样可提高生产能力 25%,降低单位变动成本 5 元,但固定成本总额将增加 50%。试求保本点,并问该厂在何种情况下应采用全自动加工工艺。

解:普通工艺时的保本量 $= 200\,000/(36-16) = 10\,000$ 件

全自动时的保本量 $= 200\,000(1+50\%)/(36-11) = 12\,000$ 件

普通工艺时的总成本:$y_1 = 200\,000 + 16x$

全自动时的总成本:$y_2 = 300\,000 + 11x$

则两种工艺的成本无差别点业务量 x 满足下列条件:

$$200\,000 + 16x = 300\,000 + 11x$$

得,$x = 20\,000$ 件

即,当该厂 A 产品的产销量达到 20 000 件时,两种工艺的总成本相同。将两种工艺条件下的收入线和成本线在同一坐标系描出,如图6-1所示。

由图 6-1 可知:在年产销量 < 10 000 件时,普通工艺的收益在保本点以下,应停止普通工艺的生产;在年产销量 < 12 000 件,不应采用全自动的方式生产;年产销量在 12 000 ~ 20 000 件时,因 $y_1 < y_2$,故应采用普

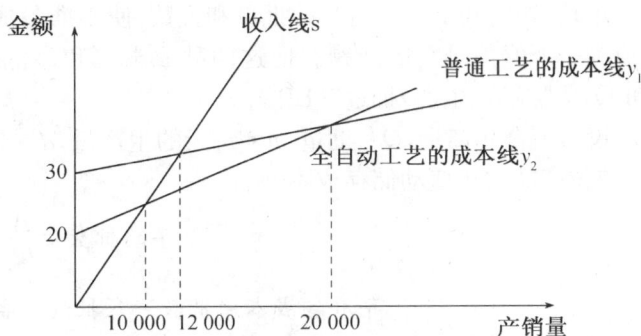

图 6-1 两种工艺的收入和成本线

通工艺进行生产;当产销量在 > 20 000 件时,因 $y_1 > y_2$,故应采用全自动加工工艺。

四、经济批量法

在产品成批生产的企业中,经常要研究每批产品生产多少(即"批量")、全年分几批生产(即"批数")最为经济的问题。因为全年的总产量一般是一定的,则批量越多,批数就越少;反之,批量越少,批数就越多。这就是经济批量法,又称"最优批量法"决策问题。

由于企业各项成本中受批量和批数大小影响的主要是"生产的准备成本"和"储存成本",所以,OPQ 决策中一般只考虑这两项成本因素,而无须考虑"生产成本"等成本。

生产的准备成本,又称"生产调整成本",是指在每批生产开始前需要进行一些准备工作而发生的成本,如清理现场,调整机器,布置生产线,下达派工单,准备生产作业记录和成本记录,领取原材料等等。

储存成本,又称"持有成本",是指产品在生产完工以后、出售之前在仓库保管、储存所耗费的成本。包括仓库及其设备的折旧费、维修费、财产税、保险税、保管员工资、占用资金利息、陈

腐和被窃损失等。其中有一部分是为了保持一定的储存能力而发生的,不随储存数量的变动而变动的固定成本,这部分固定储存成本与经济生产批量的计算无关;另一部分是随储存数量的变动而变动的变动储存成本。年变动储存成本总额与生产批量成正比关系,即生产批量越大,年变动储存成本就越高;反之,生产批量越小,年变动储存成本就越低。

由于每次调换品种所发生的生产准备成本基本上是相等的,因此,年生产准备成本与生产批数成正比。批数越多,年准备成本就越高;反之,就越低。若要降低年生产准备成本,就应降低批数。但是,减少批数就将增大批量,从而就要提高与批量成正比的年变动储存成本;反之,要降低年变动储存成本,就需缩小批量,增加批数,而其结果又提高了年准备成本。两者的关系如图6-2所示。

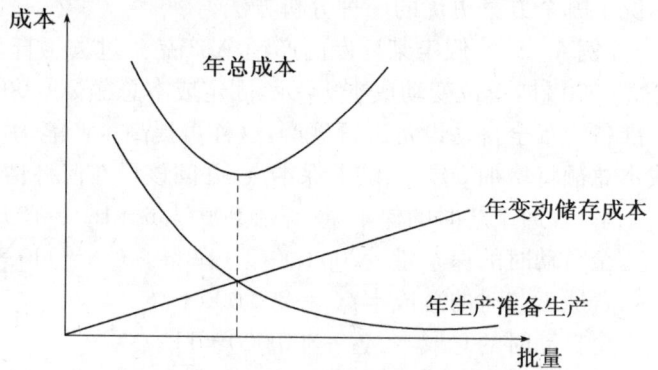

图 6-2　与生产批量有关的成本

于是,如何确定一个适当的批量和批数,使年准备成本与年变动储存成本之和达到最低,就成为一个值得研究的问题。使这两种成本之和最低时的批量,被称为"最优(生产)批量"(OPQ)或"经济(生产)批量"(EPQ)。

设 A=全年产量,Q=批量,p=每天的生产量,d=每天领用量,S=每批的生产准备成本,C=单位产品的年变动储存成本,则:

$$全年的批数=\frac{A}{Q}$$

$$年准备成本=批数×每批的准备成本=\frac{A}{Q}×S$$

$$每批生产终了时的最高储存量=\frac{Q(p-d)}{p}=Q\left(1-\frac{d}{p}\right)$$

$$年均储存量=\frac{最高储存量}{2}=\frac{Q}{2}×\left(1-\frac{d}{p}\right)$$

$$年变动储存成本=\frac{Q}{2}×\left(1-\frac{d}{p}\right)×C$$

于是,与批量有关的总成本 $T(Q)$=年准备成本+年变动储存成本=$\frac{A}{Q}×S+\frac{Q}{2}\left(1-\frac{d}{p}\right)C$

所以,最优生产批量 OPQ 就是上述成本和 $T(Q)$ 对生产批量 Q 的一阶导数为零时的批量,从而得到:

$$最优生产批量\,Q^*=\sqrt{\frac{2AS}{C(1-d/p)}}$$

于是,

$$最优生产批数\,N^*=\frac{A}{Q^*}=\sqrt{\frac{AC\left(1-\frac{d}{p}\right)}{2S}}$$

与批量有关的最低成本和 $T^* = \sqrt{2ASC(1-d/p)}$

[例 6-6]　某厂全年需用甲零件 2 400 件,专门生产甲零件的设备每天生产 10 件,每天领用 8 件,每个零件的生产成本是 15 元,每批的准备成本为 120 元,每个零件的年均变动储存成本 4.5 元。试确定该产品的最优生产批量、批数及与批量有关的全年成本最低额。

解:将已知数据代入上述公式即可求得:

$$\text{最优生产批量 } Q^* = 800 \text{ 件/批}$$

$$\text{最优生产批数 } N^* = 3 \text{ 批/年}$$

$$\text{与批量有关部门的最低成本和 } T^* = 720 \text{ 元/年}$$

以上分析的是生产单一产品时的最优生产批量问题,那么,在生产多种产品时的最优经济批量又该如何确定呢? 大家可以课下思考。

五、线性规划法

在企业确定了生产哪些产品之后,还必须根据市场的需求和企业现有的资源,进一步具体确定各种产品的最佳生产数量,以期取得最优的经济效益。对于这类产品组合的决策分析,一般可借助于运筹学上的一个重要分支——线性规划法来进行。

线性规划是研究在有线性约束条件情况下,如何使线性目标函数最优(极大或极小)的一种数学方法,即研究在一定的线性约束条件下,如何合理地组织企业的人力、物力和财力,以使企业有限的资源得到合理有效的应用,力求以最低的成本获得最佳的经济效益。线性规划研究的问题主要有两类:一类是如何以最少的资源去完成既定的任务;另一类是如何以既定的资源去完成最多的任务。这两类问题实质上是一个问题的两个方面,就是寻求整个问题的某个整体指标的最优解。

线性规划问题的特点是:一要有目标函数;二要有约束条件;三是约束条件和目标函数必须都是线性的。

线性规划问题的一般数学模式为:求一组变量 $x_j(j=1,2,\cdots,n)$,在满足以下约束条件下使目标函数 $S = \sum c_j x_j$ 的值最小(或最大):

$$\begin{cases} \sum a_{ij}x_j \leqslant b_i(\text{或} \geqslant b_i, \text{或} = b_i) & (i=1,2,\cdots m) \\ x_j \geqslant 0 & (j=1,2,\cdots n) \end{cases}$$

满足约束条件的一组变量 x_j 的值 $x_j(0)(j=1,2,\cdots,n)$ 被称为线性规划问题的一个可行解,使目标函数取最小(或最大)值的可行解为最优解。

[例 6-7]　某厂计划年度准备生产甲、乙两种产品。它们由金工车间和装配车间负责生产。若计划年度两车间的最大生产能力分别为 4 800 和 6 000 机器小时,固定成本总额为 25 000 元。根据市场预测,计划年度两种产品的最大销量分别为 1 000 件和 1 500 件。两种产品的有关资料如表 6-8 所示。试问该厂应如何安排两种产品的生产,才能获得最大收益。

表 6-8　甲、乙两产品的有关资料

产品	销售单价(元)	单位变动成本(元)	生产单位产品所需机器小时	
			金工车间	装配车间
甲产品	400	300	4	2
乙产品	150	100	1	3

解：

(1) 由于在确定产品生产的最优组合时，一般不会改变原有的生产能力，故固定成本总额 25 000 元为无关成本，在决策分析时可不予考虑。

(2) 设生产甲产品 X_1 件，乙产品 X_2 件，则两产品的边际贡献总额为：

$$T=(400-300)X_1+(150-100)X_2=100X_1+50X_2$$

(3) 约束条件为：

$$\begin{cases} 4X_1+X_2 \leqslant 4\ 800 \\ 2X_1+3X_2 \leqslant 6\ 000 \\ 0 \leqslant X_1 \leqslant 1\ 000 \\ 0 \leqslant X_2 \leqslant 1\ 500 \end{cases}$$

(4) 寻求 X_1、X_2 的最优解，使边际贡献总额 $T=100X_1+50X_2$ 最大。其求法多种多样，有逐次测试法、图解法、单纯形法和行列式法等方法。为便于大家直观了解、易于掌握，这里我们只介绍图解法，对于其他方法，有兴趣的读者可以参阅有关线性规划的专门书籍。

图解法，又称"几何解法"，它是将有关约束条件在同一坐标系中描出，借以找出使目标函数最大的变量组值。这种方法常用于两类产品最优组合的决策中，至于两类以上产品的最优组合的决策，则要采用其他方法。图解法的一般步骤如下。

首先，确定目标函数和约束条件，并用代数式表示。

其次，根据约束条件在平面直角坐标系中绘制图式（如图 6-3），以确定产品组合的可行解区域。

最后，在可行解区域内，确定能使目标函数达到最大值或最小值的产品最优组合。

根据约束条件不等式，在坐标图中确定可行解区域，这里六边形 $ABCDEF$ 内的阴影部分是能够满足所有约束条件的可行解区域，在此六边形内的任何一点代表的 X_1 和 X_2 组合都是可行的，但不一定是最优的。根据线性规划理论可知：

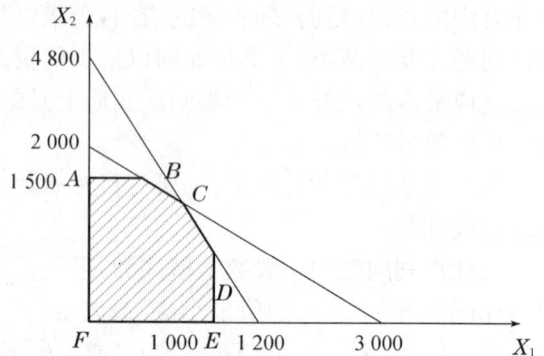

图 6-3 图解

(1) 线性规划问题中任何两个可行解连线上的点都是可行解；

(2) 线性规划问题的最优解如果存在，必然可在某个"顶点"上达到，所以如果线性规划问题有最优解，只需从有限的几个"顶点"（又称"极点"）中去找。

我们可以将 $A(0,1\ 500)$、$B(750,1\ 500)$、$C(840,1\ 440)$、$D(1\ 000,800)$、$E(1\ 000,0)$、$F(0,0)$ 六点的坐标代入目标函数 $T=100X_1+50X_2$ 计算各点对应的 T 值，可以发现 T 在点 $C(840,1440)$ 处最大，即该厂生产 840 个甲产品、1440 个乙产品时，既能使企业的生产能力得到充分利用，又能为企业提供最多的边际贡献 156 000 元。

在进行生产决策时，有时我们还需考虑影子价格的影响。所谓影子价格（shadow price），是指某一稀缺资源的单位边际收益。也就是某一稀缺资源的限制条件放宽或变动一个单位后，边际贡献增加或成本减少的数额，即为该资源的影子价格。

现以上例来说明影子价格的计算。假设在上例中金工车间的最大生产能力由 4 800 小时提高到 5 000 小时,其他条件不变,则可计算出在相同的情况下,这时的最优解是分别加工甲、乙两产品 900 件和 1 400 件。这时的边际贡献总额为 $100 \times 900 + 50 \times 1 400 = 160 000$(元),它比原来的边际贡献总额 156 000 元增加 4 000 元,表示金工车间的机器增加产能 200 小时($= 5 000 - 4 800$)后,其每小时增加的边际贡献为 20 元($= 4 000/200$),此即为金工车间机器的影子价格。计算影子价格的意义就在于,只要金工车间扩大产能后每一机器小时增加的成本低于 20 元,则该厂即可通过增加产能而多获利。其每单位产能增加的盈余即为影子价格 20 元与增加的单位成本之差;反之,若影子价格低于增加的单位成本,则该创造的收益将减少,这时扩大产能显然不可取。类似可以计算装配车间的影子价格。

六、限制理论法

近年来,美国的一些会计学者提出了限制理论(theory of constrains,简称 TOC)。该理论是研究企业管理人员寻找企业在生产经营过程中所存在的限制条件(包括人力、物力或财力),并在此基础上,研究如何制定合理的产品组合,以获取最大的收益,实现企业效益的最大化。

例如,某企业的甲机器每周最高可运转 2 000 小时,生产每件 A 产品需用 5 小时,则每周可生产 400 件 A 产品。但若 A 产品的需求量是每周 600 件,则每周甲机器需运行 3 000 小时,超过了最大的运行时限 2 000 小时。于是甲机器的产能限制成为企业生产上的障碍,我们称之为生产过程中的瓶颈(bottle neck)。企业在有这样的限制条件存在时,限制理论首要的工作便是寻找瓶颈之所在,然后寻求在当前产能之下的最佳产品组合。

限制理论的应用步骤一般是:

(1) 寻找企业现有资源的限制条件;

(2) 将现有限制条件列为优先的管理对象,而将其他资源列为次要事项;

(3) 制定现有克服限制条件的合理方法;

(4) 对现有限制条件进行改善,以提高限制条件的产能或效率,降低限制条件;

(5) 在上一步骤中如已将限制减少,则返回步骤(1)继续寻找新的限制条件。

[例 6 - 8]　某公司利用 A、B、C 三种原料和 M_1、M_2、M_3、M_4 四部机器生产甲、乙两种产品。每种产品的生产步骤和所需时间如图 6 - 4 所示:

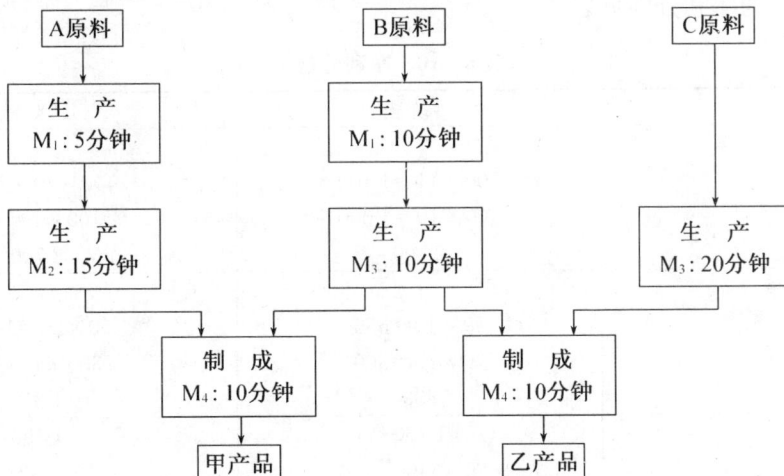

图 6 - 4　生产步骤和时间图

假定每件产品所需的 A、B、C 三种原料的成本分别为 30 元、20 元、10 元,每天的营业费用为 1 400 元。每部机器每天可运转 410 分钟,市场每天的需求量为:20 件甲产品,10 件乙产品,售价都为 100 元/件。显然,M_3 所需的时间大于可运转的时间,因此,M_3 成为生产上的瓶颈。

对于瓶颈问题,企业有多种解决方案,如:(1)采用委托服务,即将一部分或全部的瓶颈作业交由外界供应商承揽;(2)在瓶颈作业内加班加点;(3)消除瓶颈作业内的无附加价值的作业;(4)训练员工,并将更高素质的员工承担瓶颈作业;(5)增加生产设备投资,扩大生产能力;(6)在现瓶颈条件下进行最优化的产品组合生产。下面就介绍在最后一种方案下的产品如何合理组合的问题。

表 6-9　每小时的完工效益分析

传统法	甲产品	乙产品	限制理论(TOC)法	甲产品	乙产品
售价	100 元	100 元	售价	100 元	100 元
原料成本	50 元	30 元	原料成本	50 元	30 元
收益	50 元	70 元	收益	50 元	70 元
每项产品的生产时间	50 分钟	50 分钟	限制条件(M_3机器)每项产品的生产时间	10 分钟	30 分钟
每分钟的完工效益	1 元	1.40 元	限制条件(M_3机器)每分钟的完工效益	5 元	2.33 元

结论:甲产品应优先生产。

由于在 TOC 法下,甲产品应优先生产,剩余时间再生产乙产品,即甲产品生产市场需求量 20 件,耗费 M_3 时间 20 件×10 分钟=200 分钟,因而 M_3 有 210 分钟的剩余时间用于乙产品的生产,可以生产乙产品 210 分钟/30 分钟=7 件。也就是说,在 TOC 法甲、乙的产品组合是:20 件甲产品、7 件乙产品。

类似,在传统法下,由于是乙产品优先生产,因而先根据市场需求量生产 10 件乙产品,再在 M_3 的剩余时间 410 分钟-10×30 分钟=110 分钟内生产甲产品,可生产甲产品 110/10=11 件。

两种方法下的净利分别见表 6-10。

表 6-10　净利分析　　　　　　　　　　　　　　　　　　　单位:元

	传统法	TOC 法
销售收入:		
甲产品	100×11=1 100	100×20=2 000
乙产品	100×10=1 000	100×7=700
合计	2 100	2 700
原料成本:		
甲产品	50×11=550	50×20=1 000
乙产品	30×10=300	330×7=210
合计	850	1 210
完工效益	1 250	1 490
营业费用	1 400	1 400
净利	(150)	90

显然,按照 TOC 法进行生产安排,可以获得更大的经济效益。

限制理论(TOC)以原料成本为重点,认为就短期而言,一个企业所雇佣的工人人数及其工作时间,由于受到劳动契约和劳动法的约束而难以改变,因而认为人工成本和制造费用一样具有固定性,特别是在工会组织力量强大的情况下更是如此。

当然,TOC 只是一种短期决策工具,它没有消除瓶颈,而只是研究在现有瓶颈下如何更有效地利用这一限制条件,以实现最大收益。

思考题

1. 生产决策分析的最终目标是什么?
2. 产品的生产决策一般包括哪些内容?
3. 生产决策生产的常用方法有哪些?
4. "凡是亏损的产品都应当停产"这种看法对吗?
5. "生产决策中应用边际贡献分析法时,能提供最大单位贡献毛益的方案就是最优方案",对吗?

拓展案例

案例 1:停产决策①

江南化工厂是以生产各种表面活性剂和聚醚多元醇为主的大型精细化工企业,目前的主要产品是环氧丙烷,主要原料为氯气、丙烯和石灰,其中氯气和石灰从外部购买,丙烯由南京本地的一家工厂提供。环氧丙烷的主要用途是生产聚醚、破乳剂和丙碳。该厂生产的环氧丙烷,70%用于本厂聚醚的生产,20%用于本厂丙碳的生产,10%对外销售。

环氧丙烷产品在 80 年代末投产时,由于市场供不应求,该厂的毛利率一般可达 4 000 万元左右。由于利润率较高,于是国内的厂家纷纷上马环氧丙烷项目,先后有上海高桥化工厂、山东东大化工厂和辽宁锦西化工厂成为江南化工厂的竞争对手。在这几个主要的竞争对手中,后来上马的锦西化工厂具有明显的竞争优势,因为该厂能够自己生产主要材料——氯气,而同行企业所需的氯气都是从外部购买,因此锦西化工厂具有纵向一体化和低成本的优势。与此同时,进口化工原料在国内市场所占的份额正日益扩大,对环氧丙烷的下游产品(如聚醚)构成较大威胁,对环氧丙烷的需求产生影响。

由于环氧丙烷设备在全国的重复上马和进口产品的竞争,致使国内环氧丙烷的生产已明显供过于求(全国目前的年生产能力共达 48 万吨,而年需求却只有 26 万吨),导致环氧丙烷的售价大幅下跌,从 1999 年第四季度的 11 200 元/吨,跌至 2000 年上半年的 9 400~9 500 元/吨;同时,由于全国上马了多条环氧丙烷生产线,从而对其主要原料——氯气的需求又大幅增加,以致市场上氯气的售价不断提高。根据该厂在 2000 年 4 月份制定的预算,5 月份的氯气成本应是 1 800 元/吨,而半个月后,5 月上旬氯气的实际成本却是 2 500 元/吨。在原料价格不断上升,而产品售价却有所下降的情况下,该厂的环氧丙烷产品生产线出现大量亏损。

该厂的财务人员经过分析后发现,2000 年 5 月上旬环氧丙烷产品扣除其变动成本后的单

---

① 出于保守商业秘密的需要,我们以别名称呼该企业,并对一些关键成本数据作了技术处理。

位边际贡献为 650 元/吨,与上年制定的预算预计的边际贡献相差—800 元/吨。显然,在这种情况下,如果市场环境不能得到根本改善,即使不计人员工资、福利费和折旧等费用,每生产一吨环氧丙烷,工厂就要亏损 650 元,生产越多,亏损就越多。

在实行增产节支方案效果不明显的条件下,该厂于 2000 年 5 月中旬果断作出停产环氧丙烷产品的决策。其目的有两个:一方面是想通过停产达到压低氯气价格的目的。这是由于氯气作为一种气体原料有其自身的特殊性。因为它是其他产品的副产品,又不容易保存,必须及时消耗。这样,在供应相对稳定的情况下,如果需求减少,氯气的售价势必会下跌。另一方面,通过停产,减少产品供应,以迫使环氧丙烷产品的售价提高。

但是很显然,如果只此一家停止环氧丙烷的生产,对全国市场的供需关系影响有限。于是该厂针对山东东大化工厂、上海高桥化工厂也不能自行提供氯气,且在环氧丙烷的生产和销售上在国内都占有较大市场份额的现实,决定与它们联手停产,效果可能更佳。于是,在 2000 年 5 月中下旬,三家化工厂联手停止环氧丙烷产品的生产。

由于这三家企业的环氧丙烷产品占国内同类产品市场份额合计高达 53%,因此它们的共同行动一个月后就发挥了作用,成功迫使国内的氯气供应商降低了氯气售价,由 5 月初的 2 500 元/吨左右,降至 5 月底的 1 880 元/吨附近。同时,由于降低了对环氧丙烷的市场供应量,从而又迫使环氧丙烷的售价有所回升,至 2000 年 6 月底环氧丙烷的边际贡献由原来的负数转为正数。于是,该厂又及时决定恢复该产品的生产。

案例 2:零件自制还是外购决策

某一有线电厂原为军工产品生产企业,由于经济体制的改革,军工产品生产任务减少,致使该厂二车间停工。为了适应改革的需要,该厂决定开发民用新产品。

新产品开发科:在众多的民用新产品开发领域中,初步选择了"小型多功能电动粉碎机"(以下简称 XTF)。XTF 产品生产工艺简单,投产快,生产周期短,适应二车间现有生产条件,并且随时可以转产其他产品。XTF 是运用微型电动机带动特制刀具高速旋转,用以粉碎、搅拌各种食品的馅料。加工过程迅速,使用方便,密封操作安全卫生,耗电省。如加工肉糜,每小时可加工 8 公斤,耗电仅 1/6 度。XTF 产品适用于小型企事业单位、个体饮食店和家庭加工。

销售科:XTF 产品在我国尚无企业生产,目前市场上只有小型手动粉碎机供应,小型手动粉碎机比 XTF 产品质量有保证,定价合理。XTF 产品市场寿命周期估计为 8 年,价格和销售量预测结果如下:

价格(每台)	60 元	58 元	55 元	53 元
销售量(每年)	8 000 台	10 000 台	15 000 台	20 000 台

XTF 产品销售税率为 5%。

技术设备科:XTF 产品由微型电机一台,开关一个,塑料件一套,电源线三米,粉碎刀片四把,轴承一副,橡皮圈三套以及其他辅件一套等零部件组成。生产 TXF 产品有两套方案可供选择。其一,外购全部零部件,该厂只进行组装,这样,二车间原有机器设备多余,可出售,由于组装主要是手工操作,因而不需增添其他设备;其二,利用二车间现有机器设备自制塑料件、橡皮圈和电源线,其余零部件外购,最后进行组装(关于自制零部件材料、工时消耗定额和组装工时消耗定额略)。

生产科:根据二车间现有生产能力、XTF 产品材料、工时消耗定额,预计每年产量情况如下:如全部零部件外购,第一年年产量为 10 000 台,以后每年比上年增长 20%;如部分零部件自制,其余外购,则第一年年产量为 6 000 台,以后每年比上年增长 2 000 台。

供应科:XTF 产品生产所需材料和外购零部件市场价格如下:

	零件自制的材料成本(元)	零部件外购的价格(元)	部分零件自制的材料成本和部分零件的外购成本(元)	零件全部外购的外购成本(元)
微型电机(1 台)	—	26.00	26.00	26.00
开关(1 个)	—	1.00	1.00	1.00
塑料件(1 套)	8.50	14.00	8.50	14.00
电源线(3 米)	0.40	0.50	0.40	0.50
粉碎刀片(4 把)	—	1.00	1.00	1.00
轴承(1 副)	—	2.00	2.00	2.00
橡皮圈(3 套)	1.10	1.50	1.10	1.50
件(1 套)	—	2.00	2.00	2.00
合计			42.00	48.00

财会科:二车间年固定成本为 72 000 元(包括生产工人工资)。由于二车间长期停产,造成企业流动资金不足,如生产 XTF 产品需增加流动资金 80 000 元。目前银行贷款较困难,如采用其他方法筹集资金,则利息率高达 10%。如将二车间多余设备出售,每年可减少折旧费用 15 000 元。如采用零部件部分外购方案生产,则每台还要加上 4 元其他变动费用。如采用零部件全部外购方案生产,则每台还要加上 1 元其他变动费用。

根据大家提供的资料,请财务科长计算一下是自制部分零件有利,还是全部零件外购有利,定价多少?

解答:

1. 计算部分零件外购的效益。

售价(元)	销售税金(元)	变动成本(元)	边际贡献(元)	固定成本(元)	保本点销售量(台)
60	3.00	46[①]	11.00	80 000[②]	7 273
58	2.90	46	9.10	80 000	8 792
55	2.75	46	6.25	80 000	12 800
53	2.65	46	4.35	80 000	18 391

① 变动成本 46 元是由材料(包括零部件)成本 42 元加其他变动成本 4 元组成。② 固定成本 80 000 元包括利息。

$$利润 = (销售量 - 保本点销售量) \times 边际贡献$$

在生产能力一定的情况下,采取不同的定价策略和实际生产销售量,则会形成不同的利润。利润是一个分段函数,而每一段又是单调递增,其最大值可能点必处于可取的分段点和最大生产量点。如生产能力为 14 000 台时,该厂可以选择的定价有 60 元,58 元和 55 元三种,相应分别实际生产销售 8 000 台,10 000 台和 14 000 台,在这三种情况下,利润分别为 7 997 元,

10 992.8 元和 7 500 元。所以该厂在生产能力为 14 000 台时,仅仅生产 10 000 台,定价 58 元取的利润最大。

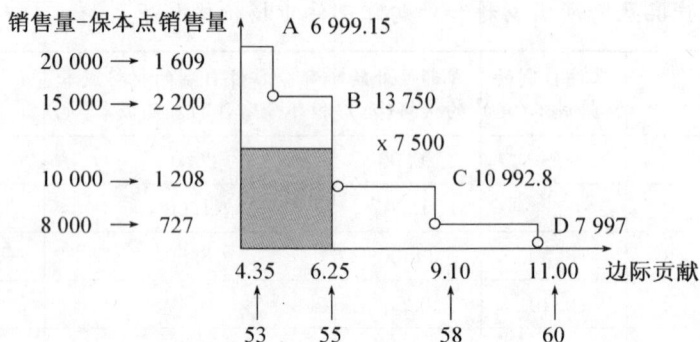

按照以上计算方法和上图所示,可以得出下表。

年份	生产能力(台)	定价(元)	实际生产销售量(台)	利润(元)
1	6 000	60	6 000②	(14 003)
2	8 000	60	8 000	7 997
3	10 000	58	10 000	10 992.8
4	12 000	58	10 000	10 992.8
5	14 000	58	10 000	10 992.8
6	16 000	55	15 000	13 750
7	18 000	55	15 000	13 750
8	20 000	55	15 000	13 750
合计			89 000	68 222.4

① 虽然利润是亏损的,但是由于可以提供边际贡献,不可以停产。

2. 计算全部零件外购效益。

售价(元)	销售税金(元)	变动成本(元)	边际贡献(元)	固定成本(元)	保本点销售量(台)
60	3.00	49①	8.00	57 000②	7 125
58	2.90	49	6.10	57 000	9 345
55	2.75	49	3.25	57 000	17 539
53	2.65	49	1.35	57 000	42 223

① 变动成本 49 元是由材料(包括零部件)成本 48 元加其他变动成本 1 元组成。② 固定成本中减除了出售设备折旧 15 000 元。

销售量–保本点销售量

10 000 → 655　　　　　　　　A 3 995.5

8 000 → 875　　　　　　　　　B 7 000

　1.35　　3.25　　6.10　　8.00　边际贡献

　53　　55　　58　　60

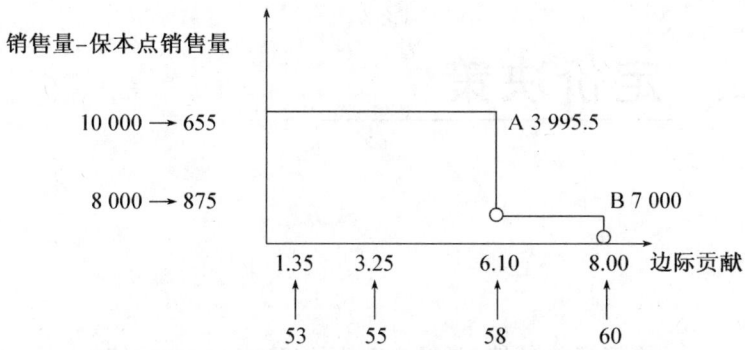

年份	生产能力（台）	定价（元）	实际生产销售量（台）	利润（元）
1	10 000	60	8 000	7 000
2	12 000	60	8 000	7 000
3	14 400	60	8 000	7 000
4	17 280	60	8 000	7 000
5	20 736	60	8 000	7 000
6	24 883	60	8 000	7 000
7	29 859	60	8 000	7 000
8	35 831	60	8 000	7 000
合计			64 000	56 000

3. 从以上分析可以得出，该厂应该选择部分零件外购的方式生产 XTF。

第七章 定价决策

　　市场经济条件下,无论企业的经营目标和政策如何制订,最终都必须依靠产品销售来实现。为生产的产品或提供的劳务制定价格,是企业生产经营活动中的一项重要决策。一般来说,售价的高低与销量、单位销售成本和销售利润的大小有着密切联系。因为价格的高低会直接影响销量,而销量的多少又决定着产量的大小,并影响单位产品成本的水平和利润的多寡。在销量既定情况下,产品的售价越高,能实现的销售收入就越多,如其他条件不变,可实现的利润也越多。

　　但若售价定得太高,就会影响产品的销路,销量减少,并招致更激烈的竞争,提高单位产品的成本,这样不仅可能引起销售收入的下降,而且会导致利润的下降;相反,若产品售价定得过低,往往又难以弥补成本开支,从而无法保证企业目标利润的实现。

　　可见,产品售价的高低变动与影响企业利润的各因素之间存在着错综复杂的消长关系。定价决策的中心问题就是如何根据它们之间存在的这些关系来确定"价格—数量"的最优组合,以保证企业在一定的市场环境和条件下最大利润的实现。在价格—数量最优组合的基础上所形成的可使企业利润达到最大化的售价,就被称为最优售价。因此确定产品的最优定价就成为产品定价决策的关键所在。总之,在竞争日趋激烈的今天,定价决策的适当与否,不仅关系着企业的经济效益和长期利益,而且关系着企业的生存和发展。

　　本章着重阐述:在市场经济条件下,产品价格是由什么确定的? 有哪些常见的定价方法? 企业通常采用什么定价策略?

　　通过本章学习,读者可以了解影响产品价格高低的主要因素,掌握常见的定价方法。

引导案例

星巴克的定价策略

　　星巴克自 1971 年在美国西雅图开业,仅 30 多年的时间就发展成为全球最大的咖啡零售商和最有价值的咖啡品牌。

　　一提到星巴克,消费者的第一反应就是对其品牌的认可与赞赏,正是这种对其产品价值的认知使得星巴克迅速发展起来。同样一杯咖啡,顾客花三十块钱在星巴克消费却不觉得昂贵,因为消费者认同这是一种"时尚、成功、地位"的象征,所以对价格的敏感度大大降低。认知价值的定价为星巴克营造了巨大的利润空间。

此外,星巴克向消费者提供的远不只咖啡这一种产品,还有一系列的选择,包括各式糕点、特制杯子、配套咖啡壶等设备……拿糕点来说,星巴克会根据季节的变化,以及国家、地区的不同需求,进行花色品种的不断更新。利用产品线来吸引顾客。

但与一般定价逻辑相悖的是,星巴克赚的是咖啡的钱,不从其他糕点等衍生品中谋取暴利。星巴克糕点的价格和顾客在商场购买的价格接近,而其口味的独特,更加吸引顾客购买,一边喝着咖啡一边品尝美味,简直是味觉的完美搭配。这样反向互补的定价又怎能不使其获利呢?

最后,星巴克不定期的促销定价策略使得其进一步获得广大消费者青睐,再加上其对顾客信息数据的充分挖掘和利用,准确把握目标客户的需求,这样的品牌当然会被广泛接受!

星巴克从认知价值定价、产品线定价到反向互补定价、针对性促销定价,每一个定价策略都深得人心。那么在市场经济条件下,到底应该如何来定价才能使得企业持续获利呢?通过学习本章,我们就可以掌握更多的定价方法和策略。

第一节　常见定价方法

一、理论定价法

在市场经济中,由于供需规律的作用,随着销售量的扩大,销售总收入最初可能会急剧上升,继而增长缓慢,最终还可能出现下降趋势;而销售总成本一开始往往比较高,随着资源利用效率的提高,总成本就会有所下降,但当销售量增长到一定限度时,资源利用效率开始下降,从而会导致总成本上升。销售总收入与销售总成本的发展趋势如图 7-1 所示。

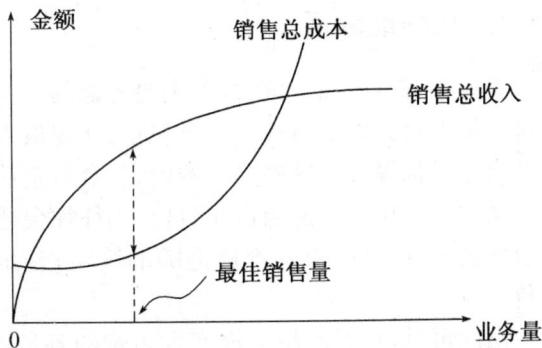

图 7-1　销售总收入与销售总成本关系图

从图 7-1 可以看出,理论上的最佳销售价,既不是水平最高的价格,又不应为水平最低的价格,而是能使销售总收入与销售总成本的差额达到最大值时的价格,这个价格能使企业获得最大利润。

但是,如何确定这一最佳销售价呢? 这就需要运用边际方法来进行分析。为此,引入"边际收入"与"边际成本"的概念。边际收入是指在一定销售量基础上每增加一个单位销售量所增加的销售总收入。边际成本是指在一定产量基础上每增加一个单位产量所增加的总成本。

边际收入(MR)随着销售量的增长而逐步下降,甚至出现负数。而边际成本(MC)对于某些产品来说,在相关范围内可能稳定不变,但对另一些产品来说,可能随着产量的增加而有所提高,其形状如图 7-2 所示。

当边际收入大于边际成本时,边际利润是正数,企业的总利润就会增加,其增加额等于边际利润的数额;但边际收入小于边际成本时,边际利润是负数,说明增加一个可计量单位的成本比其增加的收入还要大,企业的总利润就会减少,其减少额等于边际利润的数额。只有当边际收入等于边际成本(即边际利润 = 0)时,才能为企业提供最大的销售利润,即这时的销售单价(P^*)、销售数量(Q^*)是产品的最佳售价和最佳销售量。

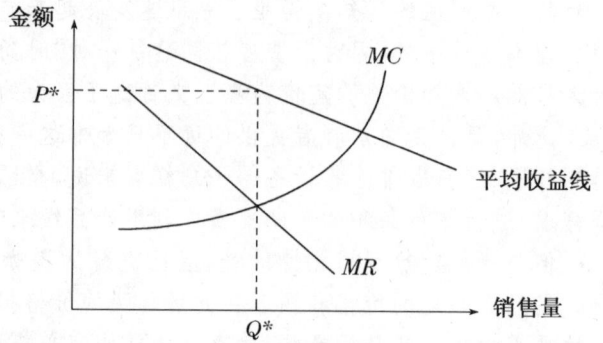

图 7 - 2 边际收入与边际成本线

这种理论上的定价方法在实际应用时有许多困难,因为存在以下几个限制:(1)这种方法以利润最大化为目标,而没有考虑定价的其他目标,例如早期收回现金、稳定价格、防止竞争对手进入、扩大市场占有率等目标;(2)影响价格的因素不仅是顾客,还有竞争对手、中间商、政府法规、原材料供应等的限制和约束,这些因素在其分析时都未予以考虑;(3)这一定价方法只考虑了价格对销量的影响,但事实上诸如广告、推销、质量、售后服务等因素都会影响产品的销量,而且价格与销量之间的函数关系往往是很难确定的;(4)管理人员通常只能了解收入和成本曲线的大致形状,而难以得到足够的数据精确地描绘它们,因此这一定价方法无法直接运用于实际定价决策中。

总之,这种定价方法虽然在理论上是严密的、成熟的,但因其过于简化且难以取得所需数据,故在实践中很难直接应用。不过,它为我们进行定价决策提供了理论基础。

二、目标成本法

企业在进行产品定价时,首先要考虑的是企业在一定时期内的经营目标,这些目标体现在定价决策上就为定价目标。主要包括:实现最大利润,实现目标利润,提高市场占有率,应对竞争和形象目标等等。这些目标的确定,会对企业的价格决策产生一定影响。例如,若企业把提高市场占有率作为当前的奋斗目标,则往往会通过降低产品的售价,以刺激市场需求;若是应对市场竞争,则可能采取价格追随的策略;若是为了提高产品形象和企业形象,则可能从高定价。

由此可见,在对产品定价产生影响的各种因素中,影响最大的有两个:一是市场,二是成本。所以,企业在对产品进行定价决策时一般有两个出发点:一是以市场为基础,即通过对市场供需关系和竞争对手的分析,来确定自己的目标价格;二是以成本为基础,即通过对产品成本水平及其构成的分析,来确定产品的销售价格。不过两者之中,哪个对于价格决策更为重要,人们的看法不尽相同,见表 7 - 1 的调查结果。

表 7-1　产品定价重要因素的位次(1 为最重要)[①]

	美国	日本	英国
以市场为基础	2	1	1
以成本为基础	1	2	2

所谓目标价格,是指现实和潜在的顾客对某种产品所愿意支付的价格。目标价格的高低建立在顾客对产品价值的认知和竞争者的反应基础上。目标价格与目标成本密切相关。

所谓目标成本,是能使企业实现目标收益的预计的产品长期成本。它等于目标价格减去目标利润,通常低于目前的成本水平。目标利润可根据目标销售利润率或投资报酬率来确定。

对于产品的定价,传统的程序是:先开发产品,再估计制造成本,然后决定目标销量及利润,最后决定售价,即:开发产品→估计成本→确定目标销量和利润→确定售价。

近年来,日本厂商普遍采用目标成本法,引起欧美的厂商纷纷效仿。此法与传统上采用的程序正好相反,即先以同业竞争的售价作为新产品的售价上限,然后按其希望的销量,决定其目标利润,以两者的差额作为产品的目标成本,然后公司以此成本为目标,着手改进产品设计和生产工艺。在设计和工艺改进后,若成本高于目标,则对设计和工艺进行修改,直至符合目标成本为止。

[例 7-1]　某电脑公司 20×0 年生产 150 000 台电脑的有关财务资料如表 7-2 所示(单位售价:1 000 元/台)。

表 7-2　某电脑公司 20×0 年电脑生产成本资料　　　　单位:元

	单位变动成本	单位固定成本	合计
制造成本			
直接材料	460	0	460
直接人工	60	0	60
设备固定成本	0	80	80
订货成本[a]	0	12	12
产品检测费用[b]	60	0	60
产品返工费用[c]	8	0	8
制造成本合计	588	92	680
非制造成本			
研究与开发成本	0	36	36
产品设计成本	0	40	40
营销成本	30	70	100
分销成本	18	6	24
售后服务成本	12	8	20
非制造成本合计	60	160	220
产品全部成本合计	648	252	900

注:[a]该公司的电脑共有 450 个部件,每个部件均发出 50 份订单,共计 22 500 份。每份 80 元。

[b]每台电脑检测 30 小时,共 4 500 000 小时,每小时 2 元,共 9 000 000 元。

[c]8% 的电脑需要返工,共有 12 000 台需要返工,每台 100 元,共 1 200 000 元。

① 参见:查尔斯·T·亨格瑞等,《成本会计》(第八版),中国人民大学出版社。

20×1年初,该公司在制定下一年的生产预算时预计竞争对手可能会将与该公司竞争的品牌降价15%,因此该公司决定降价20%以回击挑战,即将该公司的电脑售价降至800元/台。以这样一个较低的价格,该公司的销售部门预计20×1年的年销量可由20×0年的150 000台上升到200 000台,并力争实现10%的税前销售利润,即:

$$目标销售收入=800×200\ 000=160\ 000\ 000(元)$$
$$目标利润(税前)=160\ 000\ 000×10\%=16\ 000\ 000(元)$$
$$单位目标收益=16\ 000\ 000÷200\ 000=80(元/台)$$
$$目标单位成本=800-80=720(元/台)$$
$$目前的单位成本=单位制造成本+单位非制造成本=680+220=900(元/台)$$

因此,该公司的目标是使单位产品的成本从900元降至720元,降低180元。

那么,如何降低产品成本呢? 除了采用传统的成本控制方法之外,该公司决定通过价值工程来实现这一目标(价值工程的具体内容详见第12章)。通过价值分析,公司发现可以通过改进以下方面来降低产品成本。

(1) 简化印刷电路主板,采用更少的部件,使电脑不再具备视听功能(因为通过调查发现:绝大多数使用者很少使用此项功能),从而使直接材料由原来的460元/台降至385元/台。

(2) 优化设计,以易于制造和装配,使直接人工由原来的60元/台降至50元/台。

(3) 因产量增加,使单位产品分摊的设备固定成本由原来的80元/台降至60元/台。

(4) 减少电脑的部件,由原来的450个减至425个,从而使部件订单由原来的22 500份减至21 250份。

(5) 优化设计,减少了检测时间,由原来的30小时/台降至15小时/台,从而使检测成本由原来的4 500 000元降至3 000 000元。

(6) 简化设计,降低了返工的可能性,返工率由原来的8%降为现在的6.5%。

这样,就使单位产品的制造成本由原来的680元/台降至540元/台,单位成本由原来的900元/台降至720元/台。

由上可知,运用目标价格和目标成本进行决策,一般需经过如下步骤。

(1) 开发出满足潜在顾客需要的产品。

(2) 根据顾客对产品的认知价格及竞争者制定的价格选择一个目标价格。

(3) 从目标价格中减去所期望的利润额,得到目标成本。

(4) 进行价值分析,执行价值工程,实现目标成本。

目标成本法在各国的许多行业中被广泛应用,如奔驰、丰田、尼桑等汽车公司,松下、夏普等电子公司,和苹果、康柏、东芝等计算机公司均采用目标价格和目标成本进行定价。汽车工业还将目标成本法与生命周期预算结合起来,如奔驰、尼桑和丰田公司等均在所预计的数年内的成本和收入的基础上确定其各种车型的目标价格和目标成本。例如,1994年,德国最大的汽车企业梅塞得斯·奔驰公司的领导人Helmut Werner在他上任的3周内宣布了营销重大决定:该公司将在汽车产品的定价中放弃使用已久的成本加成定价法,改用目标价格法进行定价。新的定价方法首先应用于对当年的一种新款车型190E Bally Benz的定价。这一新款车型比上一年推出的车型增加了价值达5 000美元的新功能,而其定价却要比售价为25 000美元的1993年款低。为实现期望的营业利润,它的目标是将成本压缩30%。

现在许多西方大型企业在制定产品的销售价格时,不仅进行价值工程分析,还更加重视产品价值链的分析,从产品的整个寿命周期来研究产品的成本问题,以便合理制订产品的价格。

产品的生命周期,是指从产品最初的研制、开发、试制、生产、销售、售后服务直至撤销对该产品客户的技术支持和服务的期间。在此期间,每一环节都有或大或小的成本费用发生,它们环环相扣,形成一个作业链和价值链(如图7-3所示),所有环节的成本之和称为产品的生命周期成本。其中,既有直接成本,又有间接成本。直接成本可以很经济方便地针对每一产品进行追踪和记录;间接成本则需要通过成本归集、分配于产品本身。

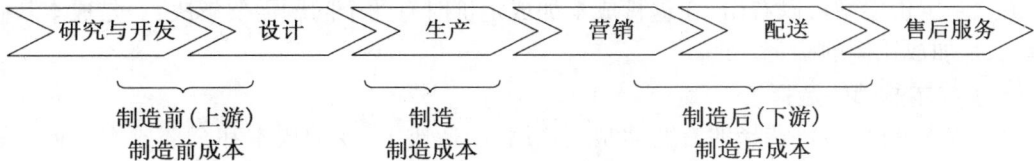

| 研究与开发 | 设计 | 生产 | 营销 | 配送 | 售后服务 |

制造前(上游)　　　　制造　　　　　制造后(下游)
制造前成本　　　　制造成本　　　　制造后成本

图7-3　产品价值链

在进行产品的定价决策时考虑的成本(即定价决策的相关成本)可能包括价值链上的所有成本,也可能只包括其中的部分成本。如一家家具厂接到某公司的一份要求订购办公桌的订单,这时营销成本就是与定价无关的成本,因为家具厂没有为这一订单发生任何营销费用。在定价决策中究竟应该考虑哪些相关成本,还与价格影响的时间长短有关,即要考虑进行的是短期定价还是长期定价。

所谓短期定价,是指对没有长期影响的一次性特殊订单的定价。其价格只在短期内有效,因而定价时考虑的主要是短期成本,主要生产阶段的成本;而如果进行的是长期定价,即对主要市场上企业的主要产品进行定价。由于该价格在市场上将长期、全面实施,因而在进行这类定价时考虑的则是长期成本,即不仅要考虑生产阶段的成本,还要考虑制造前和制造后的成本,即要考虑产品的生命周期成本。

之所以要强调产品的生命周期成本,目的是要促使企业领导人在进行价格决策时,不要将成本的范围仅仅局限于一个或几个环节上,而是要对产品价值链的各个环节予以充分关注,以保证收入能够补偿价值链上各个环节上所发生的成本。为此要求企业编制产品生命周期报告。

产品生命周期报告是以产品的整个生命周期为基础编制其收入和成本情况,以反映产品在整个生命周期内的收入水平和成本水平,这样做的好处有以下几点。

第一,使每一产品相关的全部收入和全部成本更加明显。在传统的会计系统中,制造成本是非常明显的,但其上游和下游的成本揭示则不够充分。

第二,突出了生命周期中的早期成本对定价决策的重要性。某一产品在生命周期早期发生的成本占总成本的比重越高,企业经营者就越应尽早对该产品的收入作出准确的预测。

第三,突出了各类成本之间的定价联系。如,若大幅削减研究开发和产品设计的开支,可能导致产品质量和性能的下降,从而引起与顾客服务有关成本的大幅增加。

与产品生命周期有关的另一成本是客户生命周期成本。它将重点放在客户身上,考虑客户从获得并使用产品或服务,至产品或服务被取代这一期间内的总成本。如汽车的客户生命周期成本包括该车的买价,加上运行及维护费用,减去最后的残值。

客户生命周期成本在企业定价决策中也是一个重要的参考因素。如果某企业生产的汽车所需的运行费用及维护费用较低,那么在同样的市场竞争条件下,就可制定相对较高的售价。

三、成本加成法

企业除了可以采用基于外部市场的定价方法,还可以成本为基础进行定价。以成本为基础进行产品定价,这种方法被称为成本加成法,它是在产品成本的基础上加上一个能够包括合理收益的加成额,从而形成产品的价格,即:

$$成本基础 + 加成因子 = 期望售价$$

由这一定价模型可以看出,在进行成本加成定价时有两个问题需要解决:一是成本基础的选择,二是加成比例的确定。

(一)成本基础的选择

关于成本基础,可供选择的有变动制造费用、制造成本、变动成本和全部成本四种。如在例 7 - 1 中,四种成本数据如表 7 - 3 所示。

表 7 - 3　成本数据表

	变动制造成本	制造成本	变动成本	全部成本
单位成本	588	680	648	900

我们以此为基础,分别加成 50% 作为产品的销售单价,在该计销量为 150 000 台的情况下,计算其预计利润,结果如表 7 - 4 所示。分别如下:

表 7 - 4　成本及预测利润表

可选的成本基础	单位成本	加成率	期望售价	预计利润
变动制造成本	588	50%	882	−2 700 000
制造成本	680	50%	1 020	18 000 000
变动成本	648	50%	972	10 800 000
全部成本	900	50%	1 350	67 500 000

1. 以变动制造成本为基数

这是一种很少被采用的方法,因为它所包含的成本难以满足决策的需要。

2. 以制造成本为基数

制造成本法是在产品制造成本的基础上进行加成。假设该公司决定以制造成本加成 50% 作为电脑售价,以弥补期间费用和所需利润,则该产品的售价就为 1 020 元/台。在其他资料不变的情况下,该公司明年可望获利 1 800 万元。

此种定价方法是以制造成本加成,期间费用隐含在"加成"之内。当然,期间费用也可与制造成本合并作为成本加成的基数,只是在实务中这种处理方法不多见,其主要原因是期间费用分摊于每一产品较为困难。如总经理的工资,为每种产品的共同成本,但若想将其合理分配于各种产品,非常困难,因此大多数厂商都以制造成本为基数进行加成,但在决定加成率的高低时要对期间费用和目标利润予以考虑。也就是说,此种加成的实质上不只是目标利润,而且还包括了期间费用在内。

3. 以变动成本为基数

变动成本法是以产品的全部变动成本(包括变动生产成本和变动期间费用)为基数进行加

成。如在例7-1中,该公司电脑产品的单位变动成本为648元。如果还是加成50%,那么产品售价就为972元/件,这时该公司明年的预计利润为1080万元,比按制造成本加成减少700多万元。显然,按变动成本加成50%作为售价,难以完成目标利润。所以,这时需要提高加成率。也就是说,在采用不同的成本基数定价时,应使用不同的加成率。

至于应该加成多少,则要根据目标利润的高低,并考虑收回固定成本的需要来制定。可以计算,在变动成本法下该公司要获得同样的1800万元利润,需加成57.4%,即同样要以1020元[=648×(1+57.4%)]作为变动成本法下的产品目标售价。由此可见,要获得相等的利润,无论是采用完全成本法还是采用变动成本法,最终确定的产品售价肯定是相同的。

变动成本法中的"加成"包括两个部分:一是用来弥补固定成本的部分,二是目标利润部分。只有弥补了固定成本之后,才可能获得目标利润。

那么,这种方法的成本基数为什么不包括固定成本呢?这是因为固定成本的分配不仅费时费事,而且对于实际工作中的许多固定成本项目难以找到一种公平合理的分配方法,所以即使勉强分配之,所得成本资料也不可靠,从而不能作为决定的依据。另外,赞成变动成本加成定价法的人士还认为,成本基数不包括固定成本,将有利于在一些特殊情况下的定价决策,此点将在后面介绍。

4. 以全部成本为基数

以全部成本为基数定价,是以企业在一定时期内的所有成本(包括生产成本和非生产成本)为基础进行加成。

有关调查表明,大多数企业经理都愿意选择产品的完全成本作为产品定价基础(见表7-5)。

表7-5 定价决策中所用成本方法的位次(1为最重要)[①]

	美国	英国	爱尔兰
全部成本基础	1	1	1
变动成本基础	2	2	2

之所以大多数企业经理在定价决策时愿意使用全部成本,在成本基数中既包括单位变动成本,又包括单位固定成本,这是因为:从长期来看,企业生存发展的一个前提是固定成本必须能够从业务活动中得到补偿。也就是说,固定成本从长期来看也是相关成本。因为从长期来说,企业产品的定价若不能产生足以补偿其所有成本的收入,则该企业面对的最好的选择是关闭。所有成本,无论变动成本还是固定成本,都是与企业是否能生存下去相关的成本。一些管理人员相信固定成本补偿的最佳实现途径是将每一产品的价格定得高于其全部成本。

另外,一些管理人员还担心,如果根据变动成本制订期望售价,他们将面对进行过分长期削价的诱惑。因为变动成本定价者常常会忽略产品的全部成本,将固定成本当作无关成本,所以只要短期的削价政策能够产生正的贡献毛益,这类政策便被视为是可以接受的。然而,一旦企业的竞争对手对降价做出反应,短期的削价通常又不得不一再延长。

如在例7-1中,电脑的单位变动成本为648元,在50%的加成率水平上,售价为

---

① 参见:查尔斯·T.亨格瑞等,《成本会计》(第八版),中国人民大学出版社。

972元/台,可以补偿900元/台的全部成本。但若按25%的变动成本加成率确定长期售价,则810元[=648(1+25%)]的售价就会导致企业的长期收入低于长期成本。

另外,变动成本的计算通常比较麻烦,需费较高的人力成本,且容易出错,而采用完全成本加成则不需对成本性态进行详细分析,不需要为每种产品确定固定成本和变动成本的数额,这样定价符合成本效益的原则。

(二)加成比率的确定

在采用成本加成定价法时,除了成本基础的选择之外,另一个重要问题是如何确定加成比率。如前所述,加成的结果:一要能够收回隐藏的成本,即非制造成本或固定成本;二要能够实现目标利润。

在某些情况下,同行内部的加成比率基本一致,趋于固定,这时只需使用标准的加成率即可。但在更多情况下难以找到这一标准的加成率,不同行业、不同企业、同一企业在不同时期、同一企业的不同产品的成本加成率都不尽相同,所以往往需要企业自己确定。确定的方法可以以企业的目标利润为基础,或以企业期望的投资报酬率为依据。

以目标利润为基础的加成率的计算公式如下。

(1) 若产品采用变动成本法计算,则:

$$加成率=(目标利润+固定成本总额)/产品的变动成本总额$$

(2) 若产品采用制造成本法计算,则:

$$加成率=(目标利润+非制造成本)/产品的制造成本总额$$

(3) 若产品采用全部成本法计算,则:

$$加成率=目标利润/全部成本$$

也可以根据目标销售利润率或投资报酬率来确定。如例7-1中,该公司若要在明年实现10%的销售利润,则可以算出在不同的成本基数下的加成率,并得到相应的利润额,结果如表7-6所示。

在例7-1中,若该公司的资本投资额为9 600万元,目标的(税前)投资报酬率为18%,于是目标利润总额=9 600万×18%=1 728万,即每台电脑的目标利润=1 728万÷150 000台=115.2,那么在采用全部成本(=900元/台)的情况下,成本加成率=115.2÷900=12.8%。

表7-6 加成率计算表

可选的成本基础	单位成本	加成率2	期望售价	预期利润2
变动制造成本	588	70%	1 000	15 000 000
制造成本	680	47%	1 000	15 000 000
变动成本	648	54%	1 000	15 000 000
全部成本	900	11%	1 000	15 000 000

在实际工作中,对于加成率的确定,则更多根据企业里相关人员的经验确定。

(三)几点说明

总的来看,成本加成定价法计算简便、容易理解,特别是在市场诸因素基本稳定的情况下,可以保证企业获取正常的预期利润。这种方法常用于标准产品的定价。所谓标准产品,是指在结构、规格、主要性能、检验方法,以及包装、储运等方面符合国家统一规定的技术标准和要求的产品。

然而，这种定价法也有明显不足。因为它在确定产品的售价时，只考虑了产品本身成本的补偿和预期利润的实现，而基本忽视了产品的社会价值、市场供求和竞争情况，更没有考虑消费者的心理变化，仅仅是从保证卖方利益出发去"保本求利"。因此，它是传统的生产观念和销售观念指导下的一种定价方法，根据此种方法确定的产品价格，很难为客户所接受，或者缺乏市场竞争能力，最终会导致企业的目标利润难以实现。

如在例7-1中，若该公司按1 020元/台的价格销售电脑，则可能由于市场竞争过于激烈而使该公司每年无法销售150 000台；也可能由于产品在市场上的需求激增，公司因订单应接不暇而丧失更多获利机会。因此，在使用成本加成法时，应注意以下几个问题。

（1）在定价中考虑单位固定成本也并不是一定就会保证所有成本都能得到弥补。因为在区别、界定、归集和分配共同成本和不可避免的固定成本的过程中具有一定的主观性；而且在分配时需对未来的产品销量进行预计，但是预计的销量与实际的销量不一定完全吻合，从而导致估计的单位全部成本可能过低或过高。如果实际销量小于预计销量，则产品的实际成本便可能会超过产品的售价。

（2）在使用成本加成定价时，企业不应拘泥于计算结果，而要根据市场销售形势的变化作上下调整。我们通过成本加成所计算的价格只是产品的期望售价，企业并不一定就以它作为实际售价。在实务中，除了成本基础和加成因子之外还有一些因素也应受到管理人员的重视，包括顾客对不同价格水平的可能反应以及其他竞争品牌的价格水平。如果市场对企业产品的需求越大，则加成率可相应地定得高些；而当需求很少或面临竞争者的激烈竞争时，企业便要相应降低售价。由此可见，通过成本加成法得到的期望价格，只是为企业领导人在决定产品售价时提供一个可供参考的依据和起点，他们还需在此基础上结合市场状况进行适当的调整。调整的方向及其幅度大小由企业经营者根据市场状况及其对市场的认知而定。若企业经理认为公司的市场地位稳固，则可适当提高售价；反之，若市场竞争激烈，则应适当降低售价。

（3）企业不能对其所有产品采用相同的加成率，而应根据市场上对各种产品的不同需求情况、各地区的习惯、同行业的惯例，分别制定不同的产品加成率。这一点在服装业和百货业中最为明显。如不同档次、质地、式样的服装，有的加成20%，而有的加成60%。

（4）降低成本的关键在于识别相关的成本动因，从成本发生的源头抓起，包括设计、生产、销售等环节，特别是设计环节应特别予以重视。这一环节长期以来被我国企业管理者所忽视。

不过，尽管成本加成法并不能最终确定产品售价，但它所提供的数据对管理者还是必不可少的。

第一，管理者在进行定价决策时往往面临许多难以确定的因素，通过成本加成得出的目标价格给了决策者一个定价的基础和起点，决策者可在此基础之上进行适当的上下调整，从而决定可以接受的价格。

第二，成本是价格的基础，以其为基础进行定价，可以有效防止企业因定价偏低而发生亏损。

第三，对于产品品种很多的企业，不可能对每种产品作准确的、详细的本量利分析，成本加成定价公式提供了一个简便的方法，至少可以先确定一个临时价格，将来再根据实践结果进行修正。

第四，采用行业惯例形成的加成率确定价格，可帮助管理人员了解竞争者的成本水平，新产品的价位高低,从而判断本企业在行业中的竞争能力。

四、合同定价法

这种方法主要适用于非标准产品。所谓非标准产品,是指国家没有统一规定的技术标准和要求的产品。其特点是在当前市场上没有同类产品,因而没有市价可供参考,所以通常只能以成本为基础由买卖双方协商定价,签订合同,故称为"合同定价法"。具体可分为以下四种类型。

(一)固定价格合同

经买卖双方协商,在合同中订立双方同意的固定价格作为今后结算的依据,而不考虑实际发生的成本是多少。产品完工后,若实际成本较低,对卖方有利,对买方不利;反之,若实际成本较高,对买方有利,对卖方不利。因此,在签订这种合同时,双方必须对产品成品的估计均有准确的把握,这种定价方法可促使卖方努力降低成本。

(二)成本加成合同

合同中规定卖方发生的成本可在双方同意的合理范围内实报实销,并以实际成本为基础,加上按合同规定的成本利润率计算的利润,作为今后结算的依据。这种方法的最大问题是,实际成本越高,卖方获利越多,因此,容易造成卖方故意抬高成本,使买方蒙受损失,故在实际工作中较少采用这种方法。

(三)成本加固定费合同

合同规定的价格由实际成本和固定费两部分组成,实际成本实报实销,而固定费则由合同明确规定,与实际成本高低无关。若实际成本只包括生产领域中的制造成本,则固定费的数额相当于毛利;若实际成本包括制造成本和期间费用,则固定费的数额相当于营业净利。这种定价方法在一定程度可降低卖方故意抬高成本的可能,减少买方的风险,也能保证买方获得一定的利润。但其不足之处在于不能促使卖方降低成本。

(四)奖励合同

在合同中注明预算成本和固定费的数额,并约定当实际成本高于预算成本时,可以实报实销;但若实际成本有节约,则按合同规定的比例由买卖双方共同分享。这种定价方法可激励卖方想方设法降低成本。

五、0.6指数定价法

这种方法主要适用于系列产品。系列产品是指同一品种但规格不同的产品。生产系列产品的企业,为了对未生产过的新规格产品能够迅速报价,往往根据过去生产过的老规格产品的价格,采用0.6指数法来进行定价。这种方法实际上也可用来向产品设计部门提供新规格产品的目标成本。

系列产品中的材料成本,一般与产品的不同规格成正比,或比较接近的正比例关系;而人工和费用成本,由于加工的复杂程度大致相近,故其差别往往不大。因此,系列产品的价格随着产品规格的增大而逐渐递增,但并不完全成正比,通常以小于规格的变动率而递增。如果材料成本的比重越大,价格的递增率就越大;反之,材料成本的比重越小,价格的递增率就越小。

人们经过研究发现,在市场上,系列产品的销售单价与其单位生产成本之间存在密切关系,两者之间的关系与幂函数 $y = x^n (0 < n < 1)$ 的曲线极为相似。于是,人们利用这一关系来

制定系列产品的价格。但是,研究还发现,在系列产品成本构成中,若材料成本的比重越大,幂函数 $y=x^n$ 中 n 的取值往往越大,但绝大多数系列产品的 n 值在 0.6 左右,故这种定价方法就被称为 0.6 指数法。它由威廉斯(Williams)和耐尔生(Nelson)两人首创,最初用于大型化工设备的报价,后来逐渐用于其他产品的报价。

按照这一方法,对于任何一种系列产品,只要市场上有两种不同规格产品的价格为已知,便可根据 $y=x^n$ 这个幂函数公式,计算出这种系列产品的 n 值。

设两种规格系列产品的价格之比(P_b/P_a)代表 y,两种规格之比(S_b/S_a)代表 x,则:

$$\frac{P_b}{P_a}=\left(\frac{S_b}{S_a}\right)^n$$

再利用对数计算,就可求得该系列产品的 n 值。

两种系列产品的价格之比(P_b/P_a)也可改为成本之比(C_b/C_a),用来确定新规格产品的目标成本。在西方国家,生产系列产品的企业往往在事前就计算出 n 值,并编制成表,供同行业的公司参考使用。

根据计算出的 n 值,或从表中查出的 n 值,选择与新规格产品最接近的老规格产品的价格或成本为依据,就可以估算出新规格产品的价格与成本。

第二节　市场定价的基本策略

由于市场变幻莫测,竞争对手的行动计划不可预料,需求曲线无法准确测定,影响价格的诸多因素无法一一引入定价模型,所以西方在定价决策中,既要借助于计算分析,更要依靠丰富的经验,深谋远虑,随机应变,运筹帷幄。

虽然总的来说,企业的价格政策无外乎是高价政策、低价政策、价格领导者或者是价格追随者,但在不同的利益导向下,采取的定价策略是不同的。

一、需求导向的定价策略

需求导向定价策略,是指以消费者对商品的需求程度和可能支付的价格水平为依据来制订产品的销售价格。具体又有以下两种。

(一) 根据顾客需求的价格弹性定价

需求价格弹性是指产品需求量对价格变动做出反应的程度。计算公式为:

$$需求的价格弹性系数(E)=\frac{需求量变化的百分率}{价格变化的百分率}$$

对于一般商品,当销售价格上升时,其需求量通常会下降,因此,需求价格弹性系数一般为负数。

(1) $|E|>1$ 时,称为富有弹性或弹性大,表明价格较小幅度的变动会引起需求量较大幅度的变动;

(2) $|E|<1$ 时,称为缺乏弹性或弹性小,表明价格变动幅度即使很大,需求量的变化幅度也不会太大;

(3) $|E|=1$ 时,称为单一弹性,表明需求量的变化幅度与价格的变化幅度一致。

对于弹性大的产品,提高价格会大幅度降低需求,使销售总收入反而减少,而降低价格却会促使需求大大提高,增加总收入。因此,对于这类产品,应适当降低价格,刺激需求,薄利多销;同理,对于弹性小的产品,应在条件允许的范围内适当调高价格;对于需求单一弹性的产品,提高或降低价格均行不通,只能选择其他的价格策略。

(二)根据顾客需求的不同心理定价

1. 尾数定价

尾数定价指让产品价格的末尾数为非整数,即以零头结尾,如 8.99 元,399.99 元,这种定价方法多适用于中低档的产品。

2. 觉察价值定价

觉察价值定价指企业按照买方对价值的估计,而不是按照卖方的成本费用水平来制定价格。这种定价方法的关键在于:企业要正确估计"购买者所承认的价值"。

3. 声望定价

声望定价指根据消费者对产品的信任,以及消费者对名牌、高档产品形成的"价高质必优"的心理和攀高心理,把某些实际价值不大的产品的价格定得很高,采取高价、厚利、少销的价格策略,以吸引消费者购买。如几万元一只的手表,几千元一件的衬衣,上百元一双的袜子等等。

4. 促销定价

促销定价指利用消费者的求廉心理,有意将一种或几种商品降价,目的在于扩大其他产品的销售。

5. 产品组合定价

产品组合是指一个企业所生产或经营的全部成本大类和产品项目的组合。产品组合定价具体包括以下几种。

(1)产品线定价,又称产品大类定价,是指考虑产品大类中各个相互关联的产品之间的成本差额、消费者对这些产品的不同外观的评价等,适当安排这些产品之间的价格差额。

(2)连带产品定价,又称互补定价,就是把主要产品的价格定得较低,而把连带产品的价格定得较高。

(3)成套产品定价,又称产品束定价,指把一组(系列)产品装成一包,以低于单个产品价格之和的价格一起出售。

二、竞争导向的定价策略

竞争导向定价法是以竞争产品的价格为基础,来制订本企业的产品售价。竞争导向定价并不一定要求企业的产品价格定得与竞争者的产品价格完全相同,而应以企业增加利润、提高市场占有率为标准,来灵活确定自己的产品价格。通常有以下两种方法。

(一)根据竞争对手的实力定价

若竞争对手实力较弱,可先采用低价倾销,将对手逐出市场,然后再行提价。若竞争对手实力较强,则宜紧紧跟随,亦步亦趋,对方提价,我也提价;对方降价,我也降价。若双方旗鼓相当,势均力敌,为了避免竞相降价而两败俱伤,则宜与对方在价格方面订立"君子协定",缔结价格合约,共同遵守,以免两败俱伤,而在售后服务方面进行非价格竞争。

(二)根据竞争对手的增减定价

当行业内增添新的竞争者时,考虑降价;反之,竞争对手倒闭时,考虑提价。

（三）根据产品质量定价

若自己的产品质量十分优良，同行望尘莫及，则可利用对手无法竞争的绝对优势，制订高价。若自己产品质量一般，同行竞争者又较多，为了扩大市场占有率，这时宜采用低价策略，实现薄利多销。

关于竞争导向的定价策略，下文的插入案例"滴滴与快的之战"可以丰富我们的情境化理解并引发我们思考。

滴滴与快的之战

随着智能手机的普及和移动支付的兴起，打车应用软件也应运而生。经过几轮淘汰战，打车应用市场已经从最初的数十家群雄逐鹿，转变为滴滴出行和快的打车"双雄争霸"的市场格局。2013 年上半年，阿里巴巴投资快的打车，继而腾讯投资滴滴出行。而滴滴出行和快的打车发展迅猛的背后，则是腾讯和阿里巴巴两大互联网巨头的暗战。

从 2014 年 1 月开始，滴滴出行和快的前后推出打车补贴活动，为争抢客户展开了一场"烧钱大战"。随着滴滴出行与微信支付发起 10 元打车补贴以来，快的与滴滴的"烧钱大战"愈演愈烈。快的打车 2 月 17 日宣布将给乘客补贴由每单 10 元增加至每单 11 元，2 月 18 日滴滴方面提高了补贴额度至每单 12 元，随即快的将补贴提高至每单 13 元，并做出"补贴永远比同行多 1 元"的承诺。

从"烧钱大战"中我们可以看到，同一时段，滴滴出行和快的打车确定的补贴金额十分接近，是典型的竞争导向的定价策略。经过两个月的厮杀后，滴滴和快的依旧互不相让，腾讯和阿里两位巨头烧钱近 15 亿，这样相争下去，必定两败俱伤。

进入 3 月，在马云发布微博形容两个打车软件的竞争是"两个蛮汉打架"，建议"坐下来喝杯茶"的论调下，开始了打车软件降低补贴的新一轮策略。滴滴在 3 月 4 日降至每单随机减免 10～20 元。48 小时内，快的两度下调打车奖励补贴，3 月 5 日起对乘客端的奖励降至每单立减 5 元，每天 2 单。滴滴出行方面，3 月 7 日降至每单随机减免 6～15 元，3 月 11 日降至每单随机减免 5～10 元，3 月 18 日降至每单减免 5 元，与快的一样，也是封顶 2 单。"烧钱大战"出现熄火趋势。

从滴滴快的之"战"中我们可以看出，定价策略中根据竞争对手定价的一些特点，相同或相似产品的定价最后一般都会趋于一致。同时在参考竞争对手定价时也要保持理性，不可盲目降价。现在滴滴出行和快的打车的补贴活动已经开始趋于理性，因为恐怕资金实力再雄厚的公司也经不起持久价格战的折腾。

三、利益导向的竞争策略

这是根据企业自身追求利益最大化的目标，采用各种不同的定价策略。方法有以下几种。

（一）根据不同地区税率的高低分别进行定价

如跨国公司在各地子公司之间相互进行贸易时，故意抬高低税率地区或免税地区子公司的产品价格，同时压低高税率地区子公司的产品价格，以便在纳税时避高就低，转移利润。

（二）根据高出、低入的定价策略来套取合营企业的利润

如跨国公司在世界各地与其他国家的公司合营时，经常要求他们的子公司向合营企业出售材料物资或提供劳务，同时低价购入合营企业的产品，使合营企业的利润流入跨国公司。

四、成本导向的竞争策略

成本导向的竞争策略主要研究本企业的成本。成本不同时,定价也就不同。具体方法在上节详细论及,故这里不再赘述。

相对而言,在管理会计中,主要研究成本导向的定价问题,因为这种定价方法使用的数据主要来自会计。而其他三种定价方法则较少使用会计信息。

第三节 市场定价的具体策略

一、老产品的定价策略

企业的老产品在市场上销售一段时间后,其质量、成本、供求和竞争方面往往会发生某些变化,从而给产品的生产和销售带来不同性质和不同程度的影响。此时,企业应根据各种产品生产、销售的历史资料,本着开拓市场、扩大销售、增加盈利的原则,采取某些针对性的应变措施。其中包括对有关产品的价格做出相应的调整,即在国家价格政策允许的范围内,把价格向上浮动或向下浮动。

价格是上浮还是下调,上浮或下调多少最有利,这些都需要企业在根据现有资料进行科学计量和分析之后,才能做出正确的决策,找出最优的价格——数量组合,实现企业的利润最大化。

[例7-2] 某厂生产A产品,年生产能力5 000件,目前年产销量3 000件。该产品的单位售价10元,单位变动成本4元(其中变动制造成本3元),年固定成本总额20 000元(其中固定制造费用6 000元)。

为扩大市场,增加销售,该厂领导经研究,准备将该产品的单位售价降低2元,这样其年产销量预计可达5 600件。由于该产品产量增加,尚需添置若干生产设备,因而,年固定成本总额将增加4 000元。与此同时,单位产品的变动成本将减少1.2元。现要求确定,该厂是否应降低产品的价格。

解:
首先,确定继续维持原产销水平的年利润(亏损)总额:

利润总额=3 000×(10-4)-20 000=-2 000(元)

其次,确定充分利用现有生产能力的年利润(亏损)总额:

利润总额=5 000×(10-2-4)-20 000=0(元)

最后,确定扩大生产能力后的年利润(亏损)总额:

利润总额=5 600×[(10-2)-(4-1.2)]-(20 000+4 000)=5 120(元)

计算结果表明,该厂扩大生产能力,同时将产品的单位售价从10元降低到8元是有利的,因为这样可使企业的年盈利额比原来增加7 120元,并实现扭亏为盈。

二、新产品的定价策略

新产品在上市时,由于企业没有系统、完备的价格和销售资料,因而在对其定价时具有很多的不确定性,所以,一般要经过试销售阶段。试销售与全面产销不同,它是在某些选定的地区分别采用不同的价格、不同的推销方式推出新产品。这样做的好处是,一方面可以为全面产销做准备。因为在试销阶段,企业往往可以获得很多有用的信息,如可能遇到的竞争、消费者的反映、销量与价格的关系等。在对这些资料进行分析后,从中选择一个能够获得最大利润或最符合企业长期目标的价格。另一方面,在试销中,如发现定价有误,可使错误限制于某一地区,而不至于波及整个市场。新产品试销时所采用的定价策略一般有以下两种。

(一)"撇油性"定价策略

"撇油性"定价策略指在新产品试销初期,定出较高的价格,以后待市场扩大,产品趋于成长或成熟时,再把价格逐步降低。这种策略能保证试销初期获得巨额利润,并可保证新产品在产销方面无法预知的成本得到补偿。但试销初期的巨额利润会引来激烈竞争,从而使高价难以持久。因此,这是一种短期性的定价策略,多适用于初期没有竞争对手,而且容易开辟市场的新产品,特别是对生产制造困难或投资庞大,不易打进市场的产品最为有效。这方面的例子很多,如计算器在 1970 年问世时,售价高达 300 美元,三年后就跌至 25 美元之下。其他还有如手表、电子表、自行车、手机、收音机、电视机、电脑、音响、VCD、汽车、微波炉等等,它们均经历过类似的"撇油性"价格时期。

主张这种定价策略的人认为,此策略能够保证企业尽快收回在新产品的研制、开发、市场推广等方面的投资成本;相反,如果新产品采用渗透定价,不仅给企业收回成本带来风险,而且企业要获取较高利润,最终必须提高产品价格,这往往又与增加销量、提高产品的接受性是相背离的,要想通过提价来推广产品显然难以做到。

(二)"渗透性"定价策略

"渗透性"定价策略指在新产品的试销初期,采用低价为新产品开路,以使产品能尽快在市场迅速推广,待产品树立信誉、赢得市场好评后,再逐步提价。这种策略尽管在试销初期获利不多,但能有效排除其他企业的竞争,便于在市场上建立长期的领先地位,能持久地为企业带来日益增长的经济效益,是一种具有长远眼光的定价策略。它适用于市场需求缺乏价格弹性的产品,等到竞争性产品出现时,再开始削价。

一个企业在推销新产品时究竟应该采用哪种策略,需视企业希望达到何种目的,以及何种策略可以获得较大的成功机会而定。

三、特殊情况下的定价决策

由前面的分析可知,产品定价不论是采用完全成本法还是采用变动成本法,均可求出相同的目标价格,所以,在一般情况下,在产品定价时采用何种方法均无不可。其选择的结果,一般受成本计算方法的影响,若产品成本计算采用完全成本法,则定价可用完全成本法;反之,若产品成本计算使用变动成本法,则产品定价宜用变动成本法。

但是在某些特殊情况下,产品的定价则要特殊对待。这里的特殊情况,主要是指企业在拥有剩余生产能力、或市场需求发生特殊变化、或参加订货会以及投标活动过程中遇到强劲的竞争对手时,探讨产品应如何定价。如某公司接到外国新客户的一笔特殊订单,拟向该公司长期订购,要求该公司报出低廉的价格;又如某公司在有多余生产能力情况下,接到一订单;或者是公司在参加竞标时遇到了激烈的竞争,需对产品进行报价。在这些情况下,一般认为应以变动成本为基础进行定价。

如在例 7-2 中,A 产品的单位制造成本是 5 元,单位变动成本是 4 元。假如该厂的销售人员在外推销时,有一外商愿意以 4.8 元/件的价格向该厂购买 A 产品 1 000 件。那么,该厂应否接受此订单呢?

首先应看该厂是否有闲置的不能另作他用的生产能力。若没有,在原有售价高达 10 元/件的情况下不应接受此一订单。若有多余的生产能力,从完全成本角度来看,接受这一订单时产品的单位制造成本将降为 4.5 元,这时似乎将使企业每件受损 0.3 元(=4.8-4.5)。但事实并非如此,因为在增加生产订购的 1 000 产品时,这 1 000 件产品中包括了 1 500 元(=1.5×1 000)的固定制造成本,这一费用是否发生与是否接受该订单之间没有必然联系,因此对于外商提出的价格,不应与 4.5 元的制造成本相比较(更不能与 5 元的制造费用相比较),而应与单位变动成本相比较,即采用变动成本法进行分析。可以算出接受这一订单将使企业增加利润800 元。

当然,在接受一次性订单时还应考虑是否要增加专门的设备,如果需要,则还应将此成本一并纳入考虑。由此可见,在有闲置生产能力时,企业应以变动成本法来编制产品报价单,以保证企业实现最大收益。

变动成本法定价法的一般模式如下:

$$
\left.
\begin{array}{ll}
\text{变动成本} & \times\times\times\ (\text{最低}) \\
\text{固定成本} & \times\times\times \\
\text{期望利润} & \underline{\times\times\times} \\
\text{目标售价} & \times\times\times\ (\text{最高})
\end{array}
\right\}\ \text{弹性范围}
$$

以变动成本法定价,产生"最低"和"最高"的价格,实际售价在两者之间,由经理人决定。这里的"最高价格",是经理人期望获得的价格。就长远而言,企业应以此价格为目标。但在某些特殊情况下,经理人必须将售价降低至"弹性范围"内,但不能低于"最低价格"。具体方法又有三种:

(一)按贡献方式定价

按贡献方式定价,就是把实际价格定在基础价格与最高价格之间,即在以单位变动成本为下限,目标售价为上限的弹性范围内,由企业管理当局根据当时的具体情况斟酌确定。这里的"目标售价"是指保证企业目标利润实现的售价,从长远看来,应以此作为追求的最佳目标。但在实际工作中,为了对付市场竞争,管理当局往往需要将售价压低在弹性范围以内,但至少要略高于单位变动成本。

例如,假定某企业拥有剩余生产能力,而且短期内又无法移作他用。在这种情况下,接受新的加工订货,只要定价略高于单位变动成本,即使此刻报价低于制造成本,甚至在必要时与变动成本极为接近,只要产品的售价高于增加的变动成本,即可获得贡献毛益或减少亏损。在要新置设备时,只要增加的收入大于增加的变动成本和增加的固定成本时,利用闲置产能,就将增加企业的净利。

与此类似,在企业面临"困境"时,变动成本作为产品价格的底线在市场竞争中也将发挥作用。所谓困境,是指当市场发生对企业不利的变化时,企业被迫在艰苦的环境中经营。如市场对企业产品的需求突然大幅减少,迫使企业降价。在此种情况下,只要售价比变动成本高,只要边际贡献能够收回部分固定成本,企业就应该降价销售,因为要比停业为好。一旦停业,固定成本则无任何补偿。

此外,当企业参加某项竞争激烈的投标时,为了战胜对手,企业就不能墨守定价的成规,不应坚持以全部成本为基础来报价,此时往往只有削价,才能获得胜利,通过薄利多销,从大量销售中获取盈利。当然,削价的底线是变动成本。

当然在这些特殊的情况下,企业究竟是否应该接受某一订单,企业还需进一步考虑。企业不能仅仅考虑短期利益,还要考虑企业的长远利益,考虑接受后对企业未来市场销售的可能影响。如上例中,接受订单后可能会削弱本厂与其他外商的讨价还价能力,或引起同业间的激烈竞争而导致全行业产品的大幅降价等。因此,企业需在短期利益与长远利益之间进行平衡、选择、协调。

不过,以变动成本为基础进行定价,这种做法也受到一些人的反对。他们认为,采用这种方法进行产品定价将导致自杀性的削价,从而可能引起企业破产。他们认为,从企业的长远着想,相对于变动成本法,采用制造成本法定价对企业更为安全。因为后者包括了固定制造费用。而以变动成本为基础进行定价,可能导致经理人误认为任何产品的价格只要高于变动成本,其订单就可接受,长此以往,将会造成企业的固定成本得不到及时、充分的弥补,固定资产得不到及时的更新和升级换代。

而反驳方则认为,实际上,变动成本定价法和制造成本定价法都未考虑全部成本,两法的区别只是没有包括的成本项目不同而已:变动成本法的基数没有包括固定成本,而制造成本法的基数没有包括期间费用;再说,任何企业领导人在决定产品的售价时都不会仅仅考虑制造成本或者变动成本,而是在其基础上还要考虑没有包括的成本,所以从长期来看,无论采用何种方法,价格决策的结果是一致的,否则企业都将受损。强调以变动成本为基础进行定价,更多是在特殊情况下的短期应对办法,它对企业的长远利益没有影响。

(二)保本基础定价法

保本基础定价法是根据保本分析的原理而建立的一种以保本为目的的定价方法,主要是为了方便企业在参加国内外订货会、贸易洽谈会或投标活动时,能够迅速报价而提供的一系列在不同销售量(x)情况下的产品保本价格。计算公式推导如下:

∵ $P=px-(a+bx)$

∴ 在利润 $P=0$ 时的销售单价 $p=(a+bx)/x=a/x+b$

即,产品的保本价格=固定成本总额/销量+单位变动成本

(三)保利基础定价法

保利基础定价法是根据保利分析的原理而建立的一种以保证目标利润实现的定价方法,这种定价方法的目的与保本基础定价法的目的一样,也是为了方便企业在参加国内外订货会、贸易洽谈会或投标活动时,能迅速报价而提供的一系列在不同销售量情况下的产品保利价格。计算公式推导如下:

∵ $P=px-(a+bx)$

∴ 在利润为 P(目标利润)时的销售单价 $p=(a+P+bx)/x=(a+P)/x+b$

即,在确保实现目标利润 P 的条件下的销售单价=(固定成本总额+目标利润)/销量+单位变动成本

四、定价决策中的非成本因素

企业在确定产品的销售单价时，除了考虑市场因素和成本因素以外，还有一些因素不能忽视。如价格歧视，以及有关法律对产品定价的影响。

（一）价格歧视

价格歧视：如同样的一本书，精装本（硬皮）和简装本（软皮）的价格往往差别很大。那么，这一价差是否反映了两者之间的成本差异呢？不是的。与简装书相比，每本精装书的成本大致上只高出1～2元。那么我们如何解释这一价格差呢？这就是一种价格歧视。

所谓价格歧视，是指在对同种产品或服务进行定价时对不同的顾客采用不同的价格，即对某些顾客要求较高的价格，而对另外某些顾客要求较低的价格。

那么价格歧视为什么出现，又是如何得以实现的呢？以上面提到的书籍为例。我们知道，对书籍的需求主要有两个来源：一是人，二是以图书馆为代表的机构。相对而言，图书馆更加看重硬皮的精装书，因为它们比软皮的简装书更为结实耐用，在反复的使用过程中不易撕破和散乱。同时，图书馆还要保证他们有比较广泛的藏书，以满足其顾客阅读和研究的需要。再者，图书馆的经费比个人要宽裕一些，加上又是机构购买，从而使图书馆对精装书的价格不太敏感，这种需求对于价格变化的不敏感性被称为缺乏价格弹性，即较高的价格对其需求的影响极小，所以出版商能够对图书馆购买的精装书从高定价，从中获取高额利润。

当然，个人读者也同样喜欢精装书籍，但其喜爱程度仅稍高于简装书，因为他们更看重书的内容而非表面装潢，他们对于书籍需求的价格弹性远比机构消费者敏感，因此，个人一般宁愿购买价格较低的简装书，而不愿花高价购买精装书。所以，在向个人进行销售时，出版商总是保持简装书较低的价格，以刺激需求。

由此可见，出版商在不同的市场区划上采用了歧视性的定价策略，以利用不同市场区划所显现出来的不同的价格敏感性。在这个例子中，书籍的定价决策已在很大程度上与生产成本相脱离。

另外，企业经营者在制定某些产品的价格时，常常还将限制能力结合起来，对不同时间段的产品或服务制定不同的价格。如电话在白天和晚上的通话费用标准不同。例如，某市的电话费标准如下。

（1）月租费：甲种33元/月，乙种21.6元/月。

（2）区内电话：甲种0.2元/3分钟，乙种0.23元/3分钟，公用0.5元/3分钟。

（3）长途电话：省内0.8元/分钟，省际800公里以内1元/分钟，省际800公里以上1.2元/分钟

与此类似，在许多城市，人们在不同的时间乘飞机、住旅馆、买衣服、购家电的价格也是不同的。这种方式定价的目的是使人们避开需求高峰期，故称为高峰负荷定价法。它是在产品的需求高峰从高定价的定价方法，即在业务繁忙期间（当系统负荷较高时）收取的价格要高于存在大量闲置能力时的价格。

但是电话公司服务于电话业务的实际支出的成本在每天和每天的各个时段中大体上是相同的，那么为何要采用这种定价方式呢？因为这种定价方法，不仅可以避免通话高峰，而且还可使电话公司获利更多。因为机构用户的长途电话一定是在营业时间打的，因此机构对于电话服务需求的价格弹性几乎为零，所以，在白天征收较高的价格对需求几乎不会产生多大的影

响；与此相反，私人电话则对价格相对比较敏感，较低的价格可以刺激需求，从而增加电话公司的收益。由此可见，电话的定价方式不是以成本为决定因素的。

（二）反垄断法对企业定价的影响

在有些国家，企业在制定产品售价时还需考虑有关的法律限制。如美国有专门的反垄断法、反倾销法和反托拉斯法案，它们禁止企业进行掠夺性的定价、倾销定价和勾结性定价。

所谓掠夺性定价，是指企业有意使产品的售价低于其成本，以期将竞争者逐出市场，然后限制供给，抬高价格，获取暴利。至于这里的"成本"是何含义，是制造成本，还是变动成本或全部成本，至今美国的法律还未做出明确规定。但从现有的几个法院判例来看，法官倾向于采用"变动成本"作为掠夺性定价的判断标准。所以，在美国，管理人员和会计人员应该对反托拉斯法保持足够的关注，及时审查所有计划中的低于变动成本的产品价格，以防被指控带有"掠夺性企图"；建立必要的会计资料系统，尽可能详细地保存一套不仅包括制造成本，而且包括诸如研究与开发、工艺及产品设计等上游成本，以及诸如营销、配送和客户服务等下游成本的记录资料，以便在面临司法机关的质询时能够作出迅速有效的反应。

（三）反倾销法对企业定价的影响

与掠夺性定价非常近似的是倾销和勾结性定价。

根据美国法律，倾销是指外国企业在美国市场上以低于其生产国市场价值的价格出售，并严重损害或威胁美国的工业。若有证据证明某企业存在倾销行为，根据美国税法，可对该商品征收数额等于其在外国市场上的价值超过美国市场价格的反倾销税。

与倾销有关的诉讼在钢铁、半导体以及衬衫行业中都已出现。例如，1990年美国商务部判定中国的制造商向美国市场倾销衬衫，并因此向进口商征收相当于进口成本36.9%的反倾销税。

（四）反托拉斯法对企业定价的影响

所谓勾结性定价，是指某一行业中的若干企业就其定价和产出决策达成协议，以实现高于竞争性价格的销售价格。勾结性定价因其限制了自由贸易而违反了有关法律（如美国的《反托拉斯法》）。例如，在1990年，美国司法部指控美国的各大航空公司利用共同的计算机机位预订系统，合谋维持非竞争性的价格。被卷入的包括西北航空、大陆航空、联合航空、美洲航空等多家航空公司，它们在被控后同意依照财产授予条款赔偿消费者。

🌑 思考题

1. 目标成本在企业产品定价中有何意义？
2. 成本加成定价法下的加成率如何确定？
3. 需求心理定价策略有哪些？
4. 边际方法定价的依据是什么？
5. 解释制订竞争招标价格时，剩余生产能力的重要性。
6. 以变动成本为定价基础有什么优越性？

拓展案例:定价决策①

家具制造商杰姆拉弗尔经营着一家定做家具的商店,10月初,他没有对外的债务,并且他的账户中有如下借方余额:

(1) 10月1日原材料存货:2 150美元

(2) 10月1日物料用品存货:620美元

(3) 10月1日在产品存货:5 650美元

(4) 在产品的明细分类账如下表所示。

工作任务	材料	人工	制造费用 (按人工的50%计算)
A-3	$750	$1 100	$550
A-4	$900	$650	$325
A-5	$325	$700	$350
合计	$1 975	$2 450	$1 225

(5) 10月1日其他资产:$16 890

10月份拉弗尔的员工完成了工作任务A-3、A-4和A-6。但未完成A-5,工作任务A-7在本月投产但未完工,月末制造费用在每一项完工的工作中进行分配。

10月份材料和人工耗用情况如下:

工作任务	材料	人工
A-3	$280	$750
A-4	$350	$1 300
A-5	$180	$550
A-6	$375	$490
A-7	$590	$370
合计	$1 775	$3 460

其他重要项目包括:

(6) 本月购买原材料1 675美元

(7) 购买物料用品580美元并使用了490美元(即转移到制造费用账户)

(8) 人工借方发生额为5 460美元(很明显的有2 000美元计入直接人工)

(9) 月末商店没有对外债务

(10) 本月管理费用为3 420美元

(11) 工作A-3、A-4和A-6分别收款6 125美元、8 600美元和1 750美元

当杰姆审查10月份数据时,他十分关注制造费用的差异。因为杰姆从未解雇过雇员,但企业运转迟缓时制造费用总是很大(杰姆会将多余的工人分配到清结与修理岗位,同时将他们的工资计入间接人工成本)。拉弗尔当然意识到制造费用为什么会这么大,不过他所关心的是

---

① 参见《管理会计与控制系统案例》,威廉·罗奇,东北财经大学出版社,2000年,p23-25。

德普太太。

德普太太是杰姆的邻居,10月份的一天她到商店来询问定制家具的价格。杰姆的儿子小杰姆接待了她。小杰姆在读商学院,他是利用第一年与第二年之间的暑假来店里打工的。小杰姆了解了德普太太的打算后,估计他家具的生产成本约为1625美元。

他的估算如下:

木材	$590
装饰材料	$75
直接人工成本	$640
制造费用	$320
合计	$1625

当小杰姆向德普太太报价1900美元(成本1625美元+利润275美元)时,她说她可以花1600美元从老沃斯那儿买到同样的商品。她进一步提醒小杰姆:"如果我买家具比1500美元多花一分钱,我还不如扔掉那些愚蠢的经济理论书。"

小杰姆告诉她,自己的最优报价只能是1900美元。他就人工、材料、利润和自由竞争的资本主义机制进行了解释。他还告诉德普太太,老沃斯不可能从1600美元的价格中赚到钱,如果她真想花1600美元做家具的话就等于在行窃!

德普太太生气地离开了,小杰姆后来将事情整个过程告诉他父亲时,笑着说:"我们总不能做东西花1625美元却卖1600美元吧,更何况是1500美元?"当时拉弗尔并未多考虑这件事,可现在他开始怀疑小杰姆是否真的在商学院学到了东西。当遇到老沃斯时,老沃斯说:"德普太太在上个月可救了我"。这使拉弗尔更关心此事。看样子老沃斯已经把德普太太愿花1600美元买的家具送去了。杰姆拉弗尔真想搞清楚谁是正确的:小杰姆还是老沃斯?

略解:

小杰姆的定价采用的是制造成本的成本加成法,是在产品制造成本的基础上进行加成,加成内容包括期间费用和目标利润。此案例中小杰姆给德普太太报价1900美元中包括1625美元制造成本和275美元的目标利润,加成率为16.92%。他认为他的报价不能再低了,否则无利可图。因此,当德普太太报价1600美元时,他拒绝了这项订货。

仔细考虑一下小杰姆的做法对不对。

我们知道,在一些特殊情况下,比如说企业拥有剩余生产能力,或市场需求发生特殊变化,或参加订货会以及投标活动遇到强劲对手时,企业可以灵活应变,采取一些特殊的定价方法。在上述特殊情况下,企业应以变动成本作为制定价格的基础,只要报价高于变动成本即可获得贡献毛益,弥补固定成本,甚至获得利润。

小杰姆的成本计算单中,可以肯定木材、装饰材料、直接人工成本之和1305美元是变动的,但制造费用320美元中既包括变动制造费用,也包括固定制造费用。若拉弗尔家具定制商店有剩余生产能力,则最低报价可以是木材、装饰材料、直接人工成本之和1305美元加上变动制造费用,具体数额根据变动制造费用而定,若变动制造费用小于295美元,则报价可以低于1600美元,德普太太花1600美元做家具就不是在"行窃"了!

但若拉弗尔家具定制商店没有剩余生产能力,则最低报价只能是制造成本1625美元,小杰姆的做法可能有一定的合理性。

第八章 存货决策

存货是一项重要的流动资产,它占用企业大量的流动资金,其利用情况如何,直接关系到企业的资金占用水平以及资产运作效率。在不同的存货管理水平下,企业平均资金占用水平差别很大,而实施科学的存货决策,通过降低企业平均资金占用水平,提高存货的周转速度和总资产周转率,将最终提高企业的经济效益。

作为企业物流的重要成分,存货成本的降低潜力比任何其他市场营销环节都要大得多。在美国,产品的直接劳动成本往往不足生产成本的10%,并且还在不断下降,全部生产过程只有约5%的时间用于加工制造,余下的95%时间则用于储存和运输。一般企业的物流成本占其营销成本的比例往往高达50%,这其中的存货费用大约要占35%,在产品的全部成本中物流成本通常也高达30%~50%。因此,在其他环节成本降低潜力不大的情况下,在存货决策上下功夫,降低存货成本就成为企业管理和成本管理的重要内容。

本章着重阐述:存货产生的原因是什么? 与存货有关的成本有哪些? 如何进行存货的规划、管理和控制?

通过本章的学习,使读者掌握如何通过成本分析来对存货进行规划、管理和控制。

引导案例

海尔集团的库存管理[①]

海尔创立于1984年,经过29年创业创新,从一家资不抵债、濒临倒闭的集体小厂发展成为全球白电第一品牌。2013年,海尔全球营业额1 803亿元,利润总额达到108亿元,利润增幅是收入增幅的2倍。海尔文化的核心是创新,创新是海尔的灵魂。

随着企业的迅速发展壮大,海尔面临着严峻的物流成本问题。首先,从1997年到1999年,青岛海尔的应收账款周转率由每年11.11次下降到4.

---

① 资料来源:战子玉.企业的成本管理推进模式构建——以海尔集团为例[J].商业现代化.2008(12)82 - 43.

96 次。以 1999 年海尔的销售收入 260 亿元同基计算,若以 20% 的赊销率计算,流动资金将多占用约 5.76 亿元。海尔的存货周转率由每年 6.96 次下降到 5.97 次,假设以 15% 的行业利润来计算,存货占用的资金上升了约 537 亿元。这给企业带来了巨大的资金成本、存货成本压力。其次,原料的采购、存储技术落后、效率低下。物流整合以前,整个集团共有 26 万种物料,每日生产几百种型号的产品,每日进出几千笔仓库业务,如此大的物流量完全是人工管理方式,造成人员工作效率低下,物流整体管理水平跟不上集团国际化发展的速度。

海尔公司的管理层意识到问题的严重性后,开始采取改革措施加强库存管理。海尔公司主要进行了哪些改革创新呢?

第一,海尔实施采购整合,将集团的采购活动全部集中实施统一采购,充分利用其规模优势在全球范围内采购质优价廉的零部件。

第二,海尔改革了组织结构,将分离的物流职能管理部门整合成了专门的物流管理部门,以加强物流成本管理。

第三,海尔公司根据订单生产产品,并建立了全球供应网络、全球配送网络和计算机管理网络。采购方面,海尔通过信息化管理手段,用最快的速度按顾客订单进行原料采购,需要多少采购多少。送料方面,海尔建立了两个现代智能化的自动化物流中心。物流中心以用户的订单为核心,通过实施企业资源规划,对库存进行有效控制。

由海尔公司的案例可知,库存管理对于企业降低成本十分关键,如何通过成本分析来对存货进行规划、管理和控制?本章会帮你解答这些问题。

第一节 存货基础

一、存货范围

存货是指企业在经营过程中为销售或生产耗用而储备的资产,包括库存中的、加工中的和在途的各种原材料、燃料、包装物、产成品以及发出商品等,主要包括原材料、半成品、产成品三个部分。企业为了保证生产经营过程的连续性,必须有计划地购入、储存、耗用和销售存货,进行合理有效的存货决策。

企业的存货通常包括以下三类有形资产。

(1) 在生产经营过程中储存以备销售的存货。指企业在正常的经营过程中处于待销状态的各种物品,如工业企业的库存产成品等。

(2) 为了最终出售正处于生产过程中的存货。指为了最终出售但目前尚处于生产加工过程中的各种物品,如工业企业的在产品和自制半成品等。

(3) 为了生产供销售的商品或提供服务以备消耗的存货。指企业为产品生产或提供服务过程中耗用而储存的各种物品,如工业企业为生产产品耗用而存储的原材料、燃料、包装物、低值易耗品等。

二、存货原因

一个企业如果能够做到以固定的价格及时从其供应商处获得源源不断的原材料,并且供应速度与生产过程中原材料消耗的速度完全一致,则该企业就无须储存原材料;同样,若企业能使其产品的生产速度与销售速度完全相同,那也无须储存产成品存货。在上述理想状态下,企业在生产经营过程中除了工艺上必需的在产品存货外,实际上不需要储存任何材料物资。倘若生产过程也可立即完成,甚至连在产品存货的储存也无必要。然而,尽管人类社会发展至今,计算机、自动化和现代管理技术创造了一个又一个奇迹,但是,我们离"使存货为零"这一目标依然相当遥远。在现实中,对于绝大多数企业来说,都需要储存或多或少的存货。

企业置存存货的主要原因是由于需求和供应不能同步同量。虽然从理论上说,如果我们能准确地预测出原材料的交货日期、生产过程及产成品的需求数量和时间,企业就无须储存存货。但是,上述因素很少会像需要的那样能精确地预测出来。

就采购而言,由于材料的采购受到信息传输、市场状况、供需弹性、采购成本、供应质量、运输条件等多种不确定因素的影响,企业很少能够做到随时购入生产或销售所需的各种物资,即使是市场供应量充足的物资也是如此。这不仅是因为不时会出现某种材料的市场断档和交货延期,还因为企业距供货点较远而需要必要的途中运输及可能出现的运输故障。一旦生产或销售所需的物资短缺,生产经营将被迫停顿,造成损失。因此,为了保证生产过程的连续性,避免出现停工待料、停业待货、交货延误等事故的发生,缓解、甚至消除这些不确定因素对生产的影响,减少工人无事可做和机器闲置现象的出现,企业往往需要储存一定数量的材料,以保证生产和交货的效率和效果。

当然,除此之外,企业之所以储存材料,还可能是出于价格或成本方面的考虑。例如,成批的进货,常常可以获得价格折扣;大批的运输,可以节约运输费用;增加储备,以防物价上涨等。

就生产而言,为避免由于生产不协调而出现生产的非正常中断,企业常常还需要保有一定数量的在产品。因为上道工序的设备故障、工人旷工、生产容量、产品质量等因素都可能会影响到下道工序生产的顺利进行,严重的会导致整条生产线的瘫痪。而从另一方面讲,生产部门往往会认为大批量生产较小批量生产更经济,这也会使得在产品堆积。

就销售而言,通过产品储存,企业就能连续、可靠地把产品源源不断地供应给顾客。这是因为企业对其产品的市场需求是很难精确估计的,顾客需求的数量和时间存在一定的不确定性。即便是产成品的供货时间可以相当准确地加以预测,也很少有生产企业愿意按指定的时间生产并立即用以满足顾客需求。因为企业的生产并不能保证百分之百地按计划进行,生产过程也可能会由于未能预见的情况(如设备故障)而延误。所以,为能及时满足客户的需求,避免发生缺货或延期交货,企业常常需要建立适量的产成品库存,以应付各种意外情况的出现,为供需不平衡提供缓冲,保证销售顺畅进行,避免丧失销售机会。

三、存货成本

由上可知,一定数量的存货是企业从事生产经营所必需的资源条件,是保证生产和销售活动顺利进行的物质基础。但是从另一个角度看,企业建立存货储备是要付出一定代价的存货成本。

存货成本是与储存存货有关的成本,包括从订货、采购、储存,直到出库整个过程所发生的各种费用,以及因缺货而造成的经济损失。一般地,存货成本包括订货成本、采购成本、储存成本和缺货成本四种。

（一）订货成本

订货成本（ordering cost）是指订购物品所发生的成本。包括请购、比价、发出订单、验收、进仓、付款、车旅费、邮资、电话电报费、采购部门的管理费、采购人员的工资等开支。

订货成本与订购次数存在直接关系。订货成本中有一部分与订货次数无关，如常设机构的基本开支、采购人员的工资，这一部分订货成本是在一定期间维持采购部门开展正常活动所必需的，具有固定成本的性质，故被称为订货的固定成本，常用符号 F_o 表示；另一部分与订货次数直接相关如车旅费、邮资、电话、电报、电传、文件复印、验货等，它们随订购次数的多寡而增减，而与每次的采购数量无关，具有变动成本的性质，故被称为订货的变动成本，常用符号 K_o 表示。

假设 A 代表存货的年需求量，Q 代表每次的进货数量，即"批量"，那么，每年的订货次数，即"批数"$=A/Q$，于是年订货成本总额即为：

$$C_o=F_o+K_o\times(A/Q)$$

（二）采购成本

采购成本，又称"购置成本"（purchasing cost），是指购入货物本身的成本，它是存货价值的主要组成部分，主要由购买价和运杂费两部分构成，等于采购单价（等于购买价加上单位运价）与采购数量的乘积。其中，如果采购单价不随采购数量的变动而变动，即没有数量折扣时，在全年材料物资需用量一定的情况下，采购成本是确定的，因此，采购成本属于存货决策的无关成本，除非企业可以享受大批量购买的优惠折扣。

如果用 U 代表采购单价，则年采购成本总额为：

$$C_P=A\times U$$

（三）储存成本

储存成本，又称"持有成本"（carrying/storage/holding cost），是指因持有存货而发生的成本费用，包括仓储费、搬运费、保险费、折旧费、维修费、照明取暖费、仓库人员的工资、存货破损、变质和过时的损失以及占用资金的应计利息（称为"放弃利息"和"支付利息"）等等。

储存成本也可分为固定成本和变动成本。固定储存成本与存货的数量无关，在一定期间内，其发生额是基本固定的。如仓库房屋和设备的折旧、保管人员的固定工资等，常用符号 F_c 表示。变动储存成本与存货的数量有关，其大小随存货储量的变化而变化。如存货的仓储费、保险费、破损和变质损失及存货资金的应计利息等。

设 K_c 表示单位存货的年均储存变动成本，则企业存货的年储存成本总额为：
$C_c=F_c+K_c\times Q/2$（其中，$Q/2$ 表示年均存货量，为每次订货量的一半）

（四）缺货成本

缺货成本（stockout cost）是指由于存货供应中断而造成的损失。包括材料供应中断造成的停工损失，产成品库存缺货造成的拖欠发货损失（如罚金损失），丧失销售机会的损失及其潜在的商誉损失，因缺货而紧急额外采购造成的超过正常采购成本的支出（如额外的运输费用、价格损失、折扣损失等），为避免生产中断而加班所增加的成本等。缺货成本大多属于机会成本中的估算成本，往往难以识别，所以一般用因存货短缺而付出的代价来衡量。这类成本，对于生产比较稳定的企业应尽量避免，而对于生产不稳定的企业，允许一定程度的缺货，是一项很重要的储存策略，因为在生产不稳定的情况下，要想完全避免缺货，必然要提高储存量和提高储存成本，而当增加的储存成本超过缺货成本时，这显然是不经济的。缺货成本的大小与存货的多少有关：存货越多，缺货成本就越低；反之，就越高。缺货成本通常用符号 C_s 表示。

若用 TC 来表示储备存货的总成本，则有：

$$TC = (F_o + K_o \times A/Q) + A \times U + (F_c + K_c \times Q/2) + C_s$$

上述四种存货成本在性质上不是相互独立的，而是相互影响、相辅相成的。例如，如果保持较高的存货水平，这时虽然可以降低订货成本和缺货成本，但却因此而要增加储存成本；相反，如果保持较低的存货水平，虽然可降低储存成本，但却会增加订货成本和缺货成本。所以，在进行存货管理和决策时，要在它们之间进行平衡，以求存货的总成本最低。

第二节　存货规划

存货规划决策一般涉及四项内容：决定进货项目、选择供货单位、决定进货时间和决定进货批量。决定进货项目应当是生产部门或销售部门的职责。生产部门或销售部门根据生产计划或客户需要提出进货申请，采购部门根据这些申请并检查当前存货水平，在存货不足时进行采购。采购部门不决定进货项目，他们不能对需要的品种和数量作出正确判断。会计部门也不参与进货项目的确定，他们只报告当前存货水平。选择供货单位是采购部门的职责，他们需要了解供货单位所能提供的货物品种、规格、价格、质量和信用情况，根据生产部门或销售部门提出的品种和质量标准来选择供货单位。财务部门的任务是决定进货时间和进货批量。由于进货批量的大小对进货时间的长短起决定作用，因而在存货规划决策中人们往往将研究的重点放在进货批量的确定上。

对于进货批量，在同一企业里，各职能部门因其职责不同，对进货批量的大小持有不同的立场和观点。例如财务部门为了减少资金占用和利息支出，加快资金周转，总是希望进货批量越小越好，存货数量越少越好；而采购部门为了享受价格优惠，节约运输费用，减少紧急订货造成的额外支出，避免中断供应而受到各方的指责，因而总是希望提前采购，并力图扩大每次的采购数量；生产部门为了使生产均衡而稳定地进行，保证生产上的急用，总是希望建立较高的库存量；销售部门为了能随时满足顾客的需要，增强竞争能力，也总是希望存货多多益善。因此，在进行存货规划时，必须充分考虑各方面的意见，妥善处理各部门的要求，使之能够相互和谐，以达到企业总体效益最优。

进行进货批量规划的目的，是要将存货保持在适当水平，既要能满足生产销售的需要，不发生存货过多或不足的现象，又要能最大限度地降低存货成本和存货占用的资金。原因很简单，因为过多的存货虽然会减少缺货成本，增加收益，但它不仅要占用较多的资金，并且还会增加包括仓储费、保险费、维护费、管理人员工资在内的各项开支。但是存货不足，供应中断，又将会给企业带来损失。所以，企业存货规划的目的就是要寻找一个最优的存货水平，在存货成本与存货收益之间取得平衡，力求在保证企业经营正常运行的前提下，使存货成本达到最低。这个使存货总成本最低的进货批量就叫作"经济批量"（economic lot size）或"经济订货量"（economic order quantity：EOQ）。

经济批量的确定方法通常有列表法、图示法和模型法三种。

一、列表法

这种方法是针对一系列不同的订货批量,分别逐次测算其存货成本,其中,使存货总成本最低的订货批量便是经济批量。下面通过一个例子说明之。

[例8-1] 假设某企业全年需用甲材料90 000千克,每次订货成本为45元,全年平均储存成本为0.1元/千克(因在采购单价一定的情况下,其采购成本不受订货批量的影响,因此本题不考虑这一因素)。

要求:计算甲材料的经济订货量q^*和最低总成本C^*。

解:根据题意,分别采用不同的订货量逐次进行测试,编制全年总成本计算表,如见表8-1所示。

表8-1 经济订货量计算表

每次订货量 q(kg)	订货次数 Q/q(次)	平均库存量 $q/2$(kg)	全年订货成本 $C_1(Q/q)$(元)	全年平均储存成本 $C_2(q/2)$(元)	全年总成本 C(元)
90 000	1	45 000	45	4 500	4 545
45 000	2	22 500	90	2 250	2 340
30 000	3	15 000	135	1 500	1 635
18 000	5	9 000	225	900	1 125
10 000	9	5 000	405	500	905
9 000	10	4 500	450	450	900(最低)
6 000	15	3 000	675	300	975
4 500	20	2 250	900	225	1 125
3 000	30	1 500	1 350	150	1 500
1 800	50	900	2 250	90	2 340

从表8-1可以看到,在每次订货9 000千克时,全年存货总成本最低,为900元,故其经济批量q^*为9 000千克。这种列表的方法适用于存货材料比较简单的情况。

二、图示法

图示法是在同一坐标系中绘制出变动订货成本线和变动储存成本线,及两者的总成本线,总成本的最低点(即变动订货成本线与变动储存成本线的交点)的相应批量即为经济批量。

在例8-1中,以横轴代表订货批量,纵轴存货总成本,描点如图8-1所示。

从图8-1可以看出,经济订货量就是与全年总成本曲线最低点对应的订货量,也是全年订货成本曲线和全年平均储存成本曲线的交点对应的订货量,即9 000千克,其最低全年总成本为900元。这个答案与按列表法求得的结果相同。

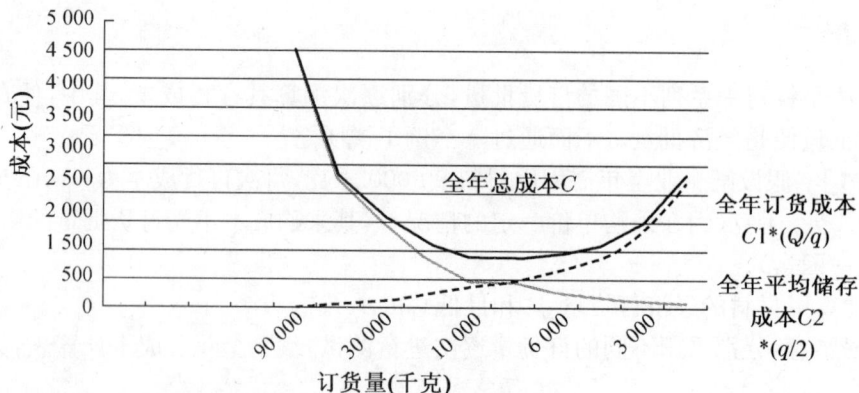

图 8-1 经济批量示意图

三、模型法

这种方法是通过建立数学模型,来确定经济批量(Economic Order Quantity,EOQ)。在采用这种方法时,为简化起见,往往需要设定一些前提条件,然后,在此基础上建立经济批量模型。经济批量基本模型的假设条件一般包括:

(1)所需存货市场供应充足,不会因买不到需要的存货而影响其他;

(2)企业现金充足,不会因现金短缺而影响进货;

(3)企业能够瞬时补充存货,即需要订货时便可立即取得存货;

(4)能集中到货,而不是陆续入库;

(5)不允许缺货,即缺货成本 C_s 为零。这是因为良好的存货管理本来就不应该出现缺货;

(6)需求量稳定并能确知,即 A 为已知常数;

(7)存货单价不变,不考虑现金折扣,即 U 为已知常数。

上述条件成立时,可以得到如下简化了的存货总成本公式:

$$TC = (F_o + K_o \times A/Q) + A \times U + (F_c + K_c \times Q/2) + C_s$$

根据以上假设,我们在确定经济批量时,只需考虑与 EOQ 决策有关的成本,即订货成本和储存成本即可。而这两种成本中,受订货批量影响的又只是变动的订货成本和变动的储备成本两部分,它们随订货批量的变动而变动,所以在进行决策时,它们就成为 EOQ 决策的相关成本,而 F_o、A、U、F_c、K_c 因是常数而成为无关成本。

为求出 TC 的最小值,只需对其进行一阶求导,并令其为零即可,可得如下公式:

经济批量 $Q^* = \sqrt{2AK_o/K_c}$

于是,每年的最佳订货次数 $N^* = A/Q^* = \sqrt{AK_c/2K_o}$

最佳订货周期 $t^* = 1/N^*$

经济批量平均占用资金 $I^* = (Q^*/2) \times U$

与批量与有关的存货成本之和为:$TC(Q^*) = \dfrac{A}{Q^*} \times K_o + K_c \times \dfrac{Q^*}{2} = \sqrt{2AK_oK_c}$

存货的总成本 $TC = F_o + F_c + A \times U + \sqrt{2AK_oK_c}$

将例8-1中的有关数据代入上述公式,可得:经济订货量$Q^* = 9\,000$千克,与批量有关的存货成本全年最低$TC(Q^*) = 900$元。

上面的讨论,是建立在七个严格的假设条件基础上的。但实际上,在现实中这些条件往往并不都满足。下面我们就几种一般情况分别进行讨论。

(一)订货提前

在前面的假设条件中,我们假定企业能够瞬时补充存货,即需要订货时便可立即取得存货,但实际情况并非如此,因此企业不能等存货全部用完后再去订货,而需要在没有用完之前就提前订货。

在提前订货情况下,从企业再次发出订货申请(或订货单)至收到订货的期间,称为订货提前期,又称"交货期"(lead time),用L表示;企业再次发出订货单时的库存量称为再订货点(reorder point),用R表示,它告诉企业管理人员在何时发出订单,其大小取决于订货提前期和提前期内的存货耗用速度。如果订货提前期内的存货耗用速度是均衡的,每天的正常(或平均)存货耗用量为d,那么再订货点$R = L \times d$。订货提前期主要取决于市场供需状况、与供应商的关系和运输条件等因素,通常以天为单位。

[例8-2] 在例8-1中,若该企业甲材料每天的正常耗用量为250千克($= 90\,000/360$),需要7天才能到货,则其再订货点$R = 250 \times 7 = 1\,750$(千克),即企业应在尚存这种材料$1\,750$千克时发出订单再次订货,这样能够保证在下批订货到达时(发出订单7天后),原有库存刚好用完(见图8-2)。订货提前期对存货的经济批量、时间间隔、订货次数等并无影响,与瞬间补充时相同,仍可按原来瞬间补充情况下的$9\,000$个为订货批量,只不过在达到再订货点$1\,750$千克时发出订单罢了。

库存量(千克)

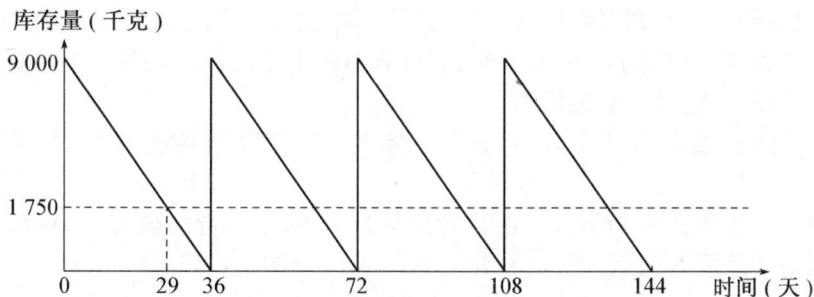

图8-2 甲材料库存变化图

(二)保险储备

前面所讨论的存货供需都是稳定而确知的,即每日的耗用量不变,交货期也固定不变。但实际上,企业中更常见的情况是:每日需求量可能变化,交货时间也可能变化。如果不考虑这些可能的情况,而按经济批量和再订货点发出订单后,一旦发生需求增大、交货延迟、运输出现问题、机器出现故障或订单处理过程不顺利等意外情况,就会导致缺货。为防止由此而产生的损失,就需要多储备一些存货以备应急之需,这些为防止临时用量增大或交货误期等特殊原因而多储备的存货,被称为保险储备,其数量被称为安全存量(safety stock:SS)。它是为防止意外情况发生导致生产中断、交货延误、缺货而持有的保险储备量。其大小由估计的期间最大耗

用量减去正常(或平均)耗用量,再乘以提前期而得到,即:

安全存量(SS)=订货提前期×(预计每天的最大耗用量-每天的正常耗用量)

于是,再订货点=正常储备+保险储备

=平均每天的正常耗用量×订货提前期+安全存量

如在例 8-2 中,假如每天甲材料的最大耗用量是 300 千克,于是其安全存量=7×(300-250)=350(千克),这时,再订货点就相应提高为:7×250+350=2 100(千克)。如果在最近的三个订货周期内,每天材料的消耗量 d 分别:$d=250$ 千克/天,$d>250$ 千克/天,$d<250$ 千克/天,则其库存量变化情况如图 8-3。

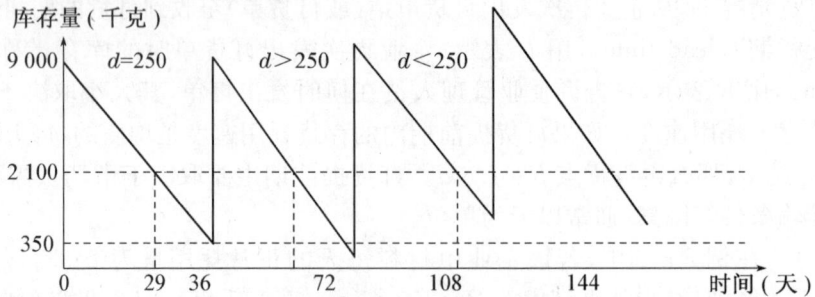

图 8-3 甲材料库存变化图

在第一个订货周期里,$d=250$ 千克/天,不需要动用保险储备;在第二个订货周期里,$d>250$ 千克/天,需求量大于供货量,需要动用保险储备;在第三个订货周期里,$d<250$ 千克/天,不仅不需要动用保险储备,而且在下一批材料到货时正常储备还未用完。

建立保险储备,固然可以使企业避免缺货或供应中断造成的损失,但是存货平均储备量加大,会使储备成本升高。研究保险储备的目的,就是要找出合理的保险储备量,使缺货或供应中断损失和储备成本之和最小。其方法是:先计算出各个不同保险储备量下的总成本,然后再对总成本进行比较,选定其中的最低者。

设与此有关的总成本为 $TC(s,b)$,缺货成本为 C_s,保险储备成本为 C_b,则 $TC(s,b)=C_s+C_b$

设单位缺货一次的成本为 K_b,一次订货缺货量为 S,年订货次数为 N,保险储备量为 B,单位存货年储备变动成本为 K_c,则 $C_b=K_b×S×N$,$C_b=B×K_c$

即:

$$TC(s,b)=K_b×S×N+B×K_c$$

在现实中,缺货量 S 具有概率性,其概率可根据历史经验估计得出;保险储备量可选择而定。

[例 8-3] 假定某存货的年需求量 $A=3\ 600$ 个,单位储存变动成本 $K_c=2$ 元,单位缺货成本 $K_s=4$ 元,交货期 $L=10$ 天,已经计算出经济批量 $Q^*=300$ 个。交货期内的存货耗用量及其概率分布如表 8-2。

表 8-2 存货耗用量概率表

耗用量	70	80	90	100	110	120	130
概率	1%	4%	20%	50%	20%	4%	1%

解:先计算不同保险储备量的总成本:

（1）在保险储备量 $B=0$，即以 100 个为再订货点时，在交货期内，当需求量为 100 个或其以下时，不会发生缺货，其概率为 75%（$=1\%+4\%+20\%+50\%$）；当需求量为 110 个时，缺货 10 个，其概率为 20%；当需求量为 120 个时，缺货 20 个，其概率为 4%；当需求量为 130 个时，缺货 30 个，其概率为 1%。因此，$B=0$ 时的缺货期望值 S_o、总成本 $TC(s,b)$ 可计算如下：

$$S_o=10\times20\%+20\times4\%+30\times1\%=3.1（个）$$

$$TC(S,b)=4\times3.1\times12+0\times2=148.8（元）$$

（2）$B=10$ 个，即以 110 个为再订货点时，若需求量为 110 个或其以下时，不会发生缺货，其概率为 95%（$=1\%+4\%+20\%+50\%+20\%$）；当需求量为 120 个时，缺货 10 个，概率为 4%；需求量为 130 个时，缺货 20 个，概率为 1%。因此，$B=10$ 个时缺货的期望值 S_{10}、总成本 $TC(s,b)$ 可计算如下：

$$S_{10}=10\times4\%+20\times1\%=0.6 个$$

$$TC(s,b)=4\times0.6\times12+10\times2=48.8 元$$

（3）同理，$B=20$ 个时，$S_{20}=0.1$ 个，$TC(s,b)=44.8$ 元；$B=30$ 个时 $S_{30}=0$，$TC(s,b)=60$ 元。

比较上述不同保险储备量的总成本，以其低者为最佳。因 $B=20$ 个时的总成本 44.8 元是各总成本中最低的，故应确定保险储备量为 20 个，亦即应以 120 个为再订货点。

以上举例解决的是由于需求量变化所引起的缺货问题。至于由于延迟交货引起的缺货，也可通过建立保险储备量的方法来解决。在确定其保险储备量时，也可将延迟的天数折算为增加的需求量，其余计算过程与前述方法相同。如本例企业延迟交货 3 天的概率为 1%，则可认为缺货 30 个（3 天×10 个/天）或交货期内需求量为 130 个（10 天×10 个+30 个）的概率为 1%，这样就把交货延迟问题转化为需求过量问题。

有时候，不仅需求量不稳定，交货期也不稳定，这时就需要统一换算为需求量不稳定的问题，并以两项因素的联合概率表示不同需求量下的概率分布，其余处理方法与前述相同。

（三）存货到货

在建立存货基本模型时我们曾假设订货能集中到货，而不是陆续入库，故存货增加时存量变化为一条垂直的直线。但事实上，一批订货更可能是陆续入库，而使存量逐步增加，尤其是产成品入库和在产品的转移，几乎总是陆续供应和陆续耗用的。在这种边送边用情况下，就需对基本模型做些修正。

[**例 8-4**] 假设某公司每年耗用某种零件 3 600 个，该零件的采购单价是 10 元，每次的订货成本 25 元，每年每个零件的储存成本为其采购单价的 20%，每天的正常耗用量（d）为 10 个，每日送货量（P）为 30 个，10 天内送完一批。则其存货数量的变动如图 8-4 所示。

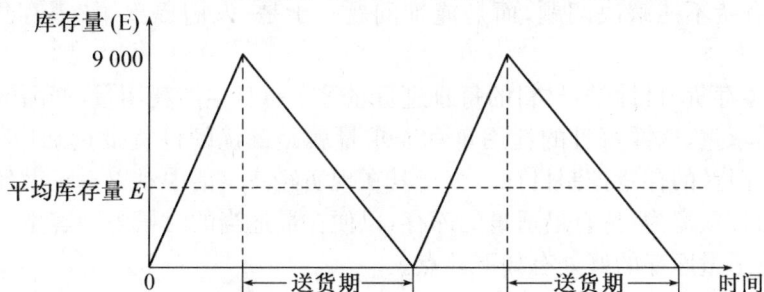

图 8-4 存货数量变化情况图

因每日耗用量 d,故送货期内的全部耗用量为 $d\times(Q/P)$

由于是边送边用,故每批零件送完时的库存量最高,此时的库存量为 $Q-d\times(Q/P)$

由于平均库存量为最高库存量的一半,则平均库存量为: $Q(1-d/P)/2$。

这样,与批量有关的存货成本之和就是:

$$TC(Q)=K_o\times(A/Q)+Q(1-d/P)/2\times K_c$$

对上式求导,得到 $TC(Q)$ 最小时的订货量,即经济批量:

$$Q^*=\sqrt{2A\times\frac{K_o}{K_c}\times\left[\frac{P}{P-d}\right]}$$

于是, $TC(Q^*)=\sqrt{2AK_oK_c(1-d/P)}$

代入上例得: $Q^*=367$ 个, $TC(Q^*)=490$ 元。

第三节　存货管理:JIT

我们知道,按照传统思想,企业管理者为了保证工厂正常运转,不因存货短缺而发生人和机器的闲置,以及丧失销售机会,就必须储备一定的存货,以达到"有备无患"。但是这种传统做法现在受到了人们越来越多的怀疑和责难。因为储存存货不仅需要占用大量的流动资金,支付一定的财务费用(传统上它被视为存货的直接财务成本,等于置存的存货乘以资本成本);而且在很大程度上又影响了企业资金的流动性,进而影响企业的支付能力和偿债能力,甚至会使企业财务陷入困境以至破产、倒闭;同时,储存存货还要发生大量的与存货有关的间接成本,如增加储存面积,增加原料的处理成本,增加保险费用,增加陈旧、损耗、腐烂和变质等等,这些间接费用常常还超过财务成本。

另外,维持高额的存货储备往往还会掩盖企业在采购、生产、销售、管理方面存在的问题。因为过高的产成品库存,往往意味着企业的产品缺乏竞争能力,其原因要么是销售不力、广告宣传不够,要么是产品成本较高以至定价过高,或者是质量不好,性能低劣,式样陈旧,这其中,销售部门、生产部门和研发部门都可能负有责任;类似地,过高的材料库存,则往往意味着企业的采购部门过于保守,或是采购与计划和生产不能很好衔接。总之,过高的存货储备,总是因为企业的某一个部门、几个部门,甚至是所有部门存在问题所致。允许高额储备,也就是默认、默许问题甚至鼓励这些问题可以继续。显然,这有违储备存货的初衷。有人将"问题"比作湖中的暗礁,"存货"比作湖水。显然,湖水越深,暗礁就越难看到,同样,存货越多,问题也就越不容易发现,甚至认为没有问题。但若将存货减至为零,则问题便自然显现,管理人员就不能忽视。所以,储存存货不能解决问题,而是掩饰问题。于是,人们提出了"零存货"的存货管理目标。

理论上的"零存货"目标是:材料的每日进货量等于每日生产耗用量,产品的每日生产量等于顾客的每日需求量,这样每日的耗用量和需求量就是最优的订货批量和最优的生产批量。这是理论上"零存货"的存货控制目标。由于其在现实经济生活中难以真正做到,于是,人们又将"零存货"的目标放宽为:持有最适量的库存,以便在最适当的时候为顾客生产出百分之百的合格产品。持有适量库存的好处有如下几点。

一是能够降低成本,提高效益。减少存货,企业不仅可以增加流动资金,或是腾出更多资金投资于生产性资产,而且可以节约或消除各项间接成本,消除包括存货作业在内的所有不增加产品价值的作业,从而能够大大提高企业的短期和长期获利能力。

二是可以查明问题的症结所在,以便及时得以解决。例如,许多企业置存大量原料存货的原因主要是担心供应商供货不及时和供应品的质量不可靠。要是卖主供货质量及运输得到保证,就没有安全储备的必要;产成品存货往往是由于预测的错误所致,如果缩短生产周期,减少长期预测,就可减少产成品存货,因为长期预测,在历史上往往是不准确甚至是不正确的;大量在产品积存一般是由于生产的不平衡、工人的过失或设备的故障所造成。加强生产过程的控制,就可消除这些弊端。

三是有利于提高产品质量。虽然"零存货"节省的储备成本可能不足以抵补订货成本和采购成本的增加(因零存货会使订货次数增加,并丧失购买折扣),但是每次生产较少的产品更有利于集中解决好质量问题。当在制品库存随着产品流的改善而减少下来时,质量问题必定受到更多的关注,质量信息的反馈必然更及时,质量问题的解决必然更迅速,因此产品质量必然能够得到改进。

目前,降低存货库存的有效方法之一是全面实施适时管理制度。

一、适时管理产生的历史背景

日本的汽车工业从其起步,即从引进技术设备开始,相继经历了建立规模生产体制、高速成长、高度工业化、强化国际竞争力、实行全球化战略的过程。从一开始的技术设备引进阶段,日本的汽车工业就没有照搬当时的主流模式,即以美国福特为代表的大量生产方式。这其中除了当时日本国内的需求不足、技术落后以及二战以后资金短缺等原因之外,一个很重要的原因是,以丰田汽车公司副总裁大野耐一为代表的管理者从一开始就意识到美国汽车工业的生产方式虽然已经很先进,但是应该采取一种更灵活、更能适应市场需求、更能提高产品竞争力的生产方式。因为到 20 世纪后半叶,全球汽车市场进入了一个需求多样化的新阶段,对质量的要求也越来越高,随之给汽车工业提出了一个新的课题,即如何有效地组织多品种小批量的产品生产,否则的话,生产过剩所引起的只能是设备、人员、库存费用等一系列的浪费,从而影响到企业的竞争能力以至于生存发展。在这种历史背景下,1953 年,日本丰田汽车公司综合了单件生产和批量生产的特点和优点,创造了一种多品种小批量混合生产条件下高质量、低消耗的生产方式,即准时生产制(Just-in time system,简称 JIT),也就是现在人们常说的适时管理制度。这种全新的生产方式一经推出,很快风靡全球,被西方发达国家的许多企业所采用。

二、适时管理的基本思想

适时管理制度的基本思想是:企业生产线上的各道工序"只在必要的时候,按照必要的数量,组织生产必要的产品",以达到尽量减少在制品的库存、提高效率、降低成本的目的。为此,要求企业必须做到:材料供应速度最快——零供应距离、生产准备时间最短——零准备时间、搬运等非增值作业最少——零无效劳动、厂房设备故障率最低——零故障、产品废品率最低——零缺陷,最终实现存货水平最低——零库存。

不过,从本质上讲,JIT 不是一种生产方式,而更像一种管理哲学。它倡导一种不断改进工作的企业文化,实行全员参与,消除无效劳动,争取百分之百的产品优质。它要求人人在工作中主动发现问题、主动解决问题,积极采取改进措施,向一切形式的浪费开战,以实现百分之百的产品优质为目标。这就要求企业不仅要保证顾客买到百分之百的合格产品,而且要保证制造出百分之百的合格产品。所以,它对产品质量的要求是"决不制造一件次品",而不仅仅是"决不运出一件次品"。

按照传统的管理方式,为确保不发生停工损失,企业就必须保持充裕的库存。但实际上,持有大量库存往往比中断生产造成的浪费更多。所以,"在 JIT 环境里,头等坏事不是中断生产,而是产生次品;二等坏事是存在隐患和效率低下;三等坏事才是生产流程的中断,即发生停工"。因为从长远看,中断生产造成的浪费通常要比积压库存的浪费小得多。因为在生产出了问题后,如果仍不顾一切地继续生产,那么其结果必然是以牺牲产品的质量和正常的产品流转为代价,换取的仅仅是不让工人和机器闲着。所以,JIT 强调在最合适的时候干最恰当的事情,也就是要在必要的时刻生产出必要数量的产品,而不是尽快地生产出尽可能多的产品。

三、适时管理的主要内容

适时管理制度主要由两个部分组成,即适时采购制度(just-in-time purchasing)和适时生产制度(just-in-time production)。

(一)适时采购制度

传统采购制度要求供应商"能以最低的价格交货",因此在这种制度下,对供应商的选择往往是通过招标形式实现的,每进行一次大批量的采购就进行一次招投标活动,选择一次供应商,因而企业与供应商之间的关系总是临时的、松散的、一次性的。而适时采购制度则要求供应商"在你需要的时候交货",采购的原材料能够适时购入并到达生产现场,所以在这种采购制度下,对供应商的选择,价格不是唯一的决定因素,相反,供应方式和供应质量、供应的及时性和可靠性,以及过去的实际业绩则是评价供应商,决定是否与之长期合作的重要因素,其目的是要与供应商建立互利互惠的长期协作关系,以保证企业能以适当的价格及时获得所需的小批量物品,达到减少存货储备,降低存货成本之目的。为此,适时采购制度有以下几点要求。

(1)裁减每种物品的供应商数量,以减少与供应商的磋商时间。

(2)改变与供应商的关系。现在多数企业的采购人员为保持生产的正常进行,整日缠身于订货、催货、救急和搜寻短缺的零配件的工作之中。而有人认为,世界一流企业里的专业采购人员只担负着三件事:寻找货源、商定价格、发展与供应商之间的协作关系。所以,适时采购制度要求企业要与供应商建立互利互惠的长期稳定的协作关系,协商签订长期供货合同,这样,不仅能够得到价格上的优惠,而且原材料的质量也能得到保证,还可避免或减少相关的质量成本(如检验、重修等费用)。除此之外,还能够减少订货次数,降低订货成本,在这种协作关系下,每笔采购交易可能仅需一个电话或一笔电脑输入即可完成。

(3)减少每次的订购数量。传统上,大批进货可使企业获得数量折扣好处,并可防止未来价格上涨而受到损失,其目的是要降低存货成本。但适时采购制度并不是通过持有存货来达到这一目标。其方法是通过挑选与工厂临近的供应商,与之签订长期合约,并保持紧密的关系,采取少量、多送的订货方式,这样不仅能够减少材料库存,而且还可由供应商将材料直接运抵生产现场,而减少许多间接费用。

(4)减少物品的验货工作。在与供应商第一次磋商时,就要让供应商充分了解提供高质量和正确数量物品的重要性,并就其达成协议。

(5)多批货款一次支付(如每周或每月结算一次),而非逐批支付,以减轻结算工作。

（二）适时生产制度

适时生产与传统生产的不同在于：传统生产由前向后，物资是被"推动"（push）着通过各道生产工序的，即原材料仓库向工序 1 供应原材料，在将它加工成在产品、半成品后，转入工序 1 的在产品、半成品仓库；然后再由工序 1 的在产品、半成品仓库向工序 2 供应在产品、半成品，由它们继续进行深加工，如此由前向后顺序推移，直至最终完成全部生产工序，转入产成品仓库，等待对外发运销售，即物资是按照以下流程被逐步推动前进的：

供应商→加工工序 1→加工工序 2→加工工序 3→……→装配工序→顾客

由此可见，在传统推动式的生产方式下，上道工序居于主导地位，原材料、零部件在上道工序完工后，即转入下道工序，而不管下道工序是否需要，下道工序只是被动地接受上道工序转移而来的加工对象，继续完成其未了的加工工序。

这种生产方法存在许多缺陷：一是在这种生产系统下，当上道工序的完工量超过下道工序的需求量时，便产生了积压，加之生产出来的产品不一定能够立即实现销售，因此它不可避免地会在生产经营的各个环节产生大量的原材料、在产品、半成品和产成品库存；二是由于在传统生产方法下，产品要等到制成后才检验，这时生米已成熟饭，因而废次品多，销售退回多；三是在传统生产方法下材料早已购入仓库，在产品开始生产前，材料的品种、数量、质量等就已成定局，从而难以保质保量准时地供应材料；四是在传统生产制度下，产品是由企业推销给消费者的，消费者只是产品的被动接受者，因而他们难以对产品的质量、性能和式样等产生影响，更无权决定，所以企业与消费者之间只是临时的交易关系，而没有建立起牢固的信誉关系。

适时生产则与此相反。在适时生产方法下，物资是被需求"拉动"（pull）着通过各个生产工序的，其特点是在生产过程中下道工序都应主动地向上道工序发出需求信号，以便让上道工序按时、按质、按量地制造出合乎要求的在产品、半成品。也就是，企业根据顾客订单所提出的有关产品数量、质量、性能、式样和交货时间等特定要求，作为组织生产的基本出发点，由后向前进行逐步推移，来全面安排生产任务。在这种生产方法下，下道工序占主导地位，上道程序生产什么、生产多少、质量要求和交货时间等，只能根据下道工序提出的具体要求来进行，只能被动地、严格按照下道工序所要求的品种、数量、质量、性能、式样和交货时间来组织生产，按时、按质、按量地完成下道工序所提出的生产任务。其物资被拉动的流程如下：

供应商←加工工序 1←加工工序 2←加工工序 3←……←装配工序←顾客

可见，与传统生产方式相比较，适时生产方式下的上、下工序之间的主、客位置正好颠倒了过来。在整个制造过程中，均以需求拉动生产，每一道工序仅为满足下一道工序的需要而进行生产，在下一道工序的需求信号没有发出前决不生产，原材料、零部件、中间品均于生产使用时及时送达，这就意味着，它要求企业的产、供、销各个环节，要尽可能实现"零存货"。具体地说，在采购环节，要求原材料、外购零部件的供应能"适时"购入并到达生产现场，直接交付使用，而无须建立原材料、外购零部件的库存准备；在生产环节，各环节应紧密配合、相互协调，以使各个中间品都能适时地加工完成，这就要求上一道工序的生产要按下一道工序的要求，保质、保量地及时完成，并将完工的中间品适时送达下一道工序直接投入生产，而无须建立在产品、半成品库存储备；在销售环节，产品生产完成后应适时送货上门。它不仅要求生产出来的产品能保质、保量地适应顾客的需要，而且要按照顾客的要求，适时地送到顾客手中，而无须建立产成品库存储备。由此可见，适时生产制度要求企业生产经营的各个环节能像钟表一样相互协调，准确无误地进行运转，使之达到很高的效率。

适时生产的成功运作依赖于以下几个关键因素。

1. 单元式制造

企业要实现根据顾客的特定要求组织"顾客化的生产",就必须对企业内部的生产组织进行改革,使之具有最大可能的弹性和适应性,以尽快生产出符合顾客特定要求的多样化产品。改革的措施之一,首先就是要改变布局。

在传统生产方式下,企业的厂房布置和制造程序,是部门式(或功能式)的布置、集中式的储存,每一车间仅从事一种作业,每一产品经由数个车间,产品在由一组相同的机器加工完工后,转入另一组机器继续加工,而工人经过专门的训练,担任该车间中特定机器的操作,其厂房布置如图8-5所示。

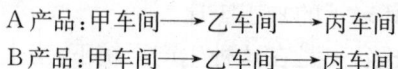

A产品:甲车间──→乙车间──→丙车间
B产品:甲车间──→乙车间──→丙车间

图8-5 传统的生产布局

而适时生产制度提倡对象专业化布局,实行单元式的布置、分散式的储存,采用制造单元生产方式。也就是将生产特定产品所需要的全部机器设备配置在一起,按顺序排列于一半圆内,放在同一个制造单元中,从事不同的生产作业。每一单元仅生产一种产品或元件,某一机器完工后的产品,立即转入另一部机器继续加工。

JIT下的现场作业方式可以概括为两种:一种是单一产品U形生产方法,另一种是多种产品并行流动方式,如图8-6所示。

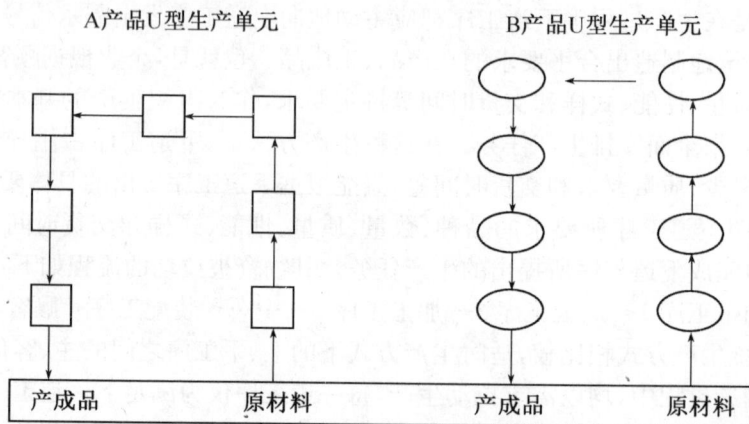

图8-6 U形生产单元和并行结构

那么,为什么要实行单元式生产呢?因为在传统的生产环境中,零部件旅行的路程往往很长,它要在各个工序和仓库之间不断被清点、搬运、转移。显然,旅行的路线越长,经过的环节越多,处于非加工阶段的时间越长,这些零部件被遗失、受损、返工和报废的可能性就越大;经过清点、跟踪和搬移的次数越多,不仅所花费的时间越多,而且无效劳动也越多。这些诸如点数、移动、分拣等的多余手续、不必要的检查、返工、报废、存储、等候、为顾客的保修等的无效劳动,只会增加生产成本,而不会增加产品的价值,因而是一种浪费。而单元式生产能够较好地减少甚至消除无效劳动,减少排队时间、检验时间、运输时间、储存时间和准备时间等前置时间[①],加快物品的传递速度,降低产品的生产成本。

2. 分权式管理

JIT 是一种企业管理哲学,倡导一种不断进取、不断改进工作的企业文化。所以,实施 JIT 的关键是人,人与 JIT 的紧密结合是 JIT 成功的前提,企业各级员工的参与程度是衡量实施 JIT 好坏一个标志。提倡 JIT 的人坚信,企业里面每个参加实际工作的人都是专家,他们对自己工作的了解,比企业里任何其他人都更清楚、全面、准确。所以,JIT 倡导企业实行分权管理 (decentralized management),要求企业里所有的人员都对本职工作负责,有权改进本职工作。通过全员参与,人人主动地发现问题,消除无效劳动,并采取积极的改进措施,杜绝一切形式的浪费,目的是实现百分之百的产品优质。

3. 多技能工人

由于在 JIT 生产系统下,实行的是"单元式"生产,每一制造单元负责一种产品或一组同类产品的生产,配备一群机器设备从事不同的生产作业,产品生产所需的全部加工程序都在一个制造单元内完成,而不必转到其他制造单元继续加工。这样,每一制造单元,实际上就是一个小型工厂,是工厂中的工厂。

在这样的生产方式下,对生产工人的素质也提出了相应的不同要求。它要求工人要由原来的"专精"转变为熟悉各种技术的"多能",成为多技能工人(multi-skill workers),能够胜任多种工作。每一单元内的工人,不仅要熟悉单元内的所有机器,能够操作每一部机器,而不限于操作某一部机器;而且还要能根据工作的需要,进行单元内机器设备的检查、维修、调整准备工作和其他各种支援服务,从而成为新型的具有多技能的工人,并使直接人工和间接人工的明显界限趋于消失。这也是提高企业生产的灵活性和适应性,并保证企业人力资源得到充分利用的一个必要条件。

4. 全面质量管理

我们知道,产品的优质不是靠质量检验、剔除次品达到的,而是制造出来的。为此,在 JIT 中衡量产品优质的标准不是百分之几,而是百万分之几,甚至是百分之百。这与传统的可接受质量水平不同。传统质量观允许存在不合格的产品,只要不超过预定的水平即可。例如,从传统质量观来看,99.9%的产品合格率往往是令人满意的。但 JIT 的观点并不如此。它认为,如果各行各业都满足于 99.9%的合格率,那么将会出现怎样的后果呢?在美国,医生每年将开出 20 000 个错误药方;每年将有 15 000 多个新生婴儿因护理事故而夭折;每小时有 2 000 件邮件被遗失;每天有两架飞机将出现着落事故。既然医生、护士、邮递员和飞机驾驶员能够争取 100%的合格率,那么,为什么生产工人不能做到呢?所以,JIT 要求以 100%合格率作为产品质量的衡量标准,无止境地追求完美的产品质量,并且强调,企业不仅要保证顾客买到百分之百的合格产品,而且要保证生产出百分之百的合格产品,从原先的决不运出一件次品转变为决不制造一件次品,要求在第一次就做好,不容许重修。这是因为,在 JIT 中要求企业生产经

[①] 前置时间(lead time)是指从产品开工生产,至交货为止的时间。它包括加工时间、检验时间、运输时间、等待时间和储存时间。据统计,许多产品的加工时间占前置时间的不到 10%,而其绝大部分时间是用于检验、运输、等待和储存。在这些时间中,除了加工时间为附加价值的时间外,其他时间均不增加产品价值。因此,要实现及时交货,就必须缩短前置时间。在理想的状况下,产品的前置时间应为产品的加工时间,产品由厂房直接交货,而不是通过产成品仓库来交货。所以,在美国一些已实施 JIT 的企业,实施 JIT 可缩短前置时间 90%以上。

营的各个环节实现"零存货",因而原材料、外购件的供应,在产品、半成品的生产,如果不在每一个环节上把好质量关,使之做到"零缺陷",那么,一旦出现废品或次品,就将引起生产秩序混乱,造成不良的连锁反应,从而可能造成难以估计的损失和浪费。因此,全面质量管理是 JIT 得以顺利实施的一个必要条件。显然,实行 JIT 的结果,必然使企业的存货水平大幅降低,甚至能够达到"零存货"的境界。当然,JIT 并不是以减少库存为管理目的,减少存货只是成功地解决质量问题的自然结果。

全面质量管理与传统质量管理的最大不同在于,传统质量管理将重点放在生产终了由专业质量检验人员对质量的把关上,在发生零部件或产品质量缺陷时,在可能的条件下,进一步投入新的人力、物力,对存在的缺陷进行修补(修复或消除)。也就是说,传统质量管理的重点是依靠专业检验人员的事后监控和补救。而全面质量管理则不同,它以实现"零缺陷"为质量管理的目标,将工作的重点放在操作工人、生产工人而不是专业质检人员上,要求他们在每一加工工序上进行连续的自主质量监控,在加工操作中及时发现问题,并尽快予以纠正或消除,而不是等到生产完了以后才由质检人员进行检验,以实现将缺陷发现并消灭在生产第一线,绝对不允许有缺陷的零部件从上一工序转移到下一工序,以保证整个生产过程中"零缺陷"的实现。所以,在 JIT 下,企业每天或每小时都统计次品率、报废率或返修率,而不是到月底才统计。其目的是让每个工人都对质量负责,下道工序对上道工序进行监督。一旦某道工序的工人发现次品,必须立即停止生产,并将次品送往上道工序,这样就不至于再投入原材料、设备和劳动,造成浪费之再浪费。所以,在 JIT 环境中,最坏的事情不是中断生产,而是生产次品。

在 JIT 环境中,一方面,由于对工人给予了各种培训和训练,所以他们有能力维护所操作的机器;另一方面,由于 JIT 以需求拉动生产,因此工人常有较多的空闲时间用来进行机器的日常和事前维护,以实现机器在生产过程中的零故障。

5. 科学的产品设计

在产品设计方面,JIT 认为在整个产品寿命周期已经大大缩短的年代,产品设计应与市场需求相一致,并且设计完后要便于生产。JIT 方式试图通过产品的合理设计,使产品易生产、易装配,当产品范围扩大时,即使不能减少工艺过程,也要力求不增加工艺过程,具体的方法有:(1) 模块化设计,尽量采用成组技术;(2) 设计的产品尽量使用通用件、标准件;(3) 设计时主动考虑生产自动化的可实现性。

由上可知,JIT 生产制度与传统生产制度不同,两者之间存在着许多明显的差异(见表 8-3)。

表 8-3 传统生产方式与 JIT 制造的区别

传统制造	JIT 制造
"推动"式生产	"拉动"式生产
部门式结构	单元式结构
集权式管理	分权式管理
工人擅长某种作业	工人胜任数种工作
可接受的质量水平	全面质量管理
大量存货	少量存货

四、适时管理在企业实践中的应用

JIT 生产方式在 20 世纪 70 年代末期从日本引入我国,长春第一汽车制造厂最先开始应用看板系统控制生产现场作业。它以订单驱动,通过看板,采用牵拉生产方式把供、产、销紧密地衔接起来,根除生产中的无效劳动,使原材料、在产品、产成品库存大为减少,实现了控制成本、提高质量、改善交货、提高企业灵活性和竞争力的目的,提高了生产效率。到了 1982 年,第一汽车制造厂采用看板取货的零件数,已达生产零件总数的 43%。20 世纪 80 年代初,中国企业管理协会组织推广现代管理方法,看板管理被视为现代管理方法之一,在全国范围内宣传推广,并为许多企业采用。

近年来,JIT 较普遍地应用于制造业。在我国的汽车工业、电子工业、制造业等实行流水线生产的企业中,应用 JIT 获得了明显效果,例如第一汽车制造厂、第二汽车制造厂、上海大众汽车有限公司等企业,结合厂情创造性地应用 JIT,取得了丰富的经验,创造了良好的经济效益。

不过,由于主客观原因,很少有企业能够完全具备 JIT 所需要的理想环境,充分采用 JIT 的生产方式,并彻底消除存货。尽管如此,JIT 生产方式还是使得很多企业的存货水平大大降低,从而大大降低了订货成本和储存成本,而且牵拉式的生产使得企业能够更有力地接受全球市场竞争的挑战。

同时,JIT 也可适用于服务行业。例如,在大多数医院里,存货及其相关的人工管理成本占费用的 1/3 以上。因此,通过实施适时采购和分销系统削减存货成本一直都是降低成本的主要途径。风靡全球的麦当劳就采用了适时制生产方式制作汉堡包。在此之前,麦当劳预先烤好一批汉堡包,然后把它们放在加热灯下保温,直到接到订单。如果这批汉堡包没有在指定期限内售出将被扔掉。这样的生产方式有几点明显的弊端。首先,存货持有成本较高,因为每一批都包括安全库存,以确保不因汉堡包脱销而让顾客等待。其次,废品成本高,因为很多超时而未出售的汉堡包只能被扔掉。再次,汉堡包的质量会随着加热放置的时间变长而快速变差。最后,客户为了定制一个特殊汉堡包不得不等待较长时间。现在,新技术和适时生产方式的使用使麦当劳的汉堡包只在有需求时才生产,显著降低了存货持有成本和废品成本。更重要的是,适时制提高了汉堡包的质量,并减少了特殊订单所需的时间,从而改善了客户满意度。

五、适时管理对会计的影响

适时管理制度不仅对企业的采购方式、生产方式和管理方式产生了深刻影响,而且对企业的会计核算也有一定影响。

1. 分批成本单不再需要

由于在 JIT 系统下,以需求拉动生产,生产批量往往很小,因而对通过制造单元的每件产品进行追踪并非易事,为每批产品设置成本单也就显得不切实际,所以,这时成本可按制造单元进行累积,而无须设置分批成本单以累积成本。

2. 分步计算法将成为历史

由于在 JIT 环境中,同一产品的所有工序都是在同一制造单元中完成的,因而在进行产品的成本核算时,就无须按照传统成本核算方法分步骤进行核算。

3. 完工产品与在产品的划分没有必要

在传统方式下,要计算单位产品成本,需要区分期初和期末在产品约当产量。而在 JIT 方式下,由于实现了零存货,所以毋须考虑前期的成本,也不必计算在产品的约当产量,从而使成本核算工作大为简化。

4. 间接费用的分配大为减少

在传统制造方法下,车间里的许多成本费用是由几种产品共同耗用的,因此在计算产品成本时必须将各种成本费用在不同产品之间进行分配,显然,分配基础恰当与否直接影响着成本分配计算结果的正确与否。所以,这种方法下计算的产品成本的高低在一定程度上受到人们主观判断的影响,因为对同一种成本费用,不同的人可能选择不同的分配基础。

而在单元式生产方式下,由于单元内的所有费用,如设备折旧费、机器维修费、燃料电力等都归属于制造单元,从而可直接归集于特定产品,所以与传统方法相比,其直接成本增加,间接成本降低,其产品成本数据的准确性显著提高。

当然即便如此,在 JIT 环境中,企业的许多制造费用(如保险费用、房屋折旧、保管服务等)仍然为各个制造单元所共有,所以 JIT 也并不能将企业的所有间接费用都转变为直接成本。

5. 标准成本制度不再有用

在传统方式下,业绩的评价是通过定期编制业绩报告,显示实际成本与标准成本的差异,以反映有关人员的成本控制业绩。而在采取 JIT 的企业,通常却不将标准成本视为重要的控制工具,而是重视全面质量管理、持续改善和零存货。主张 JIT 的人士强烈反对传统成本会计制度,他们视业绩报告及差异分析为 JIT 的仇敌。因为在标准成本制度下,为获得有利差异,有关人员可能会做出对企业整体不利的事情。例如,采购人员可能为获得有利的价格差异,而购买大量的原材料,以致原材料严重积压,或是购买质量低劣的原材料,显然,这是与 JIT 的零存货和全面质量管理背道而驰的。

6. 业绩评价不再重要

在传统方式下,企业十分重视对责任单位和责任人员的业绩评价和考核。而在 JIT 环境中,业绩报告不再重要,成本差异不再很受重视。这是因为,如果过于重视人工的效率差异,就会诱导工人大量生产,从而可能生产出过多的存货;如果过于重视材料的数量差异,人们就可能将质量不好的产品转入下道工序,从而将使生产中断(因为下道工序的工人如果发现次品后,在 JIT 环境中就会立即停止生产,并将次品送至上道工序);如果过于重视维护费的差异,就会以机器设备经常发生损坏为代价。

再者,传统会计认为"理想标准"难以达到,以此作为业绩的衡量标准,会使员工产生挫折感,因而常以"可以达到的较优标准"作为业绩衡量的依据。也就是说,传统会计允许无效劳动的现象存在。在传统生产制度下,99%的合格产品率可能便被接受,于是在达到了这一标准后,有些人就会安于现状而不思进取了。而在 JIT 环境中,要求工人要不断地追求更高的境地,努力达到 100%合格率的理想目标。但它仅要求员工迈向理想,并不要求工人立即达到理想,要求员工在工作中要有不断进取的精神,不断改善作业,不断追求更好和更有效的生产方法。所以,在 JIT 环境中,只要工人有任何改进,企业即应予以奖励,即使没有达到百分之百的合格率。

六、企业资源计划(ERP)系统

适时系统成功的关键是从顾客到生产商、再到供应商的信息流的速度。在一些大型企业中,信息系统分布在数十台互不相连的计算机系统中,信息的流动是成问题的,这使得企业很难制定计划和实时控制。许多企业已经或正在实施企业资源计划(ERP)系统改进信息流。企业资源计划系统(ERP——Enterprise Resource Planning),是指建立在信息技术基础上,对企业的所有资源(物流、资金流、信息流、人力资源)进行整合集成管理,采用信息化手段实现企业供销链管理,从而达到对供应链上的每一环节实现科学管理。

一个强大的 ERP 系统一般包括采购管理、生产制造管理、销售管理、财务管理(账务管理、应收应付、存货管理、资产管理、成本管理、预算管理、资金管理、绩效评价等)、人力资源管理等子系统。ERP 系统将财务的管理控制真正与业务紧密联系在一起,从而使计划、预算、监控、分析的触角延伸到企业各个职能部门的最末端,有效地整合企业各个部门各种资源,并允许共享集成的、实时的信息,完全实现了管理会计与财务会计的一体化以及财务业务的一体化,并最终为企业的运作提供决策支持。例如,使用 ERP 系统,一名销售人员可以与德国的顾客签订合同,核实顾客的信用后发出生产订单。然后,系统会自动生成巴西生产厂的生产时间表,安排原材料供应和零部件采购,以及安排货物装运。同时系统还能自动把销售佣金打入销售人员的账户,并记录所有成本和财务会计信息。公司业务程序的全貌一览无遗,而且所有这些可以很快地完成,不需要多余的信息共享和数据录入。ERP 系统还使低层管理者、工人、顾客和供应商都能够接触到详细的、及时的经营信息。这一优势,连同各个商业职能部门之间的紧密协作,使 ERP 系统能根据供需变化迅速调整生产计划和分销计划。

第四节　存货控制

一、存货控制目标

存货控制的总体目标是如何在满足客户和生产需求的前提下,把存货的数量控制在最优的水平上,以增强企业的竞争能力。不过,在不同的情况下,企业存货控制的目标是各异的。

(1)存货成本最低。这是企业需要通过降低存货水平,以降低存货占用资金、较少成本、增加盈利、增强竞争能力所选择的目标。

(2)存货保证程度最高。如果企业面临很多的销售机会,则降低存货的意义相对不大,这时存货控制往往强调存货对生产经营的保证问题。当企业处于迅速成长期,通过扩大生产以增加销售时,往往会选择这一目标。

(3)不允许缺货。在两种情况下,企业会选择不允许缺货作为存货控制的目标。一是,由于生产工艺、技术条件或者是机器设备的限制,决定了企业不能够停产;二是,受到某些重大合同的制约,缺货将导致巨额的赔偿。

但是企业存货控制的目标并不容易实现,其主要原因在于企业内部各职能部门对于存货控制的观点迥异。例如,财务部门总是力图保持最低的存货水平以降低存货成本,减少资金占用,加快资金周转;而销售部门为了提高客户满意程度,增强竞争能力,往往倾向于维持较高的存货水平和尽可能齐全的存货,来避免缺货现象;采购部门又总是希望能够享受到大批量订货的折扣和优惠的运输费用,而扩大每次的订货数量;生产部门出于保持均衡生产、实现规模经济、降低固定成本的考虑,也愿意保持较高的存货水平。

因此,为了实现有效的存货控制,需要协调和整合企业内部各职能部门的活动,充分考虑各方的具体情况,进行适当的存货决策,促使每个职能部门在保证企业整体效益的前提下追求部门的控制目标。

二、存货控制方法

存货的控制方法通常有两种:挂签制度和 ABC 分析法。

(一) 挂签制度

挂签制度是一种传统的存货控制方法。其基本思想是针对每一件在库存货以简单的文字、符号、字母、数字来代表其名称、类属、规格、数量,挂上一张标签。每一张标签都对应于相应的库存记录。存货入库后,经过验收、盘点后及时挂上标签,当存货被领用或销售出库时,则将其标签取下,同时入库和出库的存货都应该根据标签做出相应的记录。当记录显示库存的存货低于安全储存量时,可以及时提出请购申请和生产要求,从而避免发生停工待料和缺货的损失。

挂签制度有利于增进存货控制的准确性,存货的请购、领用、储存、盘点都有标签可以查核;有利于减少或防止存货舞弊行为。有了挂签,存货收支两条线控制,对存货的进出容易跟踪;有利于减少库存、降低存货成本,防止呆滞存货,提高存货的效益;有利于提高存货控制的效率,如果挂签能和电脑系统配合使用,存货的检索、分析、查询、计量会更加方便。

挂签制度虽然简便易行,但是,在存货种类异常繁杂、存货数量起伏不定的情况下,挂签和保持相应记录的工作量就很大,这自然会增加存货控制的成本,而且,可能会导致企业较高的存货安全量,增加存货成本。

(二) ABC 分析法

一般来说,企业的存货种类繁多,单价高低不等,数量多寡不均。由于企业的资源是有限的,对所有的存货都给予同等程度的重视和管理是不经济的,也是不现实的。为了有效地利用企业的人力、物力和财力,提高经济效益,对存货按其重要程度进行分类管理,将控制的重点放在重要的存货上,这就是存货控制的 ABC 分析法。

ABC 分析法的基本思想是对少数价值较高的品种严加控制,而对多数价值较低的品种则放宽控制,以突出重点、区别对待。具体方法是根据企业内各类存货的全年平均资金占用量(如甲存货全年平均资金占用量=甲存货全年平均需求量×甲存货单价),按一定的金额标准把它们划分为 ABC 三类,再针对各类存货占存货品种总数量的百分比实施不同的控制措施。

1. 存货分类

A 类存货品种少但资金占用量大,A 类存货品种一般约占存货品种总数的 5%～20%,而其占用资金占存货占用资金总额的 60%～70%。C 类存货品种多,但资金占用量小,其存货品种约占存货品种总数的 60%～70%,而其占用资金占存货占用资金总额的 15% 以下。B 类存货介于两者之间,B 类存货品种约占存货品种总数的 20%～30%,占用资金大约占存货占用资金总额的 20% 左右(如图 8-7 所示)。当然具体分类由管理人员判断而决定。

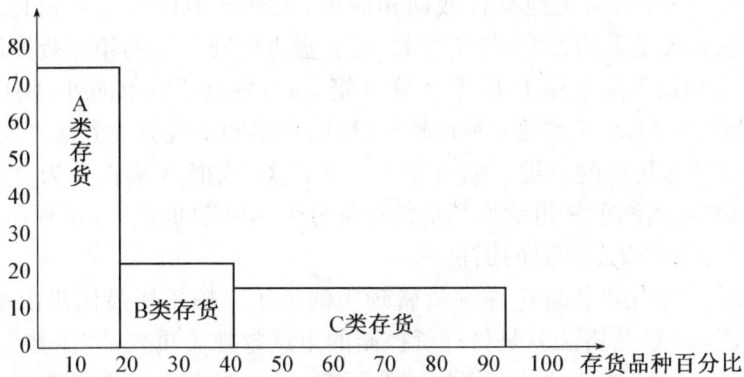

图 8-7 存货分类

2. 存货控制

A类存货数量虽少但占用资金比重最大,应该作为控制的重点。抓好了A类存货的管理,实际上就等于控制了大部分的存货成本。企业应尽量对A类存货进行连续记录,永续控制,即所谓的永续存货控制法。它是对A类保持严格的"永续盘存记录",详细记录其数量增减、质量好坏等信息,加强进货、入库、存储、出库、运送的管理,定时盘点,分析检查存货的使用,并加强与供应商的合作,在满足企业生产需要和客户要求的前提下,保持尽可能低的存货量,加快存货周转,以降低存货成本。

具体讲,对A类存货可以按照"经济订货量"和"再订货点"实施严格控制。其主要特点是,对存货数量进行持续的记录,并在存货降至某一特定水平时采取进货行动。主要变量特征包括:

(1) 再订货点R是固定的,即:R=保险库存+每日需用量×订货提前期;

(2) 订货批量Q是固定的,它是根据具体情况选择经济批量模型计算得到的;

(3) 订货提前期L是固定的,它由过去从订货至到货的时间间隔决定;

(4) 保险库存B比较小,只需满足订货提前期内的超量使用,即:B=(每日最大需求量-每日平均需求量)×订货提前期;

(5) 平均库存量=保险库存+订货批量/2。

这一存货控制方法的优点是可按经济批量进行采购,从而可以保证订货成本和储存成本处于较低水平;保险库存只是订货提前期的用量波动,数量较小。缺点是每次发货都要永续记录;单独订货会使成本升高,难以取得多种产品联合采购所能带来的运输节约和价格优惠;订货批量、保险库存和再订货点一经确定,往往长期无人问津,致使存货控制不能反映变化的情况。

B类存货属于一般重要的存货,需要进行正常的例行管理和控制。对B类存货也可以设置"永续盘存记录",计算"经济订货量"和"再订货点"。但无须像A类存货那样频繁盘点、分析检查、跟踪调查,而只需定期盘点。在实际中可以采用双箱制度(two-bin system),就是将与再订货点相同的一部分存货储存于某一货仓,其余部分储存于另一货仓。存货从后一货仓领用,当后一货仓领用完毕时,即达到再订货点,这时需发出请购单向外订购。此法不必永续盘存,从而可节约许多账务工作及费用,对价值较低的物料较为适用。

C类存货的数量最大但单价很低,占用资金金额较少,重要性相对较低。对于这类存货只需进行简单的管理,一般采用实地盘存或两箱制度,无须逐项计算"经济订货量"和"再订货量",可以酌情采取大批量采购、减少订货次数、延长盘点期间等。两箱存货控制法是将价值低的每种 C 类存货分别放入两个箱子中,每用完一箱子时,发出请购单向外订购。

当然,将存货分为 ABC 三类是一种比较常见的、粗略的主观分类方法。实际上,许多企业在实践中往往对存货作更细的分类。如再加上一个 D 类,或把 A 类再分为 AAA、AA、A 三个细类。例如,美国的通用汽车公司就将其全部存货分为 ABCD 四类,A 类保持 2 天的用量,B、C、D 类分别保持 5 天、12 天、20 天的用量。

ABC 分析法是帕累托最优理论在存货管理中的运用。帕累托最优指出了重要的"少数"和不重要的"多数",ABC 分析法就是将存货控制的重点放在了重要的"少数",针对 A 类存货成本最高,对其进行严格的规划控制,实施例外管理;而 C 类存货因为成本较低可以保持适当库存,减少订货成本,获取大批量的折扣优惠,降低存货管理费用;对于成本介于两者之间的 B 类存货则进行一般的例行管理。因此,利用 ABC 分析法可以更准确地控制存货、减少库存、降低存货成本。除此之外,ABC 法还可用于其他方面,诸如少数顾客的订货占企业订货的绝大多数,少数顾客延期付款占应收账款的绝大多数,少数部门完成了生产活动的大部分工作等。

💭 思考题

1. 存货产生的原因是什么?
2. 与存货有关的成本有哪些?其中哪些是存货决策的相关成本?
3. 什么是经济订货量?
4. 什么是再订货点?再订货点如何确定?
5. JIT 的核心思想是什么?JIT 是如何实现零库存的?
6. ABC 分析法的基本内容是什么?
7. 为何说实施适时管理制度能够提高产品成本数据的准确度?

拓展案例:ABC 分析法

某机械集团 2001 年生产耗用原材料统计如下表所示:

原材料占用资金范围(万元)	0~2	2~4	4~6	6~7	7~8	8~9	10 以上
原材料品种数	1 058	570	876	27	284	179	33
原材料占用资金金额(万元)	1 170	1 368	4 380	176	2 130	1 522	690

为了加强对 2002 年度原材料占用资金的控制,降低库存水平和存货成本,要求财务、生产、采购、销售部门进行协调,拟订控制措施。在协商过程中各部门产生了分歧。一种意见认为,应对每一种原材料都计算出经济订货量和再订货点;第二种意见认为,应该有重点的实施控制,在对众多原材料进行科学分类的前提下,分别采取不同的控制方法,对重要原材料重点控制。

请你协助该企业集团的最高管理层做出决策。

解：

用 ABC 分析法分析。

占用资金 范围（万元）	品种数	累计 品种数	累计数占 品种总数%	占用资金 金额（万元）	累计金额 （万元）	累计金额占 金额总数%	分类
10 以上	250	250	12.96	3 780	3 780	47.01	A
8～9	148	398	20.63	1 287	5 067	63.01	A
7～8	75	473	24.52	570	5 637	70.10	B
6～7	110	583	30.22	691	6 328	78.70	B
4～6	95	678	35.15	857	7 185	89.35	B
2～4	193	871	45.15	406	7 591	94.40	B
0～2	1 058	1 929	100.00	450	8 041	100.00	C
合计	1 929	1 929	100.00	8 041	8 041	100.00	

类别	占总品种%	占用资金%	控制措施
A 类	20.63	63.01	严格控制，计算经济订货量和再订货点，永续盘存记录，密集盘点
B 类	24.52	31.39	一般控制，简单计算订货量和库存量，定期盘点
C 类	54.85	5.60	简单控制，不计算经济订货量，按预算大批量订购，储存量较高

所以，应采纳第二种意见。

第九章 项目投资决策

投资是现代经济生活中最为重要的内容之一。今天,无论是政府、企业、金融机构,还是居民个人,作为经济主体,都在不同程度上以不同的方式直接或间接地参与投资活动。随着社会主义市场经济体系的逐步建立和完善,企业作为最主要的投资主体,在整个社会投资体系中占据着越来越重要的地位。

根据投资对象的不同,投资有证券投资和项目投资之分。前者是以各种有价证券为投资对象;后者主要以固定资产为投资对象。与证券投资相比,项目投资往往投资金额大,占用资金时间长,企业所承担的风险高,其投资决策正确与否不仅会对企业的财务状况和资金周转产生影响,而且会在未来较长时间内对企业的整个生产经营活动和经济效益产生持续而深刻的影响。所以,在进行项目投资之前,决策者应当准确计算、分析和评价各个投资方案的经济效益,认真做好投资活动和投资方案的分析、评价和论证工作,以做出正确的选择。

本章着重阐明:何为项目投资?进行项目投资决策要经过哪些程序?影响投资决策的主要因素有哪些?如何投资方案的决策分析?税收、折旧和通货膨胀对投资决策有何影响?贴现率如何确定?怎样进行投资方案的敏感性分析?

通过本章的学习,目的是要使读者掌握项目投资决策的基本原理和常见方法,并能在实际中加以灵活运用。

✎ 引导案例

房地产开发项目的投资决策

随着我国经济的发展,越来越多的企业开始多元化发展,而房地产开发项目也越来越得到企业的青睐。房地产开发项目的投资贯穿于该项目的各个实施阶段,它具有投资大、风险高、产业链长、周期长等特点,且不同的阶段影响工程项目投资的可能性不同,那么就要求企业必须搞清楚哪个阶段是投资控制的重点和关键,对投资进行严格的可行性分析,把投资控制在预定的投资估算目标内。

以某地区房地产开发项目为例,假设该项目总用地面积合 20 亩,共 8

幢,均为6层砖混结构,小区容积率为1.5,建筑密度为27%,绿地率为30%,建筑面积为35 000平方米,建设高度为18米,总投资需要3 600万元。

那么在项目投资决策阶段,我们需要考虑的因素有哪些呢? 首先,是市场环境分析。经调查,该地区政府对该房地产项目鼎力支持,该地区的房地产市场环境良好,居民对改善居住条件的期望很大,且具有一定的购买力水平。可见,该项目具备了一个良好的投资环境和机遇,潜在需求量较大。其次,我们需要考虑的是对于一项费用较大的工程来说,公司可以从哪里获取建设该项目的资金来源呢? 是通过建设单位自筹、银行贷款还是销售收入或者三者相结合的渠道呢? 只有有了资金来源,才能保障项目的建设,否则一切都将成为纸上谈兵。在有了资金来源后,我们还要考虑对于一项长期项目来说,建设开发时期是多久? 开发完成后的投资收益又应该怎样衡量,这样的收益是否可以弥补前期的投入,给公司带来一定的利润呢?

任何项目的出发点都是要能为企业带来盈利,如果说考虑了一定的时间价值后,发现最终收益无法弥补前期的投入,那么即使规划设计得再美好,恐怕也没有哪个企业领导会愿意投资该项目吧。

任何一项投资,尤其是像房地产这样周期较长的投资,在进行决策时,我们所需要考虑的因素很多,那么到底应该如何来进行项目投资决策呢? 也许,学习本章后,你就会有答案了。

第一节　项目投资概述

总的来说,投资是将一定数量的资金投入某种对象或事业,以取得一定的经济收益或社会效益的活动。但在不同的社会形态和经济运行格局下,投资又有不同的具体含义。在西方,狭义的投资通常指为获取利润而将资本投放于企业的活动,即通过购买国内外企业的股票或公司债券而获取利润的间接投资。在我国,狭义的投资主要指固定资产投资,即将资金直接投入建设项目,形成固定资产和流动资产的直接投资。

项目投资指的就是直接投资,它是在一定的时间里和预算规定的范围内,为达到预定质量水平而完成某项特定任务的投资活动,包括工程项目投资、开发项目投资、科学研究项目投资、维修项目投资等等。

一、项目投资的意义

项目投资是企业不可缺少的经济活动,对企业的生存和发展具有十分重要的意义。

(1)项目投资是企业开展正常生产经营活动的物质前提。如制造企业的主要任务是生产产品,因此就必须有厂房、机器、设备、工艺和技术,而它们的获得又无不是项目投资的结果。

(2)项目投资是企业扩大再生产的基本途径。企业要增加收益,提高价值,就必须增加投资,扩大生产,就要对产品和生产工艺进行改造,或者用更先进的设备更新旧设备或进行基本建设以扩大再生产规模等,没有这些项目投资,企业的扩大再生产就很难实现。

(3)项目投资是优化企业生产结构的实现途径。企业在进行项目投资时,必须首先弄清原有生产结构的现状,然后有针对性地确定该上哪个项目,不该上哪个项目,以加强和扶持某些部门的生产,削弱和抑制另一些部门的生产,以形成合理的生产结构,提高企业的经济效益。

(4)项目投资是增强企业市场竞争能力的必要手段。为提高企业的市场竞争能力,就需要通过提高产品质量、降低产品成本、增加花色品种、开发新产品等手段来实现,为此,一定的项目投资是必不可少的。

(5)项目投资是降低企业风险的重要方法。企业在进行项目投资时总是将资金优先投向生产经营的关键环节和薄弱地方,以使企业的各种生产经营能力得以配套和平衡,形成更大的综合生产能力。同时,企业又把资金投向多个行业、多种产品,实行多角化经营,从而能增加企业销售和盈利的稳定性。这些都是降低企业经营风险的重要方法。

二、项目投资的特点

项目投资一般具有如下特点。

第一,整体性。它是指一个项目投资既是一项任务整体,又是一项管理整体,自成体系,不能分割。如新建一座工厂,改造一幢厂房,增加一条生产线,更新一台设备,建造一条道路、大坝或输油管道等等。

第二,一次性。是指项目投资因受到时间、地点、技术、经济和环境等条件的制约,只能单项决策、单项设计、单项施工,而不能成批生产、重复制造。

第三,约束性,是指项目投资受到期限、费用、质量和功能等条件的限制,它要在预定的期限里、规定的限额内和一定的质量标准下完成一项具有特定功能投资对象的投资。

第四,长期性。项目投资大多要经过一定期间才能收回,因此影响企业盈亏的时间也长。

第五,耗资大。项目投资往往耗资巨大,因此对企业的财务状况和资本结构的影响也较大,一般需要进行专门的筹资工作。

第六,风险性。项目投资决策是在既定的条件约束下做出的,项目交付使用后的运作状况是受内外各种因素影响制约的,这些因素之间又有着错综复杂的联系,因此在做出决策时无法对未来各种因素的发展变化做出完全准确的预测。许多项目投资决策涉及的时间较长,甚至长达几十年,预测不可能太准确,风险相对较大,因此风险决策必不可少。

第七,战略性。企业的投资报酬率取决于企业先后各个投资项目投资报酬率的加权平均数。项目投资对于保持和提高企业长期的获利能力具有决定性的影响,具有战略意义。

三、项目投资的决策程序

项目投资一般要经过"投资项目的提出→投资项目的评价→决策→实施→再评价"这几个步骤。从决策的角度来看,包括:

(1)估算投资方案的预期现金流量;

(2)估计预期现金流量的风险;

(3)确定资本成本的一般水平;

(4)确定投资方案的收支现值;

(5)通过收入现值与支出现值的比较,决定接受或拒绝投资方案。

第二节 货币的时间价值

由于项目投资一般消耗的资源多,涉及的时间长,影响企业未来的生存和发展,因而在进行决策分析时,应当考虑货币的时间价值、资金成本、投资风险以及现金流量等重要影响因素,以期能够正确地对各个投资方案进行科学的评价。

按照西方经济学的观点,货币在不同的时间,价值不等。今天的一元钱与明天的一元钱的价值不一样。因为你现在推迟消费,放弃使用货币的机会,就可以换取按放弃时间的长短而计算的报酬,这种报酬就叫作货币的时间价值。例如,如果甲乙两人要求你做同样一件事情,甲答应立即给你 100 元,乙则许诺一年后给你 100 元,相信你一定选择接受甲。原因很简单,现在拿到了钱可以立即去消费,也可以把钱存入银行。假定银行利率为 15%,那么一年后你的 100 元钱就不再是 100 元,而变成 115 元了。其中多得的 15 元就是因推迟这 100 元一年的消费而从银行得到的报酬,即通常所说的"利息",它是这 100 元货币一年时间价值的绝对形式;货币的时间价值也可用一个相对数来表示,即"利率",它是利息占存入本金的比率。这种因放弃现在使用货币的机会而换取的按时间长短计算的报酬,叫作货币的时间价值,一般用利息或利率表示。货币的时间价值是现代财务管理的基础观念之一,不仅用于投资分析,在其他方面也有着广泛的应用。

货币的时间价值应用于投资决策方面,必须首选弄清楚"现值"和"终值"这两个概念。

现值(Present Value)是指一定金额按照规定利率折算的现在价值,即现在付款或收款的价值,也即通常所说的"本金"。

终值(Future Value)是指一定金额按照规定利率折算的未来价值,即将来付款或者收款的价值,也即通常所说的"本利和"。

例如:年初将 100 元存入银行,假定一年期定期存款利率为 10%,则第二年初就可以得本利和 110 元,在这儿,一年后得到的 110 元即本金 100 元的终值;而一年前的 100 元则是 110 元的现值。由此可见,终值和现值是两个相对的概念,是与一定的利率(i,interest)和期间(Period)联系着的,两者之间存在着互逆运算的函数关系。

货币的时间价值通常有两种计算方法,一是单利,二是复利。

一、单利

单利是指只计算本金的利息,而本金在计算期内获得的利息不加入本金中重复计算的利息计算形式。这里所说的"本金",是指期初投资的金额;利息是指超出本金部分的金额。在计算利息时,经常使用以下符号:

P:本金,又称现值,是指某一特定金额按规定利率折算的现在价值;

i:利率(interest),一般指年利率,即每年的利息与本金之比;

n:计息期(period),是指相邻两次计息的时间间隔,如一年、一月、一日。除非特别指明,计息期以年为单位。对于不足一年的,以一年等于 360 天进行折算;

I:利息;

F:本金和利息和,又称本利和或终值,它表示某一特定金额按规定利率折算的未来价值。

所以,单利利息的计算公式为:$I=P\times i\times n$

单利终值的计算公式为:$F=P(1+i\times n)$

单利现值的计算公式为:$P=F/(1+i\times n)$

[例9-1] 某企业有带息期票,面额为1 200元,票面利率是4%,出票日期为6月15日,8月14日到期(共60天)。

则:该期票到期时的利息 $I=1\,200\times4\%\times60/360=8(元)$;

到期时的终值 $F=1\,200\times(1+4\%\times60/360)=1\,208(元)$;

若该企业急需用款,凭该期票于6月27日到银行办理贴现,银行规定的贴现率为6%。因该期票8月14日到期,贴现期为48天,则银行付给企业的金额为:

$$P=1\,208\times(1-6\%\times48/360)=1\,198.34(元)$$

不过,根据国际惯例,无论是投资、筹资,还是存款、贷款业务,若时间在两期或两期以上,通常均按复利计息。

二、复利

复利,是指在计算资金利息时,不仅要计算本金的利息,而且还要计算利息所产生的利息,即每经过一个计息期,要将所生利息加入本金再计算利息,逐期滚算,即通常所说的"利滚利"。

1. 复利的终值

[例9-2] 某人将10 000元投资于一项事业,年报酬率为6%,则:

第一年末的本利和为 $10\,000(1+6\%)$

第二年末的本利和为 $10\,000(1+6\%)^2$

第三年末的本利和为 $10\,000(1+6\%)^3$

……

那么,第 n 年末的终值为:$S=P(1+i)^n$。

上式是计算复利终值的一般公式,其中的 $(1+i)^n$ 被称为"复利终值系数"或"1元的复利终值",用符号 (F,i,n)(也有人记为 (S,i,n) 或 $S_n|i$)表示。为便于计算,复利终值系数可由"复利终值系数表"(有的称为"1元的终值表")查得。如 $(F,6\%,3)=1.191$,表示在时间价值为6%的情况下,现在的1元和3年后的1.191元在经济上是等效的. 根据这个系数可以把现值换算为3年后的终值。

"1元的复利终值"表的作用不仅在于已知 i 和 n 时查找1元的复利终值,而且可在已知1元的复利终值和 n 时查找 i,或在已知1元的复利终值和 i 时查找 n。

2. 复利的现值

复利现值是指未来一定时间的特定资金按复利计算的现在价值,或者说是为将来取得一定本利和而现在所需要的本金。

由复利终值公式 $F=P(1+i)^n$,得:

复利的现值公式为:$P=F\times(1+i)^{-n}$

上式中的 $(1+i)^{-n}$ 是把终值折算为现值的系数,称为"复利现值系数"或"1元的复利现值",用符号 (P,i,n) 来表示,其值可以查"复利现值系数表"或"1元的现值表"得。

[例9-3] 假定某公司投资一项目,分三年投资,第一年初投入300万,第二年初200万,第三年初100万,其投资资金都是从银行以10%的年利率借的。问:(1)这项工程在第五年末

竟工时的总投资额为多少？（2）这项工程投资的三年资金之和相当于第一年初的多少资金？

解：（1）$F = 300(F,10\%,5) + 200(F,10\%,4) + 100(F,10\%,3) = 909.2$

（2）$P = 300 + 200/(1+10\%)(P,10\%,1) + 100/(1+10\%,2)(P,10\%,2) = 564.4$

利用1元的终值表和1元的现值表，不仅可在已知n和i时查找1元的复里终值或1元的复利现值，而且当1元的复利终值或现值和i已知时，利用插值法去推算n；或当1元的复利终值或现值和n已知时，利用插值法去推算i。

[例9-4]　某厂决定从今年的利润中提取10万元进行投资，希望三年后能得1.5倍的钱用来对原生产设备进行技术改造，则该公司在选择投资方案时，可以接受的投资报酬率应为多少？

解：由$10 \times 1.5 = 10(1+i)^3$得：

$(F,i,3) = 1.5$

采用插值法求i：

$(F,i,3)$	i
1.482	14%
1.5	x
1.521	15%

$$\frac{1.521-1.482}{1.5-1.482} = \frac{15\%-14\%}{x-14\%}$$

得：$x = 14.46\%$

即，该厂可以接受的投资报酬率为14.46%。

3. 名义利率与实际利率

复利的计息期不一定总是一年，有可能是季、月或日。在利率相同而计息期不同情况下，同样数额存款的利息是不同的。

[例9-5]　某人现将1 000元存入银行，年利率为6%。若一年计息一次，则其一年后的本利和为1 060元；如果半年计息一次，则一年后的本利和为$1\,000(1+3\%)^2 = 1\,060.9$元。

这里由于一年计息两次，因此利率为年利率的一半。由此可见，在同样条件下，计息期越短，利息越高。当利息在一年内要复利多次时，给出的计息期短于一年的年利率为名义利率，又称"设定利率"。相应地，以年为计息期的利率为实际利率。在上例中，6%为名义利率，实际利率为6.09%，其求解过程如下：

$$1\,000(1+i) = 1\,060.9$$

得：$i = 6.09\%$

这就是说，如果两个银行，一个宣布存款利率为6%，半年计息一次；另一个宣布利率为6.09%，一年计息一次，则这两个银行的实际利率是相同的。

一般地，人们通常以实际利率作为比较各种计息期利率高低的标准。名义利率与实际利率的关系如下：

$$1+i = (1+r/M)^M$$

其中，i是实际利率，r是名义利率，M是每年复利的次数。

如，本金1 000元，投资5年，年利率8%，每季复利一次。则：

每季的利率$8\%/4 = 2\%$

复利次数$= 5 \times 4 = 20$

$$F=1\,000(1+2\%)^{20}=1\,000\times1.486=1\,486(元)$$
$$I=486(元)$$

实际利率 $i=(1+8\%/4)^4-1=8.24\%$

实际利率也可用插值法计算。上例中,$1\,486=1\,000(1+i)^5$,得:$(1+i)^5=1.486$

即:$(S,i,5)=1.486$

查表得:$(S,8\%,5)=1.469$,$(S,9\%,5)=1.538$

采用插值法算得:$i=8.25\%$

三、年金

年金(annuity)是分期收付款的特殊形式,是指在一定期间内每隔相同时间就发生相同数额的一系列收付款项。它有两个特点:一是连续性,即每隔一段时间必须发生一次业务,形成系列,不得中断;二是等额性,即各期的款项在数额上必须相等。

年金在投资决策中经常会出现,例如,某工程分几年投资,每年投入的金额相同;在投资完成后,每年可以回收等额的净利和折旧,这些都是年金的不同表现形式。在经济生活中,还有各种不同形式的年金,如分期付款赊购、分期偿还贷款、分期支付工程款、发放养老金,以及偿债基金和折旧基金的提取等都属于年金收付形式。

根据每年收付款的特点,年金可以分为普通年金、预付年金、递延年金和永续年金四种形式。普通年金,又称"后付年金",是指于每期期末付款的年金。预付年金,又称"先付年金",是指于每期期初付款的年金。递延年金,是指第一期或者前几期没有付款的年金。永续年金,又称"终身年金",是指无限期支付的年金。

1. 普通年金

(1)普通年金的终值(F_A)

一定期间内每期期末等额付款的终值之和就是普通年金终值(用 S_A 表示),如图 9-1 所示。

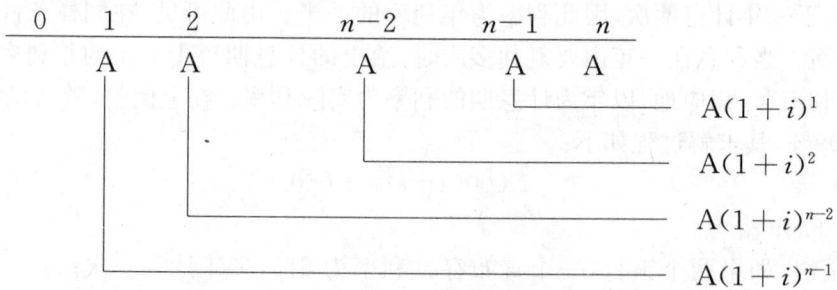

图 9-1 普通年金终值计算示意图

$$S_A=A+A(1+i)+A(1+i)^2+\cdots\cdots+A(1+i)^{n-2}+A(1+i)^{n-1}$$
$$=A\sum_{i=1}^{n}(1+i)^{t-1}$$

其中 $\sum(1+i)^{t-1}$ 被称为"年金终值系数",记为 (F_A,i,n)。在实际中,为了计算的简便,人们编制了可以查找的"1元的年金终值表"。

[例 9-6] 某人打算在未来 10 年内于每年年末存入银行 1 000 元钱,存款利率为 6%。

问 10 年后该人可从银行共得多少本息?

解:$n=10, i=6\%, A=1\ 000$,则:

年金的终值 $F_A = 1\ 000(F_A, 6\%, 10) = 1\ 000 \times 13.181 = 13\ 181$ 元

由普通年金计算 $F_A = A \cdot (F_A, i, n)$ 得:

$$A = F_A / (F_A, i, n)$$

上式中的 $1/(F_A, i, n)$ 是年金终值系数的倒数,亦称"偿债基金系数"。

[例 9 - 7]　某公司准备在 8 年后用 100 000 元购置一台设备,若银行存款利率为 9%(每年复利一次)。问该公司每年末需存入银行多少钱,才能保证 8 年后可购置该项生产设备?

解:$F_A = 100\ 000, n=8, i=9\%$,查"1 元的年金终值表"得 $(F_A, 9\%, 8) = 11.028$

所以 $A = \dfrac{FA}{(FA, 9\%, 8)} = 9\ 067.83$ 元

即该公司需每年末存入银行 9 067.83 元,才能保证 8 年后向银行取得本利和 100 000 元,用来购置设备。

(2) 普通年金的现值(P_A)

一定期间内每期期末等额付款的现值之和就是普通年金现值(用 P_A 表示),如图 9 - 2 所示。

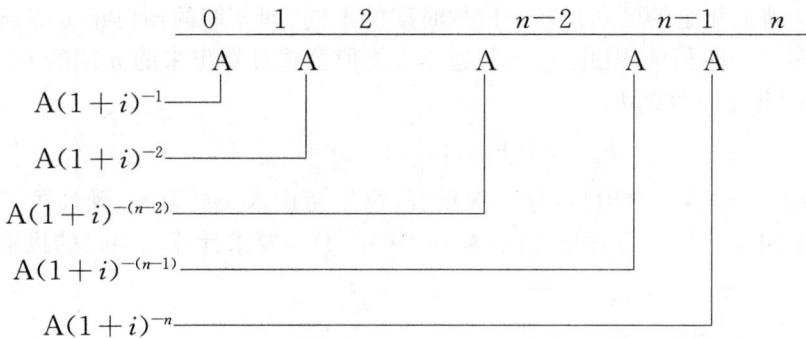

图 9 - 2　普通年金现值计算示意图

$$P_A = A(1+i)^{-1} + A(1+i)^{-2} + \cdots + A(1+i)^{1-n} + A(1+i)^{-n}$$

$$= A \sum_{i=1}^{n} (1+i)^{-t}$$

其中 $\sum_{i=1}^{n} (1+i)^{-t}$ 为"年金现值系数",记为 (P_A, i, n)。因此年金现值公式也可写成:

$$P_A = A(P_A, i, n)$$

在实际中,为计算简便,可以参照一元的年金现值系数表,表中的各个年金复利现值系数是根据公式 $(P_A, i, n) = \dfrac{1-(1+i)^{-n}}{i}$ 得出的。

[例 9 - 8]　某人现在 50 岁,他想一次性购买养老保险,以便在以后的 30 年内每年年末得到保险金 4 000 元。他自己设想的时间价值为 10%,问他最多愿意付多少钱来购买这张保单?

解:$n=30, i=9\%, A=4\ 000$

年金终值 $P_A = 4\ 000(P_A, 10\%, 30) = 4\ 000 \times 9.426\ 9 = 37\ 707.6$ 元

因此此人最多愿意付 37 707.6 元来购买这张保单。

[例 9-9]　某公司计划发行一种 5 年期债券,面值 1 000 元,票面利率为 10%,现在的市场利率为 8%。问发行价格应为多少?

解:$A=1\,000\times10\%=100$,$n=5$,$i=8\%$

查"1 元的年金现值系数表"得$(P_A,8\%,8)=5.746\,6$

查"1 元的复利现值系数表"得$(P,8\%,8)=0.540\,3$

所以 $P_A=A(P_A,8\%,8)+1\,000(P,8\%,8)=100\times5.746\,6+1\,000\times0.540\,3=1\,114.96$ 元。

即该债券的发行价格为 1 114.96 元,为溢价发行。

由普通年金的现值计算公式 $P_A=A\times(P_A,i,n)$ 得:

$$A=P_A/(P_A,i,n)$$

上式中的 $1/(P_A,i,n)$ 是年金现值系数的倒数,亦称"资本回收系数"。

如,某厂以 10% 的利率借得 20 000 元,投资于某个寿命为 10 年的项目,问每年至少要收回多少现金才是有利的?

$A=20\,000\times1/(P_A,i,n)=20\,000\times1/(P_A,10\%,10)=20\,000\times0.162\,7=3\,254$(元)

2. 预付年金

(1) 预付年金的终值(F_{PA})

由于预付年金与普通年金的区别只在于付款时期的不同,即 n 期的预付年金终值比 n 期的普通年金终值要多计一期利息,因此,根据普通年金终值公式计算出来的 n 期的 F_A 再乘上 $(1+i)$,便可求得先付年金 n 期的 F_{PA},即:

$$F_{PA}=A(F_A,i,n)(1+i)$$

[例 9-10]　某公司现有一个项目,分三次投资,每年初投入 100 万元,预计第三年年末建成。若该项资金是向银行贷款而来的,利率为 14%(复利)。要求计算该项目的投资总额为多少?

解:$n=3$,$i=14\%$,$A=100$ 万元

$$S_{PA}=A(F_A,14\%,3)(1+14\%)$$

查"1 元的年金终值系数表"得出$(F_A,14\%,3)=3.439\,6$

所以 $S_{PA}=100\times3.439\,6\times1.14=392.114\,4$ 万元。

即该公司这个项目的总投资为 392.1144 万元。

(2) 预付年金的现值(P_{PA})

由于预付年金与普通年金的区别只在于付款时期的不同,即 n 期的预付年金现值比 n 期的普通年金现值要多计一期利息,因此,根据普通年金现值公式计算出来的 n 期的 P_A 再乘上 $(1+i)$,便可求得先付年金 n 期的 P_{PA},即:

$P_{PA}=A(P_A,i,n)(1+i)$因而有:

如,某人打算采用分期付款方式购房,每年年初付款 5 000 元,二十年付清。设银行利率为 10%。则该房的现价$=5\,000\times(P_A,10\%,20)\times(1+10\%)=5\,000\times8.514\times(1+10\%)=46\,827$(元)

[例 9-11]　某厂连续三年每年年初向银行借款 500 万元对原有高炉进行改扩建。假定借款的年利率为 12%。若该项工程于第四年末建成投产。问:

（1）该项工程的改扩投资成本多大？

（2）若该工程建成投产后，分八年等额归还该工程的银行借款本息，每年末应还多少？

（3）若该厂在工程建成投产后，将每年获得的 400 万元现金净流入量（即净利与折旧之和）全部用来偿还银行的工程借款本息，则需多少年可还清？

解：

（1）$500 \times (F, 12\%, 4) + 500 \times (F, 12, 3) + 500 \times (F, 12\%, 2) = 2\ 116.5$

或 $500[(F_A, 12\%, 4) - 1] \times (1 + 12\%)$

（2）由 $2\ 116.5 = A \times (F_A, 12\%, 8)$ 得：$A = 172.1$

（3）由 $2\ 116.5 = 400 \times (F_A, 12\%, n)$ 得：$(F_A, 12\%, n) = 5.291\ 3$

利用插值法得：$n = 4.325\ 4$ 年

3. 递延年金

（1）递延年金的终值（F_{DA}）

递延年金指第一次收款（付款）发生在第二期或第二期以后的年金，如图 9-3 所示，其中 m 为递延期数，n 为 m 年后的支付年金期数。

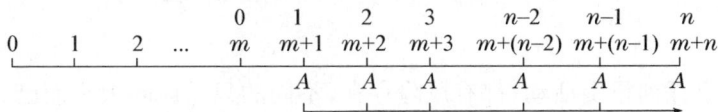

图 9-3 递延年金终值

显然，递延年金的终值与前面的递延期（m）无关，其终值的计算方法与普通年金相同，即：

$$F_{DA} = A \times (F_A, i, n)$$

（2）递延年金的现值（P_{DA}）

递延年金的现值，就是 m 年后每年支付的年金（A）贴现到现在的现值之和。通常有三种计算方法：

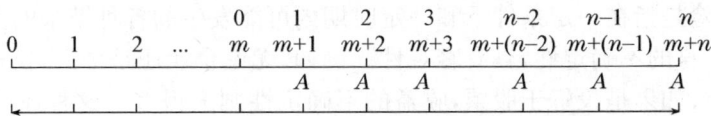

图 9-4 递延年金现值

第一种：把递延年金视为 n 期普通年金，求出递延期末的现值，然后再调整到第一期初。即：先求出递延年金在 n 期初的现值，然后把它作为终值乘上复利现值系数（P, i, m）折成递延期（m）的第一期初的现值，即：$P_{DA} = A \times (P_A, i, n) \times (P, i, n)$。

第二种：同样也是把递延年金视为 n 期普通年金，但先求出整个期限末的终值，然后再调整到第一期初。即：先求出递延年金在 n 期末的终值，然后把它作为 $m+n$ 期的终值乘上复利现值系数（$P, i, m+n$）折成 $m+n$ 期期初的现值，即：$P_{DA} = R \times (F_A, i, n) \times (P, i, m+n)$。

第三种：假定递延期也进行支付，先求出（$m+n$）期的年金现值，然后再扣除实际并未支付的递延期的年金现值。即：先求 $m+n$ 期的普通年金现值，然后再减去没有付款的递延期（m）的普通年金现值，即：$P_{DA} = A \times (P_A, i, m+n) - A \times (P_A, i, m) = A[(P_A, i, m+n) - $

(P_A,i,n)〕。

例：某公司今年初发行一种十年期的公司债券，当时的市场利率为10％。发行条例规定：前三年不偿还本息，但在第四年至第十年期间，每年年末每张公司债券还本付息200元。问：

（1）到第十年末为止，每张公司债券共还本付息多少元？

（2）根据上述资料，为市场上的潜在投资者计算购买这种债券时每张最多愿出价多少钱？

解：

（1）$200 \times (F,10\%,7) = 200 \times 9.487 = 1\ 897.4$（元）

（2）$200 \times (P_A,10\%,7) \times (P,10\%,3) = 200 \times 4.868 \times 0.751 = 731.2$（元）

4．永续年金

由于永续年金的支付期限无限，因此其终值为无穷大，故不必计算。其现值（P_{LA}），可以推导得：$P_{LA} = A/i$。

第三节 投资的风险价值

我们知道，从事任何投资活动，都有风险存在，不同的只是风险大小而已。

一、风险概述

风险是一个比较难掌握的概念，其定义和计量也有很多争议。但是，风险又现实地存在于我们的实际工作之中，人们无法回避和忽视它。如果企业的一项行动有多种可能的结果，其将来的财务后果是不肯定的，就称有风险。如果这项行动只有一种后果，就称没有风险。例如现在将一笔款项存入银行，可以确知一年后得到多少本利和，这一投资活动就几乎没有风险。但企业里真正意义上的投资，其投资项目的报酬是不可能十分准确地加以预测的，因而都存在一定程度的风险。

一般地说，风险是指在一定条件下和一定时期内可能发生的各种结果的变动程度。

风险是事件本身的不确定性，具有客观性。例如，无论企业还是个人，投资于国库券，其收益的不确定性较小；如果是投资于股票，收益的不确定性则大得多。这种风险是"一定条件下的风险"，在什么时间、买哪一种或哪几种股票、各买多少，风险是不一样的。这些问题一旦决定下来，风险的大小就无法改变了。这就是说，特定投资的风险的大小是客观的，是否去冒风险及冒多大风险，是可以选择的，是由主观决定的。

同时，风险的大小又随时间的延续而变化，因而是"一定时期内"的风险。例如，对一个投资项目的成本，事先的预计可能不很准确，但越接近完工则预计越准确。随着时间的延续，事件的不确定性在缩小，事件完成，其结果也就完全肯定了。因此，在项目投资结束以前，其结果无法百分之百地预知，其中总是包含着或多或少、或大或小的风险因素。这就是说，项目投资必然存在风险，这是一个无法改变的客观事实。当然，投资者可以在判断某一投资项目风险水平的基础上，决定自己是否愿意去承担这样的风险。

不过，严格说来风险和不确定性是有差别的：风险是指事前可以知道所有可能的后果，以及每种后果的概率。不确定性是指事前不知道所有可能的后果，或者虽然知道可能的后果，但不知道它们出现的概率。但是在实务领域中对风险和不确定性不做区分,当我们面临不确定性情况时,仍然需要做出决策,不得不依靠直觉判断和预感设想几种可能性并给出主观概率,使不确定性问题转化为风险问题,因此统统作为风险问题来对待。

二、风险价值的衡量

(一)风险调整贴现率法

作为"经济的人",每一个投资者都存在"风险反感",他们在投资中都宁愿选择肯定的某一报酬率,而不愿意接受不肯定的同一报酬率。但因任何一项项目投资一般都要经过较长时期才能逐渐收回,期间越长,执行的结果一般就越难预料。在这较长时间内往往存在许多不确定的因素,这些不确定因素对企业未来的盈亏可能会产生重大影响,企业的未来收益也就难以肯定,这样,企业就要承担可能收不回投资的风险。所以,企业在进行项目投资决策时,一般都应考虑风险因素,计量所冒风险的程度,并要求预期的报酬率能与其所冒风险的程度相适应,风险越大,投资者为了补偿可能出现的风险,对投资报酬率的要求也就越高(见图9-5)。因此,投资的风险价值就是投资者由于冒风险进行投资而获得的超过货币时间价值的额外收益(或报酬),它又被称为"投资的风险收益"或"投资的风险报酬"。通常使用百分数来表示风险报酬高低。在

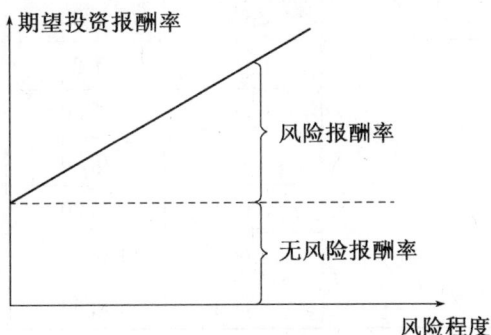

图9-5　风险和报酬率图

没有通货膨胀的情况下,投资报酬率应当是货币时间价值和投资风险报酬之和。货币时间价值是无风险的最低报酬率。

即:　　　　　　期望投资报酬率＝无风险报酬率＋风险报酬率

其中,无风险报酬率是社会平均资金报酬率,通常用国家发行的公债或国库券的利息或利率来代替。风险报酬率与风险程度的大小有关(即风险报酬率＝f(风险程度)),随着风险水平的变化而变化,风险越大,所要求的风险报酬率就越高。在实际工作中为简便起见,通常假定风险报酬率与风险程度成正比,即有:

风险报酬率＝风险系数(F)×风险程度(RPr)

风险系数,又称"风险报酬斜率",其大小取决于全体投资者的风险回避态度,一般以行业全体投资者对风险反感的态度为基础,并受到投资者对风险的态度的影响。风险回避者往往把风险系数定得较高,风险爱好者则可能定得较低。如果大家都愿意冒险,风险报酬斜率就小,风险溢价不大;如果大家都不愿意冒险,则风险报酬斜率就大,风险溢价就比较大。在实际工作中,一种方法是根据经验数据作为风险系数;另一种方法是从0～1之间选择一个主观概率作为风险系数。虽然后一种方法确定的系数会因人而异,但就某一地区、某个行业来说,在一定期间内它应是个常数。

风险程度可以通常用标准差来计量。但因"标准差"是一个绝对指标,它不能反映在期望值不同时的波动情况,故更多的是用"变异系数"(又称"变化系数""波动系数"或"离差系数")这一相对指标来衡量,它是标准差(σ)与期望值(EV)的比值。

我们知道,未来收益的预期价值$(EV)=\Sigma x_i p_i$,标准差$(\sigma)=\sqrt{\sum (x)_i - EV)^2 p_i}$,所以:

变异系数$(CV)=\sigma/EV$

于是，在有风险情况下的期望投资报酬率＝无风险报酬率＋风险系数×变异系数

[**例9-12**]　某公司的最低报酬率为6%，现有3个投资机会，有关资料如表9-1。

表9-1　某公司投资报酬预测表

t(年)	A方案		B方案		C方案	
	现金流入(元)	概率	现金流入(元)	概率	现金流入(元)	概率
0	(10 000)	1	(4 000)	1	(4 000)	1
1	6 000	0.25				
	4 000	0.50				
	2 000	0.25				
2	8 000	0.20				
	6 000	0.60				
	2 000	0.20				
3	5 000	0.30	4 000	0.20	6 000	0.10
	4 000	0.40	8 000	0.60	8 000	0.80
	3 000	0.30	12 000	0.20	10 000	0.10

（1）计算风险程度

就A方案而言，起始投资10 000元是确定的，各年现金流入的金额有三种可能，并且概率已知。本例的风险因素全部在现金流入之中，但这并不意味着没有现金流出的风险，只是为了简化。

未来三年中方案A现金流入的集中趋势可以用期望值描述：

$$E_1=6\ 000\times0.25+4\ 000\times0.50+2\ 000\times0.25=4\ 000(元)$$
$$E_2=8\ 000\times0.20+6\ 000\times0.60+2\ 000\times0.20=6\ 000(元)$$
$$E_3=5\ 000\times0.30+4\ 000\times0.40+3\ 000\times0.30=4\ 000(元)$$

因此，未来三年中方案A的预期现金流入的现值和为：

$$EV(A)=\frac{4\ 000}{1.06}+\frac{6\ 000}{1.06^2}+\frac{4\ 000}{1.06^3}=12\ 472(元)$$

未来三年每年现金流入的离散趋势可以用标准差来描述：

$$\sigma_1=\sqrt{(6\ 000-4\ 000)^2\times0.25+(4\ 000-4\ 000)^2\times0.50+(2\ 000-4\ 000)^2\times0.25}$$
$$=1\ 414.21(元)$$

$$\sigma_2=\sqrt{(8\ 000-6\ 000)^2\times0.20+(6\ 000-6\ 000)^2\times0.60+(4\ 000-6\ 000)^2\times0.20}$$
$$=1\ 265(元)$$

$$\sigma_3=\sqrt{(5\ 000-4\ 000)^2\times0.30+(4\ 000-4\ 000)\times0.40+(3\ 000-4\ 000)^2\times0.30}$$
$$=774.6(元)$$

则三年中方案A现金流入总的离散程度即综合离差为：

$$D=\sqrt{\frac{1\ 414.21^2}{(1.06)^2}+\frac{1\ 265^2}{(1.06)^4}+\frac{774.6^2}{(1.06)^6}}$$

$$=1\ 862.92(元)$$

为了综合各年的风险,对具有一系列现金流入的方案用综合变异系数描述:

$$Q=综合标准差/现金流入预期现值=D/EV=1862.92/12472=0.15$$

（2）确定风险报酬率

风险报酬率的高低反映风险程度变化对风险调整最低报酬率影响的大小。其数值的大小一般是根据历史资料用高低点法或直线回归法求出的。

假设中等风险程度的项目变化系数为 0.5,通常要求的含有风险报酬的最低报酬率为 11%,无风险的最低报酬率为 6%,则:

$$b=(11\%-6\%)/0.5=0.1$$

因此适合方案 A 的风险调整贴现率为:

$$K(A)=6\%+0.1\times0.15=7.5\%$$

根据同样方法可以得出:

$$E(B)=8\ 000$$
$$E(C)=8\ 000$$
$$\sigma(B)=2\ 530(元)$$
$$\sigma(C)=894(元)$$
$$Q(B)=2\ 530/8\ 000=0.32$$
$$Q(C)=894/8\ 000=0.11$$
$$K(B)=6\%+0.1\times0.32=9.2\%$$
$$K(C)=6\%+0.1\times0.11=7.1\%$$

（3）计算净现值

根据不同的风险调整贴现率计算每个方案的净现值:

A 方案的净现值$=4\ 000/1.075+6\ 000/1.075^2+4\ 000/1.075^3-10\ 000=2\ 132(元)$

B 方案的净现值$=8\ 000/1.092^3-4\ 000=2\ 143.58(元)$

C 方案的净现值$=8\ 000/1.071^3-4\ 000=2\ 512.1(元)$

三个方案的优先顺序为 C>B>A。

而如果不考虑风险因素,以最大可能的现金流量作为肯定的现金流量,其顺序为 $B=C>A$,其计算过程如下:

A 方案的净现值$=4\ 000/1.06+6\ 000/1.06^2+4\ 000/1.06^3-10\ 000=2\ 472(元)$

B 方案的净现值$=8\ 000/1.06^3-4\ 000=2\ 717(元)$

C 方案的净现值$=8\ 000/1.06^3-4\ 000=2\ 717(元)$

可见,在没有考虑风险因素的情况下,无法区分 B 和 C 的优劣,而加入风险因素后,B 方案的风险更大(变化系数为 0.32)。

风险调整贴现法比较符合逻辑,不仅为理论家所认可,并且有着广泛的运用。但是,把时间价值和风险价值混在一起(通过调整分母来实现风险调整),并据此对现金流量进行贴现,意味着风险随着时间的推移而加大,有时又与事实不符。譬如某些行业的投资,往往前几年的现金流量难以预料,而越往后反而更有把握,如果园、饭店等。

（二）肯定当量法

肯定当量法是人们避免风险调整贴现法的缺点而提出来的,这种方法的基本思路是先用一个系数把有风险的现金收支调整为无风险的现金收支,然后用无风险的贴现率去计算净现值,以便用净现值法的规则判断投资机会的可取程度。

$$NPV = \sum_{t=0}^{n} \frac{\alpha_t \times CFAT_t}{(1+i)^t}$$

其中:α_t=第 t 年现金流量的肯定当量系数,介于 0~1 之间;i=无风险贴现率;$CFAT_t$=税后现金流量

肯定当量系数是指不肯定的 1 元现金流量期望值相当于使投资者满意的肯定的金额的系数,它可以把各年不肯定的现金流量换算成肯定的现金流量。

$$\alpha = \frac{\text{肯定的现金流量}}{\text{不肯定的现金流量期望值}}$$

不肯定的 1 元,只相当于不足 1 元的金额,两者的差额与不确定性的高低有关。如果仍以变化系数表示现金流量的不确定程度,那么变化系数与肯定当量系数的经验关系如表 9-2 所示。

表 9-2　变化系数与肯定当量系数的经验关系

变化系数	肯定当量系数	变化系数	肯定当量系数
0.00~0.07	1	0.33~0.42	0.6
0.08~0.15	0.9	0.43~0.54	0.5
0.16~0.23	0.8	0.55~0.70	0.4
0.24~0.32	0.7		

现以例 9-12 的资料为例计算 A 方案各年现金流入的变化系数:

$$Q_1 = \sigma_1/E_1 = 1\ 414.1/4\ 000 = 0.35$$
$$Q_2 = \sigma_2/E_2 = 1\ 265/6\ 000 = 0.21$$
$$Q_3 = \sigma_3/E_3 = 774.6/4\ 000 = 0.19$$

查表可知:$\alpha_1 = 0.6, \alpha_2 = 0.8, \alpha_3 = 0.8$,

于是 A 方案的净现值:

$NPV(A) = 0.6 \times 4\ 000/1.06 + 0.8 \times 6\ 000/1.06^2 + 0.8 \times 4\ 000/1.06^3 - 10\ 000 = -777.08$(元)

用同样的方法可以求得:

$$Q_B = \sigma_B/E_B = 0.32$$
$$Q_C = \sigma_C/E_C = 0.11$$
$$\alpha_B = 0.7$$
$$\alpha_C = 0.9$$
$$NPV(B) = 0.7 \times 8\ 000/1.06^3 - 4\ 000 = 702(\text{元})$$
$$NPV(C) = 0.9 \times 8\ 000/1.06^3 - 4\ 000 = 2045(\text{元})$$

此时,方案的优劣次序为 C>B>A。显然,这一结果与风险调整贴现率法不同(B>C>A)。主要差别是 A 方案和 B 方案互换了位置。其原因是风险调整贴现率法对远期现金流入予以较大的调整,从而使远期现金流入量大的方案 B 受到了较大的影响。

使用肯定当量法的关键是确定合理的当量系数。肯定当量系数可以由经验丰富的分析人员凭主观判断确定,也可以像本例那样为每一档变化系数规定相应的肯定当量系数。变化系

数与肯定当量系数之间的对照关系,并没有一致公认的客观标准,而与公司管理当局对风险的好恶程度有关。

综上所述,肯定当量法是用调整净现值公式中的分子的办法来考虑风险,风险调整贴现率法是用调整净现值公式分母的办法来考虑风险,这是两者的重要区别。肯定当量法克服了风险调整贴现率法夸大远期风险的缺点,可以根据不同的风险程度,分别采用不同的肯定当量系数,但如何确定当量系数是个难题。

第四节 资金成本

一、资金成本的概念

对于任何企业来说,资金都是不可缺少的。无论是日常经营活动还是长期投资活动,企业都需要有一定的资金作保证,否则就将无法生存。企业的资金按其来源一般可分两类:一类是借入资金(包括向银行借款和发行企业债券而获得的资金),被称为债权资本;一类是自有资金(包括发行普通股股票、优先股股票以及留存收益而获得的资金),被称为股权资本。企业的经营者运用从债券人和股票持有人处筹集到的资金进行生产经营以获取利润,对这些资金拥有使用权,而没有所有权,因此,企业不能无偿地使用任何资金,必须为之付出代价。对于从债权人处筹集到的资金,企业要支付利息;对于从股票持有人处筹集到的资金,则需支付股利;若由企业内部形成资金来源,也要考虑资金的机会成本,如用于投资而损失的存入银行的利息;如果投资所用的资金是通过几种方式综合取得的,那么资金的成本就是各种筹资方式资金成本的加权平均数。这就是说,取得和使用任何资金都必须付出一定的代价,即要负担一定的成本。所以,资金成本就是筹措和使用资金所应负担的成本。

资金成本的产生是由于在商品经济条件下,资金所有权和资金使用权的分离。从本质上而言它相当于资金使用者向资金所有者支付的资金占用费和筹集费。资金筹集费是指在资金筹集过程中所支付的各项费用,如发行股票、债券的印刷费、发行手续费、广告费、担保费、公证费、资产评估费、律师费等。资金占用费是指因占用资金而支付的费用,如债券和借款的利息、股票的股息和红利等。相比之下,资金占用费是筹资企业经常发生的,而资金筹集费通常是在资金筹集时一次性发生的,因此在计算资金成本时可将资金筹集费作为筹资金额的一项扣除。

为便于分析比较,资金成本通常不用绝对金额表示,而用百分比这个相对数来表示,即资金成本(率),它是资金占用费与实际筹资额的比率,即:

$$资金成本=资金占用费/实际筹资额$$
$$=资金占用费/(筹资额-筹资费)$$

即:$K=D/(P-F)=D/P(1-f)$

其中,$K=$资金成本(率),$D=$资金年占用费,$P=$筹资金额,$F=$资金筹集费,$f=$资金筹集费率$=$资金筹集费/筹资金额

由于项目投资的资金一般属于长期资金,而长期资金(包括自有资金和长期借入资金)又称资本,故资金成本也被称"资本成本"。资本成本在投资决策中具有非常重要的作用,主要在于它是一个投资方案的"最低可接受的报酬率",即任何一个投资方案如果预期获利水平不能

达到这个水平,则该项目将被舍弃;而如果能超过这个报酬率,那么该项目就是可以采用的。因此在西方国家,又有"取舍率"(cut-off rate)一说。

二、资金成本的计算

资金成本包括长期借款成本、债券成本、优先股成本、普通股成本和留存收益成本。前两种为债务资本成本,后三种为权益资本成本。

(一) 长期借款的成本

由于借款利息作为财务费用计入税前成本费用,可以起到抵税作用,因此长期借款的成本计算公式为:

$$K_L = \frac{I_L(1-T)}{L(1-f_L)} = \frac{i_L(1-T)}{1-f_L}$$

其中:K_L=长期借款成本,I_L=长期借款年利息,T=所得税率,L=长期借款筹资额(借款本金),f_L=长期借款费用率=长期借款时发生的筹资费用/借款额,i_L=长期借款利率

当长期借款的筹资费(主要是借款的手续费)很小时,f_L 也可忽略不计。

如:某企业取得三年期长期借款 500 万元,年利率 12%,每年付息一次,到期一次还本,筹资费用率是 0.5%,企业所得税率为 33%,则该企业长期借款的资金成本为:

$$K_L = \frac{500 \times 12\% \times (1-33\%)}{500(1-0.5\%)} = 8.46\%$$

通过计算可见,由于企业支付借款的利息可以起到节税的作用,所以企业实际负担的长期借款成本只有 8.46%,低于原来约定的借款利率 12%。

(二) 债券的成本

企业发行债券与长期借款一样,其利息也是作为财务费用在税前支付。但债券的筹资费用一般较高,不可在计算资金成本时省略。债券成本的计算公式为:

$$K_b = \frac{I_b(1-T)}{L(1-f_b)} = \frac{I_b(1-T)}{1-f_b}$$

例如,某公司发行面额为 500 万的 10 年期债券,票面利率为 12%,发行费用率为 5%,发行价格为 600 万,公司所得税率为 33%。

则该债券的资金成本 $K_b = \dfrac{500 \times 12\%(1-33\%)}{600(1-5\%)} = 7.05\%$

由上可见,由于利息的节税效应,债务资本(包括长期借款和发行债券)的成本一般都比较低,其中由于长期借款基本不存在筹资费用,所以以长期借款的资本成本更低。但这是以假定企业有利润为前提的。如果企业发生亏损,那么,支付债务资本的利息将享受不到扣减所得税的好处,在这种情况下,债务资本的成本就是在税前的实际成本。

(三) 优先股的成本

企业发行优先股需支付筹资费用,并定期支付固定的股利,在这两方面与发行债券基本相同,所不同的是优先股股利在税后支付,从而不能享受扣减所得税的利益。因此,优先股成本为:

$$K_p = \frac{D_p}{P_s(1-f_p)} = \frac{d_p}{1-f_p}$$

其中,D_p=优先股每年发放股利总额,P_s=优先股发行总额,f_p=优先股筹资费用率,d_p=固定股利率

（四）普通股成本

由于普通股没有固定的股利,普通股股东每年获得的报酬的多少取决于企业各年经营状况的好坏和经济效益的高低,因而具有较大的不确定性,这就为计算普通股成本带来了一定的难度。此外,企业的投资决策和筹资决策也会影响企业的股利政策,从而对计算普通股的成本产生影响。因此企业普通股成本的估算不可能如上述债务成本及优先股成本来得有把握,且通常多变。

通常假定企业的股利是逐年增长的(每年的增长率是 g),这时其资金成本的计算公式如下:

$$普通成本率(K_c)=股利增长率+\frac{普通股每股第一年年末发放的股利}{普通股每股市价(1-筹资费用率)}=g+\frac{D_1}{P_c(1-f_c)}$$

但是,如果投资者对未来发放股利的估计假定是固定不变的,那么就可以把股利视为永续年金,上述公式就可以变成:

$$普通成本率(K_c)=\frac{普通股每股股利}{普通股每股市价\times(1-筹资费用率)}=\frac{D_c}{P_c(1-f_c)}$$

例如,假定红星公司每股普通股市价为 60 元,第一年年末发放的股利为 6 元,预计以后股利发放的每年增长率为 6%,筹资费用率为 5%,要求计算普通股成本。

解:普通股成本率 $K_c=g+D_1/P_c(1-f_c)=6\%+6/60(1-5\%)=16.53\%$

如果股利是固定,而不是逐年增长的,则普通股成本率 $K_c=D_c/P_c(1-f_c)=6/60(1-5\%)=10.53\%$

（五）留存收益的成本

留存收益是指企业税后净利支付股利后的未分配利润,又称"保留盈余"。留存收益的所有权属于普通股东,其实质相当于股东对企业的追加投资。留存收益原是可以作为股利分配给股东的,股东将之留存于企业进行再投资,具有延迟分配的性质,其目的是想从中获得投资报酬,要求享有取得与已分配部分同等报酬的权利,并期待着今后更高水平的报酬。所以留存收益形成的资金不能无代价地使用,企业以后要为此付出一定的代价。这种资金成本实际上是股东失去向外投资的机会成本。因此,它与普通股成本的计算方法基本相同,只是不必考虑筹资费用。其计算公式如下:

$$留存收益成本率(K_c)=股利增长率+\frac{普通股每股第一年年末发放的股利}{普通股每股市价}=g+\frac{D_1}{P_c}$$

同样,如果投资者对未来发放股利的估计假定是固定不变的,上述公式就可以变成:

$$留存收益成本率(K_c)=\frac{普通股每股股利}{普通股每股市价}=\frac{D_c}{P_c}$$

（六）综合资金成本

由于受多种因素的制约,企业不可能只使用某种单一的筹资方式,往往需要通过多种方式筹集所需资金。为进行投资决策分析,使决策者能够根据资本成本的大小来评价投资项目的可行与否,我们还必须计算确定企业全部长期资金的总成本——综合资金成本。综合资金成本一般是以各种资本占全部资本的比重为权数,对各个别资金成本进行加权平均而得,故又称"加权平均资金成本"或"平均资金成本"。其计算公式为:$K_w=\sum K_i W_c$

其中,K_w=综合资金成本,K_i=第 i 种个别资金成本;W_i=第 i 种个别资金占全部资本的比重(即权数)

例如,某企业的账面长期资金共 500 万元,其中长期借款 100 万元,应付债券 50 万,普通股 250 万,保留盈余 100 万,其资金成本分别是 6.7％、9.17％、11.26％、11％,则该企业的综合资金成本为:

$$6.7\% \times 100/500 + 9.17\% \times 50/500 + 11.26\% \times 250/500 + 11\% \times 100/500 = 10.09\%$$

容易知道,综合资金成本的大小,既受各类资金成本高低的影响,又受各类资金在总资金中所占比重大小的影响。在各类资金中,一般地,债务成本最低,优先股成本次之,普通股成本最高。在各类资本成本水平既定条件下,提高借入资金的比重,降低普通股股本的比重,可以达到降低综合资本成本的目的。

至于各类资金在全部资金中所占的比重,可以是以"账面价值"为基础计算的,也可以是以"市场价值"或"目标价值"为基础计算的。所谓"目标价值"是指股票、债券的未来预计的目标市场价值。账面价值权数反映的是过去的资金结构;市场价值权数反映的是现在的资金结构;而目标价值权数反映的则是预期的资金结构,按其计算的综合资金成本更适用于企业筹措新资金这方面的决策活动。然而,企业又很难客观合理地确定证券的目标价值,从而使得这种计算方法不易推广。那么在实际工作中,究竟是以"账面价值"还是用"市场价值"为基础呢? 这是一个有争议的问题。较多的人士支持采用按"市场价值"确定的权数来计算企业的综合资金成本。

三、资金成本的作用

资金成本在企业的资金筹集和投资决策中扮演中重要角色。其作用主要有以下几点。

(1) 对于企业筹资来说,资金成本是企业选择资金来源、确定筹资方案的重要依据,企业应该选择资金成本最低的筹资方式。

(2) 对于企业投资来说,它是评价投资项目、决定投资项目取舍的重要标准。由于资金具有时间价值,因此,在评价不同投资项目时必须首先将各项目所引起的各年现金流量按照一个确定的贴现率换算为同一时点上的现金流量,使各个项目的经济效益有一个可比的基础。企业对投资报酬率的期望不同,换算时所采用的贴现率也就有所不同。但资金(资本)成本却可以为企业确定项目取舍提供一个最基本的依据。如果以资金成本率为贴现率计算出的项目现金流量净现值为负数,说明其投资报酬率低于企业的资金成本率,投资于该项目所得到的收益将根本无法补偿占用资金所需付出的成本,因此该项目是不可取的。如果以企业的资金成本率作为贴现率计算出的项目现金流量净现值为正数,说明其投资报酬率大于企业的资金成本,投资于该项目在支付资金成本后还可有一定的收益。由此可见,资金成本率是企业要求投资项目达到的报酬率的最低限,因此,它又被称为"取舍率"或"最低报酬率"。任何报酬率低于资金成本率的项目,企业都不应考虑。只有投资报酬率高于资金成本率的项目才能作为企业的备选方案。

(3) 资金成本还可作为衡量企业经营成果的尺度,即经营利润应高于资金成本,否则,表明经营不利,业绩欠佳。

第五节 现金流量

在企业项目投资决策分析中,经常使用的概念是现金流量。现金流量(cash flow,CF),是指一个项目所引起的企业现金支出和现金收入增加的数量。对于项目投资而言,现金流量包括投资项目从筹建、设计、施工、投产使用直至报废或中途转让为止的整个期间内所形成的现金流入和现金流出增加的数量。

传统的财务会计按权责发生制计算企业的收入和成本，以收入减去成本后的利润作为收益来评价企业的经济效益。但在项目投资中则不能以这种方法计算的收入和支出作为项目经济效益高低的评价基础，而应以现金流入作为项目的收入，现金流出作为项目的支出，以净现金流量作为项目的净收益，并在此基础上评价投资项目的经济效益。也就是说，项目投资是以收付实现制计算的实际现金流量，而不是以权责发生制计算的账面利润，作为项目经济效益好坏的评价依据。

一、现金流量的构成

现金流量包括现金流出、现金流入和净现金流量三个具体概念，它们各自具有不同的内容。

（一）现金流出量

一个投资方案的现金流出量，是指该方案所引起的企业现金支出的增加额。项目投资的现金流出量通常包括以下几种。

（1）建设投资。它指在建设期内按设计的生产经营规模和建设内容进行的固定资产、无形资产和开办费等投资的总和。包括土地费用、土建工程费用、生产设备支出、设备安装支出、人员培训费用，等等。需要指出的是，建设投资不一定等于固定资产的价值，因为有些投资（如开办费）不一定能形成固定资产。即使是固定资产方面的投资，它和形成的固定资产价值也可能不一样，因为固定资产价值中可能包括建设期内资本化的利息。

（2）增加的流动资金。为了使建设投资支出所形成的生产经营能力得以被实际利用或发挥作用，必须相应增加原材料、产品储备以及其他流动资产方面的资金投入，这是发挥生产经营能力不可缺少的条件。

当然，有时企业的投资并不总是需要增加流动资金。例如，公司在原有生产经营能力的基础上进行技术改造，使生产自动化水平和效率大大提高，从而节省了人力、物力、财力，减少了流动资金占用。

垫支的流动资金与建设资金构成原始投资额，再加上资本化利息，构成项目投资总额。

（3）经营成本（又称付现成本或现金成本），是指在项目经营期间需用现金支付的成本。它是项目投产后最主要的现金流出项目。企业生产经营费用（包括产品成本、期间费用、产品销售税金及附加）并不一定都要在当期用现金支付，如固定资产折旧费，它属于固定资产的价值转移，是以前年度以现金支出在本期的摊销，因此，在计算现金流出量时应将其剔除，以客观地反映现金流出量的情况。所以，经营成本就等于生产经营费用扣除折旧费后的余额。

（4）所得税，企业缴纳的所得税也是企业现金流出的一部分。

（二）现金流入量

一个投资方案的现金流入量，是指该方案所引起的企业现金收入的增加额。项目投资中的现金流入量通常包括以下几种。

（1）营业现金收入。项目投产后，营业收入是现金流入量的主要内容。虽然本期的营业收入并不一定都会收到现金，但本期因营业收入而产生的现金流入量除包括当期现金收入外，还包括收回前期的赊销收入，而当期营业收入的赊销部分会递延到以后各期收回，所以，动态来看,本期营业收入与现金流入大体上相等。

（2）回收固定资产余值。指投资项目报废或中途转让时,固定资产报废清理或转让的变价收入扣除清理费用后的净额,它是一项现金流入。

（3）回收流动资金。主要指投资项目终结时收回的原垫付的流动资金。为简化计算,在发生流动资金垫支时,作为现金流出,而在投资项目的使用过程中循环发生的流动资金收回和再垫支,既不作为现金流入,也不作为现金流出。

回收固定资产余值和流动资金统额称回收额。

（三）净现金流量

一个投资方案的净现金流量（net cash flow，NCF）,是指在一定期间内该方案的现金流入量与现金流出量之间的差额。这里所说的"一定期间",既可以指投资项目持续的整个计算期,也可以指投资项目计算期内的每一年。整个计算期内的净现金流量计算公式为：

$$NCF = 现金流入量 - 现金流出量 = \sum_{i}^{n} NCF_t$$

其中,$NCF = $ 投资项目计算期的净现金流量,$NCF_t = $ 第 t 年的净现金流量 $=$ 该年的现金流入量 $-$ 该年的现金流出量

由于现金流量在投资项目计算期的不同阶段上的内容不同,从而使各阶段净现金流量表现出不同特点。实务中,通常分阶段计算净现金流量。

1. 项目建设期

在项目建设期,一般会因为投资而发生现金流出,包括固定资产、流动资产、无形资产和开办费等投资支出,所以,建设期的净现金流量（又称"初始现金流量"）可按以下简化公式计算：

建设期的年净现金流量 $= -$ 该年发生的投资额

2. 生产经营期

在生产经营期,其现金流入主要是营业收入,而现金流出主要是经营成本和所得税,所以,生产经营期净现金流量（又称"营业现金流量"）可按以下简化公式化计算：

$$经营期每年的净现金流量 = 该年的现金流入量 - 现金流出量$$
$$= 现金收入 - 现金成本 - 所得税$$
$$= 营业收入 - 付现成本 - 所得税$$

即：　　　　经营期每年的净现金流量 $=$ 营业收入 $-$ 付现成本 $-$ 所得税确

由此还可推导出：

$$经营期每年的净现金流量 = 营业收入 - （营业成本 - 折旧） - 所得税$$
$$= （营业收入 - 营业成本 - 所得税） + 折旧$$
$$= 税后利润 + 折旧$$

即：　　　　　　经营期每年的净现金流量 $=$ 税后利润 $+$ 折旧

另外,如果投资方案不能单独计算盈亏,投资方案不增加销售收入,但却能使企业的付现成本减少,那么其现金净流量可按下式计算：

$$现金净流量 = 付现成本节约额 = 原付现成本 - 现付现成本$$

3. 项目终结点

投资项目完结时,其现金流量主要是清理固定资产的收入、停止使用的土地的变价收入和垫支流动资金的回收,所以,终结净现金流量为：

$$终结净现金流量 = 回收额$$

[例 9-13] A公司准备购入一台设备以扩大生产能力,现有甲、乙两个方案可供选择。甲方案需投资 11 000 元,一年后建成投产。使用寿命为 5 年,采用直线法计提折旧,5 年后设备无残值。5 年中每年的销售收入为 7 000 元,每年的付现成本为 3 000 元。

乙方案需投资 16 000 元,一年后建成投产时需另外增加流动资金 2 500 元。该方案的使用寿命也是 5 年,采用直线法计提折旧,5 年后有残值 1 000 元。5 年中每年的销售收入为 9 000 元,付现成本第一年为 3 000 元,以后每年将增加维修费 500 元。假设所得税率为 30%,试计算两方案的现金流量。

为计算每年的现金流量,先计算两方案每年的折旧额:

甲方案每年的折旧额=11 000/5=2 200(元)

乙方案每年的折旧额=(16 000-1 000)/5=3 000(元)

下面先计算两个方案的营业现金流量(见下表 9-3),然后再结合初始现金流量和终结现金流量编制两方案的全部现金流量(见表 9-4)。

表 9-3 营业现金流量　　　　　　　　　　单位:元

	第 2 年	第 3 年	第 4 年	第 5 年	第 6 年
甲方案:					
销售收入(1)	7 000	7 000	7 000	7 000	7 000
付现成本(2)	3 000	3 000	3 000	3 000	3 000
折旧(3)	2 200	2 200	2 200	2 200	2 200
税前利润(4)=(1)-(2)-(3)	1 800	1 800	1 800	1 800	1 800
所得税(5)=(4)×30%	540	540	540	540	540
税后利润(6)=(4)-(5)	1 260	1 260	1 260	1 260	1 260
营业现金流量(7)=(3)+(6)	3 460	3 460	3 460	3 460	3 460
乙方案:					
销售收入(1)	9 000	9 000	9 000	9 000	9 000
付现成本(2)	3 000	3 500	4 000	4 500	5 000
折旧(3)	3 000	3 000	3 000	3 000	3 000
税前利润(4)=(1)-(2)-(3)	3 000	2 500	2 000	1 500	1 000
所得税(5)=(4)×30%	900	750	600	450	300
税后利润(6)=(4)-(5)	2 100	1750	1 400	1 050	700
营业现金流量(7)=(3)+(6)	5 100	4 750	4 400	4 050	3 700

表 9-4 全部现金流量　　　　　　　　　　单位:元

	CF_0	CF_1	CF_2	CF_3	CF_4	CF_5	CF_6
甲方案:							
固定资产投资	-11 000						
营业现金流量			3 460	3 460	3 460	3 460	3 460
甲方案现金流量合计	-11 000	0		3 460	3 460	3 460	3 460

（续表）

	CF_0	CF_1	CF_2	CF_3	CF_4	CF_5	CF_6
乙方案：							
固定资产投资	−16 000						
流动资产投资		−2 500					
营业现金流量			5 100	4 750	4 400	4 050	3 700
固定资产残值							1 000
流动资金回收							2 500
乙方案现金流量合计	−16 000	−2 500	5 100	4 750	4 400	4 050	7 200

二、现金流量的估算

项目投资决策分析最关键也是最困难的任务之一是估计投资的现金流量。只有合理地估计投资现金流量发生的时间和数量，才能正确地进行投资决策。为合理估计项目投资的现金流量，有几个问题需要予以注意。

第一，应由企业内不同部门的人员共同参与现金流量的估算。由于企业投资是一项重要的经济活动，涉及面广，影响因素多，所以对投资现金流量的估算需要企业内部的众多人员和部门参与。例如，对产品售价和销量的预测，一般由销售部门负责，他们依据其所掌握的市场情况、经济形势、消费趋势、广告效果、产品价格弹性以及竞争对手的情况等因素进行预测和估算；对厂房建造、设备购置、产品研制等资本支出的预测，通常由项目工程师和技术及产品开发部门负责估计；投资方案的营运成本则多由采购部门、生产部门、劳资部门和会计部门负责估计。财务人员在此过程中的主要任务：一是协调参与预测工作的各部门人员，使之能够相互衔接与配合；二是为各部门的预测、估计建立共同的基本假设条件，如物价水平、折现率、可供资源的限制条件等；三是防止预测者因个人偏好或部门利益而高估或低估收入和成本。其中第三个任务尤为重要，因为一些好大喜功的部门经理，常会因个人特别喜爱某个投资方案而高估其现金流入量或低估其投资成本，致使原本不可行的方案被强行通过。

第二，只有增量现金流量才是与投资方案相关的现金流量。在确定投资方案的相关现金流量时，应遵循的最基本原则是：只有增量的现金流量才是与投资方案相关的现金流量。所谓增量现金流量（incremental cash flow），是指接受某个投资方案后，企业总现金流量发生的变动部分。由于采纳某个投资方案所引起的企业现金流入的增加额，才是该方案的现金流入量；同样，由于采纳某个投资方案所引起的企业现金流出的增加额，才是该方案的现金流出量。

第三，要考虑投资方案对企业内部其他产品、其他部门的影响。企业在投资决策时，还应综合考虑投资方案对本企业其他项目、其他各部门的现金流量的影响，考虑内部的综合效应。有时，孤立地考察一项投资，与将之和其他项目联系起来考虑，结果完全不同。因为一个新项目建成后，对企业其他项目或其他部门可能造成有利的影响，也可能造成不利的影响。在投资决策时，应加以考虑，将有利影响计入现金流入量，不利影响计入现金流出量。例如某企业投资生产一新产品，该新产品上市后影响到该企业原有老产品的销路，使其销量减少。因此，该企业在进行投资分析时，不应将新产品的销售收入作为增量收入来处理，而应扣除其他产品因此而减少的销售收入。当然，也有可能发生相反的情况，即新产品上市后将促进其他产品的销售。这要看新产品与老产品是竞争关系还是互补关系。尽管诸如此类的交互影响在实际工作中很难明确认定和准确计量,但企业决策者在进行决策分析时仍应将这些因素考虑在内。

第四,区分相关成本和无关成本。相关成本是指与特定决策有关的、在分析评价时必须加以考虑的成本,如重置成本、机会成本、未来成本等。与此相反,与特定决策无关的、在分析评价时不必加以考虑的成本为无关成本,如沉没成本、账面成本等。在投资决策时,不考虑沉没成本等无关成本,但要考虑重置成本和机会成本等相关成本。

例如,某企业在 19×7 年曾经打算投资一个项目,并请一家咨询公司做过可行性研究,支付了咨询费 10 万元,由于种种原因,该项目被耽搁下来,该笔咨询费已作费用入账。19×9 年旧事重提,那么在进行投资分析时这笔咨询费是否仍是相关成本呢? 答案是否定的。因为该笔支出已经发生,不管本企业是否采纳该投资项目,它都无法收回,它属于沉没成本,为无关成本,故不予考虑。

又如某项目已投资 100 万元,要使该项目产生收益还必须投入 80 万元,从而可获得 140 万元的收益现值。如果考虑已投入的 100 万元,这是个亏损项目。然而我们现在不能放弃该项目。因为企业当前面临的问题不是投入 180 万元、收回 140 万元、亏损 40 万元的投资决策,而是投入 80 万元、收回 140 万元,收益 60 万元的投资决策。对这个问题,从项目整体看,如果继续该项目,追加投资 80 万元,企业将只损失 40 万元;而如果现在终止该项目,企业则将亏损 100 万元。

第五,机会成本不容忽视。在投资决策时,需要考虑投资的机会成本。所谓机会成本,是指因选择了某一投资方案,而放弃其他投资方案所可能获得的潜在收益。

考虑机会成本似乎与按实际现金流量评价投资的观点相违背,但实际上投资的机会成本往往是现金流量的组成部分。例如,某公司有一块土地,既可用来出售,净得 20 万元;也可用来建造厂房,生产新产品。若用于生产,公司便会失掉原本会得到的 20 万元,新的投资所产生的收益必须能够补偿这一损失,否则,对公司会形成一种损失。投资机会成本是投资决策分析不可忽视的重要因素。需要注意的是,不论该公司当初是以 10 万元还是以 50 万元购进这块土地,其机会成本均需以该土地目前的市价 20 万计算。

也就是说,投资决策分析中所说的"现金",是广义的概念,它不仅包括各种货币资金,而且还包括项目需要投入的企业所拥有的非货币资源的变现价值(或重置成本)。如一个投资项目需要使用原有的厂房、设备和材料等,其相关的现金流量是指它们的变现价值,而不是它的账面价值。

但是,机会成本的表现方式有时非常复杂。例如,某企业有台设备暂时闲置无用,似乎机会成本为零,但实际上这台设备可能在以后为企业扩大生产所必须,如果现在占用它,就会影响其未来的使用,因此其机会成本不为零。尽管进行这种分析时比较困难,但在可能情况下,还是应尽量予以考虑,以便作出正确的决策。

第六,对净营运资金改变的影响。企业在日常经营中都需要有一定的流动资金。但在我国传统体制下,企业往往只注重固定资产的投资而忽视流动资金的投资。在观念上,人们习惯上将投资称为固定资产投资或基本建设投资,而忽视了流动资金投资。有些企业在投资时只注重机器设备的"高精尖",不惜花费巨资从国外引进第一流的设备,但很少注意设备的其他配套措施,致使在项目建成投产后,不是缺乏技术,就是缺乏原材料,使生产能力得不到有效的发挥。所以,在项目投资决策中必须重视对流动资金的投资。因为当企业投资于一新项目后,其生产经营规模会有所扩大,对存货、应收账款等流动资产的需求也会增加,为此企业必须筹措新的资金,以满足这种额外需求;同时,企业扩充的结果,应付账款和一些应付费用等流动负债也会随之增加,从而可以降低企业流动资金的实际需要。这里所说的净营运资金的变化,是指增加的流动资产与增加的流动负债之间的差额,即追加的流动资金。

与固定资产不同,流动资金不会在营运中消耗掉。它自始至终参与企业的经营活动,不断地流进流出,按照储备资金—生产资金—成品资金—货币资金—结算资金的顺序不断变化形式。最终,当投资项目的寿命周期即将结束时,企业将与该项目有关的存货处理、出售,应收账款变为现金,应付账款和应付费用予以清偿,净营运资金恢复到原有水平。于是,与该项目有关的流动资金就被收回,另作他用。所以,在投资分析时通常假定:开始投资时筹措的净营运资金,在项目结束时收回。也就是说,在计算现金流量时一般要计算两次流动资金,一次是投入使用时,作为现金流出;一次是投资寿命终结流动资金收回时,作为现金流入。

第七,固定费用不予考虑。企业只要进行生产经营,就必然要发生一些固定费用(如管理费用、财务费用和销售费用等),它要分摊给每一投资项目,并计入每一投资项目的成本。但在计算现金流时,必须做进一步的分析。那些确因某个投资项目发生而引起的分摊费用(如增加管理人员),方可计入该项目的现金流;那些企业原来就有,与该投资项目是否进行没有直接关系的费用(如董事会费等),在计算成本时应按一定比例计入,但在计算现金流时就不应考虑。

第六节　投资决策分析方法

选择客观、恰当的投资决策分析方法是正确进行投资决策的前提。投资决策分析的方法多种多样,对投资方案评价和分析的角度各不相同,得出的结果也往往相异。因此,投资决策的正确与否在一定程度上取决于方法选择是否恰当。目前,企业投资决策分析的常用方法可分为两类:一类是动态评价方法,一类是静态评价方法。

动态评价方法,是指考虑货币时间价值的分析评价方法,又称贴现的方法。动态评价方法认为不同时期的现金流量具有不同的价值,从而不能直接相加减,要通过一定的方法将不同时点上的现金流量折算成同一时点的现金流量,然后才能进行比较,进行相加减。目前,企业投资决策常用的方法多是动态分析方法,主要有净现值法、现值指数法、内含报酬率法等。

静态评价方法,是指不考虑货币时间价值的分析评价方法,又称非贴现的方法。静态评价方法将不同时期的现金流量看作是等效的,不加区别,直接相加减。这类方法主要有回收期法、平均报酬率法等。

一、净现值法

净现值法是以净现值作为决策分析指标的一种评价方法。所谓净现值(net present value,NPV),是指在投资项目的整个寿命期内,按设定的贴现率计算的各年净现金流量的现值之和。其计算公式为:$\sum_{t=0}^{n}\dfrac{NCF_t}{(1+i)^t}$

$$= \sum_{t=0}^{n} NCF_t \times (P,i,n)$$

其中：i 为折现率，为资金成本或企业要求的最低投资报酬率(即基准收益率)；NCF_t 为第 t 年的净现金流量；n 为投资的寿命期限，即从开始投资至项目寿命终结时的年数。

净现值法的运用程序是：

(1) 测算投资方案各年的净现金流量；

(2) 用适当的折现率将这些现金流量折算成现值；

(3) 将各年的现金流量现值加起来，所得到的和就是该投资方案的净现值；

(4) 若净现值＞0，则表明该投资方案的报酬率高于基准收益率，故可以接受该方案；若净现值＜0，则表明该投资方案的报酬率低于基准收益率，则应拒绝该方案。若需从几个互斥方案中进行选择时，则应在企业财力物力人力许可的范围内，选择净现值大于零且值最大的投资方案或投资组合。

如，对于上节中的例 9-13，在 10% 的折现率下，甲方案的净现值为：

$$NPV_甲 = -11\,000 + \frac{3\,460}{(1+10\%)^2} + \frac{3\,460}{(1+10\%)^3} + \frac{3\,460}{(1+10\%)^4} + \frac{3\,460}{(1+10\%)^5} + \frac{3\,460}{(1+10\%)^6}$$

$$= 923.23(元)$$

同样，乙方案的净现值 $NPV_乙 = -904.40$ 元

由于 $NPV_甲 = 923.23 > 0$，$NPV_乙 = -904.40 < 0$，说明在 10% 的最低要求报酬率下，采用甲方案在可获得 10% 的最低报酬率基础上，还可多得 923.23 元的净收益，所以甲方案可以接受；而采用乙方案，则不能获得 10% 的投资收益率，或者说比预期 10% 的收益率要少收益 904.40 元，因而乙方案不能接受。

净现值是投资决策分析的一个主要评价指标，它不同于我们传统财务会计中所讲的利润或净收益。因为我们在计算净现值时已将投资所应实现的报酬考虑在内，是投资者要求的最低报酬率(也称"必要报酬率")，所以，净现值实际上是一项投资在实现其必要报酬后多得报酬的现值。如对于例 9-13 中的甲方案，假设该公司是以 10% 的资金成本作为要求的最低报酬率，即折现率，则其还本付息过程见表 9-5。

表 9-5 还本付息过程
单位:元

方案	年份	年初借款	年息(10%)	年末借款	偿还现金	借款余额
甲方案	1	11 000	1 100	12 100	0	12 100
	2	12 100	1 210	13 310	3 460	9 850
	3	9 850	985	10 835	3 460	7 375
	4	7 375	737.5	8 112.5	3 460	4 652.5
	5	4 652.5	465.25	5 117.75	3 460	1 657.75
	6	1 657.75	165.78	1 823.53	3 460	(1 634.47)

由上表可知，甲方案在第 6 年底按照 10% 的利率还本付息后尚有 1 634.47 元的剩余，折成现值为 923.79 元(与上述计算的 923.23 元的净现值存在 0.56 元的误差，是在计算过程四舍五入所致)，即为该方案的净现值。同样，可以计算乙方案在第 6 年底没能还清本息，尚欠 1 603.09 元，折成现值是 904.94 元，即为乙方案的净现值。可见，净现值的经济意义是投资方案在扣除所实现的预期收益后所获得的报酬，是按最低报酬率后折现后的净

收益。

运用净现值法进行投资决策的好处,一是运用了时间价值概念,从而能够反映预计投资收益的现值。二是考虑了投资风险的影响。一方面,对于风险较大的投资项目,我们可以选用较高的折现率来进行计算和评价,以反映风险对投资决策的影响;另一方面,在计算净现值时,允许每年使用不同的折现率来计算,从而可以反映各年的预期报酬率及其投资风险随时间而发生的变化。三是按净现值进行决策与企业的财务目标一致,即能够使股东的财富实现最大化。这是因为投资者总是选择净现值大于零的投资项目。我们知道,股票的价格是由投资者的预期和企业的实际盈利所决定的,$NPV>0$,说明投资报酬率高于投资者的预期,这样的项目实施后,必然导致股票价格上升,从而增加股东财富。

与此同时,净现值法也存在一些缺陷,除了计算较为复杂、烦琐以外,还有如下不足。

(1)判断结果在一定程度上受到折现率取值大小的影响。如在例9-13中,当折现率取值10%时,甲方案可行,乙方案不可行。而当折现率取值15%时,甲方案的净现值就减至-913.85元,从而这时甲方案也不可行了;当折现率取值8%时,乙方案的净现值就增至355.25元,这时乙方案又可行了。由此可见,一个项目或方案能否被接受,在一定程度上受到折现率大小的影响。一般来说,净现值与折现率之间成减函数关系,即折现率提高时,净现值变小;折现率降低时,净现值变大。所以,提高折现率,将使项目难以通过;降低折现率,将使项目容易通过。

(2)折现率的确定较为困难。因为影响投资者预期报酬率的因素很多,有宏观的、微观的,政治的、经济的,内部的、外部的,群体的、个体的等多个方面,如市场利率、经济周期、通货膨胀、行业状况、企业情况、决策者的风险态度、项目的可能效益等等,这些因素都会对折现率的确定产生影响。特别是在经济不稳定的情况下,市场利率经常变化,投资风险难以预测,确定折现率将会更加困难。

(3)折现率不变的假设不尽合理。在计算净现值时有两个隐含的假设,一是假设每期收到的款项可以用来再投资,而且再投资能够获得与折现率相同的收益率;二是假设在投资项目的寿命期内各年的折现率取值相同,即不论期限长短,折现率在寿命期内保持不变。实际上并非如此,一方面因为任何再投资都不一定能正好获得与折现率相同的再投资收益率;另一方面由于受到市场利率、通货膨胀、经济周期等因素的影响,各期的折现率不一定完全一致。所以,对于不同时期的现金流,在计算净现值时应根据期限的长短,采用不同的折现率进行折现,即:

$$NPV = \sum_{0}^{n} \frac{NCF_1}{(1+i_t)^t}$$

其中,i_t为第t年的折现。

(4)净现值是一个绝对数指标,其大小只能说明投资项目的盈亏总额,而不能说明单位投资的效益情况,因而在处理不同投资规模的决策问题时,就难以用净现值这个绝对量指标来衡量各方案投资效果的好坏。

[例9-14] 某企业现有三个投资机会可供选择(贴现率为10%),有关数据见表9-6所示(单位:元)。

表9-6　某企业投资收益表

期间	A 方案		B 方案		C 方案	
	净收益	现金净流量	净收益	现金净流量	净收益	现金净流量
0		−20 000		−9 000		−12 000
1	1 800	11 800	−1 800	1 200	600	4 600
2	3 240	13 240	3 000	6 000	600	4 600
3			3 000	6 000	600	4 600
合计	5 040	5 040	4 200	4 200	1 800	1 800

根据以上资料,计算各方案的净现值:
$$NPV_A=1\,669\ 元,NPV_B=1\,557\ 元,NPV_C=-560\ 元$$

由于 C 方案的净现值为负数,显然 C 方案应予排除。但 A、B 两方案的净现值都大于零,哪个更优呢? 由于两方案的原始投资不等,因而难以根据其净现值的大小对其优劣做出判断。这里,虽然 A 方案的净现值比 B 方案大 112 元,但为此企业要多投资 11 000 元,所以,选择净现值最大的 A 方案是否合算,值得考虑。

由此可见,在利用净现值指标进行多方案的比选时,若存在明显的资金限制,就不能只单纯地考虑净现值因素,还需要考虑投资额,考虑有限资金的使用效率,这就需要利用其他指标进行选择。

二、现值指数法

现值指数法是以现值指数为评价指标的决策分析方法。所谓现值指数(prssent value index, PVI),是指投资项目的未来报酬按设定的折现率折算的总现值与原始投资额的现值之比。在西方国家,现值指数又称"获利能力指数"(profitability index, PI)。它反映了每 1 元原始投资(成本)所获得的未来报酬的现值,此值越高,说明投资效率越高。其计算公式为:

现值指数(PVI)＝未来报酬的总现值/原始投资额现值

由于现值指数是以未来报酬的现值与原始投资的现值相比较,因此现值指数法的评价标准就是各项目或方案的现值指数是否大于 1。若某方案的现值指数大于 1,则表明该方案的投资效益高于基准收益率水平,所以该方案可行;若某方案的现值指数小于 1,则表明该方案的投资效益达不到基准收益的水平,所以该方案不可行。

如前面的例 9-13,在折现率为 10% 情况下,甲、乙两方案的现值指数计算如下:

$$PVI_甲=\cfrac{\dfrac{3\,460}{(1+10\%)^2}+\dfrac{3\,460}{(1+10\%)^3}+\dfrac{3\,460}{(1+10\%)^4}+\dfrac{3\,460}{(1+10\%)^5}+\dfrac{3\,460}{(1+10\%)^6}}{11\,000}=1.08$$

类似地,$PVI_乙=0.95$

由于 $PVI_甲=1.08>1,PVI_乙=0.95<1$,故甲方案可行,乙方案不可行。

同时,由于现值指数反映了单位投资的未来收益状况,从而使投资额不同的方案具有了共同的可比基础,所以现值指数可用于原始投资额不等的方案之间的优劣比较。一般地,在原始投资额不等的多个方案中,应选择现值指数最大的方案。

如前面的例 1-14,三个方案的现值指数分别为:

$$NPI_A = 21\ 669 \div 20\ 000 = 1.08$$
$$NPI_B = 10\ 557 \div 9\ 000 = 1.17$$
$$NPI_C = 11\ 440 \div 12\ 000 = 0.95$$

在这三个方案中,C 方案的 $NPI < 1$,故该方案不能接受;A、B 两方案的 NPI 都大于 1,在资金充裕情况下,两个方案都可接受,可以同时采纳。但在资金有限情况下,若要从两个方案中选取一个,由于 $NPI_B > NPI_A$,故应选择 B 方案。这是因为,尽管 A 方案与 B 方案相比,A 方案的净现值要比 B 方案高出 112 元,但这 112 元是以增加 11 000 元的投资为代价而取得的。11 000 元的投资在两年内只获得 112 元的净收益,显然是不能令人满意的。

这个例子表明,净现值大的方案不一定现值指数也大。所以,在进行项目评价时,应针对具体的决策类型和条件,选择适当的评价指标并权衡利弊进行综合分析。

相对而言,净现值是个绝对指标,反映投资的效益;而现值指数是个相对指标,反映投资的效率。两者的作用正好相反。净现值能够反映投资项目所能获得的收益的现值总额,但它不能反映单位投资的收益情况;而现值指数能够反映每 1 元投资额可以获得多大收益,说明单位投资的经济效益,有利于对投资额不等的投资方案进行优劣比较,但它不能说明该项投资共能为企业创造多少收益。用净现值来选择方案,往往趋于选择投资盈利相对多的方案;而用现值指数为标准,则往往选择投资小的方案,这在资金短缺的情况下更具吸引力。在实际工作中,应视具体情况而定。所以,净现值法和现值指数必须结合使用,相互补充,这样才能对投资项目的评价更为全面正确。

然而,运用净现值法和现值指数法,只能相对于预先给定的基准收益率来对项目的可行与否做出判断,两者虽然考虑了货币的时间价值,可以说明投资方案高于或低于某一特定的投资报酬率,但是两者均不能揭示方案本身可以达到的报酬率是多少。因此作为具体方案的评价,还要进一步测算其投资项目本身实际的投资收益率,这就是内含报酬率。

三、内含报酬率法

内含报酬率法是以内含报酬率为评价指标的决策分析方法。所谓内含报酬率(internal rate of return,IRR),是指一项投资方案在其寿命期内按现值计算的实际可能达到的投资报酬率,亦称"内部收益率"。

内含报酬率的基本原理,就是根据这个报酬率对投资方案的全部现金流量进行折现,使投资项目在整个寿命期间内的现金流入现值之和恰好等于现金流出的现值之和。这就是说,内含报酬率的本质就是一个使投资方案的预期净现值为零时的折现率。其计算计算公式为:

$$\sum_{t=0}^{n} \frac{NCF_t}{(1+IRR)^t} = 0$$

其中:NCF_t 为第 t 年的净现金流量;IRR 为内含报酬率;n 为项目的寿命期限。

由于内含报酬率反映了方案本身的实际投资报酬率,所以在计算出投资方案的内含报酬率后,可以根据企业的基准收益率对方案进行取舍。若内含报酬率大于或等于基准收益率,则方案可以接受;反之,则不予接受。当有多个互斥方案可供选择时,选取内含报酬率最高的投资方案。

内含报酬率的计算一般采用逐次测试法结合插值法进行,其基本思想是以不同贴现率来逐次计算投资的净现值,直到测到净现值为零时为止,这时所采用的贴现率就是该项投资的内含报酬率。其具体步骤为:首先根据投资方案的实际情况,先估计一个投资报酬率,并将该报酬率作为折现率,计算投资方案的现金流出现值和现金流入现值,然后进行比较。如果净现值为正数,则表示估计的报酬率小于该方案的实际报酬率,应提高估计的报酬率后再进行测试;反之,若净现值为负数,则应降低报酬率进行测试;最后直至净现值等于零为止,此时的报酬率即为该方案的内含报酬率。但在一般情况下,并不如此恰巧,因为估计的报酬率一般都是整数的百分数(如 12%,14%),而投资的内含报酬率有可能是带小数的百分数,在这种情况下,应找出净现值由正变负的两个邻近的报酬率,根据这两个报酬率再采用插值法计算该方案的内含报酬率。

如前面例 9-13 的甲方案,在折现率 $i=10\%$ 时,$NPV=923.23$ 元。为使净现值等于零,需提高折现率,取 $i=12\%$,算得此时的 $NPV=136.79$ 元。显然需继续提高折现率,取 $i=14\%$,算得 $NPV=-580.16$ 元。所以,甲方案的内含报酬率 IRR 一定介于 12%~14% 之间,用插值法计算如下:

$$\text{贴现率}(i) \qquad\qquad \text{净现值}(NPV)$$

$$\left.\begin{array}{c}12\% \\ x \\ 14\%\end{array}\right\} \qquad\qquad \left.\begin{array}{c}136.79 \\ 0 \\ -580.16\end{array}\right\}$$

有:

$$\frac{12\%-x}{12\%-14\%}=\frac{136.79-0}{136.79-(-580.16)}$$

得 $x\approx12.38\%$

即甲方案的内含报酬率为 12.38%。

类似地,可以算出乙方案的内含报酬率等于 8.55%。

计算出各方案的内含报酬率后,可以根据企业的资金成本或要求的最低报酬率对方案进行取舍。假设该公司的资金成本为 10%,则因甲方案的内含报酬率为 12.38%,高于 10% 的资金成本,故甲方案可行;而乙方案的内含报酬率为 8.55%,小于 10% 的资金成本,故乙方案不可行。

内含报酬率是根据方案的现金流量计算出来的,是方案本身的实际报酬率,反映了其潜在的最大获利水平,即项目以每年的净收益归还全部投资后所能获得的最大收益率,所以,内含报酬率有时也称作实际收益率或动态投资收益率。它是项目所能接受的资金成本的最高临界点。如果市场利率与项目的内含报酬率相同,企业市场利率作为资金成本通过借款来进行投资,那么投资项目在还本付息后将一无所获。

基准收益率可能是资金成本,也可能是投资者要求的最低投资报酬率,但一般来说,投资者要求的最低投资报酬率(即必要报酬率)要比资金成本高。在这种情况下,若内含报酬率低于资金成本率,则表明该项投资对企业不利,因为这样的投资不仅不能给企业带来利润,甚至连投资的资金成本也难以补偿;若内含报酬率等于资金成本率,则投资者在将投资收益用于还本付息后将一无所获;若内含报酬率高于资金成本率,低于必要报酬率,则表明该项投资在偿付投资资金成本后,虽还有一定收益,但不能令投资者满意,没有达到投资者的最低要求;若内含报酬率高于必要报酬率,则表明该项投资能取得比预期更好的经济效益。

内含报酬率法不仅具备净现值法的一些优点,如考虑了货币的时间价值,以及项目的全部现金流量等,而且在计算内含报酬率时不必事先知道所要求的最小收益率,从而避免了在采用净现值法和现值指数法时要确定折现率这一既困难而又容易引起争议的难题。当基准收益率难以确定而只能估测为某一区间时,利用从现金流量计算出来的内含报酬率,与该区间进行比较,就可以很容易地判别项目的优劣。另外,内含报酬率是一个用百分数表示的效率型指标,是项目的真实报酬率,从经济意义上讲,类似于利率,而一般决策者对利率较为敏感,因此内含报酬率更容易使人产生强烈的直观感觉,很多决策者都非常重视这个指标。

内含报酬率的不足之处有以下几点。

(1) 计算过程比较复杂,常常需要多次测试才能求解。

(2) 在现金流量呈现不规则变化时,一个项目可能有多个内含报酬率,从而使决策者难以做出判断。

一般情况下,一个投资项目都是在初期建设、后期受益,其净现金流量通常表现为在初期流出(用"一"表示),后期流入(用"+"表示),如一,+,+,+,…,+,或一,一,+,+,…,+,其特点在整个寿命期内,各期的净现金流量的符号只改变一次。这类净现金流量的符号只改变一次的投资方

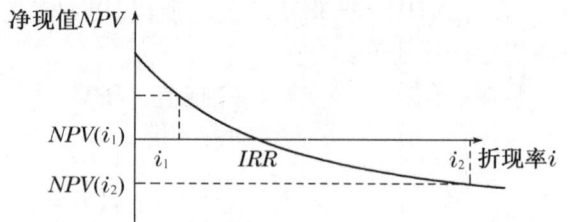

图 9 - 6

案称为常规投资方案。前面我们所说的都是针对常规投资而言的,其特点是:常规投资的净现值 NPV 是折现率 i 的单调递减函数,即随着 i 的增大,NPV 单调减少,如图 9 - 6 所示,NPV 线与 X 轴只有一个交点,也就是说常规投资的内含报酬率只有一个。

与常规投资相反,有些项目在其寿命期内各期现金流量的符号却不是只改变一次,而是改变多次,如一,+,+,一,+,+。在分期投资、矿山开采、森林采伐、石油开发等项目中经常会遇到这种情况。这类在寿命期内净现金流量不止一次改变符号的投资方案,称为非常规投资方案。非常规投资的内含报酬率可能有多个值。如某投资方案的净现金流量如表 9 - 7 所示:

表 9 - 7 净现金流量表

时序	净现金流量
0	-2 000
1	5 000
2	-3 080

这个方案净现金流量的符号改变了两次,故为非常规投资方案。可以算出其内含报酬率有两个解:$IRR=10\%$ 或 40%。为什么会出现这种结果呢?我们可以在坐标系中画出该投资方案的 NPV 线,如图 9 - 7 所示。

由图 9 - 7 可知,该投资方案净现值的变化与常规投资方案的变化规律不同,它是先升后降,在折现率 $i<10\%$ 时,净现值 $NPV<0$;在 i 介于 10% 与 40% 时,$NPV>0$;在 $i>40\%$ 时,$NPV<0$。所以,此时若还按常规投资的决策标准进行判断将会出现错误。例如,若基准收益率为 8%,它低于 10% 和 40% 的内含报酬率,按常规标准这时该方案应该可行。但实际上它所对应的净现值是负数,这时若采纳,就意味着企业要接受一个亏损的投资方案,这非但不能

使企业获益、增加股东的财富,而且会使企业受损、减少股东的财富,因而在基准收益率为8%时该投资方案不能接受;又若基准收益率为20%,它高于10%的内含报酬率,按常规就应予拒绝。但它所对应的净现值是正数,接受它可使企业收益,从而增加股东财富,所以可以接受;只有在基准收益率高于40%时,其判断结果才与常规的一致。由此可见,非常规投资方案的判断标准与常规方案不同,这要引起注意。

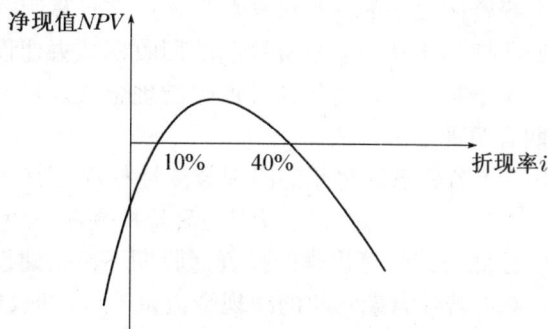

图 9-7　NPV 线

(3) 内含报酬率法包含着一种假设,即每期收到的款项可以用来再投资,而且再投资能够获得与内含报酬率相同的收益率。但是实际上并非如此,任何再投资都不一定正好获得与内含报酬率相同的再投资收益率,特别是对于内含报酬率较大的投资则更是如此,这时的再投资往往不能获得如此高的再投资收益率。所以,按此假设计算出来的报酬率与投资项目真正实现的收益率可能所有不同。

(4) 内含报酬率只是一个相对值,它不能说明投资项目的收益总额。而投资者投资的目的是获得最大利润而不是最大利润率。一般投资规模大的项目,其内含报酬率往往偏低。若只用内含报酬率来评价投资项目,决策者可能会更多地重视那些投资额少、利润率高的项目,而不愿进行较大规模的投资,结果会导致整个企业受损。例如,某企业现有暂时闲置资金10 000元,有 A、B 两方案可供选择,现金流量如表 9-8 所示,市场利率为 10%。

表 9-8　现金流量比较表

项目	NCF_0	NCF_1	IRR	$NPV(i=10\%)$
A	-100	140	39.95%	27.26
B	-10 000	13 000	30.05%	1 817

由于 A 方案的内含报酬率高于 B 方案,看起来似乎 A 方案优于 B 方案。但实际上,选择内含报酬率高的 A 方案,结果获得的净收益只有 27.26 元;而若选择 B 方案却可获得 1 817 元的净收益。显然任何一个希望股东财富最大化的决策者都不会选取 A 方案。造成这一结果的原因是:A 方案尽管内含报酬率较高,但它只使用 10 000 元资金中的 100 元,还有 9 900 元闲置,这一部分没有利用的资金不能给企业增加净收益;而 B 方案虽然内含报酬率相对较低,但由于它将 10 000 元的资金充分利用,从而获得较多的净收益。

由此可见,在选择投资项目或方案时不能片面强调内含报酬率,而要将内含报酬率与其他方法结合起来使用。实际上,大规模投资对于企业利润的增加和长远发展是非常重要的。

四、回收期法

投资回收期法是以投资回收期的长短作为评价和分析投资经济效益高低的标准,依此进行投资决策的方法。所谓投资回收期(payback period,PP),是指投资项目收回全部原始投资所需要的时间,即累计净现金流量恰好等于零的年限。在回收期内,一项投资的现金流入累计额等于现金流出累计额。

投资回收期的计算可从项目投产之日算起,也可从最初投资的建设期算起。从投产算起的回收期等于从初始投资算起的回收期减去建设期。

由于投资项目每年预计产生的现金流入量可能相等,也可能不相等,因此,计算投资的回收期有两种不同方法。

(1) 若经营期每年的净现金流量相等,则投资回收期(PP)可按下式计算:

$$PP = 原始投资额/每年相等的净现金流量$$

按此公式计算出来的投资回收期不包括建设期,是从建成投产开始算起的。

(2) 若经营期每年的净现金流量不等,则投资回收期(PP')可按下式计算:

$$PP' = m + \sum_{t=0}^{m} \frac{NCF_t}{NCF_{m+1}}$$

式中,m 表示最后一项为负值的累计净现金流量所对应的年份;ΣNCF_t 为第 m 年末尚未收回的投资额;NCF_{m+1} 为第 $m+1$ 年的净现金流量。

按此公式计算出来的投资回收期包括建设期,是从初始投资开始算起的。

如,上节例 9-13 中的甲方案,从投产算起的投资回收期:$PP = 11\,000/3\,460 = 3.18$(年),于是,从初始投资开始算起的回收期是 $1 + 3.18 = 4.18$(年)。

例 9-13 中乙方案从初始投资算起的回收期:$PP = 4 + 3\,850/4\,050 = 4.95$(年),于是,从投产算起的回收期就为 3.95 年。两方案现金流量的回收情况见表 9-9。

表 9-9　现金流分布　　　　　　　　　　　　　　　　　　　单位:元

时　间	第 1 年初	第 1 年	第 2 年	第 3 年	第 4 年	第 5 年	第 6 年
甲方案:							
每年净现金流量	−11 000	0	3 460	3 460	3 460	3 460	3 460
累计净现金流量	−11 000	0	−7 540	−4 080	−620	2 840	6 300
乙方案:							
每年净现金流量	−16 000	−2 500	5 500	4 750	4 400	4 050	7 200
累计净现金流量	−16 000	−18 500	−13 000	−8 250	−3 850	200	7 400

一般来说,投资者总是希望尽快地收回投资,回收期越短越好。所以,运用回收期法进行投资决策分析,必须事先确定一个企业可接受的投资回收期,称为基准回收期或期望回收期。若投资方案的回收期小于基准回收期,则可以接受该投资方案;反之,则拒绝。在同时存在几个投资方案可供选择时,应该选择回收期最短的方案。

使用回收期法的好处有如下几点。① 计算简便、通俗易懂、判断容易,因而为一般企业管理者所普遍接受。② 可以用于衡量投资方案的变现能力。一般来说,回收期越短,表明原始投资回收的速度越快,变现能力越强。这一点对于那些资金并不宽裕或以较高资金成本筹集投资资金的企业来说显得特别重要。特别希望尽快收回初始投资,以减轻企业的资金压力。③ 可以用于衡量投资方案的相对风险。一般来说,回收期越短,表明原始投资回收期的速度越快,该项投资在未来时期所冒的风险也就越小,从而可避免将来经营环境变化的不利影响;反之,风险越大。④ 有利于加速企业的资金周转。由于回收期法强调投资的回收速度,这与人们普遍存在的尽快收回投资、减少投资风险的心理是吻合的,所以回收期法可以促使决策者想方设法缩短投资回收期,从而达到加速企业资金周期的目的。

但是,投资回收期法也有不少缺陷,主要有以下几点。

1. 用回收期作为评价指标,会给投资决策带来困难,具体如下。

(1) 回收期越短,不一定越好。例如有 A、B、C 三个项目的预期现金流量如表 9-10(单位:元)。

表 9-10　预期现金流量

项目	NCF_0	NCF_1	NCF_2	NCF_3	回收期(年)	$NPV(i=10\%)$
A	−2 000	2 000	0	0	1	−182
B	−2 000	1 000	1 000	5 000	2	3 492
C	−2 000	1 500	500	10 000	2	7 286.5

项目 A 的回收期为 1 年,净现值为−182;而项目 B 和 C 的回收期为 2 年,净现值分别为 3 492 和7 286.5。按照回收期的标准应选取项目 A,但这是一个亏损的方案,显然这种选择是错误的。

(2) 当回收期相同时将无法作出选择。如上例的项目 B 和 C,它们具有相同的回收期,显然以回收期为标准来区别这两个项目将无法取舍。

2. 回收期法没有考虑回收期以后的现金流量

如上例的项目 B 和 C,在 2 年的收回期内,其现金流量差别不大,但回收期以后的现金流量却差别很大,回收期忽视这一重大差别显然是不合适的。正因为如此,导致回收期存在如下不足。

(1) 不能反映项目的寿命期和盈利能力。回收期反映的只是投资回收速度的快慢,仅仅考虑了投资方案中小于或等于投资支出的那部分现金净流量,对于投资回收后寿命期还有多长,回收期后的现金净流量还有多少却没有考虑,因而不能反映项目的寿命期限和项目在其整个寿命期内的盈利能力,所以具有较大的片面性和局限性。

(2) 不能反映投资的全部风险。我们知道,投资必然存在风险,且时间越长,风险越大,所以,人们常将回收期作为度量投资风险的一个指标。但人们投资的目的是为了获得盈利,而非仅仅收回原有投资,所以,投资的风险不仅表现在能否收回初始投资上,而且更表现在能否实现预期的盈利上,但回收期不包括投资回收后的盈利,因而不能全面反映投资风险。

(3) 容易导致决策者急功近利。在用回收期作为决策评价的依据时,容易导致决策者只偏重近期收益,而忽视对企业长远发展有关的投资,那些回收期较长,在开始几年不能马上见效,却关系企业生死存亡的战略性投资项目容易招致否定。

(4) 容易导致企业投资结构失调。一般企业都很注重资本结构问题,但由于回收期法对所有项目都采取统一的回收期标准,致使企业容易接受过多的短期项目,这对企业的长远发展不利。

3. 回收期法没有考虑货币的时间价值

如某一项目有 D、E 两个投资方案可供选择,其有关数据见表 9-11(单位:元)。

表 9-11　预期现金流量

方案	NCF_0	NCF_1	NCF_2	NCF_3	NCF_4	合计	PP	$NPV(10\%)$
D	−10 000	1 000	9 000	1 000	1 000	2 000	2 年	−222
E	−10 000	9 000	1 000	2 000		2 000	2 年	509

虽然 D、E 两方案的投资回收期都是 2 年,而且各年净现金流量的总和又都是 12 000 元,从回收期角度看,两方案似乎没有优劣之差。但从净现值指标来判断,在 10% 的基准收益率下,D 方案的净现值为 -222 元,而 E 方案却是 +509,显然,E 方案要优于 D 方案。

造成这一差别的原因就在于两方案的现金流量分布不同,如 D 方案的 9 000 元净收益是在第二年实现,而 E 方案的 9 000 元净收益是在第一年实现的。净现值法考虑了货币的时间,而回收期没有考虑时间价值。

针对这一缺陷,有人引入了"动态回收期法"这一概念,这是将未来各期的现金流量采用适当的折现率进行折现,求得累计净现值为零时所需要的时间作为回收期,又称"贴现回收期法"(discount payback period)。相对应地,没有考虑货币时间价值的回收期称为"静态回收期"或"非折现回收期"。

如上例中的 E 方案,静态回收期为 2 年,在 10% 的基准收益率下的动态回收期 = 2 + 993/1 502 = 2.66(年),计算见表 9 - 12(单位:元)。

表 9 - 12　计算数据表

t	0	1	2	3
E 方案:				
净现金流量	-10 000	9 000	1 000	2 000
现金流量现值	-10 000	8 181	826	1 502
累计净现金流量现值	-10 000	-1 819	-993	509

动态回收期与静态回收期从经济意义上讲没有区别,都可用来衡量回收投资的能力,遵循同样的决策原则,即当回收期小于基准回收期时,接受该项目;否则,拒绝该项目(当然,动态回收期法与静态回收期法的基准回收期可能不同)。不同的是,动态回收期考虑了时间价值对回收期的影响,而静态回收期没有考虑。

由上述计算结果我们还可以发现,静态回收期与动态回收期的期限值不等,一般来说,前者要比后者短。在投资回收期较长或折现率较大情况下,两者的差别更大。所以,为保证项目安全,应选用动态回收期进行项目的评价。因为动态回收期不仅意味着全部投资经过这段时间可以全部收回,而且还能保证获得基本的投资收益。但是,目前在我国实际工作中,一般只在投资回收期很长的情况下,才进一步计算动态投资回收期。

但需要注意的是,尽管动态回收期法克服了静态回收期法忽视货币时间价值的缺陷,但其他缺陷却依然存在。

4. 基准回收期的确定带有很大的主观性

运用回收期法的一大难点在于如何确定基准回收期。因为它的恰当与否,直接关系到对投资方案的评价和分析。如对于上例的方案 D,若基准回收期为 2 年,则该方案可以接受;而若基准回收期为 1 年,则该方案不能接受。可见,基准回收期的长短,对于项目和方案的取舍至关重要。

在国外,基准回收期一般由企业自行决定或由企业主管部门统一制定。一般来说,不同的行业,基准回收期不同。如食品工业一般要求 1 年收回投资,轻工业要求 2~3 年收回,而重工业则要求 5~8 年收回,矿山 10 年左右收回,等等。当然,这只是一般的要求,具体项目还要具体分析。但不管怎样,基准回收期的确定都是以管理者的知识和经验为基础,通过主观判断来加以确定的,所以,以此作为项目取舍的标准,缺乏严格的科学依据。

总之,投资回收期法虽然简单,但比较粗糙,具有很大的片面性和局限性,所以它只适宜作为投资评价的辅助指标。在投资决策时,它只适用于项目优劣的初步判断或对小规模的投资项目进行评价,真正的最后决策还需与其他方法相配合。

五、平均投资报酬率法

平均投资报酬率法是以平均投资报酬率作为评价指标的决策分析方法。所谓平均报酬率(average return rate on investment,ARR),是指一项投资方案在其生产经营期正常年度的税后利润或年均税后利润与原始投资额的比率,又称"投资利润率"或"会计收益率"(accounting rate of return)。

$$平均投资报酬率＝年税后利润或年均税后利润/原始投资额$$

这是一个表示投资获利能力的相对指标,反映单位投资额每年所获得的收益,其值越高,说明投资项目的获利能力越强。

这种方法是根据平均投资报酬率的大小来评价和分析投资方案的经济效益。在采用这一指标进行投资决策时,应事先确定一个企业要求达到的平均报酬率(即"必要平均报酬率"),把它作为项目投资的期望平均报酬率(即"基准平均报酬率"或称"目标平均报酬率"),然后将投资项目的平均报酬率与投资者主观上要求达到的平均报酬率相比较:

若方案的平均投资报酬率＞必要平均报酬率,则接受该方案;

若方案的平均投资报酬率＜必要平均报酬率,则拒绝该方案。

若有几个投资方案可供选择,则应该选取平均投资报酬率最高的投资方案。

如,对于上节中的例9-14,A、B、C三个方案的平均投资报酬率分别为:

$$ARR_A=\frac{(1\ 800＋3\ 240)/2}{20\ 000}=12.60\%$$

$$ARR_B=\frac{(-1\ 800＋3\ 000＋3\ 000)/3}{9\ 000}=15.56\%$$

$$ARR_c=\frac{600}{12\ 000}=5.00\%$$

假设投资者要求的平均报酬率为10%,则A、B两方案可以接受,C方案不能接受。但A、B两方案相比,B方案更优。

平均投资报酬率法计算简单、理解容易,应用范围较广;而且它考虑了投资方案在其整个寿命期内的全部现金流量,从而能够在某种程度上反映投资所产生的盈利水平,因而相对来说,它比回收期法更为客观、全面。尽管如此,平均投资报酬率法同样也存在着一些缺陷:

第一,没有考虑投资现金流量的时间性和货币时间价值这一重要因素。由于在计算投资报酬率时人为地将每年的投资收益平均化,从而忽略了现金流量的时间性。由于投资报酬率法没有将货币的时间价值因素考虑进去,使企业难以判断投资所实现的盈利水平能否满足其要求,从而容易导致错误的决策。

第二,只考虑了投资所得,而忽略了投资回收。从计算投资报酬率的公式中我们可以看出,涉及的只是投资所产生的年平均净利,而投资的回收情况在公式中没有体现出来。在公司采用不同折旧法的情况下,投资报酬率法更难客观正确地分析投资的经济效益,因为不同的折旧方法,会得出不同的税后净利,税后净利更不是一个平均数,所以投资报酬率法带有很大假设性,与企业投资的客观事实并不相符。

由于平均投资报酬率法存在着这些不足,所以在实际工作中很少有人直接根据会计收益率这个指标来进行决策。这种方法一般只适用于方案的初选,或投资后各项目间经济效益的比较。使用这种方法的难点是基准投资收益率的确定。

思考题

1. 有人说"在社会主义制度下,币值比较稳定,因而不需要考虑货币的时间价值"。你对这句话怎么看?

2. 如果某一投资项目的资金部分是企业自有资金,部分是银行贷款资金,那么我们应根据什么资金成本来评价该项目的可行与否呢?

3. 为什么在项目投资决策中要采用"现金流量"而非"利润"作为衡量项目经济效益的基础呢?

4. 在财务会计与管理会计中"现金流量"的含义和内容有什么不同?

5. 静态回收期与动态回收期有何不同?

6. 在什么情况下,企业会更关注净现值?在什么情况下,企业又会更关注现值指数或内含报酬率呢?

拓展案例

案例 1:投资决策评价

某厂的一个投资项目需要原始投资 125 万元,其中固定资产投资 100 万元,开办费投资 5 万元,两者于建设起点一次投入。流动资产投资 20 万元,在项目完工时一次投入,项目建设期 1 年。该项目投产后前 3 年每年营业收入 80 万元,经营成本 50 万元,后 7 年每年营业收入 100 万元,经营成本 60 万元。该企业固定资产按平均年限法计提折旧,报废时有残值 10 万元,开办费在投产后 5 年内平均摊销,垫支的流动资金在项目终结点一次收回,该企业营业税率 5%,所得税率 30%。试判断该项目是否可行。

解:

(1) 项目计算期=1+10=11

(2) 固定资产年折旧额=(100-10)/10=9 万元

(3) 开办费年摊销额=5/5=1 万元

(4) 投产后前 3 年每年营业税=80×5%=4 万元,投产后后 7 年每年营业税=100×5%=5 万元

(5) 每年的税前利润、所得税、净利润:

第 1~3:税前利润=80-(50+9+1)-4=16 万元

所得税=16×30%=4.8 万元

税后利润=16-4.8=11.2 万元

第 4~5:税前利润=100-(60+9+1)-4=25 万元

所得税=25×30%=7.5 万元

税后利润=25-7.5=17.5 万元

第6～10年:税前利润＝100－(60＋9)－5＝26万元

所得税＝26×30％＝7.8万元

税后利润＝26－7.8＝18.2万元

(6) 每年的净现金流量

$NCF_0＝－(100＋5)＝－105$万元

$NCF_1＝－20$万元

$NCF_{2\sim4}＝11.2＋9＋1＝21.2$万元

$NCF_{5\sim6}＝17.5＋9＋1＝27.5$万元

$NCF_{7\sim10}＝18.2＋9＝27.2$万元

$NCF_{11}＝18.2＋9＋10＋20＝57.2$万元

$NCF＝－105－20＋21.2×3＋27.5＋27.2＋57.2＝159.6$万元

每年的净现金流量计算见下表。

单位:万元

	NCF_0	NCF_1	$NCF_{2\sim4}$	$NCF_{5\sim6}$	$NC_{7\sim10}$	NCF_{11}	合计
现金流入量:							
营业收入			80	100	100	100	940
固定资产回收残值						10	10
流动资金回收额						20	20
合　计			80	100	100	130	970
现金流出量:							
固定资产投资	100						100
开办费投资	50						5
流动资产投资		20					20
付现成本			50	60	60	60	570
营业税			4	5	5	5	47
所得税			4.8	7.5	7.8	7.8	68.4
合　计	105	20	58.8	72.5	72.8	72.8	810.4
净现金流量	－105	－20	21.2	27.5	27.2	57.2	159.6

(7) 该投资项目各年的累计现金流量

每年净现金流量	－105	－20	21.2	21.2	21.2	27.5	27.5	27.2	27.2	27.2	27.2	57.2
累计净现金流量	－105	－125	－103.8	－82.6	－61.4	－33.9	－6.4	20.8				

所以,该项目的投资回收期$PP＝6＋|-6.4|/27.2＝6.24$年

(8) 在10％的基准收益率下,该项目的净现值为:

$NPV＝－105－20×(P/F,10\%,1)＋21.2(P/F,10\%,2)＋21.2×(P/F,10\%,3)＋21.2×(P/F,10\%,4)＋27.5×(P/F,10\%,5)＋27.5×(P/F,10\%,6)＋27.2×(P/F,10\%,7)＋27.2×(P/F,10\%,8)＋27.2×(P/F,10\%,9)＋27.2×(P/F,10\%,10)＋57.2×(P/F,10\%,11)$

　　＝26.23(万元)

所以该项目可行。

案例 2:"江苏省×××酒店用品总汇"可行性研究报告

一、项目概况

1. 项目名称:江苏省×××酒店用品总汇

2. 项目选址:本项目的经营建筑物拟租借而非新建。因此,只要符合条件的(面积大、沿街不偏僻、进出方便、租金合适等)均可考虑。

3. 承办单位:甲公司

4. 项目负责人:×××

5. 项目经营范围:大堂用品类,客房用品类,餐厅用品类,厨房用品,洗衣设备、设施,电脑网络、管理软件,通信设备,水电工程,美容美发设备,健身、舞厅、休闲设备和器具,门锁系列用品,旅游工艺纪念品,酒店员工服装,公关用品,环保用品,其他酒店用品等。

6. 项目总投资:1 150 万元

7. 资金来源:自筹与贷款

8. 项目经营方式:代理、门市、配送。

二、项目的必要性

由于酒店用品本身具有特殊性,酒店顾客在购买时,还有配套性、采购时间上的特殊性、对价格的相对敏感性,以及服务要求上的多种特点,从而使得酒店顾客是一种特殊顾客。针对这一特殊顾客群提供服务,相对于用品生产者来说,具有商业企业的基本优势;相对于其他商业企业来说,又具有目标集聚战略带来竞争优势。因此,当酒店用品市场需求总量较大时,"总汇"这类商业企业有长期存在的必要性。

三、市场需求预测

这里讲的市场需求,主要指在江苏省范围内,包括各类酒店和社会餐馆(统称为酒店)的酒店用品需求。

目前,全省共有星级酒店 894 家,加上各类住宿和餐饮功能齐全的社会酒店以及各类大小餐馆,总共折算为三星级酒店约 2 054 家左右。

根据中山大厦和瑞迪大酒店的用品年消耗额,可推测每家三星级酒店的用品年消耗额约为 160 万元。这样,全省酒店用品的年需求量约 30 亿元。考虑到"总汇"的多种优势和提高广告促销等方面的营销力量,估计"总汇"开业第一年在江苏市场的份额将可达 3.33% 左右,营业额能近 1 亿元。

另外,据多年来旅游业、餐饮业的实际增长速度以及有关政府部门的指导性计划,有关部门专家估计我省的旅游业、餐饮业在未来 5 年内能以每年 16% 以上的速度递增,因而相应地酒店用品的需求总量在 5 年内也能以近 16% 的速度递增。

由于"总汇"的优势可以不断加强和完善,企业将拓展酒店用品经营种类,进行地区推进和采取一体化发展战略,并将采取更有效的营销策略;由于生产厂家会更多地转为"总汇"的合作者,在近期不会出现更大规模的竞争者的估计下,竞争格局就不会产生重大不利变化,因此,"总汇"可以凭借市场总量的增加,以及在竞争格局基本不变的情况下让自己做得更好,营业额在今后 5 年内以 20% 的速度递增。

四、主要经营风险分析

由于旅游业属于朝阳产业,餐饮业在我国也仍有巨大发展潜力,因此,酒店用品需求具有长期增长的潜力。考虑到基数增大,增长速度放慢的基本规律,5年之后酒店用品需求的增长速度可能会下降,但不会萎缩;考虑到国内外政治、经济形势风云变幻,存在着用品需求发生异常变动的可能性。

再者,由于"总汇"这类行业的进入门槛并不高,因此存在着行业外实力强大的投资者进入本行业的可能性。但"总汇"的低利水平和某些门槛,在近期内立即出现新加入者的可能性不大。因此,综合地看,"总汇"营业额的增长速度会出现由高到低,然后趋于平稳的态势。因而"总汇"应及早做大、做强。

五、投资估算与资金来源(详见附表一)

(一)投资估算

项目总投资:1 150万元,其中:

1. 固定资产投资:138万元,其中

基本设施36万元,运输设备80万元,计算机及配套设备20万元,复印机、文件柜2万元。货场采用租赁方式,以期节约投资。

2. 开办费:132万元,其中:

策划费25万元,人员培训费10万元,广告宣传费50万元,装饰装潢费25万元,办公用品费5万元,其他筹备经费17万元。

3. 铺底流动资金:880万元,其中:

(1)新增存货需700万元资金

考虑要将旅游用品总汇建成一个以省内及周边地区的宾馆为服务对象、以宾馆用品为主营方向、规模居省内第一的展示和销售中心,而不同于一般的商场或是产销中介商,因此要求货物的品种、规格和式样比较齐全,以给客户以充分的选择余地,保证满足不同来源的客户的需求,从而吸引更多的顾客;另外,为了实现货品配套,也需要大量存货。因此,初始进货将需要一笔较大的支出,以满足规模和种类的需要。

700万元之外还需要的进货,可以通过与供应商之间的先供货后付款的协议、甚至引厂进店办联营的方式来满足。按照企业目前的状况,有50%的存货是不需要占用企业的流动资金的,700万元的存货资金就意味着700/50%=1 400万元的库存规模,在存货年周转率6.5次的基础上,就能够实现第一年9 100万元存货的销售。根据企业现有的水平,这样的周转速度是完全可以实现的。在以后的年度里,随着市场份额的上升和规模的扩大,存货占用资金的比例将会随着销量的逐年增长而降低,即使是在需求量大幅上升的情况下,也能保证以有限的资金满足供应。

(2)场地租赁费110万元

为节约投资,展厅和库房采用租赁形式。其中,计划租赁2 000平方米场地作展厅和办公用房,按南京市河西地区目前的房屋租金水平,第一年约需租金80万元(现在的租金是每平方米每月30元左右,即每平方米每年360元左右,考虑到涨价因素,这里我们按每平方米每年400元计算)。

计划租赁2 000平方米的场地用作库房,预计第一年需租金30万元(按每平方米每年150元计算)。

（3）货币资金：70 万元

（二）资金来源

本项目筹备和经营共需资金 1 150 万元，其中 150 万元为自有资金，其余由银行贷款解决，即：

1. 自筹：150 万元，这部分资金计划通过成立股份有限公司，由管理及经营人员入股获得。

2. 贷款：1 000 万元，计划这部分以向银行申请担保贷款获得，贷款资金利率按目前的每月 5.362 5‰计算。

六、经济效益分析

（一）销售收入预测

1. 第一年预计销售额：1 亿元

（1）市场年需求量估计数：30 亿元

根据有关资料，全省可统计到的星级酒店共有 894 家，按每家每年配套用品需求量至少 150 万元计算，每年全省星级宾馆配套用品需求量可达 13 亿多元；再加上各类未统计在内的酒店、度假村、招待所、培训中心、非星级宾馆和宾馆化的医院，估计省内每年的酒店配套用品需求总量至少可达 30 亿元。

（2）市场占有率预测数：3.33%

目前在酒店配套行业中，多数是年销售额在 30 万～50 万元之间的小型企业，规模最大的也不超过 600 万元/年的销售额。很多经销商只是进行经销一种产品或是一个品牌的产品，因而难以提供配套齐全的产品，服务也有待完善。新的总汇建成后，作为全省规模最大的酒店配套用品销售商，将凭借其规模优势、品牌优势、价格优势和完善的售前、售中、售后服务优势，力争在第一年实现 3.33% 的市场占有率。

（3）期望销售额：1 亿元

根据前述预测数，省内的需求量为 30 亿元，市场占有率为 3.33%，因此，总汇建成后第一年的销售额预计可达 1 亿元。

（4）需求风险

酒店用品的市场需求总量会随着全国特别是我省经济的增长态势和旅游行业的发展情况的变化而波动，预计波动幅度在上下 20% 左右。由于近两年江苏经济发展态势良好，估计市场需求总量能达到 20 亿元的可能性在 60% 左右，上浮的可能性为 25%，下降的可能性为 15%。

（5）竞争风险

目前酒店用品配套行业多数企业规模较小，1 000 多万元的投资规模有较强的竞争优势，而且该行业专业性较强；但考虑到众多厂家直销的优势，以及一些小规模企业拥有稳定且关系良好的客户网的事实，预计能达到 3.33% 的市场占有率的可能性为 40%，占有率上浮至 4% 的可能性为 25%，下降至 2.5% 的可能性为 35%。

下面为市场需求量和市场占有率的变动情况及其概率的列表（市场需求量记为 x，其发生的概率为 p；市场占有率记为 y，其发生的概率为 q），以及一定的市场需求量和市场占有率配比所能够实现的销售量（$x \times y$）及其概率（$p \times q$），将销售量与其对应的概率的乘积求和后最终得出的期望销售量为 1 亿元。

市场需求量(x亿元)及其概率(p)		25	30	35	合计
市场占有率(y)及其概率(q)		0.15	0.60	0.25	
2.833%	0.35	0.708 25 0.052 5	0.8499 0.21	0.991 55 0.087 5	0.30 0.35
3%	0.40	0.832 5 0.06	0.999 0.24	1.165 5 0.1	0.41 0.4
3.833%	0.25	0.958 25 0.037 5	1.149 9 0.15	1.341 55 0.062 5	0.29 0.25
合计		0.12 0.15	0.59 0.6	0.29 0.25	1.00 1

（6）销售额构成如下。

预计第一年1亿元的销售情况分布如下：

按酒店划分：四星五星级酒店1 000万元，三星级酒店3 000万元，一星二星级酒店（包括培训中心、招待所）1 000万元，社会餐馆、酒楼5 000万元。

按产品种类划分：纺织品2 000万元，陶瓷用品1 000万元，厨房设备2 000万元，厨房杂件1500万元，清洁设备及清洁剂2 000万元，玻璃器皿1 000万元。

2. 预计销售额在前五年每年递增20%，随后每年以5%的速度递减，至5%时趋于稳定。这是因为：

（1）在市场总量潜力方面：一方面，由于当前各级各类酒店、宾馆、培训中心、社会餐馆发展势头良好，宾馆"升星"活动频繁，投资巨大；另一方面，近年来医院、疗养院纷纷实行酒店化经营管理，家庭装修亦呈现明显的酒店化趋向，因此，可以预见在未来几年内整个社会对酒店配套用品的需求将会逐年大幅增加。

（2）在市场占有率方面：预计总汇将在第一年的基础上积极发挥其规模优势、价格优势、品牌优势和配套服务优势，产生积聚效应，并在一定条件下尝试与供应商联营甚至自己投资生产，降低货源成本，以更优惠的价格、更周到的服务吸引客户，以扩大市场占有率。

另外，由于此类产品专业性较强，有一定的进入壁垒，其他厂商即便进入也难以到一定的规模，尤其难以提供配套的用品和深度服务，故而我汇在未来的市场竞争中竞争优势将日益明显，预计在早期（前五年）能以20%的增长速度扩大销售。

但当经过一定时期的快速成长以后，增长速度就会有所放慢进入相对稳定时期。这里我们假设从第6年开始每年的销售收入比上一年递减5个百分点，至第8年后趋于相对稳定。

（二）成本费用预测

1. 营业成本

（1）综合毛利率按前五年每年9%计算，以后每年按8%计算。现在一般酒店配套企业的销售毛利率在20%左右，为提高本汇的竞争能力，扩大市场占有率，计划将本汇的销售毛利率控制在9%左右，以期通过低廉的价格和周到的服务赢得客户。但考虑到以后市场竞争日益加剧，价格竞争将不可避免，为提高以后的竞争能力，我们假设五年后的毛利率降为8%。

（2）营业成本前五年为销售收入的91%，以后为销售收入的92%。这样较高的成本水平上升空间不大，而且发展到销售规模较大从而对供应商颇具吸引力的时候，厂家为了推销产品,也只会压低销货价,降低商家的进货成本,但为了继续扩展市场份额,保持原有的毛利率,进一步降低售价也是商家经常的做法,故而成本的风险较小,在销售额既定的情况下成本上下波动的幅度都不会太大。

2. 营业费用(详见附表三)

(1) 人员经费:第一年定员50人(组织结构图见附表七),工资按每人每年3万元标准计算,共计150万元,其他费用以此为基础计提。以后年度的工资标准与销售收入同幅增长。

(2) 能源消耗费:包括水费、电费、燃料费,以目前公司发生数为基础推算,第一年23万元,以后每年有所增长。

(3) 公务费:包括办公费、邮电费、差旅费等,也以目前公司的发生数为基础推算,第一年需62万元,以后每年有所增长。

(4) 折旧维修费:主要是每年110万元的货场租赁费,第一年还包括开办期间的装潢和低耗品摊销费,为162万元,第二年至第五年每年135万元,第六年大部分固定资产摊销完毕。

(5) 营销费:主要是宣传广告费、交际应酬费和运杂费,第一年140万元,以后每年递增。

(6) 其他:包括初始投资支出的开办费等,以及税金、保险费、商品损耗费等。根据新的《企业会计制度》规定,除购置和建造固定资产外,企业筹建期间发生的费用,在开始生产经营的当月一次计入当期的损益。故而开办费全部在企业生产经营第一年计入当期损益,不再摊销。

3. 销售税金及附加:按照增值税应交税额的11%计提。第一年17万元,以后逐年随着销售额的增加而递增。

4. 管理费用:商品流通企业管理费用全部计入营业费用。

5. 财务费用:主要是借款利息,以贷款1000万元为基数,银行利率按每月5.362 5‰计算,每年需支付给担保人的费用为贷款额的5‰,第一年的财务费用69.35万元,以后每年以税后利润和折旧首先偿还当年的应计利息,余下偿还一部分本金。

(三) 利润预测(损益预算表见附表二)

根据前面预测的销售收入、营业成本和营业费用等指标值,可以测算出本汇在建成后的税前利润和税后利润情况如下:

项目	第一年	第二年	第三年	第四年	第五年
税前利润(万元)	66.766	230.011	340.54	476.27	642.44
税后利润(万元)	44.734	154.107	228.16	319.1	430.43

项目	第六年	第七年	第八年	第九年	第十年
税前利润(万元)	550.171	611.61	630.938	661.096 9	684.295
税后利润(万元)	368.615	409.78	422.728	442.934 9	458.477

(四) 财务效益分析(财务综合指标值见附表六)

1. 投资利润率＝年均利润总额/投资总额

$$=489.41/1\,150\times100\%=42.56\%$$

2. 投资净利率＝年均净利润/投资总额

$$＝327.91/1\ 150＝28.51\%$$

3. 投资利税率＝年均利税总额/项目总投资

$$＝(年利润总额＋年销售税金及附加)/项目总投资$$

$$＝45.65\%$$

4. 静态回收期:$4＋352.346/732.296\ 2＝4.851\ 3$(年)

	第一年	第二年	第三年	第四年	第五年
每年净现金流量(万元)	66.708 5	176.08	250.13	341.08	452.407
累计现金流净流入量(万元)	66.709	242.79	492.93	834	1 286.4
还未收回的投资额(万元)	1 083.3	907.21	657.07	316	—

	第六年	第七年	第八年	第九年	第十年
每年净现金流量(万元)	377.99	419.16	432.1	442.93	458.48
累计现金流净流入量(万元)	1 664.4	2 083.6	2 515.7	2 958.6	3 417.1

5. 动态回收期:$5＋186.901/1\ 222.149＝5.721\ 49$年(贴现率按当前银行利率贷款6.5%计算)

	第一年	第二年	第三年	第四年	第五年
每年净现金流量(万元)	66.709	176.08	250.13	341.08	452.41
贴现现金流(万元)	62.637	155.24	207.07	265.13	330.2
累计贴现现金净流入量(万元)	62.637	217.88	424.96	690.08	1 020.3
还未收回的投资额(万元)	1 087.4	932.12	725.04	459.92	129.72

	第六年	第七年	第八年	第九年	第十年
每年净现金流量(万元)	377.99	419.16	432.1	442.93	458.477 44
贴现现金流(万元)	259.05	269.73	261.09	251.3	244.242 87
累计贴现现金净流入量(万元)	1 279.3	1 549.1	1 810.2	2 061.5	2 305.696 3

6. 净现值:1 155.7万元(贴现率按银行利率6.5%计算)

7. 内含报酬率:20.46%

说明:这里的净现值和内含报酬率时都是以10年的预计经营期为基础计算而来的。实际上,在正常情况下,本项目的可持续经营期远不止10年,可能15年甚至20年、30年,因此本项目的实际净现值和内含报酬率要比这里计算的结果要大,经济效益更好,但考虑到时间价值因素,10年的经营期假设对本项目的评价结果影响不大。

(五)借款本息偿还计划(详见附表五)

1. 借款利息每年支付,计入财务费用。本金用每年提取的折旧和摊销收回的资金及实现的部分利润偿还,计划从第二年开始还贷,至第五年末还清。

2. 在进入正常运转后,50%乃至更多比例的存货可以采用先进货后付购货款的方式,流动资金占用减少,经营利润和折旧收回的现金流有较大的余地,可以用来还贷。

七、总评价

1. 根据江苏省的旅游发展倍增计划,旅游业将成为未来几年内我省重点发展的行业之一,可以预见未来几年内我省的旅游业发展将走上快车道,旅游用品的需求也将随之快速增长,因此这类产品的市场前景看好,这是上马该项目的有利条件之一。

2. 为配合省政府制定的旅游发展倍增计划,在未来几年内将有众多的宾馆要进行"升星"活动(如由三星宾馆升级为四星宾馆),因此需要对大堂和客房进行大规模的更新改造,从而需要大量的配套用品。这是上马该项目的一个重要机遇。

3. 甲公司从事这个行业多年,一方面,与供应商建立起比较稳定的联系,供货渠道、产品质量有保证;另一方面与宾馆、酒店关系密切,对其需求情况比较了解。

4. 从财务上看,无论是静态指标还是动态指标都表明,在预计经营期内,该项目的财务效益均较好。

5. 项目贷款偿还期为5年左右,资金来源是利润和折旧,由此可见还贷资金有保证,本息归还不成问题。

6. 前述研究是以江苏省的宾馆和酒店为分析对象,但实际上本项目建成后将有一定的辐射功能,可以占领安徽、山东等周边地区的一些市场;另外,本研究假设该项目的经营期为10年,并以此为基础进行推算的,而实际上,在正常情况下,本项目的经营期将远不止10年。考虑到这些因素,该项目的财务指标值将发生一定变化,总体经济效益会更好。

7. 结论

通过以上对江苏省的宾馆、酒店配套用品市场需求情况进行的分析、预测,对本汇的竞争能力、市场占有率及经营收入、成本费用进行的估算,和对本项目实施后的投资报酬率、回收期、净现值和内含报酬率等相关财务指标的推算,我们得出如下结论:该项目所售产品的市场需求和发展潜力巨大,本汇在市场竞争中具有一定优势,项目具有较好的实施条件和良好的经济效益,因此投资该项目是可行的。

附表一:投资估算与资金筹措表

序号	项目	数量	金额(万元)	占总投资的比重	备注
一	投资总额		1 150	100.00%	
(一)	固定资产投资		138	12.00%	
1	基本设施		36	3.13%	
	货架		20	1.74%	5年折旧
	空调	8台	16	1.39%	5年折旧
2	运输设备		80	6.96%	
	铲车、推车	2+4辆	5	0.43%	5年折旧

(续表)

序号	项目	数量	金额(万元)	占总投资的比重	备注
	货车	2辆	75	6.52%	8年折旧
3	计算机系统		20	1.74%	5年折旧
4	复印机、文件柜		2	0.17%	5年折旧
(二)	开办费		132	11.48%	
1	策划费		25	2.17%	
2	人员培训费		10	0.87%	
3	宣传广告费		50	4.35%	
	媒体广告		20	1.74%	
	宣传促销广告品		28	2.61%	
	企业招牌		2	0.17%	
4	装饰装潢费		25	2.17%	
5	办公用品费		5	0.43%	
	办公桌椅		3	0.26%	低耗品
	电话、交换机、传真机		2	0.17%	低耗品
6	其他		17	1.48%	
(三)	流动资金		880	76.52%	
1	存货		700	60.87%	
2	房屋租赁费		110	9.57%	
	展厅、办公房	2 000平方米	80	6.96%	400元/平方米/年
	库房	2 000平方米	30	2.61%	150元/平方米/年
3	货币资金		70	6.09%	
二	筹资总额		1 150	100.00%	
(一)	银行贷款		1 000	86.96%	
(二)	自筹资金		150	13.04%	

注:根据新的《企业会计制度》规定,除购置和建造固定资产外,企业筹建间发生的费用,在开始生产经营的当月一次计入当期的损益。故而开办费全部在企业生产经营第一年计入当期损益,不再摊销。

附表二:损益预算表　　　　　　　　　　　　　　　　　　　　　　　　　　单位:万元

项目	第一年	第二年	第三年	第四年	第五年	第六年	第七年	第八年	第九年	第十年	合计
一、营业收入	10 000	12 000	14 400	17 280	20 736	23 846.4	26 231	27 542.6	28 919.72	30 365.7	211 321
营业成本	9 100	10 920	13 104	15 725	18 870	21 938.7	24 133	25 339.2	26 606.14	27 936.5	193 672
营业税金及附加	16.83	20.196	24.235	29.082	34.899	40.133 5	44.147	46.354 2	48.671 89	51.105 5	355.654

管理会计学

（续表）

项 目	第一年	第二年	第三年	第四年	第五年	第六年	第七年	第八年	第九年	第十年	合计
营业费用	717.05	729.069	835.52	962.84	1 115.2	1 245.87	1 364	1 443.49	1 517.05	1 602.76	11 532.9
其中:折旧	21.975	21.975	21.975	21.975	21.975	9.375	9.375	9.375	0	0	138
二、经营利润	166.12	330.735	436.25	563.27	716.16	621.711	690.31	713.566	747.856 1	775.392	5 761.36
管理费用											
财务费用	69.35	64.723 8	52.512	35.166	11.512	0	0	0	0	0	233.264
三、营业利润	96.766	266.011	383.74	528.11	704.64	621.711	690.31	713.566	747.856 1	775.392	5 528.1
营业外支出	30	36	43.2	51.84	62.208	71.539 2	78.693	82.627 8	86.759 16	91.097 1	633.964
四、利润总额	66.766	230.011	340.54	476.27	642.44	550.171	611.61	630.938	661.096 9	684.295	4 894.13
所得税	22.033	75.903 6	112.38	157.17	212	181.557	201.83	208.21	218.162	225.817	1 615.06
五、税后利润	44.734	154.107	228.16	319.1	430.43	368.615	409.78	422.728	442.934 9	458.477	3 279.07
税前利润	66.766	230.011	340.54	476.27	642.44	550.171	611.61	630.938	661.096 9	684.295	4 894.13
税后利润	44.734	154.107	228.16	319.1	430.43	368.615	409.78	422.728	442.934 9	458.477	3 279.07
销售净利率	0.45%	1.28%	1.58%	1.85%	2.08%	1.55%	1.56%	1.53%	1.53%	1.51%	—
税后利润增长速度	—	244.50%	48.05%	39.86%	34.89%	−14.36%	11.17%	3.16%	4.78%	3.51%	—

附表三:营业费用预算表　　　　　　　　　　　　　　　　　　　　　　　　　单位:万元

项 目	第一年	第二年	第三年	第四年	第五年	第六年	第七年	第八年	第九年	第十年	合计
一、人员经费	224.45	267.02	318.03	379.17	452.44	518.582	569.64	598.36	628.579	660.38	4616.65
1. 工资	150	180	216	259.2	311.04	357.696	393.47	413.139	433.795 8	455.486	3 169.82
2. 福利费	21	25.2	30.24	36.288	43.546	50.077 4	55.085	57.839 4	60.731 42	63.768	443.775
3. 工会经费	3	3.6	4.32	5.184	6.220 8	7.153 92	7.869 3	8.262 78	8.675 916	9.109 71	63.396 4
4. 教育经费	2.25	2.7	3.24	3.888	4.665 6	5.365 44	5.902	6.197 08	6.506 937	6.832 28	47.547 3
5. 工作餐	7	7	7	7	7	7	7	7	7	7	70
6. 服装费	1	1	1	1	1	1	1	1	1	1	10
7. 养老保险	33	39.6	47.52	57.024	68.429	78.693 1	86.562	90.890 6	95.435 08	100.207	697.361
8. 住房公积金	7.2	7.92	8.712	9.583 2	10.542	11.595 7	12.755	14.030 8	15.433 84	16.977 2	114.749
二、能源消耗	23	25	27.4	30.28	33.736	36.846 4	39.231	40.542 6	41.919 72	43.365 7	341.321
1. 水费	3	3	3	3	3	3	3	3	3	3	30
2. 电费	10	10	10	10	10	10	10	10	10	10	100
3. 燃料费	10	12	14.4	17.28	20.736	23.846 4	26.231	27.542 6	28.919 72	30.365 7	211.321

· 216 ·

（续表）

项　目	第一年	第二年	第三年	第四年	第五年	第六年	第七年	第八年	第九年	第十年	合计
三、公务费	62	71.4	82.38	95.226	110.28	124.624	137.09	146.598	156.850 8	167.909	1 154.35
1. 办公费	12	14.4	17.28	20.736	24.883	28.615 7	31.477	33.051 1	34.703 67	36.438 8	253.586
2. 邮电费	30	33	36.3	39.93	43.923	48.315 3	53.147	58.461 5	64.307 66	70.738 4	478.123
3. 差旅费、会议费	20	24	28.8	34.56	41.472	47.692 8	52.462	55.085 2	57.839 44	60.731 4	422.643
四、折旧维修费	161.98	134.975	134.98	134.98	134.98	122.375	122.38	122.375	113	113	1 295
1. 折旧费	21.975	21.975	21.975	21.975	21.975	9.375	9.375	9.375	0	0	138
2. 装潢维修费	25	3	3	3	3	3	3	3	3	3	52
3. 租赁费	110	110	110	110	110	110	110	110	110	110	1 100
4. 低值易耗品摊销	5										5
五、营销费	140	168	201.6	241.92	290.3	339.034	382.89	418.184	454.420 2	490.731	3 127.08
1. 宣传广告费	50	60	72	86.4	103.68	124.416	146.81	170.301	194.142 7	217.44	1 225.19
2. 交际应酬费	40	48	57.6	69.12	82.944	95.385 6	104.92	110.17	115.678 9	121.463	845.286
3. 杂运费	50	60	72	86.4	103.68	119.232	131.16	137.713	144.598 6	151.829	1 056.61
六、其他	105.63	62.674 3	71.129	81.275	93.45	104.407	112.81	117.429	122.28	127.374	998.455
1. 策划费	25										25
2. 员工培训费	10	5	5	5	5	5	5	5	5	5	55
3. 开办费	20										20
4. 税金	1.8	2.16	2.592	3.110 4	3.732 5	4.292 35	4.721 6	4.957 67	5.205 55	5.465 83	38.037 9
5. 保险费	2.685 7	2.942 86	3.251 4	3.621 7	4.066 1	4.465 97	4.772 6	4.941 19	5.118 25	5.304 16	41.169 9
6. 保安费	4	4	4	4	4	4	4	4	4	4	40
7. 顾问费、审计费	10	12	14.4	17.28	20.736	23.846 4	26.231	27.542 6	28.919 72	30.365 7	211.321
8. 商品损耗、坏账损失	22.143	26.571	31.886	38.263	45.915	52.803	58.083	60.987	64.036 5	67.238	467.926
9. 其他费用	10	10	10	10	10	10	10	10	10	10	100
七、合计	717.05	729.069	835.52	962.84	1 115.2	1 245.87	1 364	1 443.49	1 517.05	1 602.76	11 532.9
其中：折旧	21.975	21.975	21.975	21.975	21.975	9.375	9.375	9.375	0	0	138

说明：

1. 工资第一年为 3 万×50 人，以后年度工资标准的增长与销售收入同幅增长。

2. 福利费、工会经费和教育经费分别按工资的 14%、2%、1.5% 计提。

3. 工作餐按每人每天 5 元的标准，一个月 22 天，第一年为 5 元×50 人×22 天×12 月，以后类推。

4. 养老保险按工资的 22%计提，住房公积按每人每月 120 元计算，逐年递增 10%。

5. 水电费按 2000 年发生数预计，燃料费按 2000 年发生数×3 计算，以后每年夜是与销售收入同幅增长。

6. 办公费以 2000 年发生数×2 计算，以后每年与销售收入同幅增长；差旅费，会议费按 2000 年发生数×2 计算，以后每年与销售收入同幅增长。

7. 开办费第一年一次计入损益，折旧费根据投资预算的固定资产投资额摊销，汽车摊销 8 年，其他均为 5 年，无残值。

8. 装潢维修费第一年为初始装修支出，以后每年支出 3 万。

9. 交际应酬费按 2000 年发生数×1.3 计算，以后每年与销售收入同幅增长。

10. 运杂费与销售收入同幅增长。

11. 印花税为按收入×60%‰×0.3‰计算。

12. 存货和汽车保险费为收入÷14×1.8‰＋0.35×4 辆。

13. 保安费为 800 元×4 人×12 月。

14. 顾问费、审计费按销售收入的 1‰计算。

15. 商品损耗暂按收入÷14×3‰的比率计提商品削价准备金或处理商品损耗，坏账准备按收入×2 计提。

附表四：现金流量预算表   单位：万元

项　目	筹建	第一年	第二年	第三年	第四年	第五年	第六年	第七年	第八年	第九年	第十年
初始投资	−1 150										
每年净利润		44.733 5	154.11	228.16	319.1	430.432	368.61	409.781	422.728 4	442.935	458.477
每年折旧		21.975	21.975	21.975	21.975	21.975	9.375	9.375	9.375	0	0
每年净现金流量	−1 150	66.708 5	176.08	250.13	341.08	452.407	377.99	419.156	432.103 4	442.935	458.477
累计现金流净流入量	−1 150	−1 083.3	−907.2	−657.1	−316	136.407	514.4	933.553	1 365.656	1 808.59	2 267.07
贴现现金流	−1 150	62.637 1	155.24	207.07	265.13	330.203	259.05	269.729	261.090 4	251.301	244.243
累计贴现现金净流入量	−1 150	−1 087.4	−932.1	−725	−459.9	−129.72	129.33	399.063	660.152 9	911.453	1 155.7

附表五：借款还本付息计算表   单位：万元

项　目	筹建期	第一年	第二年	第三年	第四年	第五年	合计
借款累计	1 000						1 000
偿还本金资金来源							
折旧		21.975	21.975	21.975	21.975	21.975	109.88
利润		44.733 5	154.11	228.16	319.1	430.432	1 176.5
本年支付利息		69.35	64.724	52.512	35.166	11.512 1	233.26
本年偿还本金		66.708 5	176.08	250.13	341.08	166	1 000
累计偿还本金		66.708 5	242.79	492.93	834	1 000	1 000
年初未还本金		1 000	933.29	757.21	507.07	166	—

备注:企业经营成熟后,存货可以采用先进货后付款的方式,这样可以减少占用50%的存货资金,这部分节约的流动资金也可以用来还贷。

附表六:综合经济效益指标列表

序号	指标类型	指标	指标值
1		年均销售收入水平(万元)	21 132
2		年均利润总额(万元)	489.413
3		年均净利润(万元)	327.907
4	静态指示	投资利润率	42.56%
5		投资净利率	28.51%
6		投资利税率	45.65%
7		借款偿还期	5 年
8		静态回收期	4.698 49 年
9		动态回收期	5.500 74 年
	动态指标		
10		净现值	1 155.7 万元
11		内含报酬率	20.46%

第三篇　控制篇

第十章　企业预算

　　古人云:"凡事预则立,不预则废","人无远虑,必有近忧"。在现实生活中,我们每个人都有编制预算和使用预算的经历和经验,只不过方式不同而已。例如每个人都会对一定期间内的收入有所估计,对衣食住行有所计划,以使支出之和不致超过某一预定的限度。对于个人和家庭是这样,对于企业、政府机关及非营利性组织等来说则更是如此。只不过个人预算通常没有一定的形式,而企业和政府预算则总是有一具体的形式,且远较个人预算详尽,其编制过程亦较为复杂。

　　在一个规模较大的组织中,非正式的、临时的计划往往不够,一个更加正式的预算系统则常常是必须的。企业在经过预测分析和决策分析,确定了未来经济活动各方面的主要目标和任务之后,就进入目标实施阶段。在这个阶段,企业内部各部门必须密切配合,协调行动。编制全面预算就是要将企业的总体目标和任务分解成若干具体目标,用数量和表格把它们固定下来,作为今后经济活动的依据,使各个部门的成员都能够了解在计划期内自己应该做什么、怎样做得更好,以及别人在做什么、如何与之配合,这样才能保证整个企业工作的顺利进行。所以,有人感慨:"不能成功地确定、控制和调整预算以适应变化的情况,是许多企业衰落的主要原因之一"[①]。

　　本章着重阐述:何为全面预算? 预算包括哪些类型和内容? 有何作用? 怎样编制? 如何控制?

　　通过本章的学习,目的是要使读者了解预算的编制思路,学会预算的编制方法,掌握预算的控制技术。

✎ 引导案例

徐工集团的全面预算管理体系

　　从 3.86 亿元到成长为中国工程机械行业首个千亿级企业,徐州工程机械集团有限公司(以下简称"徐工集团")在一阵阵的惊叹声中,实现了跨越式的增长。徐工集团的飞速发展和它完备的预算管理体系是密不可分的。该集团自 1997 年就开始推行了全面预算管理,多年来,集团也始终坚持"以

---

① 　引自查尔斯·亨格瑞等.《管理会计教程》.华夏出版社.1999 年,P125

财务管理为中心,以预算管理为主线"的指导思想,在实施过程中,不断完善职能部门的预算管理,推行营销策划和生产过程中的物料预算管理,并加强生产制造过程的预算管理。

集团根据全面预算管理的特点,结合生产经营管理的要求,建立了企业全面预算管理的组织机构,如由领导班子组成的全面预算管理委员会。全面预算内容包括经营预算、资本预算、筹资预算和财务预算四个部分。公司编制预算时,按照先经营预算,再资本预算和筹资预算,后财务预算的流程进行,并按照各部门单位所承担经济业务的类型及其职责权限,编制不同项目的预算。各项预算的制定要以公司的经营目标为中心,预算执行的最终结果将体现公司经营目标的实现。

公司全面预算分为年度预算及月度预算。根据预算内容,财务部制定标准的预算表格并发送到各部门,各责任部门按照标准格式编制本部门预算并报送财务部,财务部按照预算控制科目进行汇总平衡,并负责将审批后的预算方案输入计算机系统。年度预算的编制分为下达目标、编制上报、审查平衡、审议批准、下达执行五个阶段。

徐工集团在实际运行中严格按照预算执行,杜绝超预算支付,需要追加的预算,必须进行系统内预算调整,预算方案调整必须经过主管领导的审批。预算方案调整每月进行一次,时间定于每月 25 日,之前需要调整预算的,由预算执行部门提出书面申请,经分管领导、主管领导审批后输入计算机,公司领导应在 24 日之前将系统中预算调整申请审批完毕。

有效的预算管理能够统筹协调各种资源,促进企业全价值链的优化和资源的高效配置,有助于实现企业的战略目标。那么预算编制有哪些内容和流程? 我们应该如何对预算进行控制和调整? 这些都是本章要解决的问题。

第一节　预算的性质

一、预算的概念

"有效的经营管理离不开合理的统筹规划",这是企业经营管理的一条基本原理。在竞争激烈的市场经济中,企业能否在行动前有效地规划、整合企业的各项资源,统一、明确企业的奋斗目标,围绕企业目标形成有序的合力,直接决定着企业的经济效益的好坏。

西方的规划通常包括两部分:一部分是用文字加以说明的,叫作"计划"(plan);另一部分则是用数字和表格加以反映的,叫作"预算"(budget),即是用数量或表格表示的对未来一定时期内资源取得和运用的详细计划,是将企业经营活动的决策目标及其资源配置规划加以量化并实施控制的内部管理活动或过程,是对决策目标的具体化和数量化,因而有人说:"预算是将决策者的梦想量化"。因此,预算就是计划的数量化反映,而计划则是预算的文字说明。但预算与计划通常又有所不同,因为任何有意义的设想都可称为计划,而在大多数情况下预算则专指使用货币度量的财务计划。所以,在某种意义上,预算是用于控制未来经济活动的一项财务计划。

二、预算的类型

（一）按预算编制的主体分

按照预算编制主体，常见的预算有行政预算和企业预算这两大类。

行政预算是指政府预算或其他公共团体、事业单位的预算。企业预算出现较晚，可以认为是从政府和非营利单位预算引入的。预算制度的形成始于 19 世纪末美国小城镇所实施的公共预算制度，对美国国家预算的确立起了很大的作用。在 20 世纪 20 年代预算这种财务控制形式得到了迅速发展。美国国会于 1921 年 6 月正式颁布了《预算和会计法》，它不仅对各级政府机构，而且对民间企业预算控制的推行产生了决定性的影响。1922 年美国人麦金西（J. Q. Mekinsey）所著的《预算控制》一书问世，这是预算控制方面的第一本专著，他在书中将过去部分、非正式实施的预算控制，发展成为具有科学性、系统性的经营管理工具。他明确指出，企业预算控制的主要职能是调节企业内部各部门的活动，使企业的全部活动纳入正常的秩序之中。他的这本书流传很广，对 20 世纪 20 年代以后较长历史时期预算控制的发展产生了巨大影响。

尽管企业预算是在政府预算和非营利单位预算的基础上发展起来的，但两者在编制目的、编制方法和使用方法上有明显不同。行政预算的主要目的是限制支出，预算的约束较强；行政预算的编制方法是要将需要的支出压缩到最低限度，然后再来筹划必要的收入，力求收支平衡；并且行政预算一般只涉及特定单位的货币收支，而较少反映预算单位的工作内容。

企业预算的主要目的是为了能够尽早发现经营和财务方面存在的问题，以便能够及时采取措施予以避免或纠正，常采用弹性预算，以适用多变的经营形势；企业预算的编制方法是：目标利润——销售收入——成本限额；企业预算会涉及企业的各个方面，企业的绝大部分活动都被纳入预算。本文以企业预算为主要内容。

（二）按预算涉及的内容分

按照预算所涉及的内容，预算有单项预算和全面预算之别。

单项预算是反映企业某一方面经济活动的预算，如销售预算、生产预算、资本预算等。单项预算又称"专门预算"。而全面预算是反映企业总体状况的预算，将企业在一起时期内的全部经营活动及其过程都纳入同一个预算体系中，用数量和表格形式反映出来，以综合反映企业的总体规划。全面预算又称"综合预算"。

企业预算的实行，起初主要在支出和经费方面，后来发展到销售方面，以后又拓展到资本支出方面，并逐渐由起初的单项预算逐步发展为涵盖企业各方面工作的综合预算，涉及销售预算、生产预算、现金预算、投资预算等各个方面。

（三）按预算涉及的领域分

按预算所涉及的领域，预算可分为业务预算、专门决策预算和财务预算三种形式。

业务预算是指与企业日常经营活动有关的预算，又称"经营预算"。主要包括销售预算、生产预算、材料预算、人工预算、制造费用预算、产品生产成本预算、销售费用预算、管理费用预算、存货预算，等等。

专门决策预算是指企业为那些在预算期内不常发生的经济活动所编制的预算。主要包括资本（支出）预算、股利发放预算、资金筹集预算、所得税预算等。

财务预算是指与企业的现金收支、经营成果和财务状况有关的预算。主要包括应收账款预算、应付账款预算、短期信贷预算、长期资金筹措预算、现金预算、预计的资产负债表、预计的损益表和预计的现金流量表等。

在上述三类预算中,财务预算的综合性最强,是全面预算的主体。但财务预算的各项指标又有赖于业务预算和专门决策预算,因此,业务预算和专门决策预算是财务预算的编制基础。

(四)按预算编制的期间分

按照预算编制的时期长短,预算有长期预算和短期预算之分。

长期预算是指预算期超过一年的预算。如增加或削减生产线、建造厂房、购置设备、研究和开发以及长期资金筹集预算和长期销售预算,等等。

由于长期预算一般涉及的时间跨度较长,未来的不确定因素较多,预算的准确性较差,故长期预算一般将考虑的重点放在战略制定上。虽然长期预算的编制和数据估算不要求十分精确,但它对于企业的长期决策来说却是不可缺少的。长期预算的适当编制与否,不仅会影响到企业短期预算编制的好坏,而且还会影响到企业长期战略目标的实现。编制长期预算,可以促使企业管理人员始终保持对某些未来实践的关注,以便及时做好必要安排,并且随着时间的推移,还要对长期预算进行适当的修订,以适应变化了的新情况。如果不进行长期预算,企业有可能在马上需要添置一批新设备时才发现没有足够的资金可供使用,从而导致各项计划不能顺利实施,影响企业的正常经营。所以,许多企业除编制一年期的短期预算外,一般还编制长期预算。

短期预算是指预算期在一年以内或超过一年的一个营业周期以内的预算。包括年度预算、季度预算、月度预算甚至每旬、每周、每天的预算。制造业企业通常要编制年度的生产预算、直接材料预算、直接人工预算、现金预算等,就属于较为普遍的短期预算形式。

编制短期预算的目的,是为了满足在预算执行过程中,管理人员随时监督、对比分析实际数与预算数的差异,以便及时发行异常,及时采取必要措施的需要。短期预算的好处是预测资料较为可靠,缺点是容易忽视关系企业长期发展的重大问题。

三、预算的积极作用

编制全面预算的目的是要使企业内的各个单位、各个部门的所有人员明确企业和自己未来的奋斗目标和努力方向,知道在计划期间本单位、本部门应该做什么、怎样去做,并以此来协调行动、控制经营活动和进行业绩评价,以保证企业整体目标的实现和工作的顺利进行。预算的作用集中表现在它是现代管理会计中"决策会计"与"执行会计"的中介。

(一)制定计划的动力

有人说:"没有企业去计划失败,但是失败的企业多数没有计划"①。

现在,许多企业的领导人整天忙于应付各种日常事务,急于到处救火,而很少有时间、花精力去思考事关企业未来发展的大事。但是编制预算,能够迫使他们直面企业经营的不确定性,促使他们对未来一段时间内企业的发展思路进行思考和规划,对要解决的问题和各种资源的运用进行筹划,对内外经营环境和市场环境的可能变化作出预测和准备,使企业领导人未雨绸缪,从而尽早为企业在未来一定时期内的发展制定目标、规划及其策略。

目标是目的地,预算是指引我们到达目的地的地图。没有目标,企业的经营活动将缺少方向,问题不能事先预测,事后也就难于对结果进行解释。在预算编制过程中,管理者会对企业

---

① 引自查尔斯·T·亨格瑞等,《成本会计》(第八版),中国人民大学出版社,P162。

的整个经营活动通盘考虑,适当调整,以保证目标的实现。许多国家的调查结果表明:90％的企业都编制预算。

(二) 共同奋斗的目标

制定预算的主要目的是对企业未来经济活动的计划进行量化,并对计划和目标进行分解,使企业内部的各个部门、单位和人员都能预先明确各自的目标和任务,从而影响并激励管理人员和企业员工去采取正确行动,努力工作,形成合力,从而达到企业既定的总目标。

预算不仅能帮助企业各成员更好地明确整个企业的奋斗目标,而且能保证企业未来一定时期的生产经营活动不致脱离决策、计划所确立的正常轨道。对于企业员工,预算的一个好处就是员工将被告知需要做什么,要达到什么目标。在预算编制过程中,预算的第一稿很少成为最终稿,随着预算的逐步调整,预算过程成为管理过程本身的一个必不可少的组成部分。可以说,预算就是计划和交流。通过预算,可以使从上到下及从下到上得到交流。总经理在他的预算中明确组织的目标,指导中、低层经理以及全体职员;同时,雇员和低层经理通过预算告诉高层经理他们如何达到目标。预算是企业成员行动的路线图,既反映了高层经理对企业经济资源分配的重点,又表明了企业内部各级、各单位以至各个成员怎样工作才能达到企业的总体目标。

(三) 资源配置的手段

我们知道,一个企业在一定时间内所拥有的各种资源总是有限的,如何用有限的资源发挥最大的效用,这是每个企业领导人都十分关心的一个问题。全面预算对有限资源在各种用途之间的分配预先进行合理规划,从而可以避免因出现资源短缺的"瓶颈"现象而影响企业的整体运营效率。

(四) 相互协调的工具

预算本质上体现着企业经济活动的计划性与秩序性,预算的编制与执行过程实际上就是企业各单位、环节、人员在内部进行相互沟通与协调的过程。通过预算,将企业内部各部门、各层次的日常工作都纳入预定的轨道,密切配合、协调发展,在企业范围内形成一个共同完成企业总体经营目标的有机整体。

要保证整个企业的高效运转,企业中每个部门的管理人员除了要了解自己所在部门的计划之外,还必须对其他部门的计划也要做到心中有数。全面预算将企业内部各部门的计划综合在一起,可以帮助各部门为企业的共同目标而协调行动。如预算迫使采购人员将其采购计划与生产需求相协调,生产经理用销售预算和运输日程表来帮助他们对所需雇员及物质工具作出预计和计划,财务人员用销售预算和购货单来预测公司的现金需求。因此,预算迫使企业经理们将本部门的工作与其他部门及整个企业的关系具体化,帮助经理们协调行动,使企业内各部门、各单位的部分目标与企业的整体目标相一致,促使企业内的每一个人同心协力,为共同的目标而努力。

(五) 成本控制的标准

预算代表了企业未来的决策目标和努力方向。编制预算的目的是为了加强对企业各项经济活动的控制,而预算中制定的数量目标就是控制的标准。预算一经制定,就必须付诸实施,以形成了企业各有关部门和单位进行日常经济活动的压力和动力。在预算执行过程中,企业各有关部门和单位应以预算为依据,对企业日常经济活动进行计量,将实际数据和预算标准进行对比,及时提供实际偏离预算的差异数额,并分析原因,及时采取措施调整经济活动,就可以对企业未来的行动和业绩进行控制,保证顺利完成预定目标。所以,编制和执行预算,成为当今企业进行成本管理的一项重要手段。正如日本的调查表明,预算的编制和管理现在已成为"降低成本"活动中的一个最重要的成本管理技术[①]。

(六)业绩评价的依据

现代企业的各项生产经营活动是企业团队成员分工合作、共同劳动的过程,为了有效地激励和监督企业团队成员,企业必须有相应有效的业绩评价体系。而有效的业绩评价,离不开合理、客观、科学的考核评价标准。

一般来说,业绩评价的基准一是过去的业绩,二是同行的水平,三是自己制定的预算目标。相对而言,用预算作为业绩评价的标准更为合适。因为用历史结果来判断现在的业绩,其主要缺陷在于过去的业绩中可能隐含着效率低下,再者经济状况、技术、竞争者的策略、人事和其他因素的变化也都会使与过去对比的有用性受到限制。用同行业的优秀水平作为评价标准,一方面同行的优秀水平中可能存在效率低下的问题,另一方面本企业与优秀同行相比可能存在着诸如技术、人员、规模等不可比因素。如本企业的生产规模过小,技术较为落后,人员老化严重,等等。而以预算作为评价标准,由于在制定预算时就已对过去和未来的情况进行了综合考虑,该标准既不会过高,也不会过低,是企业各部门、各单位乃至每位员工各自责任活动的范畴及应达到的水平,通过努力是可以达到的,从而在预算执行过程中,实际偏离预算的差异(无论是有利差异还是不利差异)就成为衡量企业各责任单位努力水平和工作业绩的基础和现实尺度。同时,还能促使每个成员努力工作,争取有更出色的表现。

四、预算的负面影响

上面我们从正面讨论了预算在企业经营管理中的积极作用。但与此同时,预算本身也存在着一些负面影响。

第一,容易产生不信任。预算规定的一系列指标,尽管在意外事件发生时也可加以调整,但总的来说,会给人们以不可更改的印象和压力,所以基层人员常把预算看作是高层管理者限制与否定态度的一种体现,从而容易造成弄虚作假和敌对的气氛。如果预算执行者对预算抱有成见(诸如预算过分简化或歪曲了实际情况,不能反映劳动力、材料和机器设备的质量方面等),则这种不信任便更容易发生。

第二,时常导致内部矛盾。预算要求企业全体成员在不同层次和不同单位之间进行业绩比较,这很容易导致内部冲突,以致在预算编制和执行过程中,有关层次之间、单位之间、成员之间不能很好配合,从而产生一种敌对性竞争的工作环境,导致各组织和成员只关心本层级、本单位和本人的利益,而忽视甚至牺牲整个企业的利益。

第三,可能存在目标冲突。如果预算强调某一业绩目标,而经理和雇员却为另一方面的业绩受到奖励,那么就可能对预算产生一些抵消作用。如预算强调当期的生产成本,而经理和雇员却因产品质量和对顾客的及时送货而受到奖励,则这两方面的业绩就将发生冲突。

对预算的消极态度往往使预算的许多优越性不能发挥出来。这种态度通常是因为经理们常将预算作为达到标准的强制手段和未达到标准的惩罚依据。因此,为避免预算的消极作用,企业的高级管理者和会计师必须向各级人员说明预算能够如何帮助他们达到更好的结果。只有这样,预算才能积极帮助、鼓励各个层次的人员共同努力,设定目标,改进工作。

---

① 引自查尔斯·T·亨格瑞等,《成本会计》(第八版),中国人民大学出版社,P162。

第二节　预算的编制

一、预算编制前的准备工作

在正式编制预算之前,通常需做以下两项工作:一是建立预算编制机构,二是准备预算编制资料。

(一) 预算机构

预算应是在企业最高主管人员的组织下进行的。一个规模较大的企业通常设有预算委员会,其成员通常由总经理、总会计师和销售、生产、财务等各职能部门的负责人组成,负责组织、领导企业建立预算制度、预算编制及其协调工作,指导预算主管的工作,对各部门预算进行审核、协调和综合平衡,并对预算的执行情况进行考核。

预算主管通常由会计主管担任,负责确定预算资料的汇集方式、收集有关信息、编制预算报告。为协调工作,预算主管应在编制预算前制订"预算手册",明确规定编制预算所需的各项资料由何人负责提供以及提供的时间和格式等。

在公司制的企业中,公司董事会中一般设置预算小组,负责审查预算委员会上报的全面预算,建议董事会通过或返回修改。

(二) 资料准备

在编制预算时,通常需要提供如下资料:

(1) 各项预测、决策结果;

(2) 预编的本年度资产负债表;

(3) 各项标准耗用量和标准价格;

(4) 其他有关资料。如各期的销售所得现金占当期销售额的比重;各期购买直接材料的现金支出占直接材料采购额的比重;各期期末产成品库存量占下期销售量的比重;各期期末直接材料库存量占下期生产量的比重等。

二、预算的编制程序

预算是计划和控制企业经济活动的重要工具,预算编制得是否合理,是决定企业预算管理制度成功与否的关键。由于企业预算的编制,涉及企业内部经营管理的各个部门和单位,所以只有预算的执行人参与预算的编制,才能使预算成为他们自愿努力完成的目标,而不是外界强加于他们的枷锁。可以说,在预算的编制和执行过程中,无论怎样强调人对预算态度的重要性都不过分。但高级管理者和会计师往往过于强调预算的技巧,而忽视任何预算系统的有效性。预算系统是否有效直接取决于有关经理及雇员是否理解与接受预算。

实践证明,在所有有关雇员积极参与下制定的预算通常比强加给下属的预算要有效得多。成功的预算管理制度大多允许对成本控制直接负责的管理人员参与其预算的制订,尤其是在以预算作为对各部门工作进行控制和评价依据的情况下,这种参与更显得重要。预算的基本程序可以分为以下两类。

（一）由上至下的预算程序

所谓由上至下的预算程序，就是依据企业的治理结构与层级，按照从最高层决策者——预算部门——中基层预算执行单位，直至具体岗位员工的顺序，进行预算编制的过程。

（1）最高层决策者制订企业发展战略目标，并结合企业的发展战略目标、资源素质与配套程度及市场竞争需要，提出全企业的基本目标及应达到的指标值。

（2）预算机构依据企业最高层的决策，编制预算草案，并向中层预算执行单位提出主要任务与责任目标（初步），编制责任预算（草案）。

（3）中层预算执行单位就预算部门提出的责任目标，在本组织范围内进行可行性论证，并进一步将各责任目标分解到所属各基层预算执行单位，确定相应的奖罚考核标准。

（4）基层预算执行单位在接到分解下来的任务与指标后，进行论证，并进一步将责任目标分解到岗位和个人。

（5）决策者以及预算机构与各级预算执行部门和单位就预算指标进行沟通、协调和调整，形成一致意见。

（6）预算部门编制正式的预算，经最高决策层批准后下达各级预算执行单位实施。

（二）由下至上的预算程序

与由上至下的预算程序相反，由下至上的预算程序是从基层开始，由最基层负责成本控制的人员自行编制其本身的预算；然后送交上级审查，经过反复研究、协商、修订和平衡后，再逐级加以汇总；最后再送交最高领导审核批准。这种自下而上，广泛吸收预算执行者亲自参加编制而得到的预算，叫作"自编预算"或"参与预算"。具体程序如下。

（1）基层预算执行单位根据企业最高决策层提出的指导性原则和总的战略规划，结合自身的实际情况，编制自身可以完成的任务指标及支持理由，并以书面形式提交给上一级预算执行单位。

（2）中层预算执行单位以下一级或基层预算执行单位送交的预算为基础，综合本级的实际情况，汇总编制本级预算，提交预算机构。

（3）预算机构汇总各中层预算执行单位提出的预算，依据最高决策层的总体战略规划，提出企业整体的预算目标和可行性论证，同时对各中层单位的预算做相应调整，然后将预算草案上报最高决策层。

（4）最高决策层召集预算机构及各中层预算执行单位进行协调和沟通，对各层次目标进行调整或确认。

（5）中层预算执行单位就调整后的预算与所属的基层单位进行沟通，并将调整后的可行性论证理由再度提交预算机构。

（6）预算机构在接到中层的可行性报告后，与中层预算执行单位负责人进一步协商研究，然后达成企业及各级预算执行组织的预算。经最高决策层审定通过后，形成正式的企业预算与有关责任预算，并下达到各级预算执行单位正式实施。

在预算编制过程中，可能要经过自上而下和自下而上的多次反复，这样既可以协调各部门的预算，又能避免上级管理机构的主观武断，使最终的预算能够做到既符合企业的整体利益、有利于企业各部门之间的相互协调，又适应基层单位的具体情况，以充分发挥各职能部门的主观能动性，有利于预算的贯彻执行。

这种预算编制方法，由于基层管理人员直接参与编制过程，比上级编好后直接交下级强制执行的预算容易得到贯彻,能较好地得到广大预算执行者的支持,容易提高执行者完成预算所确定的目标和任务的自觉性和积极性,从而能够充分发挥预算的应有作用,避免由于高层管理人员的主观决定造成预算脱离实际的结果;而且因基层管理人员与具体业务直接接触,对具体情况有较全面的了解,所编制的预算往往比较准确可靠、切合实际,经过努力可以达到。

当然这种预算编制的方法也有缺陷,主要在于可能导致基层管理人员虚报预算。产生这种现象的原因一般有四个:一是为了使预算指标更容易实现,二是为了防范各种偶然事件的发生,三是为了防备上级领导在协调预算过程中削减预算指标,四是为以后年度的预算完成留有余地。

三、全面预算的内容

企业的生产经营活动是一个非常复杂的过程,要使这个过程互相协调、和谐有效地进行,达到企业生产经营的目标,就需要一个完善和全面的预算。全面预算就是总预算,是由一系列单项预算组成的有机整体,是以财务形式制定的企业在一定期间内对经营和资源分配的计划。全面预算由一整套预计的财务报表和其他附表构成,用来反映企业计划期内预期的经济活动及其成果。

企业的全面预算由业务预算、专门决策预算和财务预算三个部分构成。其中,业务预算包括销售预算、生产预算、材料预算、人工预算、制造费用预算、产品生产成本预算、销售费用预算、管理费用预算、存货预算等;专门决策预算包括资本(支出)预算、股利发放预算、资金筹集预算、所得税预算等;财务预算包括现金预算、预计的资产负债表、预计的损益表和预计的现金流量表等。

四、全面预算的顺序

由于财务预算的编制需要业务预算和专门决策的一些指标,所以,在编制全面预算时总是先编业务预算和专门决策预算。在业务预算中,生产预算等其他业务预算都是直接或间接地取决于销售预算。因此,在编制业务预算时应先编销售预算。就是说,销售预算是全面预算的编制起点,是整个预算系统的关键,其他预算的编制都以销售预算为基础。企业总是在销售预算上花费较大的精力,力求其结果尽可能准确。如果销售预算不够准确,以销售预算为基础的其他预算也就失去意义。销售预算既很重要又很困难。

在销售预算确定后,下一步是对给定的销售预测其成本动因及其作业水平,编制各种业务预算和财务预算。首先,根据计划期的销量来确定所需的生产量,生产预算随之即可制订出来,并成为其他几项预算的编制基础;销售费用和管理费用预算是在销售预算的基础上编制的。

总之,全面预算的编制顺序应是首先编制销售预算,然后依次编制生产预算、直接材料预算、直接人工预算、制造费用预算、销售和管理费用预算等;同时编制各项专门决策预算;最后根据业务预算和专门决策预算再编制财务预算。由此可见,全面预算是一个有机整体,它们以销售预算为起点,进而包括生产、成本和现金等各个方面,在此基础上最终编制出预计的财务报表。这些预算之间相互联系,相互作用,从而形成一个完整的预算体系。图10-1反映了完整的全面预算体系。

五、全面预算的编制

全面预算是由若干个相互关联的预算组成的有机整体。经营目标一旦确定,企业就可以根据各个预算之间的约束关系,以销售预算为起点,分别依次编制生产预算、直接材料预算、直接人工预算、制造费用预算、产成品单位成本和期末存货预算、销售及管理费用预算、资本支出预算、其他现金收支预算、现金预算、筹资及投资预算和各种预计的财务报表(见图10-1)。

(一)业务预算

1. 销售预算

销售预算是年度预算的编制起点,因为其他预算(如存货水平、生产预算、采购预算、费用预算、现金预算等)都是在销售预算的基础上编制的。销售预算以经营目标(企业年度目标利润)所确定的销售量和销售单价为基础,根据市场需求、单价及成本消耗等因素制定。一旦销售预算编制完毕,研究开发、设计、生产、营销、配送、客户服务及管理等各项业务预算和财务预算通常也就可以同时编制。

销售预算的主要内容及其编制依据有以下几个。① 销量。其大小取决于销售预测的科学程度,一般根据市场预测或销货合同并结合企业的生产能力来确定。预测未来期间的销售量,前面我们已经学习了不少方法,如趋势预测法、指标相关法、市场调查法、主观判断法等。我们可以利用这些方法,按地区、分品种进行预测,然后汇总就可得到整个企业的销售预测数。② 单价。它是通过价格决策确定的,可以采用企业根据定价目标所确定的价格,也可以采用以前年度的销售价格,还可以在以前年度销售平均价格的基础上进行适当调整。③ 销售收

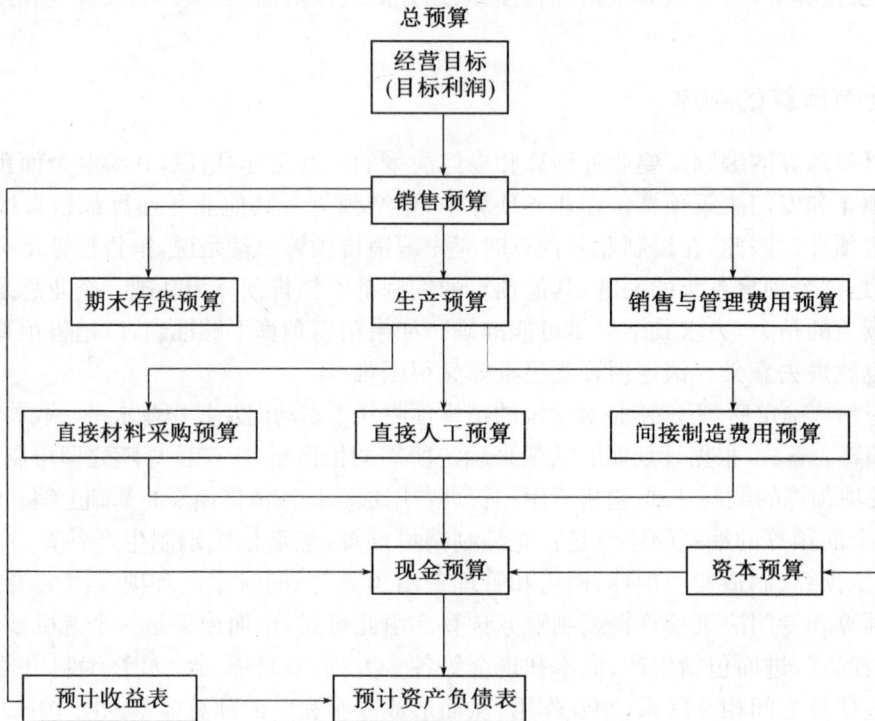

图 10-1 全面预算各预算之间关系图

入,是销量与单价的乘积。④ 销售现金收入,包括前期销售而应在本期收到的应收账款和本期销售收入中应在本期收到的货款部分,其中后者由本期的销售收入与收款条件共同决定。收款条件是根据以往经验确定的。

良好的销售预测,可以使生产计划、材料采购计划和资金调度计划等更为可靠,从而可以增强预算的协调功能。如果销售预测不准,预算便失去基础,那么计划的制定、协调和业绩评价就都没有价值可言。能使预测准确的一个有效方法是同时采用几种不同的方法来进行预测。在进行销售预测时,一般同时采用以下三种方法。

(1) 销售人员预测。由于销售人员对市场潜力、顾客需求、竞争对手的情况比企业高层管理者了解得更多更准确,其专业技能和信息优势,能够保证作出更为合理的销售预测。

(2) 统计方法、回归分析和趋势分析等技术方法。由于销售与某些经济指标之间存在相关性,从而使得销售预测成为可能,特别是在某些经济指标的波动领先于企业产品销售的涨落时更是如此。然而,任何单位都绝不能完全依靠这种方法,因为销售与某些经济指标的相关关系会随着时间而变化。

(3) 业务主管集体判断。所有的高级职员,包括负责产品开发、采购、制造、营销、配送、筹资和管理的人员,都可能利用集体的经验和知识,在集体意见的基础上进行销售预测。

对许多国家进行的调查表明,各国的企业都采用统一的方法做销售预测。营销人员以上年的销售为基础,加上自己的判断和估计是最通行的方法,而统计技术是使用得最少的一种方法。

在进行销售预测时,通常需要考虑以下因素:以往的销售量、未来的价格政策、产品品种结构的变动、广告和计划的促销手段、生产能力、季节性变动、销售队伍的素质、竞争对手的行动、产业和宏观经济状况等。

[例 10-1]　东方公司生产并销售 A 产品。20×2 年预计的销售量、销售单价、销售收入及分季度预算数如表 10-1 所示。根据历史经验和对未来的合理估计,上述 A 产品每季实现的销售收入中,分别有 50% 货款于当季收到现金,其余 50% 于下一季度收到(为简化起见,本节例题均不考虑增值税)。

表 10-1　东方公司销售预算表

预算年度:20×2 年　　　　　　　　　　　　　　　　单位:元

结构	项目		一季度	二季度	三季度	四季度	年度
销售预算项目	预计销售量(件)	①	220	180	190	210	800
	预计销售单价	②	150	140	140	150	
	预计销售收入 (③=①×②)	③	33 000	25 200	26 600	31 500	116 300
预计现金收入	上季销售本季收款 (④=上季③×50%)	④	16 000	16 500	12 600	13 300	58 400
	本季销售本季收款 (⑤=③×50%)	⑤	16 500	12 600	13 300	15 750	58 150
	本季现金收入 (⑥=④+⑤)	⑥	32 500	29 100	25 900	29 050	116 550

2. 生产预算

生产预算是安排预算期生产规模的计划。销售预算确立以后,即可以此为基础分品种、分月份分别编制生产预算,但预算期的生产量并一定等于预算期的销售量。计划期除必须备有足够的产品以供销售外,还应考虑到计划期初和期末的存货水平。这是因为企业的生产和销售难以做到"同步同量",所以需要备置一定的存货,以保证企业在发生意外需求时能够及时供货,并可均衡生产,节省赶工时发生的额外支出。预算期对产成品的需要量首先可以用期初产成品存货来得到满足,不足部分才是预算期应该安排的生产量。

生产预算的主要内容及其编制依据有以下几个。① 预计销量,来源于销售预算的每月预计销量。② 预算期期初和期末的存货量。期初的存货量是上期期末的存货量,而期末的存货量则一般按下期销量的一定百分比来确定,即:

$$预算期期初存货量=上期期末存货量$$

$$预算期期末存货量=预计下期销量×百分比$$

③ 预算期生产量,由本期预计销量、预算期期初存货量和预算期期末存货量共同决定,即:

$$预算期生产量=本期预计销量+预期期末存货量-预算期期初存货量$$

企业对期末产成品存货数量的预算是比较重要的。若期末剩余存货过多,则既要占用大量资金,又会增加仓储、保管等费用,造成不必要的浪费;若存货过少,又可能造成下期生产过于紧张,甚至无法满足销售需要,因此,必须对期末存货数量进行合理安排。

在企业管理实践中,生产预算的编制一般比较复杂,因为产量要受到生产能力的限制,存货数量要受到仓库容量的制约,因此,只能在此范围内来安排存货数量和各期的生产量。此外,有的季度可能销量很大,可以用赶工的方法增产,为此要多付加班费;而如果提前在淡季生产,会因存货增加而多付资金利息和有关仓储、保管等储存费用,因此,要权衡两者得失,力争以尽可能少的库存量来保证生产和销售的顺利进行。

在一定期间的生产预算制定出以后,为了保证生产任务的顺利进行,一般还应根据企业的具体情况排出生产进度日程表。

[例 10-2] 承例 10-1,东方公司各季末的产成品存货量保持在相当于本季度产品销售量10%的水平。若20×1年末 A 产品的产成品存货为 20 件,则据此编制生产预算如表 10-2 所示。

表 10-2 东方公司生产预算

预算年度:20×2 年   单位:件

项目		一季度	二季度	三季度	四季度	年度
销售量①	(①=销售预算①)	220	180	190	210	800
期末存货量②	(②=本季①×10%)	22	18	19	21	21
本季需要量③	(③=①+②)	242	198	209	231	821
期初存货量④	(④=上季②)	20	22	18	19	20
本季生产量⑤	(⑤=③-④)	222	176	191	212	801

3. 直接材料预算

直接材料预算涉及两个问题:一是直接材料的用量大小,二是直接材料的采购多少。它是以生产预算为基础,并在考虑原材料存货水平后编制的。

直接材料采购预算的主要内容及其编制依据：① 预算期的预计生产量，来自生产预算；② 单位产品的材料消耗定额，来自标准成本资料或消耗定额资料；③ 预算期的期初、期末存料量，它们是根据当前和长期销售情况预测估算的，其中"期末存料量"一般按下期生产量的一定百分比来近似表示；④ 预计购料量，由预算期的生产需用量和预计期初、期末存料量共同决定，即：

$$预计购料量＝（生产需用量＋期末存料量）－期初存料量$$

⑤ 材料的计划单价；⑥ 材料采购的付款条件，其大小是根据经验确定的，它取决于供应商的信贷条件和买者的付款习惯；⑦ 材料采购现金支出，包括偿还上期应付料款和本期应支付的采购货款，其中后者由预计采购金额和采购材料的付款条件共同决定。

[**例 10－3**] 东方公司生产 A 产品只需一种材料，单位产品的单耗定额为 4 千克，计划单价为 9 元/千克。所需材料的采购款项均于当月付现 50%，其余 50% 于下季度付讫。各季度材料期末库存量都维持在下季度生产耗用量的 25%。东方公司 20×2 年度期初购料应付账款余额为 1 000 元，预计 20×2 年第四季度材料期末库存量为 200 千克。则 20×2 年该公司直接材料的预算如表 10－3 所示。

表 10－3 东方公司直接材料预算表
预算年度：20×2 年 金额单位：元

结构	项目		一季度	二季度	三季度	四季度	年度
直接材料预算项目	预计生产量（件）（①＝生产预算⑤）	①	222	176	191	212	801
	材料单耗量（千克/件）	②	4	4	4	4	4
	生产耗用量（千克）（③＝①×②）	③	888	704	764	848	3 204
	材料期末库存量（千克）（④＝下季③×25%）	④	176	191	212	200a	200
	材料需用量（千克）（⑤＝③＋④）	⑤	1 064	895	976	1 048	3 404
	材料期初库存量（千克）（⑥＝上季④）	⑥	222	176	191	212	222
	材料采购量（千克）（⑦＝⑤－⑥）	⑦	842	719	785	836	3 182
	材料单位成本（元/千克）	⑧	9	9	9	9	9
	材料采购额（元）（⑨＝⑦×⑧）	⑨	7 578	6 471	7 065	7 524	28 368
预计现金支出	上季采购本季付款（⑩＝上季⑨×50%）	⑩	1 000	3 789	3 235.5	3 532.5	11 557
	本季采购本季付款（⑪＝⑨×50%）	⑪	3 789	3 235.5	3 532.5	3 762	14 319
	材料采购现金支出（⑫＝⑩＋⑪）	⑫	4 789	7 024.5	6 768	7 294.5	25 876

注 a：预算期末材料库存量单独预计为 200 千克，计 1 800 元。

4. 直接人工预算

直接人工预算也是以生产预算为基础进行编制的,用于对计划期内直接生产工人的人工耗费进行规划,以便合理地进行人员安排,以满足生产需要。如果事前不对此做好准备,可能会出现由于人手短缺而影响生产的后果,而临时招聘工人,一是可能付出较高的代价,二是工人未经必要培训匆忙上岗会造成生产效率的降低。

直接人工成本的高低取决于生产产品的种类、劳动力价格、生产方法和雇佣计划等。直接人工预算的主要内容及其编制依据有:① 预计生产量,来自生产预算;② 单位产品工时定额,来自标准成本资料;③ 人工总工时,是产量与单位产品工时定额的乘积;④ 单位工时的工资率,来自标准成本资料;⑤ 人工总成本,是总工时与单位工时工资率的乘积。由于工种不同,级别不同,所需工时不同,单位工时工资率也高低不一,所以预算期直接人工成本应按不同的工种、级别的直接人工成本分类计算,然后再加总求和。其计算公式如下:

预计直接人工成本总额＝预计生产量×∑(单位产品工时定额×各工种单位工时工资率)

人工工资现金支出取决于工资、薪金和佣金条件及付款日期。一般情况下,均假设人工工资都在当期用现金支付,因而通常不需另外预计现金支出,而直接参加现金预算的汇总。

[例 10-4] 东方公司生产 A 产品所需的各工种的单位工资率都是 8 元/小时,生产一件 A 产品所需各工种的工时之和即工时单耗为 4 小时/件。东方公司本月员工的工资于当月发放。则 20×2 年该公司直接人工的预算如表 10-4 所示。

表 10-4 东方公司直接人工预算

预算年度:20×2 年 金额单位:元

结构	项目		一季度	二季度	三季度	四季度	年度
直接人工预算项目	预计生产量(件) (①＝生产预算⑤)	①	222	176	191	212	801
	工时单耗(工时/件)	②	4	4	4	4	4
	生产需用工时 (③＝①×②)	③	888	704	764	848	3 204
	单位工时工资率(元/工时)	④	8	8	8	8	8
	直接人工成本(元) (⑤＝③×④)	⑤	7 104	5 632	6 112	6 784	25 362
预计现金支出	直接人工付现 (⑥＝⑤)	⑥	7 104	5 632	6 112	6 784	25 362

5. 制造费用预算

制造费用预算也是根据生产预算编制的,它是对生产成本中除直接材料费用和直接人工费用外的其他生产费用的规划。制订制造费用预算的主要依据是预计生产量、制造费用标准耗用量和标准价格。制造费用预算取决于成本动因、直接制造工时变动的幅度等。

制造费用预算通常根据变动制造费用和固定制造费用两部分分别编制。其中,变动制造费用以生产预算为基础来编制。在编制变动制造费用预算前,应预先确定其各费用项目的单位标准耗用额(即单位工时变动制造费用耗用率或单位产品变动制造费用耗用率),用单位标准耗用额乘以计划期生产量或预计工时耗用量就可得到各项变动制造费用的预算额,加总后求出变动制造费用预算总额。结合各项变动制造费用分配率和各期的预计产量可将全年的变动制造费用分配到各期。固定制造费用在企业的生产能力范围内是固定不变的,与本期的产量无关,因此,在制定其预算时应根据计划期所需生产能力并结合以往的经验,按每期实际需要的支付额来确定固定制造费用预算。在实际工作中,固定制造费用一般根据基期的实际开支水平,结合上级下达的成本降低率进行折算。但为了编制产品成本预算,仍应计算出固定制造费用分配率。也就是说:

预计制造费用＝预计直接人工工时×变动制造费用预算分配率＋固定制造费用

其中,变动制造费用预算分配率＝预算期变动制造费用总额÷预算期直接人工工时总额

另外,为了便于编制现金预算,还必须计算在制造费用方面预计的现金支出。在制造费用中,除折旧费外都需支付现金,故每期的制造费用现金支出额等于每期的制造费用额减去折旧费。

[例10-5]　东方公司在编制制造费用预算时,对变动制造费用采用直接人工工时基础进行分配。在整个制造费用中,除了固定资产折旧费外,其余都要于当月付现。预计20×2年该公司的变动制造费用总额为3 204元(其中间接材料1 000元,间接人工1 000元,维修费204元,水电费1 000元),根据直接人工预算已知预算期直接人工工时总额为3 204小时,于是可得变动制造费用预算分配率(3 204元÷3 204小时＝1元/小时)为1元/小时。预计20×2年该公司的固定制造费用在各季度均衡分布,具体数额如表10-5所示。

表10-5　东方公司制造费用预算

预算年度:20×2年　　　　　　　　　　　　　　　　　金额单位:元

结构	类别	项目	一季度	二季度	三季度	四季度	年度
制造费用预算项目	变动制造费用	直接人工工时(小时)	888	704	764	848	3 204
		预算分配率(元/小时)	1	1	1	1	1
		变动制造费用	888	704	764	848	3 204
	固定制造费用	管理费	200	200	200	200	800
		折旧费	400	400	400	400	1 600
		保险费	200	200	200	200	800
		维修费	200	200	200	200	800
		合计	1 000	1 000	1 000	1 000	4 000
预计现金支出		变动制造费用(全部付现)	888	704	764	848	3 204
		固定制造费用	1 000	1 000	1 000	1 000	4 000
		减:折旧费	400	400	400	400	1 600
		付现固定制造费用	600	600	600	600	2 400
		制造费用合计	1 888	1 704	1 764	1 848	7 204
		付现制造费用合计	1 488	1 304	1 364	1 448	5 604

6. 产品成本预算和期末存货预算

产品成本预算是生产预算、直接材料预算、直接人工预算和制造费用预算的汇总,其主要内容是产品的单位成本、总成本、期末存货成本。编制产品成本预算的目的:一是用于计算预算期的销货成本,供编制预计利润表之用;二是用于计算期末产成品存货成本,供编制期末预计资产负债表之用。

产品生产成本由直接材料、直接人工、制造费用组成。在企业内部管理采用变动成本法时,只将直接材料、直接人工和变动制造费用计入产品成本。当企业完成了直接材料、直接人工和制造费用三项预算的编制工作后,便可以据此计算产品的单位生产成本,并汇总形成产品单位成本预算。

[例 10 - 6] 东方公司在内部管理中采用变动成本法核算 A 产品成本。A 公司在直接材料、直接人工和制造费用三项预算的基础上汇总编制产品成本和期末存货预算,如表 10 - 6 所示。

表 10 - 6 东方公司产品成本和期末存货预算

预算年度:20×2 年

结构	项目	价格标准	单位产品用量标准	成本(元/件)
产品成本预算	直接材料	9 元/千克	4 千克/件	36
	直接人工	8 元/工时	4 工时/件	32
	变动制造费用	1 元/工时	4 工时/件	4
	产品单位成本			72
期末存货预算	产品期末存货量(生产预算)	21 件		
	产品期末存货成本	72 元/件×21 件=1 512 元		

7. 销售及管理费用预算

销售和管理费用预算是对预算期内发生的除生产成本以外的一系列其他费用的预算。其中,销售费用预算是指对为实现销售预算所需要支付的费用所做的预算。它以销售预算为基础,在对过去发生的销售费用进行细致分析、认真考察过去销售费用支出的必要性和效果的基础上,运用本量利分析等方法分析销售收入、销售利润和销售费用关系的基础上,以合理安排销售费用,使之得到最有效的使用。

管理费用预算是对企业营运过程中需要支出的管理费用的预算。管理费用多为固定成本,传统的做法是以过去的实际开支为基础,按预算期的可预见变化来加以调整,这就是所谓的"增量或减量预算"。而现在更多的是采用"零基预算",即在编制管理费用预算时,应充分考察每种费用的必要性和效果,分析企业的业务成绩和一般经济状况,务必做到费用合理化。关于零基预算的详细内容,我们将在下一节加以介绍。

在编制销售和管理费用预算时,应区分变动费用和固定费用,对于变动费用可根据销量在各期之间进行分配,固定费用则可在各期之间平均分配。当然,如果销售和管理费用预算包括的项目太多,也可对各部分分别编制预算。另外,销售及管理费用预算也应包括现金支出计算部分,计算预算期内有关销售及管理费用方面的现金支出,供编制现金预算之用,其计算方法同制造费用预算。

[例 10-7]　东方公司预计 20×2 年度销售费用中:销售佣金 2 000 元,销售人员绩效工资 4 000 元,装运费 1 000 元,包装费 1 000 元,这些费用与销售量有关,属于变动销售费用,上述变动销售费用总额为 8 000 元。根据销售预算已知预算期总销售量为 800 件,则可得变动销售费用预算分配率为(8 000 元÷800 件=10 元/件)10 元/件。预计固定制造费用和管理费用在各季度均衡发生。上述各项费用,除了管理费用中的折旧费以外,均属当季付现成本。预算编制如表 10-7 所示。

表 10-7　东方公司销售及管理费用预算

预算年度:20×2 年　　　　　　　　　　　　　　　　　金额单位:元

结构	类别	项目	一季度	二季度	三季度	四季度	年度
销售及管理费用预算	变动销售费用	预计销售量(件)	220	180	190	210	800
		变动销售费用分配率(元/件)	10	10	10	10	10
		变动销售费用	2 200	1 800	1 900	2 100	8 000
	固定销售费用	广告费	1 000	1 000	1 000	1 000	4 000
		销售人员工资	2 500	2 500	2 500	2 500	10 000
		合计	3 500	3 500	3 500	3 500	17 000
	管理费用	工资	2 700	2 700	2 700	2 700	10 800
		保险费	100	100	100	100	400
		折旧费	200	200	200	200	800
		合计	3 000	3 000	3 000	3 000	12 000
预计现金支出		变动销售费用(全部付现)	2 200	1 800	1 900	2 100	8 000
		固定销售费用(全部付现)	3 500	3 500	3 500	3 500	17 000
		管理费用	3 000	3 000	3 000	3 000	12 000
		减:折旧费	200	200	200	200	800
		付现管理费用	2 800	2 800	2 800	2 800	11 200
		付现销售及管理费用合计	8 500	8 100	8 200	8 400	36 200

(二) 资本支出预算

资本支出预算是专门决策预算的一种,它是根据企业管理当局做出的长期投资决策项目编制的预算。在预算期内,如果发生重大的、长期性项目投资活动,如厂房设备的购置、改建、扩建、设备更新改造等情况时,企业还必须逐项分别编制专门预算,最终形成资本总预算。

资本支出预算的格式和内容繁简,各企业不尽相同,可按企业实际需要自行设计。总预算所包含的其他预算都是按某一预算期编制的定期计划,只对该预算期有效。而资本支出预算则与此不同,它属于个别项目计划,在整个项目寿命周期内长期发挥作用。资本支出预算中各期的投资额应编入各期现金预算的现金支出部分和预计资产负债表的资产方。投资项目较多的企业,也可就各项目在预算年度内的投资额,汇编成年度分季(分月)的资本支出预算。

[例 10-8] 东方公司计划在预算期的第四季度以自有资金 10 000 元和三年期银行借款 10 000 元投资一个新产品项目。需要购置一条新的生产线，总造价 20 000 元，于次年正式投产使用，预计该生产线可使用 5 年，期末无残值。投产后每年可为公司增加净利 1 000 元，该生产线按直线法计提折旧。现根据上述资料编制资本支出预算，如表 10-8 所示。

表 10-8 东方公司资本支出预算

预算年度:20×2 年

资本支出项目	购置期间	投资额	使用年限	资金来源	资本成本	每年 NCF	回收期
购置新生产线	第四季度	20 000 元	5 年	自由、借款	12%	5 000 元	4 年

其中:投产后每年净现金流量 $NCF = 1\,000 + 20\,000 \div 5 = 5\,000$ 元;回收期 $PP = 20\,000 \div 5\,000 = 4$。

(三) 财务预算

财务预算是指企业在预算期内反映有关现金收支、经营成果和财务状况的预算。前面所述的各种业务预算和资本支出预算，最终大都可以以金额形式反映在财务预算内。从这种意义上说，财务预算就成为各种经营业务和资本支出的整体计划，所以也叫"总预算";各种业务预算和资本支出预算就称为"分预算"。在企业完成各项业务预算、资本支出预算的编制后，就可以进一步汇总编制财务预算。财务预算主要包括其他现金收支预算、现金预算、预计利润表和预计资产负债表。

需要指出的是:预计利润表和预计资产负债表等预计财务报表与根据实际情况编制的财务报表的作用不同。所有企业都要在年终编制历史实际的财务报表，这是有关法规的强制性规定，其主要目的是向外部报表使用人提供财务信息。而预计财务报表主要是为企业管理服务的，它可从总体上反映计划期内企业的全面运营情况，是控制企业资金、成本和利润总量的重要手段。

1.其他现金收支预算

企业为了调度资金，提高资金使用效率，在日常理财活动中会发生以下业务。

(1) 筹集资金。如果预算期内资金不足，现金短缺，企业会通过向银行借款的方式及时筹集所需资金。

(2) 投资。如果预算期内资金多余，企业就会设法利用多余资金进行短期投资。

(3) 其他财务活动。如企业在预算期发放股利、红利，或根据税法规定在预算期内预付所得税等等。

为了配合现金预算的编制，控制和监督上述业务，需要编制专门预算。其他现金收支预算就是企业日常财务管理活动中发生的各项现金收支预算。由于这类预算在编制时具体情况各不相同，所以没有一个较为统一的预算表格形式，企业可以按需要自行设计。同时，筹资、投资预算一般放在现金预算中详细编列，所以其他现金预算一般主要关注上述预算中有关其他财务活动的内容，即企业在预算期内发放股利和预付所得税等情况。

[例 10-9] 东方公司决定在 20×2 年度在每季末向股东支付现金股利 2 000 元，全年共 8 000 元;另外根据税法规定，预算期内每季末要预付所得税 1 000 元，全年共预付 4 000 元。根据以上资料，东方公司编制其他现金收支预算如表 10-9 所示:

表 10-9 东方公司其他现金收支预算表

预算年度:20×2 年　　　　　　　　　　　　　　　　单位:元

项目	支付对象	一季度	二季度	三季度	四季度	年度
支付现金股利	股东	2 000	2 000	2 000	2 000	8 000
预付所得税	税务局	1 000	1 000	1 000	1 000	4 000

2. 现金预算

现金预算是反映企业在预算期内由于经营活动和资本支出引起的现金收支详细情况。现金预算的编制,以各项业务预算和资本预算为基础。它反映各预算期的收入款项和支出款项,并作对比说明。

编制现金预算,目的是用来反映预算期内企业现金收入和支出款项的明细情况,以便企业加强对预算期现金流量的预算控制,使财务管理人员对企业在计划期内何时需要多少资金做到心中有数,合理使用和调度资金,避免不必要的现金闲置或现金短缺,保证企业日常活动正常进行。因为现金周转是否灵活对企业经营活动的顺利进行至关重要。现金不足可能使企业因不能及时采购所需的材料而导致停工待料,也可能丧失购货折扣或其他机会,甚至陷入无法支付到期债务的困境,面临破产威胁;而现金过多又会增加资金成本,丧失获益机会。因此,对计划期内的资金预先作出合理安排,既可以避免企业在需要用款时由于现金不足而陷入困境的情况,又可有效地利用暂时多余的资金进行投资获取收益,还可以提供现金收支的控制限额,从而发挥现金管理的作用。

在编制现金预算时,要依据来自各业务预算和资本支出预算的数据,并考虑预算期初的现金余额、预算期内的现金最低库存限额和其他现金收支预算等。

现金预算主要包括以下四个部分。

(1)现金收入:包括预算期初的现金余额和预算期内可能发生的现金收入。预算期内现金收入的主要来源是销售收入和应收账款的收回,这些数据可从销售预算中得到。

(2)现金支出:预算期内可能发生的所有现金支出,包括直接材料采购付现、直接人工成本付现、制造费用付现、销售及管理费用付现和预付所得税、支付现金股利等。它们的数额可以分别从有关预算中得到。

(3)现金余额与调度:现金余额列示企业在预算期内的现金收入合计与现金支出合计的差额。差额为正,说明收大于支,现金有多余,这时企业应考虑如何安排多余的现金,或用于偿还借款,或用于对外投资;差额为负,说明支大于收,现金不足,需向银行或其他单位借款,或采取其他方式筹措资金。由于借入资金的具体时间难以确定,故在编制预算时通常约定借入资金的时间为期初,归还借款本息的时间为期末,这种做法可以保证预算期对现金的需求,但趋于保守。

为了满足临时性现金的需求,企业总要保持一定的现金持有量,我们称之为最低现金余额。这个限额不能过大也不能过小,否则会影响资金的使用效率或不能满足临时性需要。最低现金余额通常根据历史资料和管理经验而定。预算期可动用的现金除了要满足现金支出外,还应满足最低现金余额的要求。因此,在现金收入大于支出但余额低于最低现金余额时也应向银行或其他单位借款以补足余额,将现金用于对外投资或偿还借款时也必须以剩余现金达到最低现金余额为限。

(4)现金期末余额:预算期内现金收支相抵,减去投资或归还借款的金额,加上筹集的资金即可得期末现金余额。

现金预算一般按年分季度或按季分月进行编制。但为了对现金收支进行有效控制,有计划地安排和调度资金,企业应尽可能缩短现金预算的编制期间。为此,西方国家有不少企业以周或旬为单位,逐周或按旬甚至按天编制现金预算。

[例 10-10] 综合前例,东方公司按年度分季编制现金预算,同时规定预算期内现金的最低限额为 10 000 元,出于谨慎,预计期末现金余额超过 10 000 元时,并不计划将多余资金进行短期投资。东方公司 20×1 年末现金余额为 10 000 元。根据以上各预算的有关资料编制20×2 年该公司的现金预算,如表 10-10 所示。

表 10-10　东方公司现金预算

预算年度:20×2 年　　　　　　　　　　　　　　　　　　　　单位:元

摘要	资料来源	一季度	二季度	三季度	四季度	年度
期初现金余额		10 000	17 619	21 658.5	22 114.5	10 000
加:现金收入						
销售收入及应收账款收回	表 10-1	32 500	29 100	25 900	29 050	116 550
可动用现金合计		42 500	46 719	47 558.5	51 164.5	126 550
减:现金支出						
直接材料	表 10-3	4 789	7 024.5	6 768	7 294.5	25 876
直接人工	表 10-4	7 104	5 632	6 112	6 784	25 632
制造费用	表 10-5	1 488	1 304	1 364	1 448	5 604
销售及管理费用	表 10-7	8 500	8 100	8 200	8 400	33 200
购置生产线	表 10-8				20 000	20 000
支付现金股利	表 10-9	2 000	2 000	2 000	2 000	8 000
预付所得税	表 10-9	1 000	1 000	1 000	1 000	4 000
现金支出合计		24 881	25 060.5	25 444	46 926.5	122 312
收支相抵现金余额		17 619	21 658.5	22 114.5	4 238	4 238
加:银行借款					10 000	10 000
减:归还前期借款						
支付借款利息					300	300
期末现金余额		17 619	21 658.5	22 114.5	13 938	13 938

3. 预计的利润表

预计的利润表是用于综合反映企业在整个预算期内的收入、成本、利润等企业全部经营活动的最终财务成果而编制的预算,也称为"利润预算"。它可以总括地反映企业预期的盈利情况,是企业控制经营活动和财务收支的重要依据,企业管理人员可以以此为依据及时调整经营策略。若通过预算发现难以达到预期的收益目标,则就应及时调整经营策略,或修改目标利润。

构成预计利润表的收支项目主要来自两个方面:一是企业生产经营管理活动中的收支;二是企业财务活动中的收支。对企业营业外项目的收支一般不予考虑。有关生产经营活动的收支数据可直接取自各项业务预算和资本支出预算;有关的财务活动,在形成现金流出与现金流入的同时,必然会产生相关的财务费用,包括利息及各项财务管理费用,相关的数据可以取自现金预算与其他现金收支预算。

预计收益表中的"所得税"金额是企业在进行利润规划时估算出来的,并非通过预计收益表中的利润总额与所得税税率计算得出的。这是由于该项支出已列入现金预算,并对利息费用产生影响,而预计收益表又利用了现金预算的有关数据,如果在编制预计收益表时根据"本年利润"和所得税税率计算所得税,就需要根据计算出的新结果修改"现金预算",这就会引起信贷计划的修改,进而改变"利息",这又反过来对预计收益表产生影响,结果又要修改"本年利润",从而陷入数据的循环修改。

[例 10-11]　综合前例,东方公司根据以上各项预算的有关资料,按贡献式编制预计利润表。东方公司 20×1 年 12 月 31 日购入五年期国债 50 000 元,年利率 10%,到期一次还本付息,预算期内应计投资收益 5 000 元。东方公司使用所得税率为 33%。预计利润表编制如表 10-11 所示。

表 10-11　东方公司预计利润表

预算年度:20×2 年　　　　　　　　　　　　　　　　　　　单位:元

项目	资料来源	金额
销售收入	表 10-1	116 300
减:变动成本		
变动生产成本	表 10-6	57 600
变动销售成本	表 10-7	8 000
贡献毛益		50 700
减:期间成本		
固定制造费用	表 10-5	4 000
固定销售费用	表 10-7	14 000
管理费用	表 10-7	12 000
营业利润		20 700
加:投资收益		5 000
减:财务费用	表 10-10	300
税前利润		25 400
所得税		8 382
税后利润		17 018

4. 预计的资产负债表

预计的资产负债表用来反映企业在预算期内有关资产、负债及所有者权益的财务状况。它通常以预算期初的实际资产负债表为基础,依据各项预算的数据资料,通过一定的分析调整而编制的。

编制预计资产负债表的目的在于判断预算所反映的财务状况的稳定性和流动性,并可以通过预算的编制,预见其他各项预算反映的经济活动对财务状况的影响。如果通过预计资产负债表的分析,发现某些财务比率不理想,那么在必要时可以修改有关预算,以改善财务状况。

如果某些因素的影响将使资产结构发生不利变动,使资产负债率超过安全限度等,就有必要重新安排预算期的经济活动,调整原有预算。还可以通过预算期末资产负债表与各季、各月资产负债表的对比,对各种经营活动和财务活动发挥控制作用,以保持企业良好的财务状况。

[例 10-12] 东方公司 20×1 年 12 月 31 日资产负债表如表 10-12 所示。

表 10-12 东方公司预计资产负债表

20×1 年 12 月 31 日   单位:元

资产		负债及所有者权益	
流动资产		流动负债	
1. 现金	10 000	10. 应付账款	1 000
2. 应收账款	16 000	11. 应交税金	
3. 存货	3 438	流动负债合计	1 000
其中:4. 材料存货	1 998		
5. 产成品存货	1 440	12. 长期负债	
流动资产合计	29 438	负债合计	1 000
6. 长期投资	50 000		
固定资产			
7. 厂房及建筑物	100 000	所有者权益	
8. 机器设备	80 000	13. 实收资本	100 000
9. 累计折旧	−90 000	14. 留存收益	68 438
固定资产合计	90 000	所有者权益合计	168 438
资产总计	169 438	负债及所有者权益总计	169 438

东方公司依据上表和前述各预算资料进行适当的分析调整,编制 20×2 年 12 月 31 日预计资产负债表,如表 10-13 所示。

表 10-13 东方公司预计资产负债表

20×2 年 12 月 31 日   单位:元

资产		负债及所有者权益	
流动资产		流动负债	
1. 现金	13 938	10. 应付账款	3 762
2. 应收账款	15 750	11. 应交税金	4 382
3. 存货	3 312	流动负债合计	8 144
其中:4. 材料存货	1 800		
5. 产成品存货	1 512	12. 长期负债	10 000
流动资产合计	33 000	负债合计	18 144
6. 长期投资	55 000		
固定资产			
7. 厂房及建筑物	100 000	所有者权益	
8. 机器设备	100 000	13. 实收资本	100 000
9. 累计折旧	−92 400	14. 留存收益	77 456
固定资产合计	107 600	所有者权益合计	177 456
资产总计	195 600	负债及所有者权益总计	195 600

表中各项目数据说明如下。

(1) 见表 10-10 的期末现金余额。

(2) 见表 10-1,第四季度销售收入为 31 500 元,期末应收账款为 31 500×50%＝15 750 元。

(3) 见表 10-3 的表下注 a。

(4) 见表 10-3 的表下注 a。

(5) 见表 10-6 的产品期末存货成本。

(6) 长期投资见例 10-11 为 50 000 元,预算期内应计投资收益为 5 000 元,长期投契期末余额为 50 000＋5 000＝55 000。

(7) 见表 10-12,预算期内未变动。

(8) 见表 10-8,新增生产线价值 20 000 元,见表 10-12,机器设备年初数为 80 000,两者相加可得期末数 80 000＋20 000＝100 000 元。

(9) 见表 10-5,预计折旧费 1 600 元;见表 10-7,预计折旧费 800 元;见表 10-12,年初数为 90 000 元,三者合计可得累计折旧期末数为 92 400 元。

(10) 见表 10-3,第四季度购料款为 7 524 元,应付账款期末数为 7 524×50%＝3 762 元。

(11) 见表 10-11,本年所得税为 8 382 元;见表 10-9,预付所得税为 4 000 元,应交所得税为 8 382－4 000＝4 382 元。

(12) 见表 10-10,长期借款为三年期银行借款 10 000 元。

(13) 见表 10-12,预算期内未变动。

(14) 见表 10-11,税后利润 17 018 元;见表 10-9,支付现金股利 8 000 元。

本年留存收益增加 17 018－8 000＝9 018 元。

见表 10-12,期初留存收益为 68 438 元。

期末留存收益为 68 438＋9 018＝77 456 元。

第三节　预算的控制

企业的生产经营活动是一个非常复杂的过程,企业不仅要使其生产的产品或提供的劳务能够适应瞬息万变的市场需求,适应信息和技术的迅速变革,而且要在激烈竞争的环境中取胜,以达到获取利润,提高经济效益的最终目的。而这些都要受到政治、社会、经济、道德、风尚和其他各方面条件的约束。为此,企业必须要有一个完善的预算体系,采取适当的预算控制方法,以使企业复杂的生产经营过程能够相互协调,相互配合。企业预算的控制通常有如下方法:固定预算、弹性预算、增量预算、零基预算、滚动预算、改进预算、概率预算和超越预算。

一、固定预算

在本章的第一节中,为了便于说明全面预算的各个组成部分之间的相互关系,我们假设了企业在预算期内生产经营活动及其所处环境与基期相比没有明显不同,在这一前提下,根据未来既定的业务量水平来确定相应的数据。这种预算称为固定预算,又叫静态预算。它是企业根据预算期内预计可能实现的某一既定水平业务量而编制的预算。

固定预算的主要特点如下。一是根据某一固定的业务量编制预算。按照这种方法编制预算时,不考虑企业预算期内业务量水平可能因为市场供求关系变化或季节波动等原因而发生变动,完全以某一既定的业务量水平为基础,确定与之相应的预算标准。二是对预算实际执行状况的考核与评价,是通过与在预计业务量基础上制定的固定预算标准的比较进行的,而不考虑实际业务量的变化及其大小,僵化地将实际的经济结果与预算业务量水平下的各项指标进行对比。

由于固定预算一般不考虑预算期内相应业务量水平的变化,因此其编制过程比较简单,主要适用于非营利组织和业务量水平较为稳定的企业。而对于业务量经常变动以及变动水平难以准确预期的企业,固定预算往往不适用。因此当实际发生的业务量与编制预算所根据的业务量不同时,就失去了可比基础,此时,以固定预算标准进行考核,就会导致考核评价效果的严重失真,从而使固定预算失去意义。

[例 10 - 13] 东方公司在预算期内预计销售 800 件 A 产品,为简化处理,假定去年售价均为 150 元/件。单位产品结构如下:

直接材料	36 元
直接人工	32 元
变动制造费用	4 元
变动生产成本	72 元
变动销售费用	10 元
单位产品变动成本	82 元

东方公司期间成本结构为:

年固定制造费用	4 000 元
年固定销售费用	14 000 元
管理费用	12 000 元

东方公司 20×2 年度内实际销售仅为 750 件,销售单价为 150 元/件。企业采用固定预算,则公司 20×2 年预算执行情况报告如表 10 - 14 所示。

表 10 - 14 东方公司固定预算执行情况报告

项目	固定预算	实际数	差异
销售量(件)	800	750	50(不利)
销售收入(元)	120 000	112 500	7 500(不利)
减:变动成本			
直接材料(元)	28 800	27 600	1 200(有利)
直接人工(元)	25 600	25 000	600(有利)
变动制造费用(元)	3 200	3 000	200(有利)
变动销售费用(元)	8 000	7 189	811(有利)
变动成本合计(元)	65 600	62 789	2 811(有利)
贡献毛益(元)	54 400	49 722	4 689(不利)
减:固定成本			

(续表)

项目	固定预算	实际数	差异
固定制造费用(元)	4 000	5 000	1 000(不利)
固定销售费用(元)	14 000	15 000	1 000(不利)
管理费用(元)	12 000	12 000	0
固定成本合计(元)	30 000	32 000	2 000(不利)
营业利润(元)	24 400	17 711	6 689(不利)

由表 10-14 可见,东方公司预算和实际的销售量基础不同,由于实际销售量下降,引起实际产量下降,但是各项费用没有按产量进行调整。因此预算和实际数比较形成的差异并没有实际意义。如表中所示,变动成本合计项目中,实际数比预算数节约了 2 811 元。但这个有利差异是由于产量下降造成的,还是由于企业内部严格管理而产生的成本节约,仅通过固定预算标准和实际相比较是无法判断的。又如表中所示,营业利润项目中,实际比预算减少了 2 989 元,营业利润的减少,是由于销售量下降导致销售收入下降造成的,还是由于企业成本上升所造成的,同样无法判断。由于固定预算在实际执行时与实际业务量水平无法衔接,预算标准过于呆板,所以导致预算灵敏程度大为降低,预算的考核评价作用将会减弱甚至丧失。

在实际中,市场总是处于不断的变化之中,企业无法准确地预测其产品的未来销售情况,实际产销水平往往不能与预计水平一致。在这种情况下,仍用传统的固定预算就无法充分发挥预算的各种作用,于是弹性预算应运而生。

二、弹性预算

弹性预算又叫变动预算,它是与固定预算相对应的一种预算控制方法,是指在编制预算时,预先估计到预算期内业务量水平可能发生的波动,根据可预见的各种业务量水平,分别编制不同的预算。由于这种预算随着业务量水平的变动而作相应的调整变动,具有机动弹性,所以叫作弹性预算。

由于弹性预算可随业务量水平的变化作相应的调整,有一定的弹性,从而使实际数据和预算标准有了可比性,这就弥补了固定预算的缺陷。与固定预算相比,弹性预算具有两个显著的特点:首先,弹性预算是以一定业务量水平范围而不是以单一的业务量水平来编制的预算,即按照预算期内可预见的不同业务量水平分别制定相应的预算标准,从而扩大了预算范围,使预算更为灵活;其次,弹性预算是按照成本的不同性态分别列示,便于预算期终了时将实际指标与相应业务量水平下的预算标准进行比较,从而使预算的考核与评价建立在更加客观、可比的基础之上,能够有效地发挥预算的控制作用。所以说,弹性预算比固定预算更便于区分和落实责任,因而大大增强了预算执行时的考核评价功能。

弹性预算主要用于编制成本预算和利润预算。

(一) 弹性成本预算

弹性成本预算作为成本计划、控制与考核的手段,是现代成本管理的重要内容。在成本计划开始时,它可以提供成本计划所需要的依据,在计划期结束时,可以用来评价实际成本。

编制弹性成本预算的基本前提是将所有的成本费用项目按成本习性划分为变动成本和固定成本。变动成本主要根据单位业务量来控制,固定成本则按总额控制。在编制预算时,只需要将变动成本按不同业务量水平作相应的调整即可。其计算公式为:

$$弹性变动成本＝单位变动成本预算数×业务量预算数$$

$$弹性成本＝固定成本预算数＋弹性变动成本预算数$$

生产成本中,直接材料和直接人工标准通常已经按每单位产品明确制定,属于变动成本,可以根据业务量水平编制弹性预算,较为简单、直接。生产成本中的制造费用则较为复杂,不同的费用项目有不同的性态,需要根据各项目的特点做具体分析,分解为固定性制造费用和变动性制造费用两个组成部分。前者是随产量的变动而变动,而后者则在一定的产量相关范围内保持不变。销售和管理费用的情况类似,但它与制造费用的不同之处在于其中的变动性费用可能与销售量或销售收入存在较为明显的依存关系,而不是与生产量有依存关系。编制弹性预算时应注意它们计算基础的不同。

编制弹性成本预算时的"业务量"可以是投入量(如机器工时或人工工时),也可是产出量(如产量、销量)。业务量的选择范围视各企业的具体情况而定。企业应综合考虑过去几年的业务量及预计未来业务量的变化趋势,确定一个适当的范围。

编制弹性成本预算的步骤如下。

第一步,选择业务量的计量单位。要选用一个最能代表本部门生产经营活动水平的业务量计量单位。如以手工操作为主的车间,应选用人工工时;制造单一产品或零件的部门,可以选择实物数量;而制造多种产品或零件的部门,则需选用人工工时或机器工时;修理部门可选用直接修理工时。

第二步,确定使用的业务量范围。它视企业或部门的业务量变化情况而定,但务必使实际业务量不致超出确定的范围。一般来说,可定在正常生产能力的70%与110%之间,或历史上的最高水平与最低水平之间。

第三步,逐项分析并确定各项成本与业务量之间的数量关系。

第四步,计算各项预算成本。

(二)弹性利润预算

企业在实际生产经营过程中,由于受市场供需变化或季节性波动等因素的影响,销售量是经常发生变动并难以准确把握的。因此按弹性方式编制利润预算,以适应销售量多变且不易预测的客观情况,是相当必要的。弹性利润预算是以弹性成本预算为编制基础,以预算期内预计的各种可能实现的销售收入为出发点,按照成本的性态,扣除变动成本和期间成本的预算数,最终分别确定基于不同销售量的可能实现的利润或可能发生的亏损。

[例10-14] 东方公司生产并销售A产品,预计20×2年的销售单价在预算期内均为150元/件,单位产品成本如例10-13所示,年预计固定制造费用为4 000元,固定销售费用为14 000元,管理费用为12 000元。东方公司预算期内可能实现的销售量为700件、750件、800件。东方公司编制A产品的弹性利润预算如表10-15所示。

表 10-15　东方公司利润弹性预算

预算年度:20×2年　　　　　　　　　　　　　　　　　　单位:元

项目	700 件	750 件	800 件
销售收入	105 000	112 500	120 000
减:变动生产成本	50 400	54 000	57 600
变动销售费用	7 000	7 500	8 000
变动成本合计	57 400	61 500	65 600
贡献毛益	47 600	51 000	54 400
减:固定制造费用	4 000	4 000	4 000
固定销售费用	14 000	14 000	14 000
管理费用	12 000	12 000	12 000
期间成本合计	30 000	30 000	30 000
营业利润	17 600	21 000	24 400

如果东方公司20×2年度实际实现销售为750件,那么将实际利润与在750件销售量水平上的预算指标进行比较,就可以合理地在相同销售量水平上评价预算的执行情况,如表10-16所示。

表 10-16　东方公司弹性利润预算执行情况报告

预算年度:20×2年　　　　　　　　　　　　　　　　　　单位:元

项目	固定预算	弹性预算	实际数	固定预算差异	弹性预算差异
销售量	800	750	750	50(不利)	0
销售收入	120 000	112 500	112 500	7 500(不利)	0
减:变动生产成本	57 600	54 000	55 600	2 000(有利)	1 600(不利)
变动销售费用	8 000	7 500	7 189	811(有利)	311(有利)
变动成本合计	65 600	61 500	62 789	2 811(有利)	1 289(不利)
贡献毛益	54 400	51 000	49 711	4 689(不利)	1 289(不利)
减:固定制造费用	4 000	4 000	5 000	1 000(不利)	1 000(不利)
固定销售费用	14 000	14 000	15 000	1 000(不利)	1 000(不利)
管理费用	12 000	12 000	12 000	0	0
期间成本合计	30 000	30 000	32 000	2 000(不利)	2 000(不利)
营业利润	24 400	21 000	17 711	6 689(不利)	3 289(不利)

从表10-16可以看出,A产品的营业利润较弹性预算减少了3 289元,其原因是在销售收入不变的情况下,变动成本实际数比预算增长了1 289元(而在固定预算下则显示出实际变动成本比预算下降了2 811元,这就是不考虑业务量变动而出现的成本下降的错觉),从而使贡献毛益实际数比预算下降了1 289元,这表明东方公司在20×2年对变动成本特别是变动生产成本控制不力,原因是变动生产成本实际数比预算上升了1 600元,尽管变动销售费用实

际数比预算下降了 311 元,但是变动成本合计仍上升了 1 289 元。另外,期间成本中的固定制造费用和固定销售费用也各有 1 000 元的超预算增长。上述因素使营业利润总体比预算下降了 3 289 元,这说明东方公司有待于加强变动生产成本、固定制造费用和固定销售费用的控制和考核工作。

通过对本例的分析,我们可以看出,采用弹性预算进行预算控制,能够更为客观、可比地进行考核评价,找出利润变化的真实动因,从而有利于企业挖掘潜力,控制成本,提高利润。

三、增量预算

无论是企业在制定下一年年度的生产、销售计划时,还是政府在编制下一年的财政预算时,都会面临一个同样的问题:在什么基础上确定生产、销售计划或预算?在实际操作中,传统的预算编制方法往往是以上年的执行结果为基础,即在编制预算时,一般是以上年实际收入和支出为基础,结合下一年度的变化情况(如产量的增减、上级规定的成本降低任务的高低),加以适当的调整,在上年实际收支的基础上加上或减去一定的数额或比例,从而编制出下年度的收支预算。这种以基期各项目的实际水平为基础,结合预算期内可能使各项目发生变动的因素(业务量的变动情况或有关成本降低措施等),确定在预算期应增或应减的数额而编制的预算,就是通常所说的增量(减量)预算,又称"基数法"或"比例增长法"。其中,若预算数额是在原有基础上增加一定的百分率,这种预算就叫作增量预算;反之,若预算数额是在原有基础减少一定的百分率,这种预算就叫作减量预算。当然,从广义上讲,增量预算和减量预算可以统称为增量预算。

采用增量预算需有三个假设前提:一是假设企业现有(基期)的各项生产经营活动在预算期内将得以继续;二是假设企业现有(基期)的收入和成本水平及业务量水平均是合理正常的;三是假设在现有(基期)水平基础上的增加或减少的数额及比例是合理和必要的。

[例 10 - 15] 东方公司 20×1 年全年制造费用实际明细情况如下:

变动制造费用　　　(直接人工总工时 2 403 小时,变动制造费用分配率为 1 元/工时)
间接材料　　　　　750 元
间接人工　　　　　750 元
维修费　　　　　　153 元
水电费　　　　　　750 元
合计　　　　　　　2 403 元
固定制造费用
管理费　　　　　　1 000 元
折旧费　　　　　　1 600 元
保险费　　　　　　800 元
维修费　　　　　　400 元
合计　　　　　　　3 800 元

东方公司预计 20×2 年度耗用直接人工工时 3 204 工时,比上年度多耗用了 801 工时,变动制造费用各项目将比上年度增长 33.33%,针对固定制造费用,东方公司经理会议决定管理费用要比上年度降低 20%,维修费每季度增加 100%,其余费用项目保持不变。该公司根据上述资料编制制造费用增量预算,如表 10 - 17 所示。

表 10 - 17 制造费用增量预算

预算年度:20×2 年   单位:元

项目	基期(20×1 年)	增长率(量)	预算期(20×2 年)
变动费用			
间接材料	750	33.33%	1 000
间接人工	750	33.33%	1 000
维修费	153	33.33%	204
水电费	750	33.33%	1 000
小计	2 403	33.33%	3 204
固定费用			
管理费	1 000	−20%	800
折旧费	1 600	0	1 600
保险费	800	0	800
维修费	400	100%	800
小计	3 800	5.26%	4 000
合计	6 203	16.14%	7 204

但在实践中,人们逐渐发现,实际执行结果并不一定是合理的,有些开支项目在执行了一些时间以后,已经不再需要项目刚刚开始执行时那样多的资金。

增量预算作为一种预算控制方法,比较简单、易于操作。但是在使用这种方法确定预算数时,却可能因预算过分受基期预算的束缚,而产生"鼓励浪费"和"鞭打快牛"的后果。因为在采用这种方法进行预算编制时,总是以过去的实际水平为基础,只对新的业务活动进行成本效益分析,而对以往已进行的业务则视为理所当然,不再分析。这种以承认"过去就是合理的"观点和做法,在基期实际水平中存在不合理的浪费或低效率的情况下,会不可避免地使原来不合理的低效率因素继续存在下去,从而造成预算浪费或预算不足。例如,比利时政府在 20 世纪 20 年代曾经设立了一个"橡树项目",政府每年安排一定数额的资金以支持从国外引进橡树。由于每年安排预算都是以上年执行数为基础,因此"橡树项目"的资金每年都予以安排。直到 90 年代,人们突然发现,"橡树项目"其实早在几十年前就已经结束了。这个例子也许过于极端,但它却突出表明:以上期的执行结果作为制定下一期生产、销售和编制预算的基础,预算因过分受基期及其执行结果的影响和束缚,长此以往,循环往复,会不可避免地出现预算与实际相差甚远的情况。在这种背景下,零基预算法———种全新的预算编制思想受到了重视。

四、零基预算

零基预算(zero-base budgeting,简称 ZBB)是 20 世纪 70 年代最热门的一种管理技术。有人称 20 世纪 50 年代是计划评审法(PERT)和要径法(CPM)时代,20 世纪 60 年代是目标管理(MBO)和设计、计划、预算制度时代,20 世纪 70 年代是零基预算时代。

零基预算就是以零为基数编制的预算,即在编制预算时,对于任何的预算收支项目都必须以零为起点,不考虑前期历史水平,从预算期生产经营的客观需要和企业资源供应的可能性出发,逐项确定各预算收支项目的必要性、合理性和预算水平。也就是,在编制年度预算时,每个部门的负责人对新的预算年度中想要做的所有事情进行审核,而不仅仅是修改上年预算或检查新增部分。在审核过程中,注意力主要集中于评估项目的效率和效益。其基本思路是:在制订预算时完全抛开过去的实际费用发生额的影响,不把任何费用看作是必然发生的,而是对每一费用项目均要从零为起点进行细致分析,从根本上来考虑各项费用的必要性及其在未来会产生多大的效用,由此进一步确定计划期内该费用项目的开支规模。

这种方法要求企业管理人员在每次编制预算时,就像整个组织是第一次创立一样,对一切业务活动都要从组织的整体利益出发,对每一项业务活动从根本上进行重新审查,实施成本效益分析,判断其所发生的成本是否必要、效果如何,然后按重要性排序,进而确定有限资源的最合理的分配方案,以达到企业利润最大化的目标。

与增量预算相比,零基预算具有如下特点:第一,零基预算不从原有预算的基础出发,编制预算时一切从零开始;第二,增量预算仅对新的业务活动在列入预算时进行成本效益分析,而零基预算则不论业务活动是否首次发生,一律逐个对预算项目进行比较研究,评估其必要性和成本效益;第三,增量预算只重视预算金额在基期基础上的增减变动,忽视对业务活动本身的分析,零基预算首先从业务活动本身情况出发,对每一项业务活动进行逐个分析后,再确定其预算收支水平;第四,在增量预算法下,企业没有新增业务,预算就不会增加,同时,预算不增加,企业就不准备开展新业务。而零基预算不是根据预算增加与否来决定是否拓展新业务,而是根据该业务在企业整体经营活动中的作用和重要程度来决定增加或减少预算数。

零基预算一般适用于政府机构和规模较大的企业,普遍用于管理和控制各项费用开支。在具体编制时,可以按以下步骤进行:

第一步:企业各部门提出费用开支计划。

第二步:预算部门对计划进行成本效益分析,将每项业务按重要性分成若干层次,排出所需费用开支的先后顺序。

第三步:分配预算资金,按上述步骤确定的先后顺序分配资金,编制预算。

五、滚动预算

滚动预算又称为永续预算或连续预算,它在始终保持相等的预算期间(通常为一年)的基础上,每经过一段时间,立即在预算期末增列一个相应时间长度的预算,并连续逐期向后滚动,从而使预算始终保持一个既定的预算期间。以一年的预算期为例,企业先制订一个预算期为12个月的年度预算,预算每执行一个月,就根据过去这个月的实际经营成果和预算执行中获取的新信息,对剩余11个月的预算加以修订和调整,并在原来的预算期末立即增列一个月的预算,从而逐期不断地向后滚动,使企业在任何一个时期都能使预算保持有12个月的时间跨度,即所谓的"年度预算,月月滚动"。滚动预算的示意图如图10-2所示。

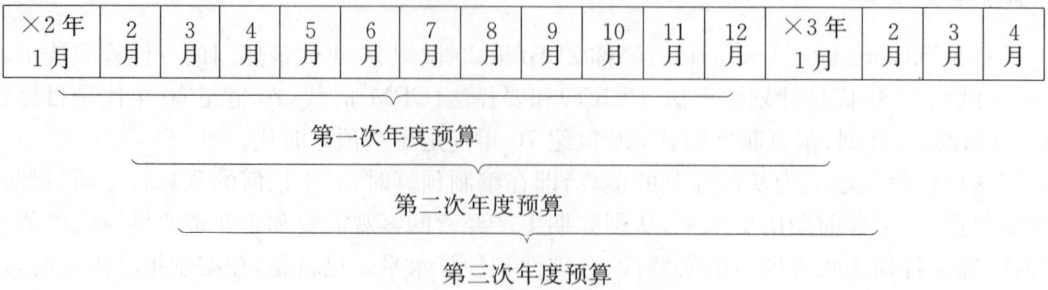

×2年 1月	2月	3月	4月	5月	6月	7月	8月	9月	10月	11月	12月	×3年 1月	2月	3月	4月

第一次年度预算

第二次年度预算

第三次年度预算

图10-2 滚动预算示意图

在实际编制滚动预算时,一般采用长计划、短安排的方式进行。对距离编制预算时间最近的几个月而言,由于企业掌握的信息比较充分,所以前几个月的预算要尽可能详细完整;预算年度内后几个月由于不确定因素较多,可以粗略一些,只确定一个大致的预算值。随着时间的推移,企业不断地将原先较粗的预算调整为详细的预算,并随之补充新的预算。以一年为预算期的滚动预算为例,一般先按年度分季,并将预算年度中的第一季度按月划分,建立各月的明细预算数字,以便监督和控制最近一个季度内的预算,而预算年度内其他三个季度的预算则可以概略一些,只每个季度进行季度预算,列出各季预算总数。到第一季度结束时,再将第二季度的预算按月细分,同时增列下一年度第一季度的预算,新增预算和本年度第三、第四季度仍然可以只列出总数而不进行详细明细项目的预算,并根据实际情况对各季度的数据进行适当的修改。以后各期依此类推,逐期滚动。过程如图 10-3 所示。

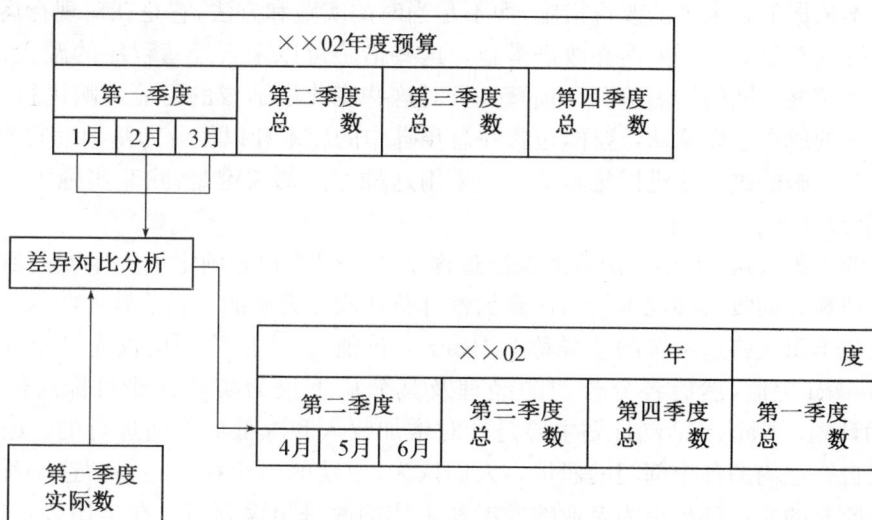

图 10-3 东方公司滚动预算编制示意图

由上可知,与传统的定期预算相比,滚动预算具有以下的优点。

第一,抓住了重点。采用这种预算,既能保证预算作用的发挥,又可避免因对较后阶段做过细预算而造成的时间和精力上的浪费,克服了采用年度预算编制方法时计划期较后阶段的预算数字的准确性难以保证的缺点。

第二,提高了实用性。执行滚动预算的企业可以根据前期预算执行结果并结合实际情况的新发展,经常及时地修正预算,从而使较后阶段的预算不至于因为不适应新情况而失去意义,使预算总能适应实际的发展变化。

第三,促使管理人员不断对预算的执行情况进行分析。因为每当企业新加入第 12 个月的预算时,他们需要对其他 11 个月的预算也得作出相应的调整,这样,他们就能将每月的实际结果与最初的计划及最新调整后的计划相比较。

第四,克服预算执行中的短视行为。滚动预算,能够促使管理人员以长远的眼光去统筹规划企业的各项生产经营活动,将短期预算与长期规划很好地衔接起来,从而可以克服企业各层次管理人员在预算执行中的短期行为。

第五,可以保持预算的连续性和完整性。预算期始终保持 12 个月,可以使管理人员能够始终兼顾近期目标与远期目标,保持对未来整个 12 个月时间的考虑和规划,而不会随计划期剩余时间的逐渐缩短而失去未来的行动目标,从而可以保证企业的经营管理工作能够持续、稳定而有秩序地进行。

另外,在实际运用中,由于企业常对每个月的营业成果进行比较,但因各月的日数不同,因而使比较的结果容易产生误解。例如 1 月份为 31 天,2 月份为 28 天,因此 1 月份的营业量自然比 2 月份好,为避免因天数不同而产生的差异,有些企业便将全年分为 13 期,以每期均为 4 周进行预算。

六、改进预算

改进预算是日本企业近年采用的一种预算方法,日语称为 Kaizen 预算法。Kaizen 预算编制法预测成本依据的是未来的改进措施,而不是当时的实践和方法,它是在对现行运作进行分析的基础上确认产品和过程的潜在改进措施。这些措施可以来自经营程序的改变、工作过程的改变和生产调整时间的缩短等等。预算人员对这些变化所造成的可能影响进行估计,并对实施这些措施的成本予以确认,这样,包含在总预算中的成本和以作业为基础编制的预算就建立在尚且需要实施的过程改进措施基础上。采用这种方法的关键是:除非实施了改进工作措施,否则这个预算就实现不了。

在日本的丰田公司,Kaizen 预算的编制过程是从高层管理者确定下一年度的目标营业收入和依据公司现有的收入和成本结构计算的预计营业收入开始的。目标营业收入通常高于预计营业收入。丰田人将这两者的差异称为"Kaizen 价值"。丰田管理层首先确定各分公司必须实现的 Kaizen 价值,然后各分公司的经理及其分厂上报为实现这些目标所做的详细的 Kaizen 活动计划。Kaizen 活动计划主要是针对增加收入和降低成本而进行的。改进活动的建议可以来自企业内的各个部门的雇员。人们认为,成功的组织在于它能营造一种气氛和环境,在其中,所有的雇员都积极为企业的发展和工作的改进出谋划策。在丰田公司内,大约有半数的 Kaizen 价值来自销售的增加,半数来自成本的减少。所以,丰田将 Kaizen 预算编制法视为成功降低小汽车的制造成本和销售成本的中心环节。不过,丰田只对变动成本采用 Kaizen 预算编制法。

七、概率预算

本节前面介绍的几种预算控制方法,都是假定企业对未来的生产经营活动掌握足够的信息,从而对在预算编制时涉及的销售量、产量、价格、成本等数据的预计是基本确定的。然而在现实经济活动中,市场供求关系、产销关系都是复杂多变的,企业的生产经营活动及其所处的环境往往充满了不确定的因素。企业受各种条件的限制,往往不能掌握足够的信息,对未来经济事项的预计也不肯定,而是一组具有不同发生概率的可能结果。

概率预算就是以概率论原理为基础,对预算所涉及的变量可能出现结果的概率进行估计,然后综合各种可能结果与其发生概率,以此来确定相应预算值的预算控制方法。

在编制概率预算时,首先,要对企业生产经营活动的各个方面进行全面评估,对预算涉及的各个变量可能出现的各种具体数值做出预测。其次,预测估计各种具体数值可能出现的相应概率。最后,根据各个变量可能出现的具体数值(x_i)及其估计概率(p_i),计算该变量的期望数值(E),然后根据各变量的期望值编制企业整体预算。

[**例 10－16**]　东方公司生产销售 A 产品,公司对 20×2 年生产经营进行了全面的展望,作出如下预测。

（1）A 产品销售价格 150 元/件,20×2 年度基本保持不变。

（2）根据销售部门预测,A 产品 20×2 年的销售情况估计为:市场行情疲软的概率为 20％,这时的销量估计为 600 件;市场行情基本正常的概率为 50％,其销量估计为 800 件;市场行情活跃的概率为 30％,其销量将达 1 000 件。

（3）生产部门与销售部门综合预测:在销量为 600 件时,单位变动成本为 85 元;销量为 800 件时,单位变动成本为 82 元;销量为 1 000 件时,单位变动成本为 80 元。

（4）销售部门与管理部门综合预测期间成本的情况为:在销量为 600 件时,期间成本 28 000 元;销量为 800 件,期间成本为 30 000 元;销量为 1 000 件,期间成本 40 000 元。

根据上述预测资料,东方公司编制概率预算如表 10－18 所示。

表 10－18　东方公司概率预算

预算年度:20×2 年　　　　　　　　　　　单位:元

市场行情	概率	销量(件)	单价(元/件)	单位变动成本(元/件)	期间成本	营业利润
疲软	20％	600	150	85	28 000	11 000
正常	50％	800	150	82	30 000	24 400
活跃	30％	1 000	150	80	40 000	30 000

各指标的数学期望值计算如下:

销售量 $E=\Sigma(x_ip_i)=600×20％+800×50％+1 000×30％=820(元)$

销售收入 $E=\Sigma(x_ip_i)=90 000×20％+120 000×50％+150 000×30％=12 300(元)$

单位变动成本 $E=\Sigma(x_ip_i)=85×20％+82×50％+80×30％=82(元)$

期间成本 $E=\Sigma(x_ip_i)=28 000×20％+30 000×50％+40 000×30％=33 200(元)$

营业利润 $E=\Sigma(x_ip_i)=11 000×20％+24 400×50％+30 000×30％=23 400(元)$

八、超越预算[①]

在以市场为导向且高度竞争的社会,面对难以预测的环境,企业为了持续地改善业绩,提出"超越预算(BBM)"的新思路。所谓"超越预算",是指企业组织在摒弃传统预算编制的情况下管理该企业的业绩,并将各决策环节的权力以授权管理的形式分权化。

超越预算以重视经营环节和加强组织领导为管理原则。首先,重视经营环节的目的是为了实施有效的业绩管理,具体包括如下几点。① 目标原则。BBM 的目标并非固定的年度目标,而是面向持续的改善所设定的富有雄心的目标。② 报酬原则。在报酬评价上,不仅考虑固定年度目标的完成情况,还对基于相对业绩的共同成果提供报酬激励。③ 计划制定原则。不局限在每年一次的计划制定上,而是面向持续发展的所有环节中的计划。④ 控制手段原则。既要以计划差异控制为手段,还要考虑与此相关的主要业绩指标。⑤ 资源分配原则。资源的分配不局限于年度预算,同时赋予管理者在必要情况下自主利用的权力。⑥ 调整原则。

---

① 参冯巧根,超越预算的实务发展动向与评价,会计研究,2005.12

不仅依据年度计划制定周期,还适时地通过相互作用在全公司范围内进行调整。其实,加强组织领导的目的是为了规范组织行为,提高领导效率,具体也包括六项。① 顾客原则。不仅要完成既定的企业内部目标,还要以改善顾客需求为目的来提高消费群体的满意度。② 责任原则。不仅有集权式的责任等级组织,还应当具有对业绩负责的网络式团队组织。③ 业绩原则。不局限于内部目标的完成,还支持取胜于市场所进行的各项活动。④ 行为自由原则。给予企业团队以充分的自由和力量,不再简单地要求其严格按计划执行。⑤ 治理原则。在公司治理上,它要求管理层有明晰的价值观和高尚的思想境界,而不是仅仅依靠详细的规则和预算来进行控制。⑥ 信息。在公开的基础上促进信息共享,不再将信息局限在必须了解的那部分人身上。

超越预算被认为是信息化时代企业管理的重要方法,它的成功取决于以下六个方面:① 有足够数量的高素质人才。② 具有企业成长与改善所必需的、富有创新能力的战略。③ 高效的决策机制。④ 顾客服务的及时性和灵活性。⑤ 能够正确估计自身存在的威胁和机会。⑥ 不断提高产品质量和满足顾客需求。为此,企业组织应当做好以下几方面的配套措施:① 尽可能压缩企业的管理层级。② 实施决策权限和责任的委托。③ 创造企业新业务概念(新构想)的动力。④ 灵活应用企业的竞争优势。⑤ 确保和维持最佳顾客。⑥ 通过完善服务和降低成本来满足顾客需求。⑦ 倡导管理者从所有者的视角去思考问题。⑧ 持续地为股东创造价值。⑨ 及时应对不断增加的不确定性,培养勇于承担风险的企业文化氛围。⑩ 具有完成目标的坚强信念。⑪ 制定明确的业绩责任的说明制度。⑫ 不断追求企业利益。

九、预算的可控性——考虑预算编制的人为因素[①]

预算编制常常被视为一项技术性强的工作。编制预算的技术本身是不带感情色彩的,然而,预算管理的过程需要教育、说服和巧妙的阐释。可控性是指某个管理者对他所负责的成本、收入或相关项目施加影响的程度。对于预算的可控性,应该合理地去看待,要强调人为因素在编制预算过程中起到了至关重要的作用。

正如本章前面论述的那样,下级管理者积极参与预算编制过程,预算才是最有效的。参与增加预算编制流程的可信度,对预算产生了更大的承诺和责任。但是参与需要下属或低层管理者"诚实"地与上司进行业务沟通。

有时候下级可能会搞花样,从而产生预算松弛。预算松弛是指低估预算收入或者高估预算成本使目标更容易达到。这种情况通常出现在用预算差异(实际数字与预算数字之间的差额)评估业绩的时候。如果最高层管理者面临收入降低的情况,机械地全面削减预算成本(比如,各项成本均削减 10%),这时部门经理也不太可能在预算沟通中保持"完全的诚实"。

预算松弛为管理者提供了一道抵御意外不利情况的篱笆,但同时也掩盖了公司实际获利潜力,可能对最高层管理层产生误导。这可能导致公司不同部门之间无效的资源计划、分配和协调。为了避免预算松弛,一些公司主要使用预算计划目标,使用多种指标评估管理业绩,这些指标考虑了不同的因素,比如商业环境和竞争者的业绩。但是这种方式评估业绩很浪费时间,需要缜密的判断。另外一些公司使用预算进行计划和业绩评估,并使用不同方法以获得准确消息。另一项减少预算松弛的方法是让管理者定期了解他们的下属在干什么。这样的活动

---

① 参查尔斯.T.亨格瑞等著,王立彦等译,《成本与管理会计》,中国人民大学出版社,2010 年版。

并非让管理者对下属的决策和行为发号施令,而是让他们对下属提供支持、鞭策,与下属共同提高对经营的认识。定期与下属沟通可以使管理者熟悉业务流程,降低下属产生预算松弛的机会。

💿 思考题

1. 什么是预算?企业为什么要编制预算?
2. 预算有哪几种分类?试比较它们之间的区别。
3. 预算的期间如何确定?
4. 预算编制的基本程序怎样?
5. 什么是全面预算?你能简单概括一下全面预算是如何编制的吗?
6. 预算的控制方法主要有哪些?请简述它们的要点,并概括不同预算控制方法各自的优缺点。

拓展案例

案例1:金陵石化炼油厂的全面预算管理

金陵石化炼油厂是一家具有1 000万吨年炼油能力的国内大型炼油企业,经济效益和社会效益一直很好。但自1996年开始,由于国际市场上的原油价格大幅上涨,同行业的价格竞争日趋激烈。面对市场压力,该厂开展以降低成本为主要内容的"外学邯钢,内学金山"的活动,在全厂推行目标管理方法,以提高企业的竞争能力和抗风险能力。在实施目标管理的过程中,该厂感受到,如果要将目标成本和目标利润的管理方法固化下来,必须建立一套全面预算管理系统。在经过一系列的组织和信息系统的准备后,从1998年开始,该厂正式实行全面预算管理。为此,该厂成立了由厂长为组长的领导小组,对全面的预算工作进行组织和决策。同时,成立以财务处牵头的预算工作办公室,具体负责全面预算制度的制定、预算的编制、调整和考核。

企业生产经营必须以市场为导向,全面预算的起点应该是销售预算。但是针对目前炼油企业仍执行较为严格的原油进厂、加工量控制计划,主要产品由国家配置价格和数量的实际情况,炼油厂建立了既与市场信息同步,又与加工计划相适应的弹性预算及相应的指标控制体系,从而使销售收入、产品结构、资金占用、采购及生产成本均控制到位,全厂的预算指标分解落实到生产经营的全过程。其预算工作如下。

(一)预算的准备工作

对下一年的预算准备工作,该厂一般在每年年末至下一年的1月初之间进行,大体包括如下步骤。

1. 搜集市场信息,提出目标利润。

每年年末厂财务处联合供应处、运销处等职能处室搜集原材料价格、市场对各产品的供求情况等外部市场信息,据此测算下一年度的产品价格、原材料成本、筹资成本、投资计划等;同时,结合本厂全年的设备、技术和人员的变动情况,估算出下一年全厂的目标利润和目标成本的总体变化趋势。

2. 分析历史数据,找出差异所在。

在完成总体预测以后,厂预算办公室将列出本年度、上年度和前年度共三年全厂各项指标的实际完成情况和本年预算的指标。从连续三年各预算标志的实际完成情况,可判断出其下一年的变化方向;再将本年实际完成情况和预算数据相比较,找出差异在于哪些指标,以及产生差异的部门,从而为下一年预算指标的调整提供相应依据。

3. 分析异常情况,重点对待。

厂预算办公室将各基层单位本年度在完成预算过程中出现的异常情况汇集起来,重点调查差异处理的相应措施,考察在采取措施以后差异的变动情况,从而使下一年的预算尽量避免这些差异的再度发生。

（二）制定年度预算

1. 制定年度预算草案

这一工作,一般在每年的一月份进行。各项预算指标是根据该项目的历史数据、本年度的市场预测和该项目的库存等具体情况来确定的。其计算公式是:

年度项目预算＝(上年实际发生额＋上年预算额)/2＋本年调整额

其中,"上年实际发生额"与"上年预算额"是本年该项目预算的基础,这样既可保证整个预算体系的相对稳定,又将差异纳入考虑。"本年度调整额"包含对本年度各种变动和不确定因素的预测。

2. 下发预算草案,征求基层单位的意见。

预算办公室将预算草案下达各职能处室、车间(车间),再由各职能处室、车间(分厂)向下分解到各职能科室和班组。这些基层单位根据上年的预算实际完成情况和他们对今年某些变化因素的预测,对每项预算指标进行仔细的分析。如果对某项指标的预算额有异议,则向上级部门反映,职能处室和车间(分厂)将做好相应的记录汇总工作。

3. 召开预算工作会议,讨论与调整预算草案。

在各基层单位对预算提出意见和建议后,预算办公室将召开预算工作会议。会议上,所有职能处室的领导、车间主任(分厂厂长)和核算员将与预算办公室、计划处的工作人员一起,对各项预算指标逐一进行讨论。各职能处室和车间(分厂)根据汇总的信息提出对预算草案的修改意见,经过普遍认可后预算办公室做相应的调整。对争议较大的指标,预算办公室将到基层进行调查,认为合理的会加以调整,否则不予调整。

4. 汇总调整结果,确定年度正式预算

年度正式预算一般需在预算当年的 2 月份最终确定。届时,预算办公室对预算工作会议的讨论和有关调查结果加以汇总、整理,在预算调整的基础上得出本年度的正式预算。

（三）预算指标的分解下达

在确定了各预算指标后,只有分解落实到总人口岗位和个人,才能保证其顺利实现,相应的考核和责任归属才能明确。为此,在正式年度预算确定了,该厂要将收入、成本费用、资金等指标横向落实到各职能处室,将部分单项指标纵向落实到全厂各基层单位,各基层单位的指标再分解落实到各岗位和个人,从而建立起一套"横向到边,纵向到底"的责任体系,以保证预算落到实处。

根据预算项目的归口单位不同,该厂的预算一般分三类。

第一类是财务预算,是指由财务处主要负责,并在总量上加以控制的预算,主要包括年度效益预算和资金占用预算。

第二类是分解预算,是指由各职能处室主要负责,指标横向分解的预算,主要包括销售预算、生产预算、资金支出与占用预算、费用支出预算。

第三类是单项指标分解预算,是指由各车间(分厂)及其下属基层单位主要负责,指标纵向分解的预算,主要包括生产车间(分厂)的加工成本及效益预算、辅助车间(分厂)的加工成本预算、生产及辅助生产单位费用预算、管理及后勤单位可控费用预算。

(四)预算的执行和调整

预算一经下发,厂内各有关责任单位都将按照预算来开展工作。为便于实施与考核,各基层单位实际上执行的是季度预算和月度预算。为使季度、月度预算能够针对市场变化、销售周期和企业的生产实际作相应的调整,同时又能够保证年度预算的顺利实现,该厂采取对预算进行弹性滚动、分期控制的方法,其计算方法如下:

一季度的预算指标=年度预算/4

二季度的预算指标=(年度预算指标一一季度实际完成量)/3

三季度的预算指标=(年度预算一上半年的实际完成量)/2

四极度的预算指标=年度预算一前三季度的实际完成量

每月的预算指标=本季度的预算指标/3

这种弹性滚动、分期控制的预算方式,能够较好地协调具体预算指标相对灵活与总体预算指标相对稳定之间的关系。

每月月末,各责任单位将其负责的预算指标完成情况加以汇总,报厂预算办公室。预算办公室据此作出全厂月份和季度各预算指标完成情况的分析,并及时将上述的滚动预算表下发,以使基层单位了解预算的调整情况。

在预算执行过程中,车间(分厂)、班组如遇差异情况,应及时向预算办公室反映,预算办公室将会同技术人员、管理人员前去调查差异产生的原因。若是因车间(分厂)的工艺流程不科学或管理不严所致,则要求其采取相应的措施,加以改正和消除;若是因不可控的客观原因所致,则会调整相应的预算指标,并从调整后的下一月起按新指标进行考核。

(五)预算的考核与奖惩

在预算考核中,该厂重点检查两个方面:一是每月定期抽查各岗位的预算执行情况,检查成本是否超标;检查指标是否落实到班组,检查成本费用预算在实现过程中所形成的详细记录、成本费用分析资料及其反馈情况。

具体奖惩办法分为月度综合奖和季度单项奖两种。其中,月度综合奖又按照责任单位和预算项目分别进行考核。责任单位的月度综合奖主要包括车间(分厂)和管理处室及后勤单位两个部分。如对管理处室的考核,以各单位的月度费用支出累计考核为主,节支不奖,超支按超支比例扣奖,其标准是:

年度费用指标在15万元以下		年度费用指标在50万元以下		年度费用指标在50万元以上	
超指标幅度	扣奖标准	超指标幅度	扣奖标准	超指标幅度	扣奖标准
≤10%	1分	≤5%	1分	≤2%	1分
≤15%	3分	≤10%	3分	≤5%	3分
≤20%	5分	≤15%	5分	≤10%	5分
>20%	10分	>15%	10分	>10%	10分

预算项目的月度综合奖针对原材料采购、产品销售、产品交库、投资和采购资金支出、资金占用等分别进行考核。如对于产品销售规定,若实际价格高于预算的加 2 分,未完成的扣 2 分;数量完成预算的加 1 分,未完成的扣 1 分。

季度单项奖按月度滚动考核(即按年度累计值考核),季度兑现。如对于生产车间,完成年度滚动预算的单位,人均基本奖 400 元;完成年度预算指标 105％的单位,人均加奖 200 元;超过加奖指标的,超额部分按 0.8％的比例提奖进行奖励;超额达 10％以上的部分按 2％计奖。对于完成费用预算的管理处室、后勤单位,按节支额的 2％给予奖励。

(六)预算的差异处理

对各单位在预算执行出现的差异,该厂通过各级各类的讨论会及其他形式加以解决。各基层单位一般每两个月召开一次专门会议,对预算执行中的异常情况,从生产、管理、工艺流程等方面进行分析,查找原因,提出解决措施,并将任务落实到具体的负责单位或责任单位人,指定相应的协助单位,限期整改。同时,将会议讨论结果反馈给预算办公室,作为下达下期预算指标的依据。

(七)年终预算总结,准备下年预算

在每年年终,该厂的预算办公室都要对全年的预算执行情况作出全面系统的总结。总结的内容主要是考察各项预算指标的完成情况和整改措施的落实情况。例如,检查各单位是否有在年末异常超支和突击花钱的现象;对于年度出现差异的指标,重点检查当初采取的改进工艺流程、改进技术和加强管理等措施是否起效果。如果采取措施后仍存在较大的差异,则应考虑调整其下一年的预算指标。

这样就完成了整个全面预算的循环。其过程见如下图所示。

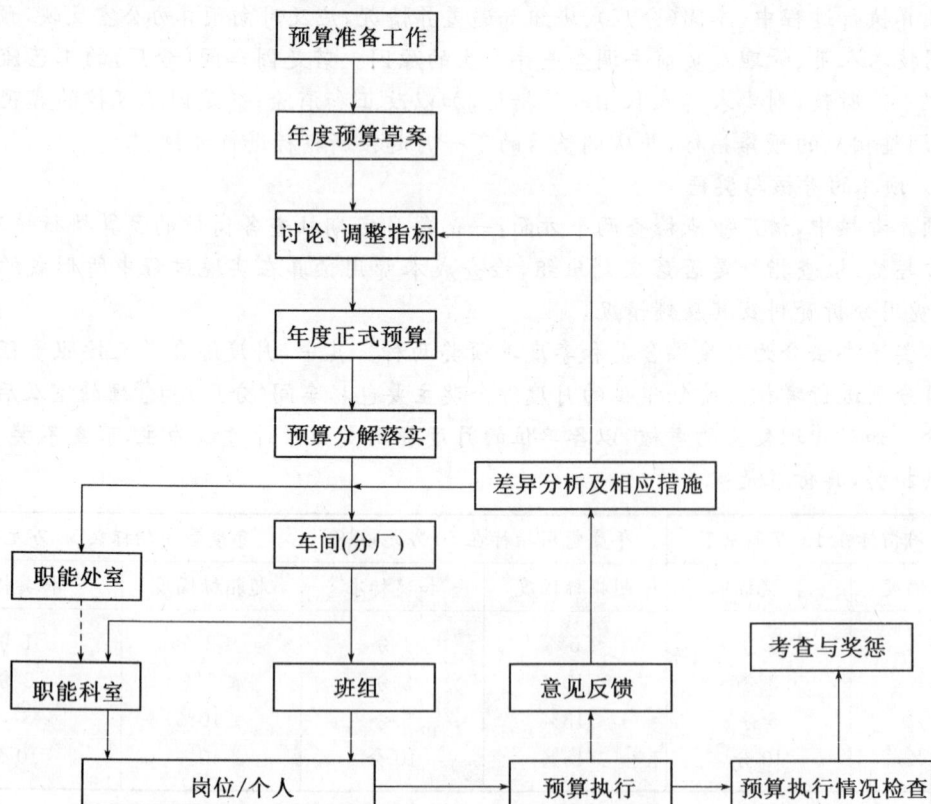

预算流程图

全面预算管理的实施,使该厂全厂上下的观念和行为发生了很大变化,"人人算账""先算账后花钱"的思想现已深入人心,企业管理现代化和决策科学化的进程大大地向前迈了一步。

案例2:舒乐公司的全面预算

舒乐公司为一家全国性的零售商。该公司获得一项新型打火机的独家经销权。过去数年间,此种打火机的销路急剧上升,故舒乐公司不得不增聘管理人员。假定你应该公司之聘,负责有关预算制度的推行。公司总经理交付你的第一项任务,就是要编制一份从20×1年4月1日起的三个月总预算。你亟盼能做好该项工作。因此,你先收集了如下资料:

公司对于每月的现金期末余额,希望能保持至少10 000元。该项新型打火机的售价将为每只8元。最近数月以及今后数月的打火机预测销量如下:

月份	1月份	2月份	3月份	4月份	5月份	6月份	7月份	8月份	9月份
实际或预测	实际销售量	实际销售量	实际销售量	预测销售量	预测销售量	预测销售量	预测销售量	预测销售量	预测销售量
销量(只)	20 000	20 000	28 000	35 000	35 000	60 000	40 000	36 000	36 000

各月份的期末存货,应为下个月销售量的90%。该项打火机的进货成本为每只5元。该公司进货付款及销货付款方法如下:

进货当月付款50%,其余于次月付清。该公司销售货物,并无折扣。销售当月底能收到货款的25%,次月收到50%,再次一月收到其余的25%。坏账极少,可以忽略不计。

以下为该公司每月的销售及管理费用

变动费用	固定费用				
销售佣金	工资	水电	待摊保险费	折旧	其他
一元/每只打火机	36 000元	1 000元	1 200元	1 500元	2 000元

在上述各项费用中,除折旧及保险费外,均需于费用发生的当月以现金付清。该公司预计5月份将购置固定资产25 000元,以现金支付。该公司宣布上缴税款为每季12 000元,于下一季第一个月上缴。以下为公司20×1年3月31日资产负债表:

资产负债表

20×1年3月31日

单位:元

资产		负债及所有者权益	
流动资产		流动负债	
现金		应付账款—进货	85 750
应收账款(2月48 000,3月16 800)		应交税金	12 000
存货(打火机31 500只)		负债合计	97 750
预付保险费		所有者权益	
流动资产合计		实收资本	300 000
固定资产(减折旧)		留存收益	176 850
资产总计		负债及所有者权益总计	574 600

该公司能向往来银行借款,年利 10%。该公司多于月初借款,还款则在月底。利息计算及付息于还本时一并办理。偿还借款时,以 1 000 元为单位,但借款可以为任何金额。

现总经理要求你编制该公司从 ××1 年 3 月 31 日至 6 月 30 日的总预算,并应该包括以下各分项预算:

1. 按月及全季合计的销货预算
2. 销货及应收账款的分月及分季现金收入预算表
3. 按月及全季合计的进货预算
4. 按月及全季合计的进货现金支出
5. 编制一份总预算,并列明分月预算及全季预算
6. 编制该公司从 20×1 年 3 月 31 日至 6 月 30 日三个月期间的预计收益表
7. 编制该公司 6 月 30 日预计资产表

解答:

1. 第二季度的销售预算表如下:

第二季度的销售预算表

	4 月	5 月	6 月	全季
预计销售量(只)	35 000	45 000	60 000	140 000
销售单价(元)	8	8	8	8
销售收入(元)	280 000	360 000	480 000	1 120 000

2. 第二季度的现金收账预算表如下:

第二季度的现金收账预算表 单位:元

余额及本月发生额		每月实收数		
		4 月	5 月	6 月
期初余额	216 000	160 000①	56 000②	
4 月销售收入	280 000	70 000	140 000	70 000
5 月销售收入	360 000		90 000	180 000
6 月销售收入	480 000			120 000
期末余额	450 000③			
合计		230 000	286 000	370 000

① 160 000(元)=(6 000+14 000)×8

② 56 000(元)=7 000×8

③ 450 000(元)=(11 250+45 000)×8

3. 第二季度的进货预算表如下:

第二季度的进货预算表   单位:元

	4 月	5 月	6 月	全季
预计销售量	35 000	45 000	60 000	140 000
加:期末存货	40 500	54 000	36 000	36 000
合计	75 500	99 000	96 000	176 000
减:期初存货	31 500	40 500	54 000	31 500
预计进货量	44 000	58 500	42 000	144 500

4. 第二季度的进货现金支出预算表如下:

第二季度的进货现金支出预算表   单位:元

	余额及本月发生额	每月支付数		
		4 月	5 月	6 月
期初余额	88 750	88 750		
4 月份	220 000	110 000	110 000	
5 月份	292 500		146 250	146 250
6 月份	210 000			105 000
期末余额	105 000			
合计		195 750	256 250	251 250

5. 第二季度的总费用预算表和现金预算表如下:

第二季度的总费用预算表   单位:元

	4 月	5 月	6 月	全季
变动费用				
销售佣金	35 000	45 000	60 000	140 000
固定费用				
工资	36 000	36 000	36 000	108 000
水电	1 000	1 000	1 000	3 000
待摊保险费	1 200	1 200	1 200	3 600
折旧	1 500	1 500	1 500	4 500
其他	2 000	2 000	2 000	6 000
合计	76 700	86 700	101 700	265 100

第二季度的现金预算表

单位:元

	4 月	5 月	6 月
期初余额	14 000	10 000	10 000
本期收入	230 000	286 000	370 000
小计	244 000	296 000	380 000
本期支出			
购买固定资产	195 750	25 000	251 250
进货	74 000	256 250	99 000
营业费用	12 000	84 000	
支付税款			
小计	281 750	365 250	350 250
收支相抵现金余额	−37 750	−69 250	29 750
银行借款	47 750	79 250	
偿还借款			18 000
支付利息(利率10%)			450
期末余额	10 000	10 000	11 300

6. 预计的收益表(变动成本计算表)如下:

预计的收益表

单位:元

	4 月	5 月	6 月	全季
销售收入	280 000	360 000	480 000	1 120 000
变动成本				
销售成本	175 000	225 000	300 000	700 000
销售佣金	35 000	45 000	60 000	140 000
贡献毛益	70 000	90 000	120 000	280 000
固定费用				
工资	36 000	36 000	36 000	108 000
水电	1 000	1 000	1 000	3 000
待摊保险费	1 200	1 200	1 200	3 600
折旧	1 500	1 500	1 500	4 500
其他	2 000	2 000	2 000	6 000
小计	41 700	41 700	41 700	125 100
营业利润	28 300	48 300	78 300	154 900

7. 预计的资产负债表如下

预计的收益表　　　　　　　　　　　　　　　　　　　单位:元

20×2 年 6 月 30 日

资产	金额	负债及所有者权益	金额
流动资产		负债	
现金	11 300	应付账款—进货	105 000
应收账款(2 月 48 000,3 月 16 800)	450 000	应交税金	12 000
存货(打火机 31 500 只)	180 000	银行借款	109 000
预付保险费	10 800	所有者权益	
流动资产合计	652 100	实收资本	325 000
固定资产(减折旧)	193 200	留存收益	294 300
资产总计	845 300	负债及所有者权益总计	845 300

其中,留存收益=176 850+154 900−25 000−12 000−450=294 300(元)

第十一章 成本控制

全面预算确定了企业未来经济活动各方面的主要目标和任务,而为保证这些目标和任务能够顺利完成,就必须对企业的供应、生产、销售、成本和财务等各个环节进行事前、事后及日常的控制。如发现问题,应查明原因,找出对策,并采取有效的措施进行调整、改善,以巩固成绩、纠正错误或修改原定的目标,使之更趋合理。而在对各个环节的控制中,成本控制是其中最关键的一环,也是执行性管理会计的核心内容。

本章着重阐述:什么是成本控制? 成本控制包括哪些类型? 成本控制应遵循什么原则? 如何开展价值工程活动? 如何进行作业管理? 怎样实施标准成本制度? 怎样对产品的质量成本及寿命周期成本进行控制?

通过本章的学习,要使大家了解和掌握有关成本控制的基本理论和具体方法。

引导案例

苹果公司的成本控制

提及苹果公司,其出类拔萃的产品和独特的创新基因颇受消费者好评,而其卓有成效的成本控制是其盈利的重要组成部分之一。苹果的成本控制主要体现在对销售成本、一般成本及管理成本三大成本的控制上。

在控制销售成本方面,一方面苹果公司特色的营销手段是其有利的撒手锏。苹果公司拥有一批极度忠诚的果粉,通过口碑营销成功激发消费者对其产品的兴趣和购买欲。且其创设的体验式零售店,提供消费者优质的购物体验的同时,可以进行顾客需求调查,从而节省了市场调查的成本。另一方面,苹果公司对其产品采取偏执的保密方式的同时,选择适当时机透露一些新消息,从而吸引大量媒体免费跟踪报道,吊起消费者胃口,创造极高的广告价值。当消费者购买苹果产品后,其购买的不仅仅是一种产品,而是一条封闭式的产业链,从硬件到 itunes 软件再到服务,苹果通过与应用程序设计者进行分成的模式,依赖苹果庞大的用户基数,实现"无本而利"。

在控制一般成本方面,苹果公司一方面依仗自身巨额的现金储备,收购具有技术优势的小公司,用最低的成本构筑了较高的技术壁垒;另一方面,苹果公司凭借其源源不断的订单,在不拥有供应商所有权和经营权的情况下,掌控着整个供应链条,将供货风险转移的同时,有效利用代工厂商的制造优势,降低成本。

在控制管理成本方面,苹果公司注重精英人才的培养,通过发挥团队的创造能力,激发员工的最大潜力;同时苹果公司的组织架构扁平化,使信息交流顺畅,管理成本低廉,而管理效率得以提高。

在了解了苹果公司的成本控制案例后,想必大家都很好奇成本控制到底是什么,该如何展开,有何种方法? 学习了本章,你就会找到答案了。

第一节　成本控制基础

一、成本控制的意义

控制是指通过一定手段对实际行动施加影响,使之能够按照预定的目标进行的过程。成本和费用预算只是为成本的开支或发生确定了一个界限。在实际生产经营活动中,为了保证成本费用预算的顺利实施和完成,必须对成本费用的发生进行有效的控制。成本控制是指企业在生产经营过程中,根据成本预测、成本决策和成本预算所确定的目标和任务,以及标准成本计算结合变动成本法所提供的实际数据,对生产经营过程中所发生的各项资源的耗费,和相应的降低成本的措施的执行,进行指导、监督、调节和干预,以保证成本目标和成本预算任务的实现。正是由于成本控制自始至终以不断降低成本为目标,因此,企业为了改善经营管理,提高经济效益,就必须首先加强这一工作。成本控制是现代化成本管理的核心环节。

(一) 成本控制的定义

成本控制有广义和狭义之分。狭义的成本控制是指日常生产经营过程中的成本控制,又称"日常成本控制"或"事中成本控制"。也就是说各责任单位在成本形成过程中根据事先制定的成本预算,对企业日常发生的各项生产经营活动,按照一定的原则,采取专门的方法进行严格的计量、监督、指导和调节,把各项成本控制在一个容许的范围之内。对实际的成本费用偏离目标或标准的差异进行分析,及时采取措施予以纠正的过程。

广义的成本控制是指管理方面对任何必要作业所采取的手段,目的是以最低的成本达到预先规定的质量和数量,包括一切降低成本的努力。它既包括"事中成本控制",又包括"事前成本控制"和"事后成本控制"的全面控制。狭义的成本控制与广义的成本控制的具体区别见表 11-1 所示。

表 11-1　狭义成本控制与广义成本控制的区别

项目　种类	狭义成本控制	广义成本控制
目标	完成预定成本限额	成本最小化
范围	有成本限额的项目	企业的全部活动
涉及环节	执行决策过程	制定决策、执行决策过程

（续表）

项目 \ 种类	狭义成本控制	广义成本控制
手段	降低成本支出的绝对额	统筹安排本、量、利的相互关系，使收入的增长超过成本的增长，实现成本的相对节约
性质	绝对成本控制	相对成本控制

随着现代社会竞争的日趋激烈，成本控制涉及企业管理的方方面面，因此，本章讨论的成本控制是指广义的成本控制。

二、成本控制的分类

成本控制通常可按以下五种不同标准进行分类。

（一）按控制概念分

按控制概念的不同，成本控制可分为狭义的成本控制和广义的成本控制（略）。

（二）按控制时间分

按控制时间的不同，成本控制可分为事前成本控制、事中成本控制和事后成本控制。

（1）事前成本控制，是指在产品投产之前，从成本发生的必要性和可能性出发，以降低成本为目的，对影响成本的各个方面（包括投资、研发、设计、采购、工艺、工序、质量、产量、销售、使用、维修等）所进行的预测、规划、审核和监督等一系列活动。

（2）事中成本控制，又称日常成本控制，是指企业内部各级对成本负有经营责任的单位，在成本形成过程中，根据事先制订的成本目标（或标准），按照一定的原则，对企业各个责任中心日常发生的各项成本和费用的实际数进行严格的计量、监督，务必使各种生产耗费不超过原定的标准和预算。如发生偏差，应及时分析差异原因，并采取有效措施，巩固成绩、纠正缺点，以保证实现或优于原定的成本目标。

（3）事后成本控制，是指在成本费用发生之后，将实际成本与成本控制标准进行比较分析，计算成本差异，确定成本超支或节约，分析差异形成的原则，明确经济责任，提出改进措施或修订成本标准，并根据成本标准和实际完成情况，对各责任中心进行业绩考核和评价的过程。

（三）按控制原理分

根据成本控制的原则不同，成本控制可分为前馈性成本控制、防护性成本控制和反馈性成本控制。

（1）前馈性成本控制，是指在产品投产前通过对产品的成本与功能关系的分析研究，开展价值工程活动，选择最优方案，制定目标成本作为事前成本的主要依据。

（2）防护性成本控制，是指在产品投产前的设计和试制阶段，对影响产品成本的各有关部门和因素进行分析研究，制定出一套能够适应本企业具体情况的各种成本控制制度。

（3）反馈性成本控制，是指企业里的各责任单位，在成本形成过程中，根据事先制定的成本目标，对日常发生的各项成本费用进行对比、分析和控制。

（四）按控制手段分

按主要控制手段的不同，成本控制可分为绝对成本控制和相对成本控制。

（1）绝对成本控制，是指企业为降低成本，增加盈利而对各项成本支出的绝对额所进行的控制。其主要手段是精打细算，节约开支，杜绝浪费，通过"节流"的途径控制成本。

（2）相对成本控制，是指既要千方百计地节约开支，消灭浪费，同时又要想方设法开辟财源，增加收入，做到"节流"与"开源"双管齐下。其主要手段是不但要尽可能地节约开支，而且还要通过本量利分析，确定成本最低、利润最大的产销量。

（五）按控制对象分

按控制对象的不同，成本控制可分为价值工程、作业管理、标准成本控制、质量成本控制和寿命周期成本控制等。

（1）价值工程，是指在产品投产前通过对产品的成本和功能关系的分析研究，开展"价值工程"活动，选择最优方案，制定目标成本作为成本控制的主要依据。这种控制的重点在于从产品设计开始，就提出对产品功能和目标成本的要求，从根本上解决了功能过剩、成本偏高的问题。

（2）作业管理，是指对生产经营活动过程中的所有作业活动追踪进行动态反映，计量作业和成本对象的成本、评价作业业绩和资源利用情况，以作业为基础计算和控制成本。

（3）标准成本控制，是指事先制定标准成本，不断地将标准成本与实际成本相比，以及时揭示成本差异，对成本差异进行因素分析，并据以加强成本控制。

（4）质量成本控制，是指确定最优的质量成本，并以此作为质量成本控制的总目标，目的是既保证一定的质量水平，又防止因片面追求高质量而导致成本的大幅度提高。

（5）寿命周期成本控制，是指以产品整个寿命周期内发生的作业的成本为对象进行的成本控制，包括产品的设计与测试，产品的生产，产品的销售与售后服务，产品的运行和维修及废弃等阶段。

本章以下的内容，就是根据本分类标准进行阐述的。

三、成本控制的原则

尽管成本控制的类型多种多样，但就成本控制的一般原则而言，主要有以下六项。

（一）经济原则

经济原则，是指因推行成本控制而发生的成本不应超过因缺少控制而丧失的收益。

与销售、生产、财务活动一样，任何管理工作都要讲求经济效益。建立某项控制，往往需要花费一定的人力或物力，付出一定的代价。这种代价不能太大，不应超过建立这项控制所能节约的成本。

经济原则要求成本控制能起到降低成本、纠正偏差的作用，并具有实用性。成本控制系统应能揭示何处发生了失误、谁应对失误负责，并能确保采取纠正措施。

经济原则要求在成本控制中贯彻"例外管理"原则。对正常成本费用支出可以从简控制，而将注意力放在不正常、不符合常规的关键性差异上。"例外"的标准一般有三条：一是重要性，二是一贯性，三是可控性。

重要性可用差异的绝对额或相对率来衡量。如差异额超过1 000元，或差异超过原预算5%的，就应视为例外。企业管理者应将注意力集中于重要事项，对成本的细微尾数、数额很小的费用项目和无关大局的事项可以从略。

一贯性指的是有些成本差异虽未超过重要性规定的标准，但却在某一控制线附近持续徘徊一段时间，则就应视为例外，应引起管理者的高度重视。例如，美国的一些企业规定，任何一项成本差异,凡持续一周超过 50 美元,或连续三周超过 30 美元的,均应视为例外。

可控性要求企业管理当局应将精力集中到可控成本上,而不必在不可控成本上花费太多精力,即使不可控成本的差异很大。

经济原则在很大程度上决定了我们只在重要领域中选择关键因素加以控制,而不对所有成本都进行同样周密的控制。

(二) 因地制宜原则

因地制宜原则,是指成本控制系统必须个别设计,以适合特定企业、部门、岗位和成本项目的实际情况,不可完全照搬别人的做法。

适合特定企业的特点,是指对大型企业和小型企业,老企业和新企业,发展快和相对稳定的企业,这个行业和那个行业的企业,以及同一企业的不同发展阶段,管理重点、组织结构、管理风格、成本控制方法和奖励形式都应当有区别。例如,新建企业的管理重点是销售和制造,而不是成本;正常营业后管理重点是经营效率,要开始控制费用并建立成本标准;扩大规模后管理重点转为扩充市场,要建立收入中心和正式的业绩报告系统;规模庞大的老企业,管理的重点是组织的巩固,需要周密的计划和建立投资中心。适用所有企业的成本控制模式是不存在的。

适合特定部门的要求,是指销售部门、生产部门、技术开发部门、维修部门和管理部门的成本形成过程不同,建立控制标准和实行控制的方法也应有区别。

适合职务与岗位责任要求,是指总经理、厂长、车间主任、班组长需要不同的成本信息,应为他们提供不同的成本控制报告。

适合成本项目的特点,是指材料费、人工费、制造费和管理费的各明细项目,以及资本支出等,有不同的性质和用途,控制的方法也应有所不同。

(三) 全面性原则

在成本控制中实行全面性原则,通常包括以下三方面的内容。

1. 全过程的成本控制

在现代经济社会中,成本控制应贯穿成本形成的全过程,绝不能只局限于生产过程的制造成本,必须扩大到产品寿命周期成本的全部内容,即包括产品在企业内部所发生的设计成本、研制成本、工艺成本、采购成本、制造成本、销售成本、管理成本,以及产品在用户使用过程中所发生的运行成本、维修成本、保养成本等各个方面。实践证明,只有当产品的整个寿命周期成本得到有效控制,成本才会显著降低;而且从整个社会的角度来说,只有这样才能真正达到节约社会资源的目的。

2. 全方位的成本控制

控制成本还一定要兼顾产品的不断创新,增加花色品种,并保证和提高产品的质量,以满足消费者日益增长的物质生活和文化生活的需要,绝不能片面地为了降低成本而忽视产品的品种和质量。同时,控制成本还必须处理好集体利益、个人利益与国家利益的关系,以及当前利益与长远利益的关系。总之,绝不能为片面追求眼前利益,采取偷工减料、冒牌顶替或粗制滥造等歪门邪道的行为来降低成本,以致损害上述各方面之间的利益关系。否则,其结果不但坑害了消费者,最终也会使企业丧失信誉,破产倒闭。

3. 全员的成本控制

由于成本是一项综合性很强的经济指标,涉及企业的所有部门和全体职工的工作业绩。

因此,要想降低成本,提高效益,就必须充分调动每个部门(从厂部、车间到班组)和每位职工(从厂长、工人、技术人员到管理人员)关心成本、控制成本的主动性和积极性。当然,发动群众参加成本控制,并非要取消或削弱控制成本的专业机构和专业人员;而是在加强专业成本管理的基础上,要求人人、事事、时时都要按照定额、标准或预算进行成本控制。只有这样,才能彻底堵塞漏洞,杜绝浪费。

(四)责权利相结合的原则

要使成本控制真正发挥作用,还必须严格按照经济责任制的要求,贯彻执行责权利相结合的原则。要求一个单位完成一定的成本控制责任,就必须赋予其在规定范围内有权决定某项成本是否能够开支和开支多少的权利。同时,为调动各单位的成本控制积极性和主动性,还必须对其业绩进行评价和考核,并与各单位及个人的经济利益挂钩,做到奖勤罚懒,奖优罚劣,使每个单位和员工感到既有外在的压力,又有内在的动力。

(五)目标管理原则

成本控制必须以目标成本为依据,对企业的各项成本开支进行严格限制、监督和指导,力求做到以最少的成本投入,获得最佳的经济效益。没有目标,成本控制就没有标准,就将失去方向、压力和动力。因此,要有效地控制成本,企业就必须为每个会计期间制定一定的目标成本,并将其层层分解给有关责任单位,形成各责任单位的责任预算,由各级管理人员根据责任预算进行控制。

(六)开源与节流相结合的原则

在现代经济社会中,成本控制必须树立新的观念。它绝不应只是消极地限制和监督,而应是积极地指导和干预。过去的成本控制,最早只是强调事后的成本分析和检查,主要采用节流的各项措施,精打细算,节约开支,消灭浪费,严格按照成本开支范围和各项规章制度进行监督和限制。

后来发展到侧重于日常的成本控制,即以标准成本和成本责任预算作为控制的依据,当发现实际数与预算数发生差异时,迅速反馈给有关责任单位进行调节或指导,以纠正缺点,巩固成绩。

今后为了深化改革,成本控制的重点还必须从单纯依靠节流转变到开源和节流双管齐下,抓好产品投产前的成本控制。例如,开展价值工程活动,加强质量成本管理等等,借以充分挖掘企业内部潜力,在增产节约、增收节支方面狠下功夫。此外,还可根据成本效益分析和本、量、利分析的基本原则,把成本与收益,以及成本、业务量与利润之间的关系结合起来,找出以利益最大化为目标的最佳成本和最佳产销量。只有这样,才能把损失和浪费消灭在产品投产以前,有效地发挥成本控制的作用。

第二节　作业管理

一、作业管理思想的产生

一个社会,如果处于贫困状态,物资比较缺乏时,社会大众的消费行为比较容易满足。而一旦进入富裕社会,社会大众拥有的财富多了,购买力强了,消费者的行为就会变得更具选择性,更具挑剔性,消费者就会要求厂商提供更加多样化、更具个性化、日新月异的产品。社会需求的这种变化,反映到生产组织上,就要求企业由过去的以追求"规模经济"为目标的单品种、大批量的标准化生产方式转变为能对顾客多样化、个性化、日新月异的需求迅速做出反应的"顾客化生产方式",以保证能在较短的时间内生产出不同的新产品,以满足消费者的多样化需要。这一趋势是历史发展的必然。

同时,当代高科技的蓬勃发展,电脑辅助设计(CAD)、电脑辅助工程(CAE)、弹性制造系统(FMS)、电脑整合制造系统(CIM)和适时生产系统(JIT)等的广泛应用,也为企业的生产经营管理进行革命性的变革提供了技术上的可能。为了有效地运用当代高科技的优势,以适应富裕社会顾客需求日新月异的变化,进而实现现代企业的经营目标,企业管理思想也产生了深刻的革命,形成了新的管理理念。

这一发展变化,首先对管理思想产生了深刻影响,从而形成新的管理理念,实现零存货(zero inventory)、需求拉动生产(pull production)、选择供应商并保持良好关系、单元式制造(celluar manufacturing)、训练员工担任各种工作及全面质量管理(total quality control:TQC)现已成为许多企业的追求目标。

同时,这一发展变化,还使人们对企业的认识也发生了改变,并形成的新的企业观。这一新的企业观就是把企业看作是为了最终满足顾客需要而设计的"一系列作业"(a series of activities)的集合体系,形成一个由此及彼、由内到外的作业链①(activitiy chain)。每完成一项作业要消耗一定的资源,而作业的产生(activities output)又形成一定的价值,转移到下一个作业,按此逐步推移,直到最终产品提供给企业外部的顾客,以满足他们的需要。所以,企业生产的对外销售的产品——最终产品,作为企业内部一系列作业的集合体,它凝聚了在各个作业上形成而最终转移给顾客的价值。因此,作业链也表现为"价值链"(value chain),作业的推移,同时也表现为价值在企业内部的逐步积累与转移,最终形成转移给企业外部顾客的总价值。从顾客那里收回转移给他们的价值,形成企业的收入。收入在补偿各有关作业所消耗的资源的价值之和后的余额,便是企业从转移给顾客的价值中获得的利润。

企业管理深入到作业水平,便形成一种新的管理思想或模式,即"作业管理"(activity-based management,ABM)。它以"作业"作为企业管理的起点和核心,比传统的以"产品"为企业管理起点和核心,在层次上大大深化,所以有人称它是继泰罗创立科学管理学说以来,在企业管理理论上又一新的重大突破,是企业管理理论的一次重大变革。

当然,在企业的生产实践中,并不是所有的作业都可增加给顾客的价值。有些作业可以增加转移给顾客的价值,形成顾客需要的使用价值,这类作业称为"可增加价值的作业";有些则不能,称为"不增加价值的作业"。作业管理应索本求源,以尽可能消除不增加价值的作业,对可增加价值的作业,也要尽可能提高其运作的效率,减少完成它们的资源消耗,并尽可能提高可从顾客方收回的价值。以此贯穿始终,就可促进企业全面提高作业完成的效率和质量水平,在所有环节上减少浪费,并尽可能降低资源消耗,将企业置身于不断改进的环境中,以促进企业生产经营整个价值链水平的不断提高,实现企业价值的最大化。显然,作业管理的有效实施,必须借助于准确的作业成本信息,以确定每一作业的成本高低、价值大小。

---

① 作业链(activities chain)是指企业内为满足顾客需要而建立的一系列前后有序列的作业集合体系。

二、作业成本的计算

(一) 作业成本计算的含义

作业成本计算(activity based costing,简称 ABC),是一种通过对所有作业活动追踪并进行动态反映,计量作业和成本对象的成本、评价作业业绩和资源利用情况的方法。它根据资源耗用的因果关系进行成本分配,并依据作业的资源消耗将资源成本分配给作业,再按成本对象对作业的消耗将作业成本分配到成本对象。

但是,随着高新技术的发展,生产自动化的实现和新的管理理念的广泛运用,产品的成本结构也随之发生了很大变化,直接成本的比重越来越低,间接成本的比重却大大提高;变动成本有所降低,而固定成本却居高不下;生产成本相对减少,而研究开发费用却大幅上升。在这种情况下,如果还继续使用传统的成本计算方法,则势必会造成产品成本被严重扭曲,并进而影响管理决策。因为我们知道,虽然企业的制造费用一般来说会随着产量的提高、人工的增加、机器工时的增多、耗用材料的增多而增加,但是这种递增关系一般并不成严格的正比关系。这是因为影响制造费用的因素多种多样,产量、人工、材料消耗、机器使用时间的长短都会在不同程度上对制造费用的多少产生影响。这样,如果按照单一标准进行制造费用的分配,则往往会使生产量大、技术上不很复杂的产品成本偏高,生产量小、技术比较复杂的产品成本偏低,从而导致不同产品之间成本的扭曲,使得成本数据不能如实地反映不同产品生产耗费的真实面貌。例如,若以直接人工成本为制造费用的单一分配基础,则会使低劳动密集型产品的成本偏低,而中高劳动密集型产品的成本偏高。

我们知道,成本核算的主要目的是为资产计价、收益确认、业绩考核、经营决策等提供数据资料。在高度竞争的市场经济环境中,要进行正确的规划和决策,准确的成本信息显然不可或缺,因为产品定价、产品盈亏分析等都以准确的成本信息为基础。产品成本被低估,可能会导致企业接受表面上盈利而实际亏损的业务;相反,若成本被高估,则可能使企业因为丧失降价销售的机会,而使自己的市场被其他竞争者所抢占。而在高度自动化的生产条件下,以直接人工、机器工时等为基础来统一分配间接费用,并不能揭示产出量与间接费用之间的关系,产品的成本计算结果失真,所以采用传统成本计算方法提供的财务报告难以满足管理部门的定价、自制与外购、生产批量等决策的需要。为此,西方国家的企业纷纷提出,要改单一分配标准为多种分配标准,以对因不同原因而发生的不同成本分别进行分配。这一分配思想就是现在所谓的作业成本法。

作业成本法认为,企业里的许多资源并不是直接为最终的产出物而消耗的,而是服务于一系列的辅助作业,因此,要准确计算产品成本,不能就成本论成本,而必须首先准确确认产生作业的成本动因,计算作业对资源的消耗(作业成本),再按产出物对作业的消耗计算产品成本,从而使产出物和投入之间建立因果关系,使成本分配具有技术经济依据,以提高成本计算的准确性。从这点看,作业成本计算本质上是一种直接成本计算方法,消除了人为设立的分配标准的影响,因而是一种准确的成本计算方法。

1. 作业成本计算是实现成本计算与成本管理相结合的工具

作业成本计算按同质作业建立成本库,按成本动因归集成本的思路,促成了企业管理思想的变革,形成了新的企业观,将企业看作是为最终满足顾客需要而设计的一系列作业的集合,形成一个由此及彼,由内到外的作业链。企业管理深入作业水平,就是作业管理。作业管理利用作业成本计算提供的动态信息,对作业链上的所有作业进行分析修正,尽可能消除不增值的作业,对增值作业则尽可能减少其对资源的消耗,由此促进企业经营效益的全面提高。而这一切的实施,是离不开作业成本计算所提供的成本信息的。传统的成本计算提供的是某个部门的成本耗费,至于产生成本的原因则无法反映,而作业成本计算则追本溯源,计算出每一作业的成本大小,从而为作业管理提供了依据。管理者根据作业成本计算所提供的有关经营过程的数据,可以进行产品营利性分析、业绩计量、新产品设计的改进、质量成本分析、经营过程价值分析、企业再造、目标成本计算、购买或自制决策,以及以作业为基础的长期投资决策和寿命周期成本计算等。作业成本计算与作业管理的关系如图 11-1 所示。

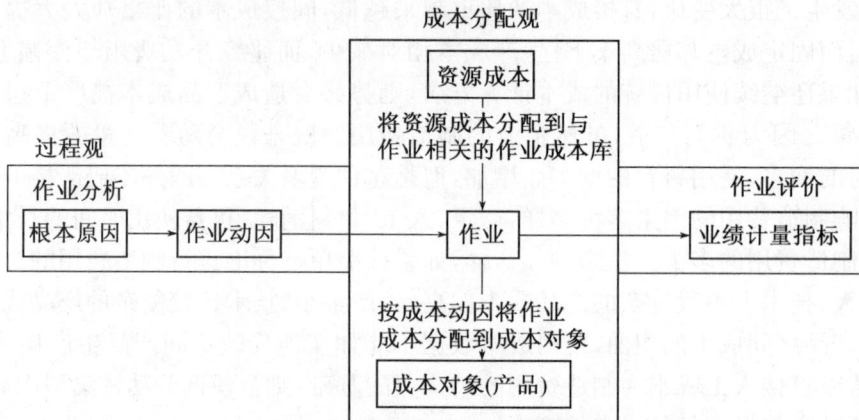

图 11-1 作业成本计算与作业管理的关系图

2. 作业成本计算为适时生产系统和全面质量管理的配合实施提供了条件

作业管理把作业分成增值作业和不增值作业。不增值作业对最终产品的价值没有贡献,消除它们不会影响顾客对产品的满意程度,因此其存在是生产经营中的一种浪费,作业管理要消除不增值的作业,提高增值作业的效率,这就需要同时实施适时生产系统和全面质量管理。适时生产系统要求零存货,消除与存货有关(例如存储、整理等)的作业,在需要时将存货运达现场,从而减少存储、搬运、等待的时间,减少存货上的资源浪费。而要做到这一点,就要求生产线保持畅通无阻,不能出现质量问题,这同时又要求配合实施全面质量管理,三者同步进行,相辅相成,才能全面提高企业的经济效益。而作业成本计算在将成本归集到最终产品之前,先将资源成本归集到相互联系的作业上,由于这些作业是构成企业经营过程的核心,使企业能对经营过程作出正确的分析、评价,从中发现存在浪费的作业和造成浪费的地方,为全面质量管理和适时生产系统的实施创造了条件。

(二)作业成本计算的方法

作业成本的计算是按照如下步骤进行的:① 确认作业;② 寻找动因;③ 画分中心;④ 设置成本库;⑤ 建立计算模型;⑥ 汇总成本信息。

1. 确认作业

作业(activity)是指在一个组织内为了某一目的而进行的耗费资源的工作。企业的每一项资源耗费都是因某一具体的作业而产生,确认作业,就是要按照各种成本的不同特点,寻找产生成本的内在原因。所以,作业成本计算的第一步是要寻找并确认引起某一成本发生的具体原因。例如,企业产品的检验费用是由检验而不是由生产或订购而发生的,因此检验费的成本动因就是检验这一作业；同样，生产准备是准备成本的动因；机器工作是电费的动因，物品搬运是搬运费的动因，材料储备是仓储费用的动因，产品销售是销售费用的动因；等等。

作业是作业成本计算和作业管理的核心。对作业的划分，各个企业有所不同。有的企业将作业活动分为采购、设计、规划、组织订货、制造、仓储与发运、售后服务等；而有的企业把作业活动分为生产调度、材料搬运、准备人工、自动化生产、精加工、包装和运输等。由此可见，要确认作业，首先必须了解产品的制作过程，知道完成一个产品需要经过哪些步骤和环节。对于这些各种各样的作业，为便于运用作业成本法，我们可以根据每种作业的特点予以适当分类。

按照作业的必要性，可分为必须作业和任意作业。前者指一个组织必不可少的作业；后者指可以根据管理者的判断进行任意选择的作业，又称"酌量性作业"。

按照作业可否重复，作业可分为重复性作业和一次性性作业。前者是指在一定时期内不断重复发生的作业；后者是指在一定时期内只发生一次的作业。

按照作业的来源，作业可分为基础作业和派生作业。前者又称"一级作业"，指一个部门或一个组织单位的基本职责，如工程部门的基础作业是产品设计或制模，生产部门的基础作业是产品生产；后者又称"二级作业"，指支持基本作业的作业，如行政管理、监督、训练和秘书工作等。

按照作业能否增加产品的价值，可分为增值作业和非增值作业。增值作业（value-added activities）是指能够增加产品价值的作业。其特点是：没有它们，产品的生产就无法进行或产品的质量、价值就会受到影响。如材料的采购和运输，原料的加工，机器设备的正常维修等等，都属于增值作业。非增值作业（nonvalue-added activities）是不能够增加产品价值的作业。其特点是：没有它们，并不会对最终产品的价值和质量造成任何伤害，而有它们，往往会引起企业利润的减少。例如各种形式的与存货有关的作业，包括存货的存储、维护、分类和整理等；因质量不合要求而进行的加工、改制；生产过程中的点数、搬运、检验以及质量损失；产供销过程中因等待和延误而形成的损失等，都属于非增值作业。

按照作业的层次和范围分，作业可分为单位作业、批次作业、产品作业、工厂作业和顾客作业。其中，单位作业，又称"单位水平作业"（unit-level activities），是指成本与产品数量相关的作业。这类作业的成本一般与产品产量或销量成正比，其作业使一定数量的产品或服务受益。如直接材料、直接人工、电力、燃料等。批次作业，又称"批水平作业"（batch-level activities），是指成本与批数相关的作业。这类作业的成本与批数一般成正比关系，而与批量无关。批数越多，其成本越高，其作业使一批产品受益。如生产规划、订单处理、生产指令、生产准备、原材料处理、质量成本控制（如质检）等。如对一批材料的订货作业与订货批次有关。产品作业，又称"产品（品种）水平作业"（product-level activities），是指成本与产品种类有关的作业。此项作业的成本与产品数量和批数无关，而与生产的产品品种成正比，其成本大小取决于产品的范围及其复杂程度。作业的目的，是为各种产品的生产与销售做准备，使产品的生产或服务的提供成为可能。如产品设计、包装设计、编制材料清单、工程变更、线路测试、产品检验等。工厂作业，又称"经营作业"或"设备水平作业"（facility-level activities），是指与维护企业的生产能力有关的作业。如工厂管理、厂房折旧、安全检查、暖气、照明、保险等。此项作业的成本，为生产的全部产品的共同成本，其大小取决于组织的规模和结构。此类作业成本，在纯粹的作业成本制下，并不将其分配于各产品，而将其列为期间成本，但是实务上通常采用完全成本法，将其作为制造费用分摊于各产品。顾客作业（customer activity），是指为特定顾客服务有关的做业。这类作业使企业对顾客的销售成为可能,而与出售给顾客的产品数量或组合无关。例如顾客市场调查,售后服务等。

通过上述作业的分类,我们可以发现,现代企业实质上是一个为了满足最终顾客需要而建立的一系列前后有序的各种作业的集合体,这个有序的集合体,人们称之为"作业链"(activitiy chain)。在这条作业链上,存在着这样一种关系:"资源——作业——产品",即"产品耗用作业,作业耗用资源";"生产导致作业的发生,作业导致成本的发生"。作业的转移,同时伴随着价值的转移,最终产品是全部作业的集合,同时也表现为全部作业的价值集合。

也就是说,企业在生产过程中,每当完成一项作业,就会有一定的资源被消耗,同时又有一定价值量的产出转移到下一个作业,照此逐步转移下去,直至最终形成产品。产品作为企业内部作业链的最后一环,凝结着各个作业链形成并最终提供给顾客的价值,因而,作业链也表现为价值链(value chain)。作业链的形成,也就是价值链的形成。因此,要改进产品的价值链,必须改进生产的作业链。由此可见,作业成本法与传统成本法的根本差别表现在前者引入了作业的概念,并将其作为联系产品成本与所耗资源的纽带。

作业分散在企业的组织结构中,其形式和结构随着企业的规模、工艺和组织形式的不同而不同。常见的作业确认方法如下。一是绘制企业的生产流程图,将企业的各种经营过程以网络的形式表现出来。每一个流程都分解出几项作业,最后将相关或同类作业归并起来。二是从企业现有的职能部门出发,通过调查分析,确定各个部门的作业,再加以汇总。三是召集全体员工开会,由员工或工作组描述其所完成的工作,再进行汇总。这种办法有助于提高全员的参与意识,改变其态度,加速作业成本管理的实施。而前两种办法可以较快取得资料,准确性高,不会对员工造成干扰。

确认作业一般需考虑两个问题。一是考虑取得作业成本数据的目的。作业确认的详细程度要考虑作业成本信息的需要,如果目的在于改善经营活动,例如减少成本,则对作业的分类要详细些,关注非增值和低增值的作业,例如返工和双重复核工作。如果目的在于进行战略性决策,例如定价和产品的营利性分析,则作业分类可以粗一些。二是要考虑重要性原则,对于从成本上看不值得确认的作业则可和其他项目归为一类。

2. 寻找动因

寻找动因是指寻找成本动因。所谓成本动因(cost driver),是指引起成本发生的作业的特征指标值。这一指标是反映作业所耗用成本的作业量,是计算作业成本的依据,通过成本动因,可以揭示执行作业的原因和作业消耗资源的大小。例如,机器设备耗用电费的多少,往往与机器工作的时间长短密切相关,而与产品数量、产品体积和重量、材料消耗量、材料成本、人工小时或人工成本等关系不太密切,因此,机器小时就常被人们视为电费的作业动因。类似地,产品检验次数是检验费的成本动因,生产准备次数是生产准备费用的动因,等等。

成本动因,按照其驱动源来看,可分为资源动因和作业动因;按其成本的变化特点,可分为交易性成本动因、延续性成本动因和精确性成本动因。

资源动因(resouce driver)以资源为分配基础,用来反映每个作业中心对资源的耗用情况,是将资源成本分配到作业中心的标准。在分配间接费用时,首先要以资源动因为基础,将归集起来的投入成本或资源分配给各个作业中心,以确定各作业中心的资源耗用量。如动力费一般是按各作业实际耗用的电力度数来分配的。显然,在这里作业量的多少决定着资源耗用量的高低。资源耗用量与作业量间的这种关系,被称为资源动因。

作业动因（activity driver）用来反映产品耗用作业的情况，是将作业中心的成本分配给成本对象（如产品、劳务或顾客）的标准。企业在分配间接费用时，在以资源动因分配后，还要以各成本中心的作业动因为基础，将各作业中心的成本分配到最终的作业成本中，计算出产品成本。显然，在这里产出量的大小决定着作业耗用量的多少。作业耗用量与产出量之间的这种关系，被称为作业动因。资源、作业与产出的关系如图 11－2 所示。

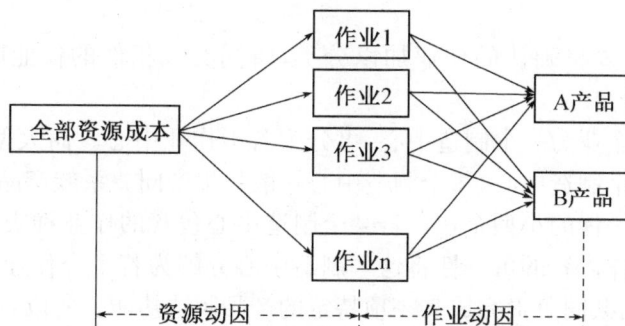

图 11－2　资源、作业与产出关系图

交易性成本动因用于计量作业发生的频率，例如设备调整次数，订单数目。当所有的产出物对作业的要求基本一致时，可以选择交易性成本动因。例如，安排一次生产，处理一次订货，所需要的时间和精力与生产了多少产品或订货的数量无关。如果不同数量的产品所要求的作业消耗的资源显著不同时，则应采用更为准确的计量标准，即延续性成本动因。

延续性成本动因用于反映完成某一作业所需要的时间。例如工艺流程简单的产品每次所进行的设备调整时间较短，而工艺流程复杂的产品所需的设备调整时间较长，如果都以设备调整次数为成本动因的话，则可能导致作业成本计算的不实，此时以设备调整所需要的时间为成本动因更为合适。但是，如果每单位时间里进行设备调整耗费的人力、技术、资源等存在显著差异时，则可能需要采用精确性成本动因。

精确性成本动因用于直接计算每次执行每项作业所消耗的资源的成本。例如新产品刚开始生产时所进行的设备调整，可能要求单位时间里投入特殊的人力和质量检测工具，因而资源消耗相对较多，而成熟产品单位时间所需要的资源消耗量可能较少。此时，以每次调整的资源成本为成本动因则是适当的。

在选择成本动因时，应主要考虑以下几个原则。

（1）相关性。作业成本计算的核心思想是根据每种产品消耗的作业成本动因量来将作业成本分配给产品。这实际上是以产品消耗成本动因的数量作为产品消耗的作业的计量标准。因此，成本分配的准确性依赖于作业的消耗与成本动因量的关联关系。例如要计量产品所消耗的设备调整成本，可以采用设备调整次数或设备调整时间作为成本动因。如果不同产品的调整所耗费的时间、资源无显著差异，则以次数为成本动因即可揭示其关系；如果不同产品的调整所耗费的时间、资源存在显著差异，则调整时间与该作业的实际耗费才能更为相关。

（2）成本效益。作业成本的成本库越多，所需成本动因越多，成本计算越精确，但取得成本也越高。此时应考虑成本效益原则。同时，成本动因应易于计量，在经济上可行，而不是需要设立新的计量方法。例如，投料次数易于观察和计量，而投料速度则不易确定，不宜作为成本动因。

（3）行为因素。成本动因的选择应有助于激励业绩的改进。成本系统的设计可能对管理者产生有利或不利的行为影响，所以，在选择成本动因时应考虑这个因素。例如以联系的供应商数作为向供应商询价成本的成本动因，就有可能使管理者为降低询价成本而减少询价次数，从而可能失去联系到有利的供应商的机会。反过来，以材料搬运次数作为存货处理作业的成本动因时，有可能促使管理者采取减少搬运次数，从而减少搬运成本的行为。

3. 画分中心

在确认作业后，还要将确认的作业加以分类，将同类或相似的作业归为一类，成为作业中心。

小型企业以整个企业为一个制造中心，再分为若干作业中心。而大型企业则一般按产品系族将其画分为若干个制造中心，每个制造中心一般只生产同一系族产品，每个制造中心相当于一个集产、供、销于一体的小型企业。若某个制造中心包含的作业种类很多，还可依据工作组合的可独立性和工作内容的可分性将这些制造中心分解为若干个作业中心，每个作业中心包含若干项同类作业，共同负责完成某一项特定的产品制造功能。所以，这时制造中心和作业中心也应作为成本计算对象归集和分配价值耗费。

4. 设置成本库

资源是企业生产耗费的最原始形态，包括人力资源、动力资源（手段资源）、材料资源（对象资源）和货币资源等。所以，在进行作业成本计算前要在资源层次对资源进行分类，为每类资源设立资源库，从而在价值形成的最初形态上反映被最终产品吸纳的各类资源耗费价值。

资源库只是用来汇集企业在一定期间内各种资源的耗费情况，会计期末还需按照各受益对象的受益量大小，将其分配给各受益方，为此，企业需要设置用来反映某项作业所耗资源价值的成本资料库，即成本库（cost pool）。为简化成本分配工作，企业在划分成本库时，一般是将企业的各项间接费用按其成本动因的不同进行分类，将具有某一相同成本动因的成本划归一类，构成一个成本库，得到所谓的同质成本库（homogenous cost pool）。同一成本库中的成本均由同质成本动因引起。有几个成本动因，就建立几个成本库。

例如，材料采购部门发生的与材料的计划、订购有关的费用，与材料的取得来源有直接的关系，因为它要与每一个材料供应商打交道，进行函电联系和合同签订、货款结算等，因而其费用的多少与材料供应商的数量、订购次数有着直接的关系，而与材料供应量的多少没有直接联系。所以，与材料的计划和订购有关的费用可以归入一个"成本库"，以材料供应商的数量或订购次数为其成本动因，以此为标准对该成本库汇集的成本进行分配。又如，假设某一企业电费和维修费的多少与机器工作小时密切相关，那么，电费和维修就属于同一成本库，而企业的生产准备成本和检验费用一般就不属于同一成本库。再如，质量控制部门可按"外购材料的检验""在产品的检验"和"产成品的检验"分别设置三个成本库，分别以"材料订购次数""设备的调整与准备次数"（因每一次新投产，要对其产出物进行一次质量的抽样检验）和"销售产品数量"作为它们具有代表性的成本动因进行成本分配。

在复杂的企业中，每类作业可能包含一个以上的成本库。对于一个同质成本库，其成本动因往往不止一个，这时选择其中一个即可，按其成本动因将该成本库的成本按比例分摊于各产品。

由此可见，建立不同成本库的好处是，对同一成本库的各种成本费用，只要按照同一成本动因进行分配即可，不同成本库的成本动因不同，因此其分配标准也不同，这样既便于成本分配,又有利于提高成本分配的准确性,这是作业成本计算优于传统成本计算的主要方面。

5. 成本的归集与分配

作业成本计算在资源成本归集的基础上,将各资源库成本按照资源动因分配给各成本库,各成本库再将所归集的作业成本按成本动因分配给各作业,最后,各作业再按作业量分配给各成本计算对象(产品)。由此可见,作业成本的归集和分配主要包括以下几个步骤。

第一步,资源成本的归集。这一步只是价值的归集过程,它在确认和计量各类资源耗费的基础上,将各种资源的耗费价值按资源种类进行归集。

价值归集的范围一般视企业的规模和作业的组合状况而定。对于小规模企业,若不分设制造中心,也不分设作业中心,则直接在整个企业范围内按资源种类进行归集。若不分设制造中心而设立作业中心,则应分不同的作业中心归集资源耗费。对于大型企业,一般既设制造中心,又设作业中心,则可将制造中心视为小规模企业,在制造中心内分别以不同作业中心为单位归集资源成本。

第二步,资源成本的分配。对资源库价值进行的分配以资源动因为基础。资源动因反映了作业对资源的消耗情况,如动力费一般是按各作业实际耗用的电力度数分配的。

在成本计算过程中,各资源库成本应根据资源动因逐步逐项分配到特定范围内的各作业成本库中,然后,将每个作业成本库中转入的各项资源价值相加,从而形成作业成本库费用。

第三步,成本库费用的分配。成本库费用分配的基础是作业动因。在将成本库的成本分配给各产品时,一般需按以下程序进行。

(1)确定成本库的成本动因。即在分配各成本库的费用前,先要选择分配各成本库费用的分配标准,即成本动因。如订购次数、材料的搬运数量、检验时间或次数、维修次数或时间、生产调度的生产订单数量、自动化设备的机器工时、精加工作业的直接人工工时等。每一成本库只选择一个主要的成本动因。

(2)计算成本库费用分配率。在为每个成本库确定了一个成本动因后,即可以其为基础来计算每个成本库的费用分配率,即成本库分配率(pool rate):

成本库分配率=该成本库中归集的间接费用总和÷该库成本动因作业总量

(3)将成本库的成本分摊于各产品。利用上步骤所求出的成本库分配率,乘以各项产品所耗用的成本动因作业量,即可得到各产品应分担的该成本库中的成本额,即:

某产品在该成本库分摊的成本=该成本库的分配率×该产品在该成本库中的成本动因作业量

(4)计算每一产品的作业成本。将某一产品从各成本库中分配的成本加总,即可得到各产品的总成本。

(三)作业成本计算的特点

由上可知,作业成本计算方法与传统成本计算方法之间存在着许多不同之处。

1. 成本观不同

传统成本观认为成本是企业生产经营过程中所消耗的资金总量。而作业成本观则认为,企业的生产经营过程是为满足顾客需要而设计的一系列作业的集合体系,它表现为一个由此及彼、由内向外的"作业链"。企业每完成一项作业要消耗一定的资源,而作业的产出又形成一定的价值,转移给下一作业,按此逐步推移,直到最终把产品提供给企业外部的顾客,以满足它们的需要。所以,作为企业内部的一系列作业的总产出,最终产品凝结了企业内部在各个作业上所形成的而最终转移给顾客的价值。在这里"作业链"同时表现为"价值链",作业的推移,同时也表现为价值在企业内部的逐步积累和转移,最终形成转移给外部顾客的总价值,即最终产品的成本。可见,作业观下,是把作业视为费用发生与成本形成的中介,成本是一个与作业相联系的多层次的概念。

2. 产品成本的经济内容不同

传统成本观下,产品成本是指制造成本,只包括与产品生产直接有关的费用,而用于管理和组织生产方面的费用则作为期间费用处理,产品成本按费用的经济用途设置成本项目。而在作业成本观下,产品成本则是指完全成本。就某一个制造中心而言,该制造中心所有的费用支出只要是合理的、有效的,对最终产出有益的,就都计入产品成本。也就是说,作业观念下强调费用支出的合理有效性,而不论其是否与产出直接有关。成本项目是按作业类别设置的。

当然,作业观念也是使用期间费用概念,但此时,期间费用汇集的是所有无效的、不合理的支出,即增值作业无效耗费的资源价值和非增值作业耗费的资源价值,而不是与生产无直接关系的支出。这样处理的目的是希望通过作业管理消除这些耗费。

3. 分配的标准不同

传统成本法将制造费用不分具体成本项目和各种产品的用量多少,按照统一的标准进行分配。而作业成本法则要求在计算产品成本时,先将制造费用归属于每一作业,然后再由每一作业分摊于产品。因此,两种方法采用的成本动因数量不同,传统成本法一般仅使用一、二项成本动因进行分配,而作业成本法则采用多项成本动因进行分配。由于作业成本计算法对不同作业的间接费用,根据作业的特点,采用不同的分配率进行分配,因此,它可以克服传统成本计算法存在的问题。

4. 分配的过程不同

传统成本法在分配间接费用时,先将间接费用分配于各生产部门,然后再将各生产部门的间接费用分摊于各种产品。而作业成本法则是先将间接费用在各成本库之间进行分配,然后再在每个成本库内的各产品之间进行分配。所以,传统成本法提供各部门的成本信息,而ABC法是提供各作业中心的成本信息。

当然,并非企业里所有的间接费用都可采用作业成本法进行分配。只有那些由于生产作业所引起的成本费用,如调整费、起动费、订单处理费、特殊零件费等,才可用作业成本法进行分配。而对于保险费、公共设施费、管理人员工资、财产税等与生产作业活动不相关的间接费用,作业成本法也不能解决如何分配的问题。

5. 成本计算的对象不同

传统成本法以"产品"为中心,围绕产品进行成本分配,成本计算对象仅仅为企业所生产的各种产品,而且一般为最终产品。而作业成本法是以"作业"为中心,以作业为基础进行分配,在成本计算过程中,不仅关注产品成本本身,更关注产品成本的形成过程及其形成原因,从而不仅把最终产品作为成本计算对象,而且把资源、作业、作业中心、制造中心等均作为计算对象。

由于任何一个组织,只要发生资源耗费,我们总可将这些耗费从发生原因上归结为某个作业的耗费,因而以作业作为成本计算的基本对象,并进而进行作业成本分析更具有普遍意义。

6. 从成本计算结果看

按照传统成本计算方法与作业成本计算方法算出的单位产品成本往往不同。前者因仅用一种成本动因来分配所有的制造费用,所以其分配的结果比较粗略,不够准确,它常常会使得某些产品的成本多计,而其他产品的成本少计。而后者因是通过分别设置多样化的成本库,并按多样化的成本动因对各成本库的成本采用不同的成本动因进行分配,不仅计算结果更能准确地反映产品的制造费用耗用情况,而且大大降低了人为确定分配标准对成本计算的影响,这样就使得到的成本数据更为准确、可靠。因此,我们可以将作业成本计算方法定义为:以作业为核算对象,通过成本动因来确认和计量作业量,进而以作业量为基础来分配间接费用的一种成本计算方法。

7. 管理的重点不同

传统成本观与作业成本观的最大不同是,传统成本法注重成本管理,所以,在传统会计中,对成本中心的业绩评价指标是成本,关注实际成本与预算成本的差异大小,并根据差异大小来对有关人员进行奖惩。而作业成本法则不是就成本论成本,而是把着眼点与着重点放在成本发生的前因后果上,它认为,企业的生产经营过程是为满足顾客需要而设计的一系列作业的集合体,所以,作业成本观更关注的是作业管理,而不是成本管理。这种观点认为:从成因上看,任何成本都是因作业而发生的,没有作业活动就不会产生成本,因此重视成本管理,首先必须重视成本产生的原因,而非成本本身。形成一个作业的必要性如何,要追踪到产品的设计环境。因为正是产品的设计环境,决定着产品生产的作业组成和每一作业预期的资源消耗水平。同时,在生产过程中,生产人员和管理人员需要了解每项作业是否必要,是否会增加产品的价值,能否改变等问题。在了解了这些问题后,生产人员就可消除非增值作业,改进增值作业,提高增值作业的工作效率。

由此可见,作业成本法的本质是要确定间接费用的分配基础——作业,引导管理人员将注意力集中在发生成本的原因——成本动因上,而不仅仅是关注成本结果本身;通过对作业成本的确认、计量,为尽可能消除非增值作业、改进增值作业,提供了及时、有用的信息,从而可以克服以交易或数量为基础的传统成本系统中间接费用责任不清的缺陷,使以前许多不可控的间接费用,在 ABC 系统变为可控,因而可以将有关的损失和浪费减少到最低限度。这是企业挖掘成本潜力,实现成本降低目的的真正源泉,也是人们之所以将作业成本会计称之为第三次成本会计革命的原因①。

(四) 作业成本计算举例

[例 11-1]　设某纸业公司生产各种类型的纸包装箱,其生产工艺以机械化为主,但需要少量的人工。今年 9 月份该公司获得 2 份生产订单,要求如表 11-2 所示。

表 11-2　A、B 产品的基本资料

项目	A 产品(15 000 个)	B 产品(5 000 个)
直接人工小时	300	100
原材料成本	300 000	100 000
设计时间	100	200
机器调整次数	2	4
机器工时	160	200

---

① 第一次革命:成本计算由账外演进为账内,从而使产品的分项目成本以及单位成本增高或降低等信息,可以通过正常的会计程序及时地提供出来,并能实现对存货的连续控制。第二次革命:以标准成本系统为基础的责任成本控制系统的形成和发展,使成本会计由单纯的产品成本计算发展到成本计算与成本控制相结合。

管理会计学

该公司本月生产 A、B 产品的制造费用共发生 550 000 元。原来是采用标准制造费用分配率,按直接人工小时分配的。该月直接人工小时预算为 500 小时,直接人工工资率为每小时 1 100 元。则可计算出 A、B 产品的单位制造成本如表 11-3 所示。

表 11-3 A、B 产品的单位制造成本计算表(原来的方法) 单位:元

项目	A 产品	B 产品
直接材料	300 000/15 000=20	180 000/5 000=36
直接人工	300×100/15 000=2	100×100/5 000=2
制造费用*	300×1 100/15 000=22	100×1 100/5 000=22
合计	44	60

* 每直接人工工时制造费用分配率为 550 000/500=1 100

而如果采用作业成本计算,在对生产经营过程进行分析后,该公司的会计主管认为,生产包装箱的作业有六种,并选定了六个成本动因,进而计算成本动因的制造费用分配率如表 11-4 所示。

表 11-4 各成本动因的制造费用分配率计算表

作业	制造费用(元)	成本动因	成本动因数	单位成本动因分配率
材料采购、存储	120 000	原材料成本	480 000	0.25/材料成本
产品设计	60 000	设计时间	300	200/小时
机器调整	60 000	生产次数	6	10 000/次
机器折旧、维修	180 000	机器工时	360	500/小时
厂房折旧	120 000	机器工时	360	333.3/小时
其他制造费用	10 000	机器工时	360	27.7/小时

根据原始记录进行分类汇总,可以归集产品的制造费用并计算单位产品的制造费用成本如表 11-5 所示。

表 11-5 A、B 产品的制造费用和单位制造费用计算表

作业	单位成本动因分配率	产品 A		产品 B	
		成本动因量	成本额(元)	成本动因量	成本额(元)
材料采购、存储	0.25/材料成本	300 000	75 000	180 000	45 000
产品设计	200/小时	100	20 000	200	40 000
机器调整	10 000/次	2	20 000	4	40 000
机器折旧、维修	500/小时	160	80 000	200	100 000
厂房折旧	333.3/小时	160	53 328	200	66 672
其他制造费用	27.7/小时	160	4 432	200	5 568
合计			252 760		297 240
件数			15 000		5 000
单位制造费用			16.85		59.44

根据表 11-3 和表 11-5 的资料可归集出 A、B 产品的单位制造成本,如表 11-6 所示。

表 11-6　A、B 产品单位制造成本计算表　　　　　　　　单位:元

	A 产品	B 产品
直接材料	20	36
直接人工	2	2
制造费用	16.85	59.44
合计	38.85	97.44

通过表 11-3 和表 11-6 的对比可以发现,作业成本计算和传统成本计算所得到的两产品的成本存在较大差异。其主要原因在于,传统的成本计算方法对于制造费用是将其全额按单一的分配标准——直接人工小时分配的,而 A、B 产品所消耗的直接人工小时相同,因此分配的制造费用一致,从而使两产品的单位成本差异差别不大。但是,这种分配方法不能反映出 A、B 产品在设计、工艺等方面的差异对费用发生的影响,所得到的成本无法反映产品的真实盈利能力,因而可能导致经营者作出错误决策。假如顾客对 A 产品的报价为 55 元/个,对 B 产品的报价为 75 元/个,按传统的成本计算方法,得到 A、B 产品的利润率均为 20%,盈利能力一样。而如果采用作业成本计算,由于 B 产品的设计要求高,工艺较复杂,因此分配的制造费用较多,从而使其单位成本比 A 产品高出许多,甚于超过了顾客的报价,这可能预示着 B 产品的成本过高。则决策者需要考虑优先安排 A 产品的生产,或是对生产 B 产品的作业加以改进,以求降低其成本。而这样的信息,是传统成本计算无法提供的。

第三节　标准成本制度

标准成本制度是与实际成本制度相对应的一个概念。所谓实际成本制度,是指对企业在一定时期内的成本费用进行核算时,按照当时实际发生的数量和金额进行计量和记录的一种会计核算制度。实际成本是历史成本。

而标准成本制度,是指通过事前制定标准成本,在实际执行过程中将实际成本与标准成本进行比较,以显示成本的差异,管理人员根据例外管理原则,分析差异产生的原因,就重大的差异事项,及时采取纠正措施,以控制成本和进行业绩评价的一种会计信息系统或成本控制系统。可见,一个完整的标准成本制度主要包括三个组成部分:标准成本的制定,成本差异的计算和分析,成本差异的处理(包括采取纠偏措施和进行账务处理)。

一、标准成本的含义

实施标准成本制度的基础和关键是要制定科学、合理的标准成本。所谓标准成本,是指通过认真的调查、仔细的分析和科学的技术测定而制定的,预计在高效率情况下产品的应有成本。在标准成本中,基本排除了不应该发生的"浪费",而是一种"应该成本"。它是用来判断生产经营活动经济效益的尺度或预定的基础。

(一)标准成本的特点

(1)客观性和科学性。这是因为标准成本是根据对实际情况的调查,用科学方法制定的。

（2）正常性。因为标准成本是按正常条件制定的，并未考虑不能预测的异常变动。

（3）相对稳定性。标准成本一经制定，只要制定的依据保持不变，就不必重新修订。

（4）目标性。标准成本是成本控制的目标和衡量实际成本的尺度。

采用标准成本时，成本预算应按标准成本编制，因此标准成本与预算成本没有质的差别，两种名称常常混用。就单位产品而言，往往称作标准成本或成本标准；就某一预期的产品或某一批产品而言，即可称作标准成本，也可称作预算成本。

（二）标准成本的类型

标准成本的"标准"应该是非常严格以至很少有机会可以达到呢？还是应该有50％的时间可以达到？抑或90％？20％？对此，不同的人会有不同的看法，至今也没有一个统一的答案。许多人认为标准应定得高一些，这样才具有激励作用，才能使员工奋发向上，不断地提高效率。但是，如果标准过高，则又可能产生相反的效果，让职工感到没有希望，失去信心；相反，如果标准过低，则又缺乏激励作用。标准成本的标准有高有低。管理人员如何选择适当的标准，通常因厂、因事、因人而异。一般而言，具有下列几种标准。

1. 理想标准

理想标准，又称"理论标准""最优标准"或"最高标准"，它是以现有生产经营条件处于最佳状态为基础确定的最低水平的成本。也就是在排除一切失误、浪费和耽搁的基础上，根据理论上的生产要素耗用量、最理想的生产要素价格和最高的生产经营能力利用程度制定的成本标准。

此标准十全十美，不允许有任何浪费、损失、机器失灵或低效率，即采用最先进的技术和设备，机器设备和人员没有闲置，生产能力充分发挥，生产效率达到最高，材料没有浪费或损坏，生产成本降到最低。赞同采用此标准的人认为，由此产生的不利差异将会不断提醒人们需要对现有的工作进行持续改进。不过，尽管持续改进得到了广泛关注，但是理想标准至今并未被广泛采用，其原因是此标准要求过高而难于实现，采用它，会对员工的积极性产生负面影响，会使职工因感到难以达标而丧失信心。

2. 正常标准

正常标准成本是根据正常的耗用水平、正常的价格和正常的生产经营能力利用程度制定的标准成本。它是根据以往一段时期实际成本的平均值，剔除其中生产经营活动中的异常因素，并考虑今后的变动趋势而制定的成本标准。

这是一种经过努力可以达到的成本，而且生产技术和经营管理条件如无较大变动，可以不必修订而继续使用，因此在国内外经济形势稳定的条件下，得到广泛的应用。但该标准中包含了浪费和低效。

3. 现实标准

现实标准成本是在现有生产技术条件下，进行有效经营管理的基础上，根据下一期最可能发生的生产要素耗用量、价格和生产经营能力利用程度制定的成本标准，又称"可达到标准成本"。

这种标准成本是企业在当前正常生产条件下，根据平均先进的水平制定出来的，是需经过努力才能且能达到的标准。它允许正常的次品、损失、浪费和非生产性时间，允许某些低效率的存在，因而最切实可行，最接近实际成本，既可用于成本控制，也可用于存货计价。在经济形势变化无常的情况下，这种标准成本最为适用。

二、标准成本的制定

标准成本制度能否成功实施的关键在于标准的可靠性和正确性。标准成本的制定是一门科学,也是一门艺术,是许多人员知识和技能的结晶,是包括采购、工程、生产、管理、会计等在内的多个部门和人员协作工作的结果。

制定标准成本的第一步是检查过去的成本资料。过去的成本资料是制定标准成本的基础,但不是标准成本制定的唯一依据,除成本资料外,在制定标准成本时还要考虑经营环境、供需情况、生产方法和技术改变这些因素,并根据它们的变化情况对过去的成本标准进行调整和修正。这是因为标准成本表示的是"应该"的成本,而非"已经"的成本。

在制定标准成本过程中,工业工程师扮演着重要的角色,他们对工厂布置、制造过程及工作衡量等,需作深入的研究,其中尤其是以时间和动作研究最为重要。对每一项工作、每一操作步骤,工程师都要测算出其操作时间,从而制定效率水平。当然,在制定各种标准成本时,应留有适当的余地,对正常的损坏、限制和故障,应予以适当考虑。

标准成本的制定通常只针对产品的制造成本,不针对期间成本。通常先确定直接材料和直接人工的标准成本,其次确定制造费用的标准成本,最后确定单位产品的标准成本。

实际制定时,无论是哪个成本项目,都要分别确定其用量标准和价格标准,两者相乘后得出成本标准。用量标准包括单位产品材料消耗量、单位产品直接人工工时等,主要由生产技术部门主持制定,吸收执行标准的部门和职工参加。价格标准包括原材料单价、小时工资率、小时制造费用分配率等,由会计部门和其他部门共同研究确定。采购部门是材料价格的责任部门,劳资部门和生产部门对小时工资率负有责任,各生产车间对小时制造费用率承担责任,在制定有关价格标准时要与他们协商。

(一) 材料的标准成本
材料的标准成本,由材料的用量标准和材料的价格标准共同决定的。

1. 材料用量标准

材料用量标准是指生产单位产品所耗用的原料及主要材料的数量,即材料消耗定额。它包括构成产品实体和有助于产品形成的材料,以及必要的损耗和不可避免地形成废品所耗用的材料。在制定材料用量标准时,应按每种材料类型分别计算。

各种材料的规格一般由产品设计部门制定,用量标准由生产部门制定。在中小企业,可由管理人员或车间主任制定。制定时应考虑可接受的损坏、浪费及正常损失,给出一正常损坏或浪费的百分比。

2. 材料价格标准

材料的价格标准是指采购某种材料的计划单价。它一般由企业的财会部门根据供应采购部门提供的计划单价分析制定,其标准应能反映当前的市价及未来的市场变动趋势,并需考虑经济订货量、廉价运输方法、交货方式、有无数量折扣和最有利的订货条件等因素的影响,包括买价、采购费和正常损耗等成本。

材料标准价格＝购买价格＋途中运费等－折扣

在制定材料价格标准时,也应按每种材料类型分别计算用来衡量采购部门的业绩和价格对公司盈利的影响。

3. 材料标准成本

根据上述确定的各种材料用量标准和价格标准,按下列公式计算出单位产品的材料标准成本。

$$单位产品的材料标准 = \sum \left(该产品耗用某种材料用量标准 \times \begin{array}{c} 该产品耗用某种 \\ 材料的价格标准 \end{array} \right)$$

[例 11-2] 某企业生产甲产品耗用材料 A、B,资料如表 11-7 所示,要求确定甲产品直接材料的标准成本。

表 11-7 甲产品耗用材料数据表

标准	材料 A	材料 B
价格标准(元/千克):		
发票单价	8	3
装卸费	2	2
每千克标准价格	10	5
用量标准(千克/件):		
图纸用量	3.5	5
正常损耗	0.5	1
单位标准用量	4	6
成本标准(元/件)	40	30
甲产品单位直接材料标准成本(元)	70	

(二) 人工的标准成本

人工标准成本由人工用量标准和人工价格标准共同决定。

1. 人工用量标准

人工用量标准即工时用量标准,它是指在现有工艺方法和生产技术水平条件下,生产单位产品所耗用的生产工人工时数,也称为工时消耗定额。它包括直接加工工时、必要的休息和停工工时,以及难以避免的形成废品所耗用的工时。

人工用量标准的确定比较困难,通常由工业工程师应用时间和动作研究,并考虑实际情况后制定,按照产品的加工工序和生产部门分别计算,即以一个或一组具有平均技术的工人,在正常情况下,按平均努力完成操作的实际效果为基础,并考虑非工人所能控制的因素,如疲惫、中间休息、打扫、机器停工、延误等加以确定。

在制定人工用量标准时往往还要考虑工作熟练程度对工时用量的影响,这是学习曲线理论所研究的问题。这一理论是在第二次世界大战中航空工业积累的经验上发展起来的,它是指工人重复操作某一工作,久而久之,熟能生巧,当累积产量每增加一倍时,其单位产品的累积平均时间即呈一定比率减少。如以 20% 的比率减少为例,则生产二个单位产品时,其累积平均时间为第一个单位的 80%,第四个单位产品的累积平均时间为第二个的 80%,依此类推。假定第一个产品的生产时间为 100 小时,则其他产品的累积平均时间如表 11-8 所示。

表 11-8　80%的学习曲线

产品累积数量	每单位产品的累积平均时间(小时)	预计完成的累积时间(小时)
1	100	100
2	80	160
4	64	256
8	51.2	409.6
16	40.96	655.36
32	32.768	1 048.576
64	26.214 4	1 677.721 6

学习曲线率的大小,因产品、人工及操作的性质不同而有所不同,通常介于 60%与 95%之间,但以 80%最为普遍。学习曲线除可用来估计完成某一单位产品所需工作时间外,还可用来估计所需的人工成本,在制定人工标准时极为有用。

2.人工价格标准

人工价格标准即小时工资率标准,它是指每标准工时应分配的标准工资。按下列公式计算:

$$小时工资率标准=\frac{预计支付生产工人工资总额}{标准工时总数}$$

其中,工资不仅包括基本工资,还包括福利费及其他与人工有关的成本,如奖金、津贴、补贴、病假、事假、产假、婚丧假、探亲假、定期休假、工伤、停工学习等的工资,并要考虑工资制度是计时制、计件制和奖励制度。

其中"标准工时总数"是指企业在现有的生产技术条件下能够完成的最大的生产能力,也称"产能标准",通常用直接人工工时数和机器小时数来表示。人工价格标准一般事先决定,由劳资双方共同拟定,或由人事部门按照工作性质、岗位、职称和工龄的不同分别制定,工资率差异不常发生。

3.人工标准成本

根据上述确定的各工序工时用量标准和小时工资率标准,按下列公式计算出单位产品的直接人工标准成本。

单位产品的人工标工标准 $=\sum$(该产品各工序的工时用量标准×该产品各工序的小时工资率标准)

[例 11-3]　某企业生产甲产品经过两道工序连续加工,有关资料见表 11-9,要求确定甲产品直接人工的标准成本。

表 11-9　甲产品加工成本表

标准	第一工序	第二工序
小时工资率:		
直接生产工人人数(人)	20	15
每人每月标准工时(小时)	180	180
每月标准工时(小时)	3 600	2 700
每月生产工人工资总额(元)	12 000	8 100
小时工资率标准(元/小时)	3.33	3

（续表）

标准	第一工序	第二工序
单位产品工时：		
直接加工工时(小时/件)	2	1
休息工时(小时/件)	0.2	0.3
设备调整时间(小时/件)	0.5	0.4
废品耗用工时(小时/件)	0.3	0.3
单位产品工时标准(小时/件)	3	2
各工序直接人工标准成本(元/件)	10	6
甲产品单位直接人工标准成本(元)	16	

（三）制造费用的标准成本

制造费用标准成本由制造费用用量标准和制造费用价格标准共同决定的。

1. 制造费用用量标准

制造费用用量标准即工时用量标准，它与上述直接人工用量标准的制定类似。

2. 制造费用价格标准

制造费用价格标准即制造费用分配率标准，它是指每一标准工时应分配的制造费用预算总额。它可按下列公式计算：

$$制造费造费用分配率 = \frac{制造费造费用预算}{标准工时总数}$$

其中"制造费用预算总额"是指在力求节约、合理开支的条件下，制造费用各明细项目的最低发生数额之和。由于制造费用预算是按照变动制造费用和固定制造费用分别编制的，因此，制造费用标准成本也应区别变动制造费用和固定制造费用进行计算。

$$变动制造费用分配率标准 = \frac{变动制造费用预算总额}{标准工时总数}$$

$$固定制造费定分配率标准 = \frac{固定制造费用}{标准工时总数}$$

3. 制造费用标准成本

根据上述确定的各工序工时用量标准和制造费分配率标准，按下列公式计算出单位产品制造费用标准成本。

单位产品制造费用标准成本 $= \sum$（各工序的工时用量标量×各工序的制造费用分配率标准）

$\qquad = \sum$（各工序的工时用量标准×该工序变动制造费用分配率标准＋各工序的工时用量标准×该工序固定制造费用分配率标准）

$\qquad = \sum$（各工序变工序造费费用标准成本＋各工序固定制造费用标准成本）

[**例 11－4**] 某企业生产甲产品经过两道工序连续加工，有关资料见表 11－10，要求确定甲产品制造费用的标准成本。

表 11-10 甲产品加工成本表

标准	第一工序	第二工序
单位产品工时标准(小时/件)	3	2
标准工时总额(小时)	3 600	2 700
变动制造费用预算总额(元)	1 440	1 620
变动制造费用分配率标准(元/小时)	0.4	0.6
变动制造费用标准成本(元/件)	1.2	1.2
固定制造费用预算总额(元)	1 080	1 080
固定制造费用分配率标准(元/小时)	0.3	0.4
固定制造费用标准成本(元件)	0.9	0.8
制造费用标准成本(元/件)	2.1	2
甲产品单位制造费用标准成本(元)	4.1	

在制定制造费用的标准成本时,应考虑未来期间内企业的产量大小,在此基础上进行分配,计算出制造费用的标准分配率。为此,首先需考虑产量基础,它被称为基准产能。通常有四种不同的产能可供选择。

(1) 最高产能,又称"理想产能"或"理论产能",是指企业在最高生产效率下可以获得的产出。此时,所有生产设备、所有人员,均按最高效率生产,没有任何延误,并且材料没有短缺,机器没有任何维修问题,企业产能得到100%的运用。

(2) 正常产能,指以过去若干年度(3至5年)的营业周期平均计算的产量。

(3) 预期产能,又称"预算产能",是指根据未来年度的营业状况及产品的市场销售需求所估计的生产水平。

(4) 实际产能,指在考虑了企业生产上不可避免的闲置时间后所决定的最高产能。包括维护与修理、机器准备与故障、原料运输延误、存货盘点及员工休假的时间。

例如,某企业的制造费用率是以机器小时作为计算基准,生产时每一机器小时可生产2件产品,员工每周上班5天,每天上班8个小时,采用单班制。员工每年可休假16天,因机器设备清洁、加油及维护等,每年需停工160小时。正常产能按过去5年的平均销售需求估计,每年平均生产3 000件产品。预计下个年度可销售产品2 800件。则:

最高产能:365天×8小时=2 920机器小时

正常产能:3 000/2=1 500机器小时

预期产能:2 800/2=1 400机器小时

实际产能:最高产能-闲置时间(星期天、休假日、维修日)=2 920-(52×2×8+16×8+160)=1 800机器小时

那么,该企业究竟应该选择哪个作为其分配制造费用的基准产能呢? 最高产能是企业的最高目标,但不能达到,依其计算制造费用的分配率偏低,从而单位产品成本偏低,并使闲置产能时间偏高,故实务上很少采用。采用正常产能,可使每一年度的分配率相等,从而避免各年度单位成本的悬殊,许多学者认为在各年度产量变化悬殊时,应采用此一产能。但有些会计人员却不同意,认为每一年发生的制造费用,应该分摊于当年生产的产品之中,而采用正常产能

却不能反映当年的实际制造费用。实际产能实务上很少采用,因为它没有考虑因产品销货不足而产生的闲置时间。采用预期产能,可使基准产能与编制年度预算所使用的数量相一致,但据此而计算出来的分配率及产品成本,因各年销量的不同而不同。在经济繁荣时,分配率及单位产品成本将偏低;而萧条时,则偏较高。可见,上述各种产能,在理论上各有优劣,学者的主张也不一致。不过,在实践中预期产能更为常用。

在制定制造费用分配率时,一般需先编制制造费用的弹性预算,预计出在不同产量水平下的制造费用总额(包括变动制造费用和固定制造费用),然后除以分摊基准(直接人工工资、机器小时、人工工时),从而得到制造费用率。

(四) 标准成本卡

在某种产品的材料标准成本、人工标准成本和制造费用标准成本确定后,就可以直接汇总计算单位产品标准成本。汇总时,企业通常要按各种产品设置"产品标准成本卡"(又称"标准成本单"),用于记载生产一种产品时的单位标准材料、标准人工、标准制造费用和标准成本。

[例 11-5] 由例 11-2,11-3,11-4,甲产品标准成本卡如表 11-11 所示。

表 11-11 标准成本卡

产品:甲产品 　　　　　　　　　　　　　　　　　　　　　　　编制日期××年××月××日

成本项目	用量标准	价格标准	标准成本
直接材料:			
A 材料	4 千克/件	10 元/千克	40 元
B 材料	6 千克/件	5 元/千克	30 元
合计			70 元
直接人工:			
第一工序	3 小时/件	3.33 元/小时	10 元
第二工序	2 小时/件	3 元/小时	6 元
合计			16 元
制造费用:			
变动制造费用			
第一工序	3 小时/件	0.4 元/小时	1.2 元
第二工序	2 小时/件	0.6 元/小时	1.2 元
合计			2.4 元
固定制造费用			
第一工序	3 小时/件	0.3 元/小时	0.9 元
第二工序	2 小时/件	0.4 元/小时	0.8 元
合计			1.7 元
单位产品标准成本		90.1 元	

(五) 标准的修订

在标准成本制度下,准确衡量、评价各单位和员工工作业绩的基本前提是标准必须正确,它能够反映生产中的真实情况,不能与生产实际严重脱节,因此管理部门必须对标准经常检查,并在必要时予以调整修正。当然,也不能经常调整,否则标准成本与实际成本将非常接近,从而势必会降低标准成本制度的功效。只有在发生根本变化时(如工资率改变、材料价格大幅变化、生产程序发生变动、技术进步时),才有必要进行调整。应避免一年调整一次以上。

三、成本差异分析

标准成本是一种目标成本,由于种种原因,产品的实际成本会与目标不符。实际成本与标准成本之间的差额,称为标准成本的差异,或称为成本差异。如果实际成本超过标准成本,称为不利差异,反映在有关差异账户的借方;反之,如实际成本低于标准成本,称为有利差异,反映在有关差异账户的贷方。

$$成本差异(TV)=实际成本(AC)-标准成本(SC)$$
$$=实际价格(AP)\times实际数量(AQ)-标准价格(SP)\times标准数量(SQ)$$
$$=[实际价格(AP)\times实际数量(AQ)-标准价格(SP)\times实际数量(AQ)]$$
$$+[标准价格(SP)\times实际数量(AQ)-标准价格(SP)\times标准数量(SQ)]$$

其中,差异"实际价格$(AP)\times$实际数量$(AQ)-$标准价格$(SP)\times$实际数量(AQ)"部分被称为价格差异(PV),"标准价格$(SP)\times$实际数量$(AQ)-$标准价格$(SP)\times$标准数量(SQ)"被称为"数量差异(QV)。也就是说,各种成本差异都可分解为价格差异和数量差异两个部分,即:

$$成本差异\ TV=AP\times AQ-SP\times SQ \begin{cases} 价格差异=(实际价格-标准价格)\times实际数量 \\ PV=(AP-SP)\times AQ \\ 数量差异=(实际数量-标准数量)\times标准价格 \\ QV=(AQ-SQ)\times SP \end{cases}$$

(一) 材料成本差异

材料成本差异,是指材料的实际成本与其标准成本之间的差异。即:

$$材料成本差异=实际用量\times实际价格-标准用量\times标准价格$$

它由"价格差异"和"数量差异"两个部分组成。其中,材料价格差异是指材料实际成本脱离标准成本,按实际用量计算确定的差异。它反映实际价格偏离标准价格对材料成本的影响大小。材料数量差异是指材料的实际用量脱离标准用量,按标准价格计算确定的差异。它反映材料实际用量偏离标准用量对材料成本的影响大小,故称"材料用量差异"。即:

$$材料价格差异=(实际价格-标准价格)\times实际数量$$
$$材料用量差异=(实际用量-标准用量)\times标准价格$$

材料价格差异有些是进货时认定,有些则于领料时认定。前者是在进货时以标准成本记入"原材料"账户,实际价格与标准价格之差,记入"材料成本差异"账户,期末将差异按比例分配给有关成本费用账户;后者在购进材料时以实际价格记录,于领料时按照标准价格记入"生产成本"账户,并确认材料的价格差异,记入"材料成本差异"账户,期末将差异按比例分配给有关成本费用账户。相对来说,前种方法便于分清经管责任,尽早发现差异,并尽早作出必要的纠正措施。

需要注意的是,计算用量差异时,是以标准价格相乘;而计算价格差异时,却是以实际用量相乘。

[例11-6] A材料实际价格2.10元/千克,标准价格2元/千克,实际用量980千克,标准用量1000千克。则材料成本差异如表11-12所示。

表11-12　材料成本差异表

材料名称	实际用量①	实际价格②	标准用量③	标准价格④	总差异①×②－③×④	用量差异(①－③)×④	价格差异(②－④)×①
A	980千克	2.10元/千克	1000千克	2元/千克	58元	－40元	98元

(二) 人工成本差异

人工成本差异,是指人工的实际成本与其标准成本之间的差异。即:

人工成本差异＝实际工资率×实际工时－标准工资率×标准工时

它也有"价格差异"和"数量差异"两个部分组成。其中,人工的价格差异是指人工实际成本即实际工资率脱离标准工资率,按实际工时计算确定的差异。它反映实际工资率偏离标准工资率对人工成本的影响大小,故称"工资率差异"。人工的数量差异是指人工的实际工时脱离标准工时,按标准工资率计算确定的差异。它反映人工实际工时偏离标准工时对人工成本的影响大小,故称"人工工时差异"或"效率差异"。即:

工资率差异＝(实际工资率－标准工资率)×实际工时

效率差异＝(实际工作时数－标准工作时数)×标准工资率

[例11-7] 甲车间某月份标准工时数为5000小时,实际工时为5200小时,标准工资率为1元/小时,实际工资率为1.2元/小时。人工成本差异如表11-13:

表11-13　人工成本差异表

部门	实际工时①	实际工资率②	标准工时③	标准工资率④	总差异①×②－③×④	效率差异(①－③)×④	工资率差异(②－④)×①
甲车间	5200小时	1.2元/小时	5000小时	1元/小时	1240元	200元	1040元

(三) 制造费用差异

引起制造费用差异的因素有费用预算的执行、产量的变化和效率的改变等。为了分析制造费用差异,一般将其分为固定制造费用和变动制造费用两部分应单独计算。

1. 变动制造费用差异

变动制造费用的差异,是指实际变动制造费用与标准变动制造费用之间的差额。即:

变动制造费用差异＝实际变动费用总额－标准费用总额

＝实际工时×变动费用实际分配率－标准工时×变动费用标准分配率

它也可以分解为"价格差异"和"数量差异"两个部分。其中,价格差异是指变动制造费用的实际小时分配率脱离标准分配率,按实际工时计算的差异。它反映耗费水平的高低,故称为"变动费用耗费差异"。数量差异是指实际工时脱离标准工时,按标准的小时费用率计算确定的差异。它反映工作效率变化引起的费用节约或超支,故又称为"变动费用效率差异"。即:

变动费用耗费差异＝实际工时×(变动费用实际分配率－变动费用标准分配率)

变动费用效率差异＝(实际工时－标准工时)×变动费用标准分配率

[例11-8] 甲车间某月份实际发生变动制造费用7832元,实际产量400件,实际工时

1 780小时；变动制造费用标准工时为 4 小时/件，标准分配率为 4 元/小时。变动制造费用差异如表 11-14 所示。

表 11-14 变动制造费用差异表

部门	实际费用总额①	实际工时②	变动费用实际分配率③=①/②	标准工时④=400⑤	变动费用标准分配率⑤	总差异②×③-④×⑤	耗费差异（③-④）②	效率差异（②-④）⑤
甲车间	7 832 元	1 780 小时	4.4 元/小时	1 600 小时	4 元/小时	1 432 元	712 元	720 元

2. 固定制造费用差异

固定制造费用的差异分析与各项变动成本差异分析不同，其分析方法有"两因素分析法"和"三因素分析法"两种。

（1）两因素分析法

两因素分析法，是将固定制造费用差异分为耗费差异和产能差异两个部分。

耗费差异，又称"预算差异"或"可控差异"，它是指固定制造费用的实际金额与固定制造费用预算金额之间的差额。固定费用与变动费用不同，不因业务量而变，故差异分析有别于变动费用。在考核时不考虑业务量的变动，以原来的预算数作为标准，实际数超过预算数即视为耗费过多。其计算公式为：

$$固定制造费用耗费差异=固定制造费用实际数-固定制造费用预算数$$
$$=实际数-预算工时×标准分配率$$
$$=实际数-预算产量×工时标准×标准分配率$$

产能差异，又称"能量差异"或"数量差异"，是指固定制造费用预算额与固定制造费用标准成本的差额，或者说是实际业务量的标准工时与生产能量的差额用标准分配率计算的金额。它反映未能充分使用现有生产能量而造成的损失。其计算公式如下：

$$固定制造费用能量差异=固定制造费用预算数-固定制造费用标准成本$$
$$=（生产能量-实际产量标准工时）×标准分配率$$
$$=（预算工时-实际产量×工时标准）×标准分配率$$

[例 11-9] 甲车间某月实际产量 400 件，发生固定制造成本 5 696 元，实际工时 1 780 小时；企业生产能量为 500 件；每件产品标准工时为 4 小时，标准分配率为 3 元/小时。用二因素分析法，固定制造费用差异如表 11-15 所示。

表 11-15 固定制造费用差异表

部门	实际固定费用总额①	标准费用限额②=③×④	生产能量③=500×4	标准分配率④	实际产量标准工时⑤=400×4	总差异①-④×⑤	耗费差异①-②	能量差异（③-⑤）×④
甲车间	5 696 元	6 000 元	2 000 小时	3 元/小时	1 600 小时	896 元	-304 元	1 200 元

（2）三因素分析法

三因素分析法，是将固定制造费用成本差异分为耗费差异、效率差异和闲置能量差异三个部分，如图 11-3 所示。可见，耗费差异的计算与两因素分析法相同。不同的是要将两因素分析法中的"能量差异"进一步分为两部分：一部分是实际工时未达到标准能量而形成的闲置能量差异；另一部分是实际工时脱离标准工时而形成的效率差异。其计算公式如下：

$$固定制造费用闲置能量差异＝固定制造费用预额－实际工时×标准分配率$$

$$＝（生产能量－实际工时）×标准分配率$$

$$＝（预算工时－实际工时）×标准分配率$$

$$固定制造费用效率差异＝（实际工时－标准工时）×标准分配率$$

$$＝（实际工时－实际产量×工时标准）×标准分配率$$

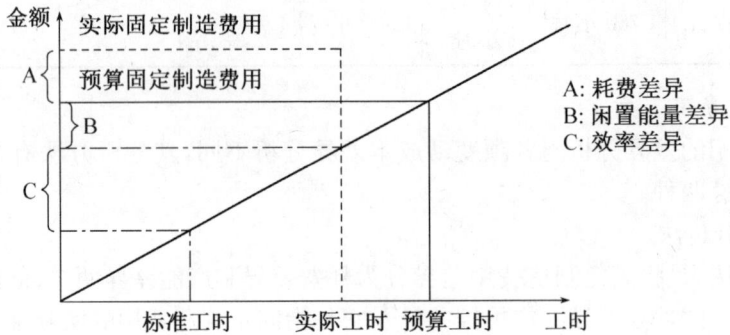

图 11-3　三因素分析法图

[例 11-10]　以例 11-9 的资料，用三因素分析法计算固定制造费用差异。

固定制造费用耗费差异同例 11-8，为－304 元；

固定制造费用闲置能量差异＝（2 000－1 780）×3＝660（元）；

固定制造费用效率差异＝（1 780－1 600）×3＝540（元）；

三因素分析法的闲置能量差异（660 元）与效率差异（540 元）之和为 1 200 元，与两因素分析法中的"能量差异"（1 200 元）数额相同。

以上我们是将实际成本与标准成本（或预算成本）进行比较来进行差异分析的例子。但在实际中，有些企业或单位，往往是将实际成本与上一年同期的实际成本水平进行比较，而不是与标准成本或预算成本相比较。这种跨期比较对重要变量（如销售量、市场份额和产品结构）的趋势分析往往有用，但它们无助于回答诸如"为什么我们在 6 月份亏损 10 000 元，而我们期望的是 120 000 利润？"等这样的问题。所以，总的来看，这种比较不如将实际结果与计划结果的比较有用。这是因为环境和组织发生的许多变动使得跨年度比较没有意义。实际上，很少有组织和环境会如此稳定，以致现在与以前年度的唯一差异仅仅是时间的流逝，考虑到这个因素，实际是将本月的实际结果与上月的实际结果相比较，都不会比与预算结果特别是弹性预算的比较更有用。

第四节　质量成本管理

一个企业的产品是否畅销，至关重要的因素是质量，质量高，产品畅销；质量低，产品滞销。但是，如果企业片面地追求过高质量，也会使产品因成本的大幅度提高而导致售价的不断上升或售价过高，从而使产品滞销，致使企业遭受不必要的损失，因此必须加强对质量成本的管理。

实施质量成本管理，包括对质量成本的预测、决策、规划、控制、核算、分析和考核等一系列工作。目的在于探索企业适宜的质量成本,发挥质量体系的有效性,提高企业的经济效益和社会效益。

一、质量成本的含义

质量成本是将产品的质量与成本有机结合起来,使技术与经济融为一体的现代成本概念。它产生于 20 世纪 50 年代的美国,并在 20 世纪 60 年代得到推广应用,迅速风靡世界各地。20 世纪 80 年代传入我国,在我国的一些企业得到了成功的应用,取得了良好的效果。

质量成本的定义多种多样,不同的学者和机构对质量成本的看法不尽相同。不过,最为常见的一种观点认为,质量成本是指为了保证和提高企业的产品质量而发生的一切费用以及因没有达到既定质量标准而产生的一切损失之和。主要包括制造、发现、返修、报废及以避免产生不合格产品等而发生的费用。而生产合格品的费用则不属于质量成本的范畴,而应属于生产成本。

虽然国内外学者对质量成本的定义及其具体内容的概括不尽相同,但质量成本一般可包括以下两大部分,共四个类别。

(一) 质量保证成本

质量保证成本,是指企业为保证和提高产品质量而发生的一切费用。它主要包括预防成本和检验成本两个部分。

(1) 预防成本,指为保证产品质量达到一定水平而发生的各种费用。如:质量规划费用、工序控制费用、质量信息设备的设计和研制费用、质量培训费用、产品设计鉴定费用、质量体系的管理费用、质量情报费用和质量奖励费用等。

日本质量管理专家石川馨教授有句名言:"产品质量是在设计和工程中制造出来的,而不是检验出来的。"也就是说,要保证产品质量,必须树立"预防为主"的思想,将不合格产品消灭在其形成成果中,为此,企业必须适当提高预防费用的比例。

(2) 检验成本,又称"鉴定费用",是指为评估和检查产品质量而发生的费用。如:进货检验费、工序检验费、产品试验费、产品检验费、检验设备的维护和保养费用等。

(二) 质量损失成本

质量损失成本,是指由于产品质量没有达到规定标准而造成的一切损失。它包括内部质量损失和外部质量损失两个部分。

(1) 内部质量损失,又称"内部故障成本",是指产品在出厂前因质量问题而造成的各种损失。主要包括产品在生产过程中出现的各类缺陷所造成的损失,以及为弥补这些缺陷而发生的各类费用支出,如报废损失、返修损失、复检费用、停工损失、事故分析处理费用和产品降级损失等。

(2) 外部质量损失,又称"外部故障成本",是指产品售出后因质量问题而引起的一切费用支出。如产品折价损失、产品维护和修理费用、产品担保和退货损失、产品回收费用、产品责任赔偿损失和产品售后服务费等。

以上是按照质量成本的构成要素划分的。在这四类质量成本中,前三类为企业内部的质量成本,第四类为企业外部的质量成本。

除此之外,还可根据不同特征对质量成本进行不同的分类。例如,按照质量成本发生的过程不同,质量成本可分为设计过程质量成本、采购过程质量成本、制造过程质量成本、销售过程质量成本和售后服务过程质量成本。

按照质量成本的承担者,可分为供应商质量成本、生产者质量成本和用户质量成本。

按照质量成本的性质不同,质量成本可分为质量投入成本和质量损失成本。前者又称"质量控制成本"或"质量可控成本",它是企业为进行控制以确保满意的质量所发生的费用;后者又称"故障成本""控制失效成本"或"结果成本",它是因未能成功地使产品质量处于受控状态而造成的成本。

按照质量成本是否属于现行会计核算范围,可分为显性质量成本和隐性质量成本。前者是企业在生产经营过程中实际发生并需支付的费用,属于现行会计制度中生产成本核算的范围,它显示于企业的账面;后者虽然也是企业在生产经营过程中实际发生并使企业收益减少,但不需要企业予以支付,在企业账面上没有反映的损失或成本。如因质量故障而造成的停工损失,因质量低劣而造成的降价损失等就属于这类成本。

按照质量成本可否直接归属于某种产品,可分为直接质量成本和间接质量成本。前者是指由产品设计、制造和销售某种产品而直接发生的,可直接归属于该种产品的质量成本。如内部或外部的故障成本,以及部分鉴定成本;后者则是不能直接归属于一种产品的质量成本。如质量检验部门的办公费用。

二、质量成本的决策

质量成本管理的起点是质量成本预测。准确的质量成本预测,是质量成本决策和规划的基础。在进行质量成本决策前,首先要根据市场对产品质量的要求、企业的方针目标以及过去的历史资料,用户对质量保证的特殊要求等,参照国内外同行业的情况,做好质量预测,然后在此基础上进行质量成本决策。

(一)质量成本决策的含义

所谓质量成本决策,就是运用系统优化的方法,通过对质量因素和质量成本构成的分析,确定在盈利水平较高条件下的质量水平和质量成本标准,以作为质量管理的依据。它以质量成本为中心,通过质量成本预测,对质量成本的各项目之间的相互关系及其与产品质量的关系的分析,选择最佳的质量成本决策,以实现总质量成本的最低和企业效益的最大。

(二)质量成本与质量水平的关系

总的来看,产品质量的提高会引起质量成本的变化,但两者并非对立。因为质量损失属于可避免成本,随着产品质量的提高而下降;而预防和检验成本则属于不可避免成本,随着产品质量的提高而上升。但是适当增加预防和检验成本,不仅能够大幅度减少因质量不好而造成的内、外部质量损失,而且最终还能降低产品的寿命周期成本。另外,即使由于产品质量的提高而加大了成本支出,但提高质量往往导致产品售价及销量的大幅度增加,就销售收入而言,产品的相对成本减少,从而增加了企业的净利润。因此,怎样通过产品质量与成本的适当配合,实现企业收益的最大化,就成为质量成本决策的关键。

尽管质量成本的四个构成部分占总质量成本的比例,在不同行业、不同时期和不同产品之间各有所异,但其变化趋势与产品质量之间的关系却有一定的规律性。按照美国著名质量管理专家朱兰的观点,当检验成本和预防成本为零时,产品100%为次品。要提高产品质量,就要增加这两项成本。而要使产品100%合格,两项成本的开支往往就变得无限大。同时,内外部质量损失的产生主要源于次品的存在,当产品全都是次品时,质量损失成本无限大;但随着质量的不断提高,质量损失就会逐渐下降。由此看来,质量保证成本与质量损失成本之间存在着此消彼长的关系(如图 11 - 4 所示)。

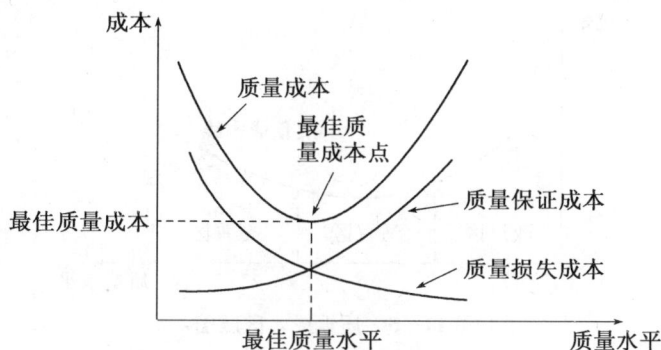

图 11 - 4 质量成本与质量水平关系图

从图 11 - 4 中可以看出,在质量较低时,质量保证成本也较低,但是,随着质量要求的提高而逐渐增大;当质量达到一定水平后,若要再提高,则质量保证费用就会急剧上升。与此相反,在质量水平较低时,质量损失成本较大,随着质量的提高,质量损失成本会迅速下降,但当达到一定水平后,质量损失成本的下降速度就反而会减慢。因此,必然存在一个理想的产品质量水平,在这一水平,产品的质量保证成本与质量损失成本之和最低,这一质量水平就是最优质量水平。

(三) 质量成本决策方法

质量成本决策的目的是要确定使质量总成本最低、企业收益最大的产品质量水平。通常有以下几种方法。

1. 经验测算法

经验测算法是从本企业历年的质量水平和质量成本数据的比较中找出质量成本的最佳值,或以同行业的先进水平为依据,在进行具体分析和技术经济论证的基础上确定本企业质量成本的最佳值,并在以后的实践中不断修正。这种方法简便易行,不足是以历史成本为依据,容易导致只关心实际成本是否低于先进水平,而不考虑这些成本的发生是否合理。如果实际成本低于先进水平,就不会发出警报。著名的质量管理专家朱兰和桑德赫姆曾就质量成本问题做过调查,发现预防成本、检验成本、内部故障成本和外部故障成本在质量总成本中所占的比重明显不同,见表 11 - 16 所示。

表 11 - 16 经验测算法表

质量成本	预防成本	检验成本	内部故障成本	外部故障成本
朱兰	1%～8%	10%～50%	25%～40%	25%～40%
桑德赫姆	0.5%～10%	10%～50%	25%～40%	20%～40%

当然,这只是他们在特定时期对一定范围内的企业的调查结果。事实上,这些数字,常依不同行业、不同地区、不同企业,甚至是同一企业在不同时期而有所不同。

2. 合理比例法

合理比例法是根据质量成本各项目间的比例关系,确定一个合理的比例,从而找出质量水平的适宜区域,而不是确定最优质量成本点。为此,人们将按照质量水平的高低,按质量总成本线划分为三个区域,即改进区、适宜区和至善区,如图 11-5 所示。

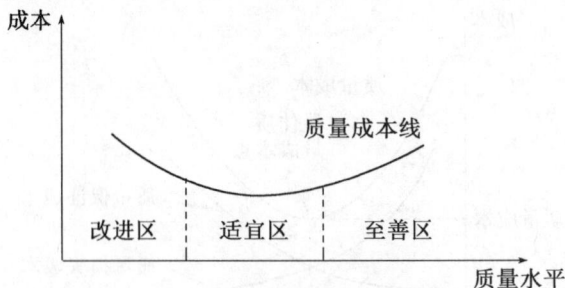

图 11-5　质量成本区域图

这三个质量区域的划分标准,一般是:若损失成本占质量总成本的比重大于 70%,而预防成本的比重小于 10%,则属质量改进区;若损失成本的比重近似占 50%,而预防成本的比重在 10% 左右,则属质量适宜区;若损失成本的比重低于 40%,而检验成本的比重高于 50%,则属至善区。

如果产品质量处于改善区,说明产品质量水平较低,损失成本偏高而投入成本偏少,故企业应尽快采取措施,加大投入,追加预防和检验费用的支出,加强预防和检验工作,以提高产品质量;如果产品质量处于至善区,往往意味着产品的检验成本太高而损失成本很低,产品的质量水平可能已经超过用户的需要,出现了不必要的质量成本,因此,这时一般要放宽检验标准,放松检查方案。理想的质量水平区域是适宜区,在这一区域内,投入和损失均较为适宜,质量适当,成本较低,经济效益良好,这时,如果找不到有力措施,重点应转向控制和保持现有质量水平,故又称其为"质量控制区"。

外国专家认为,在一般情况下,如果质量成本中预防成本占 10% 左右,检验成本占 30% 左右,损失成本占 60% 左右,质量水平处于适宜区。当然,对此不能绝对化,还应根据企业自身的具体情况来确定。

3. 边际分析法

边际分析法,又称"公式法",它是将微分边际理论应用到最优质量成本决策中的一种方法。

设 F 为单位产品的质量损失成本,r 为合格品率,$(1-r)$ 为不合格品率,则每件合格品负担的质量损失成本 y_1 的计算公式是:

$$y_1 = F \cdot \frac{1-r}{r}$$

又设每件合格品负担的质量保证成本为 y_2,它与合格品率和不合格品率之间的比值存在一定的比例关系,与合格品率成正比,与不合格品率成反比。设这个比例系数为 K,它是随合格品率变化需要追加的质量保证成本的系数。这一系数是一常数,则 y_2 的计算公式是:

$$y_2 = K \cdot \frac{r}{1-r}$$

如果以 y 表示单位合格品负担的质量成本,则:

$$y = y_1 + y_2 = F \cdot \frac{1-r}{r} + K \cdot \frac{r}{1-r}$$

计算 y 对于 r 的一阶导数,并令其等于零(证明过程略),可以得到:当单位预防和检验成本等于单位废品损失成本时,质量成本最低,这时的最优合格品率计算公式是:

$$最优合格品率(r^*)=\frac{1}{1+\sqrt{\dfrac{K}{F}}}$$

[**例 11-11**]　某企业上半年铸件合格品率为 88.6%,年产量是 260 吨,预防检验成本为 7 524 元,每吨铸件的废品损失成本为 650 元。试确定其最优质量成本点。

解:已知 $r=88.6\%$,$F=650$

$$y_2=\frac{7\ 524}{260}\approx 28.938\ 4(元)$$

$$K=y_2\cdot\frac{1-r}{r}=\frac{28.938\ 4\times(1-88.6\%)}{88.6\%}\approx 3.723\ 5$$

$$r^*=\frac{1}{1+\sqrt{\dfrac{3.723\ 5}{650}}}\approx 0.929\ 6$$

最优质量成本 $=650\times\dfrac{1-0.929\ 6}{0.929\ 6}+28.938\ 4\times\dfrac{0.929\ 6}{1-0.929\ 6}\approx 431.34(元)$

即:当产品的合格率为 92.96% 时单位产品质量成本最低(431.34 元)。

三、质量成本的控制

在质量成本预测和决策的基础上,企业进行质量成本规划,并依此进行质量成本控制。质量成本规划的内容主要包括:(1) 主要产品的单位产品质量成本计划;(2) 总质量成本计划;(3) 质量成本构成比例计划;(4) 质量费用计划;(5) 质量改进计划。

质量成本控制就是依据质量成本规划的目标,对质量成本形成的全过程实施有效监督,以及时发现问题或偏差,及时采取措施加以纠正,以求达到实现目标,不断降低质量成本的目的。为此,需要做好如下工作。

1. 建立质量成本管理组织体系

全面质量管理涉及财务、生产、技术和经营管理的各个方面,为实现有效控制,应有完善的组织体系,以便将质量成本目标按照不同的构成项目分解到不同的责任单位。如由销售部门负责外部质量损失,生产部门负责内部质量损失等,在各部门内部再按质量成本的具体构成追踪其发生的根源,落实到具体的单位和个人。

2. 确定质量成本预算标准

根据最佳成本决策的数据,确定质量成本各个组成部分的标准以及各责任单位的成本预算,为使其切实可行,还需要制定合理的误差范围。

3. 对质量成本进行全程控制

对质量成本的控制,包括从产品的设计、生产到使用的全过程。设计前要做好调查工作,注重设计的技术性和经济性的结合,生产中要控制废品的产生以及返修的比率,销售后要做好售后服务,对使用过程的质量成本加以追踪。

四、质量成本的核算

质量成本的控制,需要将实际的质量成本与预算标准相对比,以确定差异,并加以改进。

为此,要建立可靠的质量成本核算制度,以便及时反映和揭示质量成本信息。质量成本核算是质量成本管理的又一个重要环节。核算不清,整个管理工作就无中谈起。为便于核算和明确责任,应当根据质量成本项目的具体内容、费用开支范围和费用发生的区域,将质量成本核算的责任归口落实到各有关部门,建立核算网点,明确传递程序,实行归口管理。具体做法可以在企业现成的会计系统基础上进行调整。

一种方法是在现有的会计系统中,单独设立质量成本科目,再按质量成本的四个构成项目设置二级科目,以下还可再设置三级科目。质量成本核算与生产成本的核算同时进行。在经济业务发生时,同一原始资料既记入生产成本,也记入质量成本,对于属于机会成本性质的质量成本,则利用统计手段加以归集。这种做法的优点是符合质量成本控制的要求,有利于对实际发生的质量成本进行准确和有效的控制,缺点是工作量大。

另一种方法是在现有的会计科目(如"生产成本")下增设与质量成本有关的明细科目,经济业务发生时在记入生产成本科目时,也登记明细科目,而后通过对有关科目的明细科目进行多栏式分析,将分散的各科目中与质量成本有关的项目按质量成本的类别重新汇总编制质量成本报告。其优点是可以简化工作量,不足在于过于分散,以致有时无法全面反映质量成本的实际水平。

五、质量成本的分析

质量成本分析是将本期实际发生的质量成本,通过核算所提供的信息,与预算目标、基期数值及其他相关指标进行对比,了解其发展动态,总结经验教训,探求和实现方案优化,以提高企业的经济效益和社会效益。为此,需要编制"质量成本报告",然后据以对质量成本预算的执行情况进行分析研究。这一报告一般由各成本控制中心根据管理需要,定期或不定期编制。

"质量成本报告"通常应按质量成本的四个类别及其明细项目,分别设置"预算数""实际数""差异数""原因分析"四栏,供企业管理当局及时了解质量成本的开支情况,以及各类质量成本占总额的百分率,以便进一步分析研究,提出改进措施,加强对质量成本的控制。

分析的内容主要包括以下 7 点。

(1) 质量成本目标的完成情况。它是将总的质量成本及其各构成因素的实际数值与预算目标值进行对比,计算其增减额和完成率:

$$增减额 = 实际值 - 目标值$$

$$完成率 = 实际值/目标值$$

(2) 质量成本与基期值的对比分析。它是将总的质量成本及其各构成因素的实际数值与基期值进行对比,计算其增减额和增减率:

$$增减额 = 实际值 - 基期值$$

$$增减率 = 增减额/基期值$$

(3) 质量成本结构分析。它是计算各种质量成本占质量总成本的比重,以此分析质量成本的构成情况。

(4) 质量成本与其他相关成本的对比分析。将质量总成本及其各构成因素的实际值与商品产值、销售收入、产品成本、利润总额等有关指标的实际值进行对比。如销售收入的质量成本率=质量成本/销售收入。

(5) 质量成本趋势分析。它是将质量总成本或其各构成因素的实际值,以及以上各项对比指标值,按时间先后在同一坐标系中描点,作质量成本的趋势线,以了解质量成本的发展变化趋势,从而制定相应的措施,使之向更有利的方向发展。

(6)质量成本灵敏度分析。质量成本灵敏度是指单位质量投入的变化所引起的质量损失变化的大小,即:

质量成本灵敏度＝(本期的质量损失－基期的质量损失)/(本期的质量投入－基期的质量投入)

显然,该指标值越大,说明质量投入对质量损失的影响越大;反之,则越小。这一指标不仅可以反映质量投入的重要性,而且可以根据指标制定的正负和大小来判断当前质量水平所处的大致区域。

(7)质量成本关键环节分析。它是通过连续不断地采用排列图来进行追踪分析,以找出当前质量成本中主要矛盾的关键所在。追踪过程如图 11-6 所示。

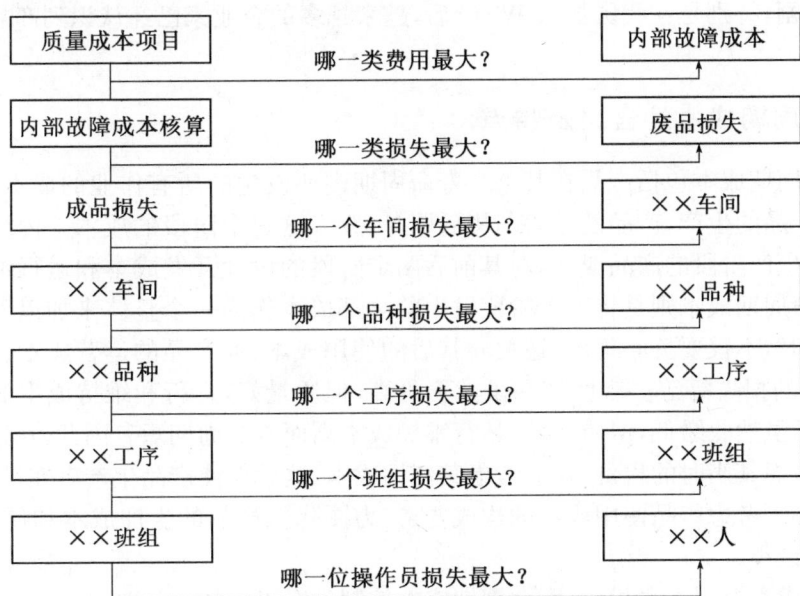

质量成本项目	哪一类费用最大?	内部故障成本
内部故障成本核算	哪一类损失最大?	废品损失
成品损失	哪一个车间损失最大?	××车间
××车间	哪一个品种损失最大?	××品种
××品种	哪一个工序损失最大?	××工序
××工序	哪一个班组损失最大?	××班组
××班组	哪一位操作员损失最大?	××人

图 11-6　追踪过程图

在分析过程中,如果发现内、外部的质量损失大于质量总成本的 70%,预防费用小于质量总成本的 10%时,即显示该企业产品质量水平过低,今后质量成本管理的重点应放在加强预防性控制方面,积极探索提高产品质量的有效措施。若质量损失小于质量总成本的 40%,检验费用大于质量总成本的 50%时,即反映该企业产品质量水平偏高,今后质量成本管理的重点则应放在巩固工序控制的成效方面。对检验费用应加强调查研究,放宽检验标准,减少检验程序,并对最佳质量成本决策进行复审。如果质量损失接近质量总成本的 50%,预防费用接近质量总成本的 10%时,即反映该企业产品的质量水平尚称适当,今后质量成本管理的重点应放在维持并控制在现有的质量水平上。

当然,在实际工作中由于不同类型的企业、不同的产品各有其特点,上述各质量成本项目的控制区域百分比就往往不尽相同。因此,每个企业应根据自身的特点和特定的产品质量管理的需要,参照上述一般标准,制定出适合本企业产品质量管理的成本控制区域。但不论怎样,透过质量成本的核算,可以分析出产品的质量水平,找出产品质量低劣的原因,为企业今后改善质量管理、降低消耗、提高效益指明方向。

总之,通过事前质量成本决策,日常的质量成本控制,以及事后的质量成本核算与分析几个环节,来加强质量成本管理,就能使会计工作更好地为企业的全面质量管理服务,最终必能改进产品质量,降低产品寿命周期成本,提高企业和全社会的经济效益。

第五节　寿命周期成本控制

上文中提到,对产品的质量控制包括产品寿命周期的全过程,同样,企业的成本控制也拓展到产品寿命周期的全过程。西方许多国家较早重视寿命周期成本的研究,而我国对此关注较少,这主要是由于我国尚处于市场经济的起步阶段。随着全球经济一体化进程的加快,国际间竞争日益加剧,特别是在我国加入 WTO 后,越来越多的企业家已经认识到产品寿命周期成本的重要性。

一、寿命周期成本的含义及特点

产品寿命周期成本包括产品在其整个寿命周期内所发生的所有作业的成本,包括产品的设计与测试,产品的生产,产品的销售与售后服务、废弃这三个阶段的成本。传统的成本控制主要关注的是生产阶段的产品成本,对其前后两个阶段的设计开发成本和运行维护成本则较少注意,而寿命周期成本则是将三个阶段发生的全部成本作为一个整体来加以考虑。顾客在进行购买决策时,不仅要关心售价,还关心其后的使用成本,如产品的运营成本、操作培训费、保养费和废弃的损失等等。有些产品虽然售价高,但质量好,运行和维持成本低而寿命周期长;而有些产品虽然收缴低,但质量差,运行维护成本高而寿命周期短。因此,在进行购买决策时,顾客不仅考虑其当时的售价,还会考虑其使用成本,这就促使产品生产者在进行成本管理、营销决策时,必须考虑产品使用成本的构成要素,力图降低产品的生产成本和使用成本,以使寿命周期成本最小。

与传统的成本控制方法相比,寿命周期成本控制具有以下特点。

(1)将产品的设计开发费、制造费用和运行维护费用放在同等重要的地位进行考虑,以求得全部成本的最低或整体效益的最高。

(2)在产品的设计开发阶段就进行寿命周期成本的研究,把寿命周期成本作为设计时的一个考虑参数,并以此为目标成本,作为实际推行时的目标。

(3)结合工业工程、设备管理、运筹学等方面的方法,在产品的效益和寿命周期成本之间进行权衡,以选定成本控制的最优方案。

二、寿命周期成本的作用

寿命周期成本可以在以下三方面发挥作用。

首先,它有助于企业形成整体的成本观念。通过计算产品的寿命周期成本,并与目标成本相对照,可以判断产品投产销售后所获得的收入是否足以弥补企业在设计、生产、销售和售后服务等各阶段的耗费,从而对产品的盈利能力作出正确全面的评价。如果无法达到目标成本的要求,则必须结合价值分析对产品的设计和生产工艺重新进行调整,以保证其生产在技术和经济上可行。如果技术的改进无法达到目标成本的要求,则可能就要放弃该产品的生产。

其次,它有助于控制环境成本。由于产品寿命周期成本考虑了产品废弃时的成本,从而有助于采取减少或消除环境成本的动因。企业在生产时和生产后都会面临废物的处理问题。例如对污水的处理,污染源的控制,不再生产时对生产线或生产场地的关闭与清理,产品不能再使用时的回收等。通过计算寿命周期成本,使企业得以在设计阶段就选择生产对环境影响较小,从而环境成本较少的产品,以及可以回收利用的产品,变被动接受环境成本为主动消除环境成本,提高成本管理水平。

最后,它有助于在资本预算的经济评价时考虑项目的全部成本,使项目的可行性评价得出正确的结论。例如,在营业场所装修时,铺设何种材料的地板,不能只考虑材料的成本,而必须在设计方案时将该项目的寿命周期成本考虑进来。假设高级木地板和瓷砖的功能一致,则进行项目可行性评价时,要考虑寿命周期成本,即木地板的买价、铺设费用、每年发生的打扫、清洗、打蜡和日常维修费用;瓷砖的买价、铺设费用和每年湿洗的费用、破裂时的更换费用等。再考虑其耐用年限,采用净现值法等方法比较两者在经济上的优劣。

三、寿命周期成本控制的步骤

(一)确定目标,列出备选方案

任何一种成本控制,首先都要确定对象的目标,并将此目标通过具体量化加以明确,然后根据目标,尽可能多地提出若干个可以完成目标的方案,以供选择。

(二)确定评价指标

评价指标包括效率和成本两个方面。效率指的是某一项目投入寿命周期成本之后取得的效果,即项目的产出,可以是经济效益、价值或是效果。成本即寿命周期成本,是为了实现目标而在寿命周期内发生的成本,相当于项目的投入。可以根据具体情况、成本数据的可取得性和各项成本的重要性来确定寿命周期成本的构成。

(三)评价

评价方案时,常常用到成本效率公式:

$$成本效率 = 项目效率/寿命周期成本$$

当产品涉及的寿命周期较长时,一般要考虑货币时间价值因素。不能直接将寿命周期内各个阶段的成本简单相加进行评价,而是要借助资本回收系数计算年平均成本或是将各年的成本加以贴现计算现值,再加总。

如果两个方案的寿命周期成本相同,那么,比较其效率,就可以对方案进行优选,此即固定成本法。当两方案效率相同时,比较寿命周期成本即可进行优选,此即固定效率法。当两方案的效率与寿命周期成本均不同时,比较成本效率,选其高者为优,此即成本效率法。

(四)分析并形成书面报告

总结前几个步骤,指出分析的目的、前提条件、用于评价的指标、分析的过程和结论,并形成书面报告,即"生命周期报告",以作为成本控制的依据。

产品寿命周期报告以产品的整个生命周期为基础编制收入和成本报告,反映产品在整个生命周期内的收入水平和成本水平。编制生命周期成本报告的好处有以下三点。

第一,使每一产品相关的全部收入和全部成本更加明显。在传统的会计系统中,制造成本是非常明显的,但其上游和下游的成本则相对不明显。

第二,突出了生命周期早期成本对定价决策的重要性。产品在生命周期早期发生的成本占总成本的比重越高,企业经营者就越应尽早对该产品的收入作出准确的预测。

第三,反映了各类成本之间的联系。例如,如果大幅削减研究开发和产品设计的开支,可能导致产品质量和性能的下降,从而引起与顾客服务有关成本的大幅增加。

🌑 思考题

1. 成本控制通常有哪些类型?
2. 什么是价值工程? 其基本原理是什么?
3. 什么是作业成本计算? 其特征是什么?
4. 作业成本与生产成本、作业成本计算与成本管理有何关系?
5. 区别实际成本与标准成本,并比较其优缺点。
6. 企业管理人员应对哪些成本差异予以关注?
7. "提高产品质量必然会增加产品成本"这句话是否正确? 请说明理由。
8. 什么是寿命周期成本? 它有何特点?

拓展案例

案例 1:作业成本管理[①]

瑞思佩克公司诞生于 1948 年,从事虾类加工和冷冻业务。公司所在地附近就是几个虾类养殖场和一个飞机场,原海军基地冷库又有可以利用的剩余空间,这些优越便利条件使公司发展壮大起来。43 年之后,公司还在布伦瑞克设立了加工厂,并实现产品生产加工的多样化。在 1991 年时公司管理层思考是否采取作业成本法(ABC)。3 年后,ABC 成为瑞思佩克公司日益更新的管理信息系统的成员。

起因是负责公司东南区业务经营的公司副总裁米歇尔·亨德利在 1991 年 4 月参加完一个经理进步课程后对 ABC 在本公司实施的可能性发生了兴趣。他认为公司产品种类繁多且数量变化频繁,而这又恰恰是 ABC 发挥效用的有利条件。间接费用约占公司总成本(直接人工成本占其 1/2,其余为直接材料成本)的 20%,所以间接费用的绝对数额相当大。亨德利与公司主计长约翰·巴比什谈了 ABC,并在以后的几年着手 ABC 设计和实施。

(一)建立作业成本制度(ABC)

早在 90 年代初,巴比什就已注意到当前间接费用分配率核算方法过于简单化,而且由此带来了产品成本的扭曲。例如,为煎锅加热的燃料和热量成本,按现行方法要在所有产品间分配,而事实上有一条生产线根本就没有煎锅。巴比什还注意到 ABC 制度下的某些作业只与某些产品或某些产品组相关。多数产品的生产由一条生产线即可全部完工,所以把每一条生产线作为一个作业是合乎逻辑的。被称作"共同设施"的剩余作业则汇集了那些不能归入具体作业的成本。巴比什设想为每一类具体作业和剩余作业分别计算出间接费用分配率,然后将其中某些分配率相加得到个别产品的间接费用分配率。间接费用分配率要用金额表示个别产品单位产量应分摊的间接费用。

管理层还一直努力争取能对调试机器的成本加强管理。巴比什认为这部分成本可能非常

---

① 选自《管理会计与控制系统案例》,威廉·罗奇,东北财经大学出版社,2000 年版。

重要,尤其是停工成本和试生产产生的不合格产品成本。但是这些成本能否容易确定,且停工成本是否应包括在间接费用分配率中,巴比什尚难做出定论。调试机器一般是在第三班与清洁消毒工作一并进行,偶尔在轮班间隙进行,发生在生产过程中的情况则更少。

1992 年 12 月末,巴比什和公司的总会计曼丽瑟·纳尔逊将他们对 ABC 调查研究的结果形成报告上呈给公司的几位高级管理人员。在两人对 ABC 调查研究的 8 个月里,通过与会计部门之外的管理人员、工人的交谈,使他们也对 ABC 增加了了解。总之,公司管理层对他们两人的报告和努力留下了很深的印象。

在 8 个月后,巴比什和纳尔逊就开始对 ABC 的最初结构做了如下改变:

1. ABC 不应把类似生产或消毒这样的成本中心列为作业。ABC 使用计算机空白表格程序制成一张数表,该表以企业所有的成本中心和成本要素为列,以作业为栏。结合在与其他人员交谈中了解的情况,纳尔逊将各间接费用项目金额按存在的合理基础分配到各个作业中,对不存在合理分配基础的间接费用全部计入共同设施作业。

2. 建立"调试机器"作业。计入该作业的成本是被分配完成调试机器功能的工人工资。

3. 间接费用的各要素直接与适当的成本动因联系,而不是像原来那种按成本习性分类。分摊到五条生产线上的成本被折合成小时成本率,然后再按每小时个别产品产量转换成单位产量成本。变换机器作业的成本动因是个别产品生产所需的设备调试次数,个别产品其他特定成本的成本动因是产品数量,共用设施作业的成本动因是产品生产时数。

（二）ABC 带来了什么不同

1992 年,公司的间接费用预算大约为 1 200 万美元。对其重新分配的结果是:共用设施作业成本为 910 万美元、五条生产线的相关成本为 220 万美元、个别产品的相关成本为 30 万美元、产品组和调试机器作业成本为 20 万美元。

ABC 对产品成本的影响是显而易见的。因为某些产品的生产成本竟提高了 6％之多,而另外一些产品则下降了 6％。进一步来看,生产成本变化最大的,是产量较高的那些产品,有几种产品的生产成本变化额竟达到 200 000 美元。

下面是导致成本变化的主要原因:

• 与其他生产线相比,生产线Ⅰ工序简单。它使用的几台设备已提足折旧,没有煎锅和冷冻室,所以该生产线的燃料、耗电、折旧、消毒和备用件成本远远低于其他生产线。它的小时成本还不及其余四条的 1/3。因此,由生产线Ⅰ生产出来的产品成本在采用 ABC 制度后较原先大大降低。

• 公司把派驻在马萨诸塞州格洛斯特港的采购小组的业务视为一项作业。该小组发生的采购成本最终计入由其购入原料生产的产品的生产成本中去。

• 企业现在的成本会计制度将全部间接费用 70％的固定部分按小时产量分摊到各产品(另外 30％是变动间接费用,无论哪个分厂都是按照同样的单位产量分配率计入各产品中),而 ABC 制度则把 95％的间接费用按小时产量计入各产品生产成本。采用 ABC 的结果是提高了小时物料通过量低的产品的成本,而使物料通过量高的产品的成本降了下来。

• 在生产线Ⅱ上,由于其产品主要供零售,所以产品要用小纸盒包装,自然这使该生产线物料通过量比较低,并且包装机成本(机器折旧和维护修理)很高,因此由生产线Ⅱ生产的产品成本较高。再者,与生产线Ⅰ相比,生产线Ⅱ需要消耗燃料,多了燃料成本。同生产线Ⅱ一样,其他三条生产线也都有燃料成本项目。

- 某专用设备不但价格极高,而且使用范围有限,只能用来生产几种产品(如压制机、切碎机的刀片、包装机),ABC 将这些设备的成本计入适当的产品成本。

- 通过延长产品的连续生产时间(如几天内只生产一种产品,只因卫生清洁和机器维修暂停)降低调试机器的成本。

- ABC 对间接费用不同项目之间的抵消作用。生产线 V 生产的某些产品物料通过量很高,可是该生产线煎锅消耗的燃料是其他煎锅的两倍,且因该生产线设立较晚、程度较为复杂,所以它的年折旧额比其他任一条生产线都高,最高的竟达到了 100 000 美元。

(三) 对 ABC 调研情况的思考

在 1993 年春季,生产经理和销售经理一致认为巴比什和纳尔逊对 ABC 的调查研究非常有用。一些人认为 ABC 对间接费用的分析帮助人们"了解到它是怎样进行的",即 ABC 从一个崭新的角度认识费用,揭示成本到底是由哪儿引起的。

ABC 形成的关于成本费用的信息有时有助于解释和论证某些方案的合理性。例如,ABC 使人们注意到生产天然葱味饼原料之一的洋葱的加工成本并"证明布伦瑞克不是生产天然葱味饼的最佳地点",事后巴比什这样评价 ABC 的作用。终于在 1993 年,该产品转移到了得州的布朗斯韦尔。

当被问及新成本制度对市场营销的影响时,负责市场营销的高级副总裁杰克·奎高说公司最近改变了计算营销人员报酬的基准,即从过去以销售量转为以边际贡献(即销售额减去直接制造成本,包括间接费用)为基准。因为按 ABC 计算的每种产品成本改变了其贡献额,因此推销人员必须明白他们的报酬是由销售收入和产品品种决定的。

奎高指出,企业除了面临价格竞争外,还要承受产品质量、稳定性和服务等方面的竞争压力,也就是要求企业必须"按时保质"。现时情况是竞争对手在以上各个方面竞争力都很强,要想使瑞思佩克的产品取得竞争优势就必须从其他方面入手,另辟蹊径。改善后勤工作(如提高订单接收和货物发运的效率)、保证原料及时供给和加强新产品的研制开发等方面的努力势必会增强公司的市场竞争优势。奎高认为"恰恰是 ABC 指引着公司实现对新产品开发更明智的定位"。

除了对公司销售的直接影响外,ABC 的研究成果也渗入到公司分析竞争战略的方式中。瑞思佩克公司拥有的压制、裹面包屑技术和高生产率构成了公司参与竞争、与客户谈判时的重要优势竞争条件。ABC 使公司管理者看到那些影响资源利用的作业是怎样形成和支持了企业的这些优势。此外,公司正考虑与消费者和供货方达成战略联盟,形成产、供、销的纵向整合,那么 ABC 一定会帮助公司找到更多的实现途径,为联合的成功发挥作用。

1992 年 12 月末,巴比什在呈报给高层管理部门的报告中提出将在以下几个方面着手"下一步":(1) 进一步分析间接费用成本;(2) 确定更多的作业;(3) 争取取得维护修理中心的更多信息;(4) 实现全部间接费用的 30%～35% 按 ABC 制度分配;(5) 使 ABC 形成整体模式;(6) 为公司生产经营活动提供更多的信息支持。

(四) 对 ABC 的继续完善

1993 年,巴比什将按 ABC 分配的间接费用从 22% 提高到了 30%。这个变化主要来自以下几个方面:

(1) 在辅助生产方面发生了两个变化:一是明确了不同的生产线需要监督员的人数不同。除一条生产线需要 3 名监督员外,其他生产线只需设 1 名或 2 名即可。监督员的职责是集中在几个检测点监督产品质量和生产过程。诚然,检测对于保证产品质量是重要的,但公司管理层已意识到要赢得高质量的产品,关键在产品的设计阶段。因此质量监督员只不过是对生产经营活动进行反馈的一个环节。设计产品及其生产程序的工作人员将依据这些反馈信息,改进设计,以期生产出更为完美的产品(约占间接费用的 1.8%)。

(2) 辅助生产方面的第二个变化是:公司可以将两条生产线的生产管理工作交由一人完成,该人员的成本由两条生产线各付一半(约占间接费用的 2.7%)。

然而这个方案的实施比预想的要困难得多,同时,管理两条生产线也对管理人员提出了严格要求,他必须在时间统筹、组织实施、人员分派和生产记录等方面有更高的能力,所以说出色地管理好一条生产线的生产管理员不见得能同时指挥好两条。到 1994 年 5 月这个结论得到证实:一名被提升到该位置的生产管理员难以胜任。

巴比什认为一部分间接费用与生产线直接人工相关(或者说由直接人工驱动),因此,这类间接费用须存在于工资和人力资源部门,他依据某生产线的标准人员把上述部门成本分别加到各生产线(约占 4.0%的间接费用)。

(五) ABC 的拓展:仓库成本

公司在布伦瑞克的加工厂有一个用来储存冷冻食品的巨型仓库。一般情况下存货中的80%为产成品、20%为原料,但该比率在一年当中并非固定不变。比如在鱼虾最多的季节,公司势必会提前购进,以减少日后采购的困难,那么仓库中原料的比重就会升高。产成品存货量则视产品种类的不同而不同。对那些销路平稳、销量高的畅销品,它们在库时间仅一两个星期,而那些产量低、需求不稳定产品则有可能储存几个月。

存货的平均储存成本为每磅 0.04 美元左右,约占间接费用平均值(以产品重量为分母)的1/4。在考虑 ABC 之前,公司对所有存货都按 0.04 美元分配储存成本。但直觉告诉仓储经理,存货中某些项目的储存成本高于其他存货项目。

仓储人员从事的工作可以归为两种作业:存放和整理。存放成本是指装满冷冻货物的货盘的占地成本。整理成本是指挪动摆放货盘的人力和设备的成本。各产品的特点导致其对存放和整理作业的要求程度存在两点差别:

一是每立方英尺存货的密度。产品高密度意味着一个货盘上可以装更重的产品,而一个货盘所占空不变,那么单位重量该种产品的存放整理成本都较低。例如,鱼虾的密度大,而面包的密度小,显然,前者的储存成本较低。

二是某些产品的原料要冷冻储存,而其他产品则不同,因此,这部分产品就没有因存放和整理原料及产成品而产生存储成本。

(六) 间接费用分配率

计算各种产品单位产量间接费用的分配率要依据多项数据。首先,瑞思佩克公司把储存成本划分为两个成本池库。通过检查和计算每条生产线上各种产品的预算产量,把各生产线归入到上述两项作业中去。储存成本由 1/3 的存放成本和 2/3 的整理成本构成。

在估计被挪动的货盘台数时要注意考虑某些影响货盘台数的因素,如某些货盘只是半载货物,那么就要据此对已知台数进行调整。计算每台货盘整理成本的方法是用整理成本总和除以调整后的货盘台数(实际上货盘一出一入要移动两次,但这里是为了计算产品成本,就视一出一入为挪动一次)。最后按各种产品的每台货盘正常负载重量计算每磅产品的整理成本。

单位货盘存放成本基于全年存放成本除以货盘位数 13 000 之商,每个货盘存放位的年

"租金"除以360就是货盘的日租金。结合各产品的平均周转率来计算其滞留仓库的平均天数,再用它乘以每磅产品的日租金额得出每磅产品的存放成本。

根据原材料和产成品单位重量的存放和整理成本就能得出各产品单位重量的储存成本。按 ABC 计算的每磅存储成本变化幅度为 0.02~0.12 美元,而不是每磅 0.04 美元。

瑞思佩克公司认为 ABC 应逐年计算该分配率,因为存货数量各年间存在变化(绝大多数储存成本则是固定的)。此外,产品构成及产品周转率也将随时间推移而变化。

(七)巴比什的工作日程

巴比什对 ABC 的评论是:ABC 是管理层可以利用的工具之一,ABC 告诉我们"事情本来就是这样的"。

在巴比什继续完善 ABC 制度的工作日程上,其中最重要的是缩短新产品成本测算的周期。他认为不但测算时间可以缩短,而且测算过程也有改进的可能。公司现在采用的成本制度只能将工厂作为一个能按成本制造特定产品的"魔盒",而巴比什要做的是想办法打开它,以实现市场开发、产品生产、产品设计和成本计算方法的整合。日本的目标成本给巴比什一个启发,他想目标成本的某些做法或许对瑞思佩克公司有所帮助。

他的另一项日程安排是继续完善非财务的业绩评价系统。长期以来,他发现评价考核与组织能力之间存在相互作用。对业绩的考核评价将管理层的注意力集中于经营活动的关键领域,这就极大地加快了改善和提高的效率。他期望"主要趋势"报告能继续发展完善,增加新的内容,如周期时间和产品质量成本。

案例2:成本控制

金陵石化塑料厂是一家石油化工和塑料加工的综合性企业,生产聚丙烯、聚醚、苯乙烯、聚氯乙烯电缆料及其他特种塑料制品等多种产品,其中小本体聚丙烯为其主要产品,生产能力达10万多吨,在全国名列前茅。长期以来效益一直良好。但在1998年企业遇到了前所未有的困难,原材料成本大幅上升,聚丙烯售价起伏跌宕,以致产品的生产成本一度高于其销售价格。面对这一困难局面,该厂以成本控制为中心,开展了组织创新、制度创新和技术创新活动,使聚丙烯的加工成本由1998、1999年的每吨900多元,降至2000年上半年的400多元,在2000年上半年全面实现扭亏为盈,并大大提高了产品的市场竞争能力。

(一)组织创新

成本的控制过程,从某种意义上说,就是对人进行组织和管理,发挥人的主观能动性、积极性和创造力的过程。为有效控制生产成本,该厂从三个方面对企业内部组织进行改革。

1. 划小核算单位

该厂原来的生产由生产车间完成,车间只管生产,不管核算,核算由厂财务部门统一进行,进而导致车间只注重产量而不关心材料消耗。为此,该厂决定划小核算单位,实行厂部、分厂和工段的两级半核算体制,即工厂考核分厂的产品、质量、釜出率,以及安全生产和劳动纪律(因对分厂的内部利润的考核,实行的是包死两头(原料价格和产品价格),故不核算其成本);分厂对工段考核其可控指标,如三剂耗费、丙烯耗费、聚丙烯得率和产品等,再往下,工段对班组进行考核,班组对个人进行考核。

2. 实行购销挂钩

在原来的体制下,企业的采购部门只负责采购,执行一套采购考核指标;销售部门负责按照一定的价格指标销售产品。在市场行情不断变化的情况下,这种购销体制已经不能适应新形势的需要,更不利于提高购销的效率。为此,该厂决定将采购与销售原来两个相分离的职能合并,企业建立统一的购销分公司,每个分厂设立责权利明确的购销科,负责每个分厂的原料供应和产品销售,使采购、生产和销售的关系更加密切。

3. 研究与生产相结合

长期以来,企业内部的研究机构与生产部门的关系是"你搞你的生产,我搞我的科研,科研与生产相分离"。针对这种情况,塑料厂领导决定对研究所进行组织调整,即按专业将本厂研究所的科技人员与生产单位挂钩,编制在研究所,科研在生产单位,科研项目由生产单位根据生产的实际需要申报,科研人员根据生产实际搞科研,使科研与生产相结合,以便使生产中的问题能够及时得到解决,科研成果能够及时转化为生产力。

(二) 制度创新

随着企业组织创新的进行,原有的规章制度越来越不适应新形势的要求,为此,该厂进行了一系列的制度创新。

1. 改进和完善经济责任制的考核办法

该厂围绕公司每年下达的各项经济指标及本厂的目标,充分体现责权利相结合的原则,建立多层次的经济责任考核体系,实行厂部、科室、分厂、工段、班组和个人的逐层考核制度和安全、质量指标的否决制度。为企业内部的每个单位制定了明确的考核指标和奋斗目标,超额奖励,落后惩罚。如对材料采购的考核就包括差价考核、运费考核和材料质量考核三个部分。

2. 建立技术创新奖励制度

由于丙烯是生产聚丙烯的主要原料,其成本高低直接影响聚丙烯的成本水平,因此降低原料特别是丙烯的消耗,对降低聚丙烯的成本作用巨大。为控制聚丙烯的生产成本,该厂特别重视技术创新和工艺改造,为激励科技人员和生产部门的技术创新积极性,该厂进行了大量的制度创新。

(三) 技术创新

针对该厂聚丙烯生产的各项能耗和物耗较高的问题,该厂采取了一系列措施。

1. 增容改造,实现规模效应

由于原来的聚丙烯生产装置比较陈旧,能耗和物耗高,跑、冒、滴、漏现象严重。经过认真研究,该厂决定对原来的小聚丙烯装置进行改造,新上六台 12 m^2 的聚合釜(原是五台 4 m^2 的聚合釜),从而使丙烯的单耗水平显著降低。

2. 使用高效催化剂

虽然聚丙烯生产的主要原料——丙烯现在还未找到可替代的产品,但聚化剂、活化剂和DDS这三种辅剂随着科技的进步,可选择的余地较大。这三种辅剂的选择,不仅对其耗用量,而且对于聚丙烯的产品、每釜得率都有至关重要的影响,将直接影响其产品成本。该厂在1997 年采用 CS-Ⅰ高效催化剂的基础上,又不断试用其他类型的催化剂,包括 CS-Ⅱ球形催化剂、N-Ⅲ型催化剂和 HDC 球形催化剂,其中,N-Ⅲ型催化剂和 CS-Ⅱ催化剂已分别正式投入生产。高效催化剂的采用,不仅大大提高了产品的质量,而且也使聚化剂、活化剂和 DDS 这三种辅剂的耗用量有所降低。

3. 改二级供水为一级供水

该厂的聚丙烯生产原来采用二级供水,这种供水方式不但浪费严重,增加电耗,而且用水的灵敏度差,不利于生产控制。为此,该厂决定将原热水罐拆除,改用大热水罐集中供热,从而避免了以前多个热水罐之间存在的串冷水、冒蒸气的现象,使能耗大幅下降。

4. 完善丙烯回收系统

为进一步减少丙烯消耗,降低升降成本,该厂在原有高压、低压丙烯回收的基础上,建立了中压回收系统,使企业每年降低物耗成本 900 多万元。

5. 对聚合釜的指型管进行改造

该厂技术人员在生产中发现,新釜的单釜得率较高,分析其原因认为是新釜的换热面积较大所致。于是,该厂决定对聚合釜进行改造,用大号的指型管代替原来小号的指型管,并且适当增加聚合釜的指型管数量,从而大大降低了聚丙烯的丙烯单耗水平,极大地降低了聚丙烯的生产成本。

第十二章 责任会计

预算不是为了预算本身而存在的,它是用来协助企业领导人进行管理和控制的。企业制定的在一定期间内生产经营活动的全面预算,为整个企业及其生产经营的各个方面规定了总的目标和任务,为保证其实现,还必须将全面预算中确定的指标按照企业内部生产经营上划分的各个责任中心进行分解,形成责任预算,以使各责任中心据以明确各自的目标和任务。所以,责任预算就是全面预算的落实和具体化。而责任预算的编制、执行、控制、核算、评价和考核,都是通过责任会计来进行的。

所谓责任会计,它是以责任中心为会计对象,对责任中心进行控制、核算、分析和考核的一种会计制度。它是随着企业规模的不断扩大和管理的日益复杂,企业为适应分权管理的要求而发展和完善起来的。它以全面预算为基础,将企业在一定时期的总体目标层层分解落实到各个责任中心,由各责任中心贯彻执行相应的责任预算,并以责任预算为依据控制、评价和考核各责任单位的工作,实现对责任中心的经营活动进行事前、事中、事后的全过程管理。

本章着重阐述:分权管理与责任会计有何关系? 责任会计的基本内容有哪些? 企业有哪几类责任中心? 它们之间的关系如何? 内部转移价格怎样确定? 各类责任中心的业绩如何评价?

通过本章的学习,要使读者了解责任会计的主要内容,分清责任中心的类型及其区别,掌握内部转移价格的确定方法。

引导案例

联华超市的业绩考核

联华超市股份有限公司创建于 1991 年 5 月,是上海首家以连锁经营为特征的超市公司,2003 年 6 月在香港主板市场上市。联华超市拥有世纪联华大型综合超市、联华新标超(联华、华联)、快客便利店、联华 OK 网上销售、药业连锁等五大业态领域,主要分布在华东、华南、西南、华北、东北等地 100 余座城市。各分店采用区域化管理的模式,但同时又在资源上与总部共享。

在联华超市,总经理是其领导核心,负责联华的战略规划和投资决策,指挥各部门的经营活动,副总经理协助总经理完成相关事务。联华有四大部门:物流部、综合部、市场部和财务部。物流部是联华超市最大的部门,下设服务支持科、验收科、仓管科和配料科。物流部主要负责联华超市的仓储和运输,物流部人员要对进入超市的商品进行严格把关,并及时向各门店配送货物,同时还要控制仓库储存成本和运输成本。综合部下设后勤科和行政科,后勤科管理联华的安保和物业,行政科负责人员的招聘、培训及各种文件档案的管理。市场部的责任是开拓新的市场。财务部下设会计室和审计室,会计室主要负责筹集资金、进行财务预算和日常资金的管理,审计室负责监督和控制联华内部的财务活动。

绩效考评方面,联华超市主要依据以上岗位职责来确定员工的薪酬,每个部门都有其独立的考核指标。这种考核方式虽然具体,但却存在很大弊端。首先,总经理权力过于集中,导致下属部门工作积极性不高。其次,各个部门的职责不同,考核指标较为散乱,责任不明晰,不能很好地体现公司总体战略目标。

我们知道,公司的盈利水平跟其收入、成本和投资等方面直接相关,那么联华超市能不能直接从这几个层面考虑,进行业绩考核呢? 本章所学的责任会计就会帮你解决这个问题。

第一节　责任会计基础

一、责任会计的产生

责任会计是企业发展到一定阶段以后的必然产物。第二次世界大战以后,随着科学技术日新月异的飞速发展,带动了整个社会生产力的提高,导致市场竞争日益激烈,促使企业规模和经营范围不断扩大,从而出现了越来越多的大型股份公司、集团公司和跨国公司。企业规模的扩大,一方面有效地提高了企业的竞争能力,但另一面也使得企业内部的经营管理日益复杂。这些大型公司产销规模庞大、管理层次繁多、组织机构复杂、分支遍布世界各地,子公司、分公司、事业部等下属单位越来越多,经济活动所涉及的领域越来越广,在这样的环境下,企业的最高领导人再也没有能力和精力对其下属单位的所有经营活动进行事无巨细的直接控制和管理,再也不能一切大小事宜都亲自过问,因此必须把一部分管理和决策的权限下放到企业的各个层次和各个基层单位,实行分权管理的经济责任制,将原来传统的集中决策、应变能力差、无法迅速反映市场需求变化的集权式管理改变成分散决策、反应灵活的分权式管理。

所谓分权管理,就是将决策权随同相应的责任下放给基层单位和基层管理人员,许多关键性决策直接交由基层管理人员直接作出。由于决策权在不同层次和不同地区的管理人员之间进行适当划分,并通过适当授权使得不同层次的管理人员都能参与日常经营活动的有效决策,从而保证企业能够迅速适应市场变化的需求;同时,通过决策授权,能够有效地调动各级管理人员的积极性、主动性和创造性,使全体管理人员既能为提高企业经济效益做出贡献,又能体现其自身价值。

可见,分权管理有其一定的好处。第一,由最了解具体情况的基层管理人员参与决策,更符合客观实际,也更迅速、及时、有效。第二,允许基层管理人员参与决策,有利于激励基层经理人员,调动其积极性,充分发挥他们的能力和智慧,为企业创造更多的经济效益。第三,有利于培养和提高他们的决策能力和管理素质,从而有利于培养企业未来的高层决策管理人才。

第四,可以减轻企业高层管理人员的工作负担,使他们从琐碎的日常事务处理中解脱出来,而将主要精力转移到解决企业的战略问题和协调各责任单位之间的工作上来。第五,便于收集利用当地的信息。随着公司规模的扩大和在不同市场、地域的扩展,企业高层管理人员往往不能及时了解当地的具体情况,而基层经理人员直接面对市场,密切注意着经营条件,容易及时获取第一手信息。第六,实行分权管理,划分各责任单位的责权利,可以更准确、有效地考核和评价各部门、各单位的工作业绩和管理者的表现。

当然,在实行分权管理后,由于各分权单位有了一定的相对独立性,从而也会出现一些弊端。如分权单位可能会为了局部利益而牺牲甚至损害企业的整体利益;各单位为了自身的利益而出现相互恶性竞争、不断摩擦和大量冲突等。为防止此类现象出现,企业有必要建立一套行之有效的内部控制制度,推行严格的经济责任制,在责、权、利相结合的基础上,协调各方面的关系,以保证经营目标的一致。经济责任制的推行,催生了一种新的会计形式——责任会计。

二、责任会计的实质

责任会计是在分权管理思想指导下,根据授予各级单位的权力责任及对其业绩的评价方式,将一个企业分为若干不同形式的责任中心,建立起以各责任中心为主体,以权、责、利相统一为特征,以责任预算、责任控制、责任考核为内容,通过信息的积累、加工和反馈,形成企业的内部控制系统。其实质是企业为了强化内部经营管理责任而实施的一种内部控制制度,是将会计资料与各有关责任中心紧密联系起来的信息控制系统。

责任会计是西方管理会计的一个分支,它对于我国目前的企业管理人员来说虽然是个新概念,但实际上,它与我国长期实行的经济责任制有着本质的联系。我国工业企业早在20世纪五六十年代就出现了厂内经济核算制,即在财务会计工作中,建立财务成本指标的分口、分级管理;实现厂部、车间和班组三级核算,以及厂部、车间两级成本计算的方法。另外,为划清车间的经济责任界限,还在各车间之间按计划成本结转材料、半成品和劳务成本,有的还采用厂内流通券或内部支票等办法进行内部结算。20世纪80年代中期,我国开始大力推行责、权、利相结合的承包经营责任制。尽管我国的厂内经济核算制与西方的责任会计还有许多不同之处,但其基本环节(包括编制预算、制定标准、组织核算、定期考核)却有不少相似之处。所以,从某种意义上讲,我国长期实行的经济责任制就是适合我国国情的、具有中国特色的责任会计。实行责任会计,不仅有利于分权管理的实施和内部经济责任制的落实,而且有利于保证企业经营目标的一致性。

三、责任会计的主体

所谓责任会计主体,就是责任会计为之服务的特定单位。责任会计主体与财务会计主体不同,财务会计主体可以是一个企业,也可以是一个由若干个企业通过控股关系组织起来的集团公司。责任会计是管理会计的重要分支,是对庞大的组织机构实行分权管理的一种内部控制会计,因而,其主体就是企业内部的各个责任中心,各个责任中心成为相对独立的内部核算单位,分别反映各自在生产经营活动中的耗费和经营成果。责任会计的一切工作都应围绕责任中心进行。

四、责任会计的原则

企业的责任会计工作,应遵循如下原则。

（1）目标一致性原则。目标一致性原则,就是要求各责任中心的具体目标要与企业的总体目标保持一致。实行责任会计时的一个关键问题是如何促使各基层管理人员的行为符合企业利益最大化的目标。因此,制定有效的管理报酬,使各责任中心的经理人员与企业整体目标达成一致是责任会计的一项重要原则。

（2）公平性原则。公平性原则,就是各责任中心在处理相互经济关系时应该公平、合理,以有利于调动各责任中心经理人员的积极性。

（3）责权利相结合原则。责权利相结合原则,就是要明确各责任中心应当承担的责任,同时赋予其基层经理人员相应的管理权力,并根据有效的业绩考核指标给予相应的奖惩。

（4）可控性原则。可控性原则是指对于每一个责任中心而言,只能对其责权范围内可以控制的成本、收入、利润以及资金负责。可控性原则是正确划分经济责任归属的重要原则。当然,可控是一个相对的概念,要视具体情况而言。对于不同层次的责任中心其可控范围大小不一。如生产分部作为一个责任中心,通常只能有效地控制其投入资源的耗费,销售分部的广告支出就不在其控制范围之内。而且,在情况变化时,其可控范围也可能随之改变。高级管理部门在确定各分部的可控范围时,必须尽可能适应经济环境的变化。

五、责任会计的内容

责任会计的主要内容包括以下几点。

（1）设置责任中心,明确责权范围。实行责任会计,首先应根据企业的具体情况和内部管理的实际需要,将其所属的各部分、各单位划分为若干分工明确、责权范围清楚的责任中心,以便能够在其权限范围内,独立自主地履行职能,并将其获得的利益与其绩效相挂钩。

（2）编制责任预算,设定考核标准。企业的全面预算是按照生产经营过程来落实企业的具体目标的,而责任预算则是按照责任中心层次来落实企业的总体目标,即将企业的总体目标层层分解,落实到每一个责任中心,以作为其开展经营活动、评价工作成果的基本标准和主要依据。

（3）跟踪相关信息,编制业绩报告。责任中心及责任预算一经确定,就要按责任中心建立相应的一套完整的日常纪录,以及时跟踪、反映预算执行的情况,并定期编制业绩报告（又称"责任报告"）。为此,企业需要建立各责任中心的信息跟踪系统,以准确记录、持续跟踪、及时分析并反馈相关信息。健全的信息跟踪及报告系统应具备相关性、及时性和准确性的特点。

（4）分析评价业绩,建立奖惩制度。通过定期编制业绩报告,对各责任中心的实际工作成绩进行比较,找出差异,分析原因,判明责任,奖优罚劣、奖勤罚懒,以最大限度地调动各个责任中心的积极性,并及时提出改进工作的意见。

（5）制定转移价格,落实经济责任。为了合理反映企业内各责任中心的业绩状况,对于它们之间相互提供的产品和劳务,应由企业高层管理当局负责组织、各责任单位人员参加,制定出适合本企业特点的内部转移价格,以便据以进行计划和计算。内部转移价格的制定应有利于调动各责任中心的积极性,并保证其经营目标与企业总体目标之间的一致性。

第二节　责任中心

一、责任中心的类型

在分权管理制度下,企业为了实行有效的内部控制,通常都要采用统一领导、分级管理的原则立场,在其内部合理地划分责任单位,承担一定的经营管理责任,并赋予其相应的权力,以促使下属单位各尽其责并协调配合。至于分级管理的具体形式,则因企业组织结构的不同而各有所异。但不管怎样,实行责任会计制度的企业,必须使每个责任单位对它所进行的经济活动要有十分明确的权责范围,做到权大责大,权小责小,权责紧密结合。这种权责所在的范围,即各个责任单位能够对其经济活动进行严格控制的区域,在管理会计中叫作"责任中心",亦即前面所说的"责任单位"。

责任中心是责任会计制度的基础。它是指有专人承担规定的经营管理责任,并行使相应权力的企业内部管理单位。包括企业内部的成本、利润和投资的发生单位,这些内部单位被要求完成特定的职责,其责任人则被赋予一定的权力,以便对该责任区域进行有效的控制。责任中心可能是一个个人、一个车间、一个部门,也可能是分公司、事业部,甚至整个企业。

责任中心的划分可以在企业现有组织结构基础上进行。不过,现有的企业组织结构,一般是按照管理职能划分的,每个部门和单位都只行使一个专门的管理职能,这是一种"管理职能"式划分。而责任中心则是按照经济责任划分的,凡是可以单独进行管理,能够明确其责任,并可对其业绩加以评价和考核的任何一个单位,大至分公司、工厂,小至车间、班组都可定为责任中心。能够明确其责任,这就是所谓的"经济责任"式划分。具体来讲,成为责任中心的条件是:第一,在企业的经营活动中具有相对独立的地位,能够独立承担一定的经济责任;第二,拥有一定的管理和控制权力,在经济活动中能够独立地执行和完成上级所指定的任务;第三,上级管理部门能够间接控制下属中心的管理活动,以使之与企业管理总目标相协调。

划分责任单位的目的是要通过明确各单位的权责范围,以充分调动各单位的生产经营积极性,使其努力工作,尽职尽责;并据以考核各单位的经营成果,以免功过难分。

责任中心根据其控制范围和责任对象的特点,一般可分为成本中心、收入中心、利润中心和投资中心四种类型①。其中,成本中心的经理人员只对成本负责,如饭店的维修部门;收入中心的经理人员只对收入负责,如饭店的客房部门;利润中心的经理人员既要对收入又要对成本负责,如饭店经理则负责一个利润中心;投资中心的经理人员对收入、成本和投资都要负责。

二、成本中心

(一) 成本中心的含义

成本中心是指责任人只对其责任区域内发生的成本或费用负责的一种责任中心。如基本生产车间、辅助生产车间(如修理车间),甚至工厂、劳动人事部门等。任何成本或费用发生的

---

① 当然,也有书上将责任中心只划分为成本中心、利润中心和投资中心三种类型,其理由是:在企业内部几乎不存在只有收入而没有成本的纯粹的收入中心。

责任领域,都可确定为一个成本中心,大的成本中心可能是一个分公司,而小的成本中心可能只是一辆卡车和两个司机组成的单位。

成本中心是成本或费用发生的单位,一般没有收入,或仅有无规律的少量收入。例如,生产车间的产品或半成品并不由自己出售,因而没有货币收入,虽然有时可能有少量的对外协作收入,但这并不是它的主要职能,不能成为考核车间业绩的主要内容。

(二)成本中心的类型

按照组织的层级结构,成本中心有基本成本中心和复合成本中心两种类型。

基本成本中心是没有下属成本中心的成本中心,而复合成本中心是设有若干个下属成本中心的成本中心。一个复合成本中心可能由若干个复合成本中心和基本成本中心构成。例如,一个分厂是个成本中心,但它由几个车间所组成,而每个车间还可以划分为若干班组,这些班组便是更小的成本中心。拥有若干个车间和班组的分厂和车间就是复合成本中心,不能再进一步分解的班组为基本成本中心。

按照成本性质的不同,成本中心有两种类型:标准成本中心和费用中心[①]。

标准成本中心是指那些可以为企业提供一定的物质成果(如生产一定的在产品或半成品、产成品),但不便或不必对这些产出物进行货币计量的成本中心,即那些有明确的、具体的产品,且对生产单位产品所需的各种要素的投入量能够合理预计的成本中心。通常,标准成本中心的典型代表是制造业工厂、车间、工段和班组等。它们在生产制造活动中,每个产品都有明确的原材料、直接人工和间接制造费用的数量标准和价格标准。

费用中心是指那些主要为企业提供一定的专业性服务(如会计部门、法律部门、人事部门等服务部门),一般不能产生可用货币计量的成果的成本中心,即那些产出物不能用财务指标来衡量,或投入与产出之间没有密切关系的成本中心。包括一般的行政管理部门(如会计、人事、计划等)、科研开发、广告宣传、销售等服务性部门。行政管理部门的产出物难以度量,研究开发、广告宣传和销售活动的投入与产出之间没有密切的联系。对于费用中心,唯一可以准确计量的是实际费用,而无法通过投入与产出的比较来评价其效果和效率,从而难以对无效开支进行有效控制。

(三)成本中心的责任

由于成本中心的责任人可以对成本和费用的发生进行控制,但不能控制收入和投资,因此成本中心只需对成本和费用负责,而无需对收入、利润和投资效果承担责任。成本中心的责任是用一定的成本去完成规定的具体任务。这样,对成本中心考核的主要内容便是成本或费用,它既包括成本中心本身的成本,还包括其下属成本中心的成本。

对成本中心进行考核的主要内容是其责任成本。责任成本与传统的产品成本不同。产品成本是以产品为成本计算对象分产品计算的,凡是应由某种产品承担的成本都应计入该产品的产品成本,而责任成本则是以责任中心为成本计算对象分责任单位计算的,凡是应由某责任成本中心负责的成本都应计为该责任中心的责任成本;计算产品成本的目的旨在反映产品成本计划的执行情况,而计算责任成本的目的是评价和考核责任预算的执行情况。

在确定责任成本时首先必须把成本按其可控性区分可控成本与不可控成本。

---

① 有学者将"成本中心"称为"成本费用中心",并将其分为"成本中心"和"费用中心"两种类型。前者即为本文的标准成本中心。

所谓可控成本是指可以预先知道的、有办法计量的、能为该责任中心所控制、为其工作好坏所影响的成本。成本的可控与否是个相对的概念，它总是针对特定的责任中心、特定的期间和特定的权限而言的。某项成本对某责任中心是可控的，但对另一责任中心却是不可控的。例如直接材料的耗用量，从产品生产部门来看是可控的，而对于采购部门来说是不可控的；而直接材料的价格，从采购部门看是可控的，但对于生产部门来说则是不可控的。当然，就长期而言，所有成本都是可控成本；但就短期看，则所有成本都是不可控的。例如新厂房要建造时，管理部门可以决定厂房规模的大小、成本的多少，此时新厂房的建造成本是可控的；但厂房一旦建成，厂房的建造成本就成为不可控成本。另外，可控性还与特定的权限有关。有些费用，就基层单位来说是不可控的，但对于高层管理部门来说，则是可控的。例如生产设备的租赁费，对于具体使用设备的基层单位来说，是不可控的，因为它无权购进新设备来替代租用的旧设备；但就总经理而言，则是可控的，因为他有权决定是否购进新设备取代目前从外面租用的旧设备。

由于成本中心只能对可控成本产生影响，对不可控成本的发生无能为力，因此在计算责任成本时只应包括可控成本，若包括不可控成本，则应将其与可控成本区分开来。也就是说，某成本中心的责任成本，为属于该中心的各项可控成本之和。

另外，在确认责任成本时，我们还要注意可控成本与变动成本、直接成本的区别。成本可控与否依据成本中心对其是否具有影响力、可控力来区分；变动成本与固定成本是依据成本与产量或销量的变动关系来区分；直接成本与间接成本依据成本的发生与个别产品或部门的关系来区分。一般地，变动成本是可控成本，固定成本是不可控成本；直接成本是可控成本，间接成本是不可控成本。但并非总是如此。例如电视机厂电视的显像管属于直接材料，是变动成本，如果显像管是该厂的某车间制造的，那么它就是该车间的可控成本；但若它是从外部购买的，则属于不可控成本。又如成本中心使用固定资产而发生的折旧费可直接计入该中心，属于该中心的直接成本，但它对于该成本中心来说，却是不可控的。对于间接成本，各辅助车间提供的劳务成本（如水、电、汽、修理等）通常按规定的标准分配给各受益单位，对于生产车间来说，它是间接成本。但若所摊入的金额是按受益单位的耗用数量计算的，则该项成本的多少就要受各该成本的决策影响，这时对于该生产车间来说这项便是可控成本。

由此我们可以总结得出，可控成本应具备三个条件：一是成本中心能够知道将发生什么性质的耗费；二是成本中心能够计量它的耗费；三是成本中心能够控制并调节它的耗费。凡不符合上述条件者，即为不可控成本。属于某个成本中心的各项可控成本之和，即为该中心的责任成本。但是，由于世界是千变万化的，对成本的可控性，有时是难以确认的。因此，责任会计只要求在尽可能的范围内对各成本中心的可控成本予以确认，而对那些一时难以确认的，则可通过适当途径，与有关成本中心协商，共同承担责任。因此，在评价责任中心的业绩好坏时，只要可能，就应该将可控成本与不可控成本加以区别，以明确各责任人的责任。但在实际运用中，要准确地指出成本的可控性并不是件容易的事。原因有如下两点。

第一，很少有成本是纯粹地受某人的单独影响的。例如，直接原材料的价格也许会受到采购经理的影响，但是价格本身还取决于市场行情，而市场行情又不是这个经理所能控制约的。同样，材料的使用数量也许会受到某个生产经理的影响，但它还受到原材料质量的影响。而且经理们经常是以团体或小组的形式一起工作的。因此，怎么才能评价集体决策中的个人责任呢？

第二，虽然在一个相当长的时期内，几乎所有的成本都在某人的控制之下。然而，绝大多数业绩报告侧重于一年或更短的期限。一个现任经理的业绩会受他或她的前任遗留下来的许多问题和低效率的影响。例如，现任经理也许不得不向供货商或工会履行他不愿履行的合同，而这些合同是在他或她担任经理前就已谈判签订的。我们如何能将现任经理实际控制的业务与他人的决策后果截然分开呢？现任经理应负责的确切责任是什么呢？在实际运作中，对这些问题的回答不可能那么清晰明了。

显然，当责任中心经理负责的那些项目不受他们全权控制时，这些经理便承担了一定的风险，因为他们的报酬受到他们不能全权施加影响的因素的影响。这时企业必须为经理所承担的额外风险作出补偿。否则，经理的积极性就会受到挫伤，企业的营业额就可能因此而下降。

三、收入中心

收入中心，指只对营业收入负责的经营单位，只以货币衡量其产出，而不衡量其投入的责任单位。收入中心的存在是为了组织企业的营销活动。典型的收入中心是从生产部门取得产成品（或商品），并负责销售与分配。许多公司把区域性的销售点作为收入中心。在零售业中也是普遍地将其各销售分部作为收入中心。

四、利润中心

（一）利润中心的含义

利润中心是责任人对其责任区域内的成本和收入均要负责的责任中心。利润中心一般同时具有生产和销售的职能，有独立的、经常性的收入来源，其负责人既能控制生产，又能控制销售（但不能控制投资），既可以决定生产什么、生产多少，以及如何生产，也可决定产品的销售价格和销售政策，因此，与成本中心相比，利润中心的自主经营权有了显著增加，但责任也更大。

建立利润中心的主要条件是：（1）具有独立的收入来源；（2）独立核算盈亏；（3）对销售商品（或产品）或提供劳务的数量、价格、成本具有控制能力。

利润中心通常出现在大型分散式经营的组织中，它们是企业组织中比成本中心更高一级的责任中心，如分公司、分厂、事业部，也可以是企业内部的某一个单位、部门，如商品部、运输部门、修理部门、车间等。小企业一般很难或不必采用分散式组织结构。目前在西方国家的很多企业将条件成熟的生产车间或部门建成利润中心，借以调动各这些责任单位的生产经营的积极性，扩大企业的经营范围，使之朝着分散经营、跨行业经营的方向发展。

（二）利润中心的类型

利润中心可以是自然形成的，也可以是人为划分的。前者称为自然的利润中心，后者称为人为的利润中心。

自然的利润中心，又称实际利润中心，它是既可向企业内部其他责任单位提供产品或劳务，又可直接向外部市场销售产品或提供劳务以获取利润的责任中心。自然的利润中心像独立企业一样，通常既要进行产品生产，又要进行产品销售。如企业的分公司、分厂、事业部。

人为的利润中心，又称假设利润中心，它是不直接向外部市场销售产品，而只对企业内部各责任单位提供产品或劳务，并按内部转移价格进行内部结算的责任中心。如大型钢铁公司的采矿、炼铁、炼钢、轧钢等部门，纺织厂的纺纱、织布和印染等车间，它们的产品主要在企业内部转移，对外销售只是少量，或全部对外销售由专门的销售机构完成，所以它们都是人为的利润中心。又如企业内部的辅助部门,如修理、供电、供水、供气等部门,都是按厂内价格为其他部门服务,它们亦是人为的利润中心。它们一般也具有相对独立的经营管理权,但其产品(或半成品)主要在企业内部转移,为衡量其经营绩效,需要通过内部转移价格的方式计算其收入,从而形成人为利润中心。实际上,工业企业的大多数成本中心都可看成人为的利润中心,只要能够为他们提供的产品或零部件制定出合适的内部转移价格就行。引进市场竞争机制,有助于调动他们节约使用资源、提高经济效益的积极性。

总之,利润中心在生产经营方面具有较大的自主权和独立性。因为它可以根据企业的既定政策自行决定生产什么和怎样销售,类似一个相对独立的企业。但它没有融资和投资的权力;其生产经营的总规模和生产能力,要受上一级管理层次的制约。它只能在现有生产能力上开展其业务。

(三) 利润中心的设立

通常,利润中心被看成是一个可以用利润指标来衡量其在一定时期内业绩的组织单位。但是,并不是指可以计量利润的组织单位都是真正意义上的利润中心。利润中心组织的真正目的是激励下级制定有利于整个企业的决策并努力工作。仅仅规定一个组织单位的产品价格并把投入的成本归集到该单位,并不能使该组织单位具有自主权或独立性。从根本目的上来看,利润中心是指管理人员有权对其供货的来源和市场的选择进行决策的单位。一般来说,利润中心要向顾客销售其大部分产品,并可自由选择大多数材料、商品和服务等项目的来源。因此,尽管某些企业也采用利润指标来计算各生产部门的经营成果,但这些部门不一定就是利润中心。把不具有广泛权力的生产或销售部门定为利润中心,并用利润指标去评价它们的业绩,往往会引起内部冲突或次优化,对加强管理反而是有害的。

一般来说,对那些具有独立收入来源,并能对其成本实行有效控制的企业内部相对独立的责任单位,宜建立利润中心。如总公司在国内外的分公司、分厂、分店等,它们实质上属于自然的利润中心。至于那些对外销售或提供劳务的权力集中在企业内部某个责任层次,是否要建立利润中心,须视具体情况而定。如果企业的基础工作较好,各责任中心相互间提供产品或劳务又十分频繁,宜建立人为的利润中心;否则,只宜建立成本中心。

不过,在实际中,有些企业正在将过去的成本中心转变为利润中心,这是为什么呢? 因为在利润中心下,各个责任中心的负责人更倾向作出有利于企业整体利益的决策。因为一个成本中心的经理可能重视生产效率,而不重视销售人员的有关加快服务速度和紧急订货的要求。但在一个利润中心里,由于其经理对成本和收入都要负责,所以他一般更注重他的决策对成本和收入的双重影响,而不仅仅注重对成本的影响。

目前,我国正在深入进行经济管理体制的改革,对于企业内部相对独立经营的单位,如能采用建立人为的利润中心的办法,把市场竞争机制引入到企业内部来,可以充分调动各单位增产节约、增收节支的积极性和主观能动性。

五、投资中心

投资中心是责任人对其责任区域内的收入、成本和投资均要负责的责任中心。它是企业里权利最大、层次最高的责任中心。

由于投资的目的是为了获得利润,因而投资中心同时也是利润中心。但它的控制区域和职权范围比一般的利润中心要大得多。利润中心没有投资决策权,它是在企业确定投资方向后,进行具体的经营;而投资中心不仅具有充分的经营决策权(包括确定产品、制定价格、选择生产方法等),而且具有一定的投资决策权(包括决定投资类型和规模);不仅在产品的生产和销售上享有较大的自主权,而且能相对独立地运用其所掌握的资金,并有权购建或处理固定资产,扩大或缩减现有的生产能力,因而它既要对成本和利润负责,又要对资金的合理使用负责。投资中心的责任人既能控制责任中心的成本和收入,也能控制所占用的全部资产或投资,其领导人向企业的总经理或董事会直接负责,除非有特殊情况,否则企业领导对其活动一般不干涉。

投资中心是分权式管理的产物,在当今世界各国,大型集团公司下面的分公司、子公司往往都是投资中心,在跨国集团尤其如此。投资中心的适用范围限于规模和经营管理权力较大的单位,一般是企业的较高层次,如各事业部、分公司和分厂等。

为准确计算各投资中心的经济效益,必须对各投资中心共同使用的资产划分清楚;对共同发生的成本应按适当的标准进行分配;各投资中心之间相互调剂使用的现金、存货和固定资产等,均应实行有偿使用。只有这样,才符合责任会计的要求,才能正确计算、评价和考核各投资中心的经济效益和工作业绩。

六、责任中心间的关系

由以上分析可知,责任会计要求企业根据不同责任中心的控制区域和权责范围设置收入中心、成本中心、利润中心和投资中心四种责任中心。但是不同的单位中心在企业中所处的地位不同,权利和责任也不同。其中,投资中心处于最高层次,它就其利润和投资效果向企业最高领导负责,下辖若干利润中心和成本中心;利润中心就其利润向投资中心负责,下辖若干复合成本中心或基本成本中心;复合成本中心就其责任成本向上级利润中心或投资中心负责,下辖若干复合成本中心及基本成本中心;基本成本中心就其责任成本向上级复合成本中心或利润中心负责,属于企业中最基层的单位。由此它们在企业中形成了一个相互联系的责任链,并促使每个责任中心为保证经营目标的一致而协调彼此的工作。

企业责任链的结构受其组织结构的影响而表现为不同的形式。在集权式的企业组织结构下,整个企业作为投资中心,总经理对企业的收入、成本和投资全面负责;而下面的各部门、分厂、车间均为成本中心,只对各自的责任成本负责。这种组织结构的权力较集中,下属的自主权较小。而在分权式企业组织结构下,企业的经营管理权从最高层逐层下放,各事业部也有一定的投资决策权和经营决策权,成为投资中心;其下属分公司对成本和收入负责,成为利润中心;分公司下属工厂、车间、工段、班组等一般均为成本中心,对各自的成本负责。

第三节　内部转移价格

一、内部转移价格的含义

在实行分权管理的企业或组织里,各责任中心之间常常发生交易,即一个责任中心向另一个责任中心提供产品或劳务(以下统称产品)。比如,轮胎分厂向汽车装配分厂提供轮胎;广告分公司为其他制造分公司设计产品外包装等。在企业内部,由于利润中心的存在和正确评价各责任中心业绩的需要,各责任单位需对相互提供的产品或劳务制定价格,即转移价格。由于交易活动发生在组织内部,所以该价格被称为内部转移价格。它是指企业内部单位之间相互提供产品或劳务时由于结算或转账的需要而选用的价格标准。

在分权化的企业里,产品的转移价格尤为重要。这是因为转移价格为某一部门的价格,即为另一部门的成本;对于转出单位来说表示收入,对于转入单位来说表示成本,因此其高低将同时影响两方的利润水平。若定价过高,会增加转出部门的利润、降低转入部门的利润;但若定价过低,则结果相反。正是由于产品转移价格的高低,将直接影响相关部门的营业利润、投资报酬率及剩余收益,影响其经营业绩,因此,各部门的负责人都非常关心内部转移价格的制定,并经常为此而发生争执,因而各部门的负责人及企业主管当局可能需要花费很多的时间、很大的精力来确定产品转移计价的政策。

二、制订内部转移价格的目的

制定内部转移价格的目的:一是明确各责任中心的经济责任,防止因成本转移而带来的单位间的责任转嫁,以调动各单位的积极性,激励各单位有效经营;二是使企业管理当局对各责任中心的业绩评价和考核建立在客观、公正和可比的基础上;三是作为一种价格引导下级部门采取明智的决策,生产部门据此确定产品的数量,购买部门据此确定所需产品的数量;四是使企业管理当局能够根据各责任中心的有关会计信息进行部门决策,如关于扩充、缩小或停止某一责任中心的业务经营等。但是,这些目标往往难以同时实现。因为能够满足评价部门业绩的转移价格,可能引起部门经理采取并非对企业最理想的决策;而能够正确引导部门经理的转移价格,可能使某个部门的获利水平很高,而另一部门亏损。因此,我们很难找到理想的转移价格。为了兼顾业绩评价和制定决策,我们只能根据企业的具体情况,全面考虑,权衡利弊,选择基本满意的解决方案。

三、内部转移价格的制订原则

由于转移价格直接影响责任中心的业绩评价和决策,进而对组织整体产生影响,因而它是分权管理组织中极为重要和敏感的问题。良好的转移价格应当能够激励责任中心在实现自身目标的同时实现组织整体的目标。所以,在制定转移价格时应遵循如下基本原则:

1. 一致性原则

制定内部转移价格应强调企业的整体利益高于各分权单位的利益。企业制定的内部转移价格不仅要对责任中心双方有利,而且要有利于企业整体经济效益的提高,应能实现整个企业的利益最大化。

2. 客观性原则

企业在制定内部转移价格时应以真实、客观的标准为基础,如市场价格和生产成本,尽量少用协商和指令的形式确定价格,以避免主观因素对转移定价的影响。

3. 自主性原则

在保证企业整体利益的前提下,要承认和维护各责任中心的相对独立性,给予各责任中心相对独立的经营权,如生产权、技术权、人事权、合理财权等,因此制定的内部转移价格要为各方所乐于接受。在分权化企业内,买卖双方有权决定以更低价格从外购买或以更高价格向外出售。

4. 激励性原则

能够调动和鼓励各责任中心工作的主观性、积极性和能动性，使买方实现收入最大，卖方实现成本最低。当然，不能使某些单位因价格上的缺陷而获得一些额外的利益，造成他们在管理方面怠惰。

5. 公正性原则

在制定内部转移价格时，要力求使内部转移价格有利于分清各责任中心的成绩和不足，能够公正、合理地反映和衡量各方的经营业绩及其管理水平。

四、内部转移价格的制订方法

确定内部转移价格，一般有以下几种方法：市价基础法、成本基础法、协商定价法、双重价格法和税负基础法。

（一）市价基础法

市价基础法以产品或劳务的市场价格作为内部转移价格的计价基础。在实践中，市场价格被认为是制定内部转移价格的最好依据，以市场价格减去对外的销售费用（如资信调查、订货、包装、发运、广告、结算、坏账损失等交易费用）就是理想的转移价格。其好处：一是因为市价比较客观，买卖双方容易接受；二是企业内部相互提供产品不但可以节省外购、外销所需的有关费用，而且质量有保证、交货迅速，并可根据需要及时地加以改进，因此，在内部转移与外购效益相差不大甚至内部转移略微不利时均应优先选择内部转移，以充分利用企业自身的生产能力，避免过多依赖外部，减少不可控的外界因素的影响；三是市场最能体现利润中心的基本要求，在企业内部创造一种竞争的市场环境，不仅能激励卖方努力改进经营管理，不断降低产品成本，而且可使业绩评价建立在比较可靠的基础上。

采用市场价格，通常是假定中间产品存在完全竞争的市场，即企业外部存在中间产品的公平市场，有客观的市场价格可供采用，并且买卖双方可以自主决定是从外界还是从内部购销中间产品。在这种情况下，为保证买卖双方的竞争建立在与企业的总目标相一致的基础上，企业内部的买卖双方一般应遵守以下基本原则：（1）如果卖方愿意对内销售，且售价不高于市价时，那么买方有购买的义务，不得拒绝；（2）如果卖方产品的售价高于市价，那么买方有改向外部市场购买的自由，卖方不得干涉；（3）如果卖方宁愿对外界销售，则应有不对内销售的权利。

如果一种中间产品的卖方在采用这种转移价格的情况下不能长期获利，企业就应停止这种中间产品的生产而采取外部采购；同样，如果买方以此价格进货而不能长期获利，则应停止买方的生产而让卖方向外直接销售它的产品。因为这样做，从总体上对企业更有利。

显然，这种方法在高度分权化的企业中最为适用。因为在高度分权化的企业中，每一部门均被视为完全独立的经营单位，每一部门的经理负有独立的经营责任，部门之间形成竞争性的市场关系，它们独立经营、相互竞争，因此它们在相互提供产品时需要讨价还价。而按照市场价格所确定的价格，最能反映市场情况；按此价格计算的收益，也最能准确衡量各部门的业绩水平和对企业的贡献大小。所以，这种定价方法最能反映分权的思想，体现经营的自主权，保证责任会计目标的实现。

这种方法的缺点是可能受暂时不正常市场价格的引导而作出错误决定。例如外部供应商为了吸引客户，可能在开始时报出较低的价格，以后再伺机提价；市场价格可能出现暂时性的不正常的下跌等。这时，如果企业内部的买方转而从外部购买、卖方转产其他效益更高的产品,虽然会一时有利可图,但当市场价格恢复至正常水平后企业就可能蒙受较大损失。为克服这一缺点,企业可以采用一定时期内外部市场的平均价格作为内部转移价格。

(二)成本基础法

成本基础法以市场价格作为内部转移价格,从理论讲这是一种最好的定价方法。但是如果企业所需要的中间产品在市场上没有销售,不存在竞争性的市价时,或者是市场上现有多种价格的同类产品时,这时以市场价格来确定内部转移价格将十分困难。于是,许多企业纷纷采用以成本为基础的方法来确定。方法有两种,一种是直接以成本作为内部转移价格;另一种是在成本的基础上加成一定的利润率作为内部转移价格。

1. 以成本定价

采用成本定价,其常用的定价基础有变动成本、完全成本和标准成本三种。

以成本为依据制定内部转移价格,可以根据内部转移产品的变动成本,也可根据其完全成本或标准成本。完全成本包括固定和变动制造成本,而变动成本则仅包括变动的制造成本。

采用变动成本定价的好处是符合成本性态,能够明确揭示成本与业务量的关系,便于考核各责任中心的工作业绩,有利于企业和各责任进行生产经营决策,可以促使企业的生产设备在短期内得到充分应用。适用于采用变动成本法计算产品成本的成本中心之间的往来结算。其主要问题是:(1)这种转移价格对买方过分有利;(2)由于对责任中心只计算变动成本,因而不能用投资利润率和剩余收益对该中心负责人进行业绩评价,因而它只适用于成本中心;(3)如果无限制地将一个责任中心的变动成本转移给另一责任中心,将不利于激励成本中心控制成本;(4)容易导致短视行为。从长期来看,固定成本也不能忽视,因为只有收回全部成本后,才会有利润。因此,在以变动成本作为转移价格时需谨慎从事,以免就短期而言企业获益,而就长期而言企业却亏损。

采用完全成本定价的好处是简单明了、方便易行,其所需的成本资料是根据现有的财务报告编制的,不必为制定转移价格而增加任何费用,因此被许多企业所采用。但缺点是:一是只有最后向顾客销售产品的部门才能获得收入,才能反映出其损益情况,而其余部门只有支出,因而无法以投资报酬率或剩余收益来衡量各部门的绩效;二是生产部门的成本不论大小均如数转移至下一部门,以致责任不清,因而任何部门便都不会努力去进行成本控制,无法激励各单位努力降低成本;三是一个部门应将哪些成本计入成本,这些成本是否因产量的变化而逐期不同,也应予以考虑,企业内部可能因此类问题而争执不已,进而成为各部门之间产生摩擦和纠纷的根源。四是可能导致各单位、各部门的生产经营决策的次优化,做出有损于企业整体利益的不明智决定。

[例 12-1] 某公司下属甲厂生产 A 产品的单位变动成本为 8 元,市场售价 17 元,年生产能力为 4 000 个;下属乙厂计划生产一种新产品 B,需要使用与 A 相似的一种部件 C。这时有两种方案可供选择:一是由乙厂从外部以 12 元的单价购入该部件;二是由甲厂对其产品稍做改动后提供给乙厂。如果采用方案二,甲厂需放弃原来的生产计划而转产 C,预计生产 C 产品的单位变动成本为 6 元,年生产能力为 4 000 个。乙厂购入 C 后需再投入 15 元变动成本,产品 B 的市场售价为 50 元,年产量为 4 000 个。

如果采用变动成本作为内部转移价格,很容易认为方案二是有利的,因为甲转产 C 后单位变动成本由 8 元降至 6 元,而从外购入 C 需 12 元/个,采用方案二似乎节约了一部分成本。但下面的计算结果告诉我们事实并非如此(见表 12-1)。

表 12-1 计算结果表

项目	方案一			方案二		
	甲厂	乙厂	合计	甲厂	乙厂	合计
销售收入	68 000	200 000	268 000	24 000	224 000	
减：变动成本	32 000	108 000	140 000	24 000	84 000	108 000
边际贡献	36 000	92 000	128 000	0	116 000	116 000

上述结果表明，采用方案二却使整个公司的利润降低了 12 000 元。在这种情况下，管理人员可以利用转移价格的通式，计算产品在企业内部转移时的最低价格，以帮助决定中间产品是外购还是自制，以使整个企业的利润最大。转移价格的公式为：

最低转移价格＝卖方的单位变动成本＋卖方放弃对外销售时所损失的单位边际贡献

＝卖方的单位变动成本＋整个企业的单位机会成本

＝6＋（17－8）＝15

由于最低转移价格 15＞外购单价 12，所以，企业应从外购买 C 产品。

如果采用全部成本作为内部转移价格则更为不当。例如，某公司一分厂生产某产品的单位变动成本为 5 元，单位产品分摊的固定成本为 1.5 元，市场售价是 6 元。显然，若以变动成本 5 元作为内部转移价格，则该厂可以按 6 元的单价售出该产品；但以完全成本 6.5 元作为内部转移价格，则该厂会放弃这个销售机会，因为它每出售一个产品会生产 0.5 元的亏损。但对整个公司来说，每售出一个该产品可以得到 1 元的边际贡献，显然放弃这个销售机会对整个公司来说是不利的。造成这项决策失误的原因是把整个公司的固定不变的成本分摊到各分厂的产品之中，没有考虑到在没有更好的销售机会时只要售价能够补偿单位变动成本就能对企业利润有所贡献。

为激励各部门控制成本，相对而言，采用标准成本作为转移计价的基础更为合适。当然，此法仅在企业实行标准成本制度时方可施行。这种方法的最大优点是将管理和核算工作结合起来，可以避免功过转嫁之患而收责任分明之效，能鼓励双方降低成本的积极性。但若仅仅是为制定转移价格而要求工程师特意制定标准成本，则似乎成本过大。

为克服使用成本作为内部转移价格的缺陷，有些企业进行了一些改革，采用成本加成的方法来确定内部转移价格。一种方法是中间产品的转移以单位变动成本来定价，同时向买方收取固定费；另一种方法是在完全成本的基础上加成一定比率后作为内部转移价格；还有一种方法是以标准成本加成作为内部转移价格。

2．成本加成

（1）完全成本加成

这种方法是以全部生产成本加上一定比例的利润率作为内部转移价格。它主要适用于内部转让的产品或劳务没有正常市价的情况。这是一种最不合理的转移定价方法，原因有如下三点。

第一，它以目前的成本为基础进行利润加成，在理论上缺乏依据。这种做法会鼓励卖方维持较高的成本水平，并据此取得更多的利润。而越是节约成本的卖方，因此而得到的利润却越少，从而削弱了买卖双方降低成本的责任感，不利于降低成本、提高工效。

第二，成本加成率难以确定，其高低带有很大的主观性。

第三，在连续式生产企业中，成本随产品在部门间流转，成本不断积累，这时若使用相同的成本加成率会使后序部门的利润明显高于前序部门。

所以，这种采用方法确定的内部转移价格，它既不是业绩评价的良好尺度，又不能引导卖方作出有利于企业的明智决策。

（2）变动成本加固定费

它以变动单位成本为转移价格，同时加上一定的固定费，作为卖方长期以低价供应中间产品的补偿。其中，固定费的大小为期间固定成本预算额与必要的报酬之和。它按照各买方的正常需要量按比例分配给各个买方。

这种方法的缺点是：在需求量变化幅度较大时，不能体现买卖双方利益共享、风险共担的协作精神。尤其是在最终产品的市场需求很少时，买方需要的中间产品也变得很少，但这时却需支付固定的费用，市场风险全部由买方承担，而卖方却仍能维持一定的利润水平，就显得很不公平；而且不利于调动卖方降低变动成本的积极性，买方要承担卖方效率低下、不重视节约造成的高成本。

（3）标准成本加成

这种方法是以产品的标准成本为基础，在此基础上加成一定比例的利润率作为内部转移价格。相比第二种方法，这种方法要好得多。它一方面使买方不必承担卖方部门的不正常成本，从而有利于分清责任、正确评价各部门的业绩；另一方面还可促使卖方提高效率、控制成本。不过，在确定加成比率时也难免带有一定的主观随意性。

（三）协商价格政策

在一般情况下，即使内部转移的产品有市价存在，企业也不会直接以市价作为内部转移价格。一是因为市价往往变动频繁，且在同一时间可以存在不同的市价，从而使转移价格难以确定；二是由于产品在企业内部转移时，不仅手续简便，而且可以节约大量的销售费用，或因转移数量较多，以致可以享受数量折扣，所以，企业往往以正常市价为基础，定期进行协商，确定一个双方可以接受的价格，即协商价格，以作为内部计价、结算的依据。显然，这时卖方可以接受的最低价格为"市场价格-销售费用"，买方可以接受的最高价格为市场价格，只要协商的价格在这两个价格之间，就能促成内部交易，并使交易双方和企业都受益。

在有确定的市场价格可做参考时，由于产品内销可以节省一定的费用，买卖双方可以通过协商采用略低于市场价格的内部转移价格，节约下来的费用按协商比例在双方分摊。在卖方有剩余生产能力时，中间产品的内部转移可以使卖方充分利用这部分生产能力，在使自身获益的同时使公司整体获益。对卖方而言，只要产品的转移价格高于生产中间产品的差别成本（变动成本加追加的固定成本），卖方就能获益；而对买方而言，只有当中间产品的转移价格低于市场价格时，买方才会积极从内部购买并从中获益。所以，协商的价格一般位于市价和差别成本之间，一般只需略高于其单位变动成本即可，具体价格由买卖双方在此上下限范围内协商议定。

在中间产品没有现成的市场价格，或者有不止一种市场价格，即存在非完全竞争的外部市场时，可以采用协商的办法确定转移价格，双方经理就转移中间产品的数量、质量、时间和价格进行协商并设法取得一致意见。在磋商时，除非谈判陷入僵局，否则企业主管当局通常不介入谈判。

转移价格的成功协商依赖于下列条件。

第一，要有一个某种形式的外部市场。这不仅可以保证双方得到合理的外部价格信息，为协商提供了一个可供参考的基础；而且有了这个市场，双方可以自由地选择接受或拒绝某一价格；否则，就会使一方或双方处于垄断地位，这样谈判得出的价格就不是协商价格而是垄断价格。

第二，在谈判者之间共同分享所有的信息资源。否则，其协商价格可能就只对一方有利，而对另一方不利。

第三，买卖双方真正拥有讨价还价的权利和可以完全自主决定买卖的权利。若产品并无其他销售市场，或设备并无其他用途时，则卖方就没有讨价还价的余地，它除了满足买方的需求之外，别无他路。

第四，最高管理层的必要干预。在谈判双方争执不休，以致无法商定转移价格时，最高管理当局应进行必要的干预、调解和仲裁，以避免可能造成的对企业整体的非最优化决策。当然这种干预必须是有限的、恰当的，而不能使整个谈判过程变成上级领导裁决一切。管理人员应尽量避免仲裁，因为由管理人员决定转移价格时，将破坏分权的本意。另一种可能导致仲裁的原因，是管理人员担心秘方或秘法被泄露，于是决定不外购，此时买方缺乏讨价还价的能力，双方的经理也无法通过磋商而决定转移价格，于是便由企业主管当局仲裁。但是，如果经常使用仲裁，便会使部门经理丧失独立性，而不具激励性。

作为企业内部事务仲裁人的企业内部最高管理当局，在仲裁过程中必须具有权威性、独立性和公正性。权威性要求仲裁人所进行的调停必须能得到有关各方的信赖，做出的裁决能够得到认真执行；独立性要求仲裁人在调查和处理问题过程中不受任何部门和人员的干预和指挥；公正性要求仲裁人在仲裁时要做到不偏不倚、客观公正。

内部转移价格采用协商定价，通常在如下几种情况下使用：(1) 内部转移可使销售或管理费用减少时；(2) 转移数量相当大，足以确定数量折扣时；(3) 卖方具有闲置产能时；(4) 买方所需的物品外界无法供应，而必须由企业内部其他部门供应时。

(四) 双重价格

双重内部转移价格，指对产品(半成品)的供需双方分别采用不同的转移价格作为计价基础。这是因为有时市场上同一种商品或劳务同时有多种价格，这时企业内部的买方自然希望以其中的最低者作为内部转移价格，而卖方则希望使用最高价。如果双方不能达成一致意见，可以允许它们分别按照各自希望的市场价格进行结算，即买方采用最低的市价，卖方采用最高的市价，以鼓励买方从内部购买，卖方向内部销售。

这种定价的好处是：既可较好地满足买卖双方的不同需要，又可激励双方在生产经营上充分发挥其主动性和积极性，以免内部定价过高而致买方向外进货，造成内部生产能力闲置；以免内部定价过低而影响卖方的生产积极性，使企业受损，从而较好地解决了"目标一致性"和"激励"等问题。不过，在采用双重价格时，整个企业的总利润会低于各部门的利润之和。

当然，不管采用何种计价方法，在对外报告时，会计人员都必须将内部转移价格调整为实际成本。若转移价格低于成本，则应将不足部分分摊于存货。如以变动成本为转移价格，则应将固定成本分摊于期末存货。若转移价格高于成本(如采用市价为转移价格)，则超过部分须于编制合并财务报表时，自存货及损益表中扣除。

(五) 税负基础法

上面我们所介绍的几种内部转移定价方法,都是从业绩考核和评价的角度出发的,研究如何准确、合理地反映各责任单位的业绩状况。这仅是从一个封闭的环境,假设产品的转移是在同一会计主体内部进行的,依此来研究产品的内部定价问题,而没有考虑企业与外界的关系,特别是企业的税收问题。在考虑了所得税因素后,企业的内部转移定价将会复杂得多。例如,当产品是在企业的两个不同会计主体间转移的,并且这两个会计主体分属税制要求的地区(或行业),一个在高税负地区,一个在低税负地区,在这种情况下,企业在制定产品的内部转移价格时,考虑更多的则是如何降低企业的整体税负水平,以使税负最轻。这里以跨国公司为例说明之。

如果一个企业在国外设有工厂或子公司,国内外之间相互提供产品或劳务费,那么,这时企业在制定产品的转移价格时,总是设法减轻税负,即使其价格对有关单位的业绩产生不利影响。因为产品转移价格的高低直接影响存货价值的大小、实现利润的高低,并进而影响进口关税、财产税和所得税的多少。具体做法是:如果本国的所得税税率较高,而国外工厂或子公司所在地的所得税税率较低,则运往国外工厂或子公司的产品常常从低定价,目的是要将国内企业的利润转移到国外,以降低国外的所得税税负;相反,如果国外工厂所在地的所得税较高,则运往该地的产品则常是从高定价,以降低国外的利润水平,减轻国外的所得税税负。这样,就可以降低整个企业的总体所得税税负水平。

当然,在进行国际转移定价时,除了考虑税负因素之外,往往还考虑外汇、进出口、反倾销、通货膨胀等因素。据调查,美国厂商在决定国际间转移价格时,考虑的主要环境因素依其重要性排列如下[1]:整个公司的利润、国与国之间的所得税税率及所得税立法的不同、外国对利润或股利汇回本国的限制、子公司在国外的竞争地位、外国关税及海关的立法、外国对外国子公司收取权利金或规费金额的限制、与地主国政府维持友善的关系、国外子公司维持足够现金流量的需要性、外国对进口的限制、国外子公司的绩效评估、国外子公司寻求当地资金融通的需要性、外国货币的贬值与升值、外国的反倾销法、外国的反托拉斯法、当地合伙人占国外子公司的股权比例、外国对外国子公司财务报表的规定、部门之间转移的数量、外国的通货膨胀率、外国没收的风险性、外国政府对直接国外投资的规定。

但是,对于产品或劳务费的转移定价,至今还没有一个被大家普遍接受、较为一致的方法。有人曾经对美国《财富》杂志所列的前500家大企业做过调查,在覆盖的143家企业的统计结果如表12-2所示(因许多厂商采用多种计价方法,故其总数大于143)[2]。

表12-2 计算结果表

转移定价方法	国内间转移		国际间转移	
	企业数	比例(%)	企业数	比例(%)
成本定价法				
实际或标准变动生产成本	8	3.6	2	1.2
实际全部生产成本	20	9.0	6	3.8

---

① 转引自《现代管理会计》(第9版),李宏健,中国财经出版社,1998年,P316。

② 转引自《现代管理会计》(第9版),李宏健,中国财经出版社,1998年,P31。

（续表）

转移定价方法	国内间转移		国际间转移	
	企业数	比例（%）	企业数	比例（%）
标准全部生产成本	34	15.2	11	7.0
实际变动生产成本＋补贴	2	0.9	2	1.3
全部生产成本（实际或标准）＋加成	37	16.6	42	26.8
其他	2	0.9	2	1.3
小计	103	46.2	65	41.4
市价定价法				
市价	56	45.1	41	26.1
市价-销售费用	17	7.6	19	12.1
其他	9	4.0	12	7.7
小计	82	36.7	72	45.9
协商定价法	37	16.6	20	12.7
其他方法	1	0.5	0	0
总计	223	100	157	100

资料来源：Roger Y. W. Tang，"Transfer priceing in the 1990's"，Management Accounting，February 1992，pp. 22－26。

第四节　责任中心的业绩评价

一、业绩报告

为使企业各级责任中心的行为与企业的总体目标保持一致，企业在分权控制和决策制定的同时，需要对责任中心进行监督和控制。为此，责任会计必须首先以责任预算为基础，为各责任中心建立预算执行情况的信息跟踪系统，时了解各责任单位的预算执行情况，以便及时发现问题，尽早解决。其次，各责任中心还要根据管理的需要，依据各责任中心的信息跟踪系统登记和积累的资料，定期编制业绩报告（又称"责任报告"），以反映责任预算的执行情况。

业绩报告是对各责任中心过去一段期间生产经营活动情况的系统概括和总结。根据业绩报告，可以对差异形成的原因和责任进行具体分析，以充分发挥信息的反馈作用，将有助于管理部门对有关的生产经营活动及时实现有效的控制和调节，促使各责任中心根据各自的特点，为实现企业的总体目标，相互协调并卓有成效地开展工作，以最大限度地提高企业生产经营的经济效益；同时，根据业绩报告管理部门可以对各责任中心的工作成绩进行评价，奖优罚劣，并及时提出对有关工作的改进意见，以使责任会计提高各部门积极性，有效控制成本，促进企业整体目标的实现。

当然，在企业管理的不同层次上，业绩报告的侧重点有所不同。最低层次责任中心的业绩报告应是最详细的。例如直接材料可以进一步分解为价格差异和用量差异，并且进一步追溯到各种原材料上去。随着层次的升高，其业绩报告的内容应以更为简括的形式来表现。

编制业绩报告时应遵循"例外管理"的原则，使之重点突出，以便引导人们把注意力集中到少数严重脱离预定目标的项目上来,而不能事无巨细,一并罗列。

二、业绩评价原则

为了达到监督控制的目的,还需要进行业绩考评。业绩考评是以责任预算为依据,将实际完成的情况与责任预算相比较,以此对各责任中心的工作业绩进行评价与考核,并根据考评结果进行奖惩。

要注意的是,考核、评价各责任单位业绩的最主要目的在于提供有用的信息,帮助各责任单位和企业高层管理者了解隐藏在各责任中心表面工作业绩之下的真正原因,以促使各责任中心减少差异,完成自己的责任,而不是对其员工进行批评和惩罚的工具。只有这样,各层次的员工才能对责任会计所揭示的信息有积极的、建设性的反映,并努力改进工作,争取更出色的表现。

在进行业绩评价时,通常应遵循如下原则。

(1)客观性原则。就是对各责任单位业绩的评价应持客观的、建设性的态度。实事求是,恰如其分。

(2)可控性原则。即应选择责任单位的可控制因素进行业绩评价与考核。

(3)可比性原则。在业绩评价与考核中经常要进行比较,如以实际和预算相比,以说明预算遵守的情况;以实际与标准比较,以发现脱离偏差及其原因;不同时间的比较,可以发现生产经营活动的趋势及其规律性;不同部门的比较,可以衡量部门管理水平和所取得成果的大小;不同产品的比较,可以了解各种产品的贡献大小,从而有利于生产决策;同行业的比较,可以从利弊得失中取长补短。这些都需要对比双方具有一定的可比性,在比较时必须消除一些不可比因素的影响。

(4)例外管理原则。正常的偏离应作一般评价,对于显然不正常或距离预定范围差距较大的事项应予以重点评价。

(5)激励性原则。根据各个责任单位确定的责权利,对于取得的成果应按照贡献的大小给予不同的奖励。

(6)均衡性原则。企业成功与否不能单看短期内的成就,长期性成就更为重要。例如,一个新方法可以减少废料,虽然每期减少的数量不大,但长期使用下去却经济效益明显。所以,在进行业绩评价考核时,应注意平衡长短期的效果。

三、成本中心的业绩评价

由于成本中心的职责比较单一,没有收入来源,只对成本负责,因而考核起来也比较简单。对成本中心评价和考核以责任成本为重点,主要集中于目标成本的完成情况,即以它的业绩报告为基础,来衡量其责任成本发生的实际数与预算数的差异,并分析其产生的原因及其责任归属。考虑的因素包括:是否由于销售量比预算数减少而影响产量;原料质量是否降低;生产批量是否减少等。对长期性业绩考核还要从生产效率、技术水平、职工努力程度、新技术的运用以及新产品的开发等方面进行。

成本中心的考核指标主要包括目标成本节约额和目标成本节约率。

目标成本节约额＝目标(或预算)成本－实际成本

目标成本节约率＝目标成本节约额/目标成本

[**例 12-2**] 某企业成本中心生产 A 产品,计划(或预算)产量 1 000 件,单位生产成本 50 元/件,实际产量 1 200 件,实际单位生产成本 48 元/件,据此可计算该企业成本中心的成本节约额和成本节约率如下:

成本节约额=1 000×50-1 200×48=-7 600

成本节约率=-7 600/(1 000×50)=-15.2%

即该成本中心的成本节约额为 7 600 元,节约率为 15.2%。还可以进一步分析其差异产生的原因:

由于产量增加对成本的影响数:(1 200-1 000)×50=10 000(元)

由于单位成本降低对成本的影响数:(48-50)×1 200=-2 400(元)

不过,在对成本中心进行考核时,其目标成本的确定往往是个难题。对于标准成本中心而言,其目标成本就是在规定时间内完成既定产品数量和质量条件下的标准成本。标准成本中心不需要作出价格决策、产量决策或产品结构决策,这些决策由上级管理部门作出,或授权给销售部门作出。标准成本中心的设备和技术决策,通常由职能部门作出,而不是由成本中心的管理人员自己决定。因此,标准成本中心不对生产能力的利用程度负责,而只对既定产量的投入量承担责任。如果采用完全成本法,成本中心不对闲置能量的差异负责。标准成本中心的职责只是按规定的时间、要求的质量和计划的产量完成生产。如果发生产品质量达不到要求或质量过高造成过大的成本、延误生产时间影响销售或提前生产出产品而造成积压、擅自减少产量或增加产量等情况而造成损失,均应视为未能完成其应尽职责,应承担相应成本。

对费用中心的考核是一项十分困难的工作。由于缺少度量其产出的标准,以及投入和产出之间的关系不密切,因而运用传统的财务技术来评估这些中心的业绩非常困难。费用中心的业绩涉及预算、工作质量和服务水平。工作质量和服务水平的量化很困难,其质量好坏、水平高低与费用支出的多少可能有关,也可能无关。如此,对费用中心的成本控制也就比较困难,不能依据实际费用支出与预算数的差异大小来评价其工作的好坏。

在实际中,人们通常使用费用预算来评价费用中心的成本控制业绩。对于费用预算的制定,一种办法是考察同行业类似职能的支出水平,如有的公司根据销售收入的一定百分比来制定研究开发费用预算;另一种办法是采用零基预算,即详尽分析支出的必要性及其取得的效果,确定预算标准;还有一种办法是依据历史经验来编制费用预算。这三种方法都有优缺点,其中第三种办法缺点最为明显,它通常会导致管理人员为在将来获得更多的预算,而在现在尽量多花钱;相反,越是勤俭度日的管理人员,越将面临严峻的预算压力。第一种办法将研究开发费用与销售收入联系起来,似乎没有多少道理,因为两者之间没有因果关系;而且行业的一般标准并不一定能够真实地反映具体企业的特殊要求。第二种办法说起来很容易,做起来非常困难。从根本上说,对费用中心预算水平的确定有赖于了解情况的专业人员的判断。上级主管人员应信任费用中心的负责人,并与他们密切配合,通过协商确定适当的预算水平。在考核预算完成情况时,要利用有经验的专业人员对该费用中心的工作质量和服务水平作出有根据的判断,从而才能对费用中心的控制业绩作出客观评价。

成本中心编制的业绩报告常被称为"实绩报告",它通常只需按该中心可控成本的各明细项目列示其预算数、实际数和差异数三栏,一般用金额反映。不过,目前西方有些企业要求成本中心的业绩报告除反映财务指标外,还要增加一些有关产品产量、质量、工时、人员定额等非财务性指标,以作为全面评价成本中心工作业绩的依据。至于各成本中心发生的不可控成本,在编制业绩报告时有两种不同的处理方法。一是全部省略,不予列示,以便业绩报告重点突出。这时,基本成本中心的业绩报告中,只是其自身的可控成本,而复合成本中心则除了包括其自身的可控成本外还包括其下属成本中心的可控成本;二是作为业绩报告的参考资料,以便高层管理当局能够全面了解各项资源在一定期间内消耗的全貌。

四、收入中心的业绩评价

由于收入中心只对销售收入负责,只以货币衡量其产出而不衡量其投入,因此对收入中心业绩的评价与考核应以边际贡献或产品的销售数量和结构为重点,即以它的业绩报告为依据来衡量在预算与定额成本费用要求下的销售和订单数量的实际数与预算数之间出现的差异,并考虑差异产生的原因是否由该收入中心负责。

如果收入中心拥有价格制定的权力,那么它就要对其获取的边际贡献负责。如果销售价格是由收入中心以外的单位做出的(如企业管理当局),那么该收入中心则只能对销售数量和销售结构负责。由于收入中心的责任并不具备使收入与成本平衡的功能,因此,收入中心是一个市场组织,并不拥有利润责任。衡量收入中心业绩好坏的一般标准是预算与定额要求下的销售和订单数量。收入中心出现不利差异的可能原因是:收入中心人员未能对市场变化做出及时反应;对市场前景预计错误;促销宣传力度不当等。

每一个收入中心同时也是一个费用中心,收入中心的负责人要对其部门内部直接发生的费用负责,但对收入中心销售产品所耗费的成本费用不予负责,所以把该中心的销售费用从其收入中减去的结果并无意义,不是真正的利润。

五、利润中心的业绩评价

由于利润中心既对成本负责,又对收入及利润负责,因而对利润中心进行评价与考核时,应以销售收入、贡献毛益与税前净利为重点,即应以业绩报告为依据,来衡量其实际的销售收入、销售成本及营业利润是否达到目标销售额、目标成本和目标利润。其中目标利润的完成情况最为关键。目的是通过对一定期间内实际实现的利润与责任预算所确定的预计利润的对比,进而对差异形成的原因和责任进行具体剖析,借以对其经营上的得失和有关人员的功过进行全面而正确的评价。

在计量一个利润中心的利润时,需要解决两个问题:一是利润指标的内涵,它涉及扣除哪些成本,是只扣除可控成本,还是也包括不可控成本呢? 二是不同利润中心之间转移产品时的价格,对于这一问题我们将在下一节专门讨论。

在实际中,人们通常以"边际贡献"作为业绩评价指标。计算公式如下:

$$边际贡献＝销售收入总额－变动成本总额$$

但是,在对利润中心进行业绩评价时,还必须正确区分经理业绩与部门业绩,由此引申出部门经理可控边际贡献和部门边际贡献两种。下面通过一例说明之。

[例 12 - 3]　某公司一部门本月的有关财务数据如下(单位:元):

部门销售收入	15 000
已销商品的变动成本和变动销售费	10 000
部门可控的固定间接费	800
部门不可控的固定间接费	1 200

公司分配的管理费用　　　　　　　　　1 000

假设该部门的利润如表 12-3 所示。

表 12-3　计算结果表

单位:元

	收　入	15 000
	变动成本	10 000
(1)	边际贡献	5 000
	可控固定成本	800
(2)	可控边际贡献	4 200
	不可控固定成本	1 200
(3)	部门边际贡献	3 000
	公司管理费用	1 000
(4)	税前部门利润	2 000

显然,以边际贡献 5 000 元作为业绩评价依据不够全面,因为部门经理至少可以控制某些固定成本,并且在固定成本和变动成本的划分上带有一定的主观性。因此,以边际贡献为评价依据,可能导致部门经理尽可能多支出固定成本以减少变动成本支出,尽管这样做并不能降低总成本,但能增加边际贡献总额,所以,在进行业绩评价时至少应包括可以控制的固定成本。

以可控边际贡献 4 200 元,作为部门经理业绩评价的依据可能是最好的,它反映了部门经理在其权限和控制范围内有效使用资源的能力,所以这个指标有人又称之为"部门经理可控边际贡献",它等于销售收入减去变动成本和部门的可控固定成本的和。这一衡量标准的主要问题是固定成本与不可控成本的区分比较困难。例如折旧,若部门经理有权处理这些资产,那么就是可控的;反之,则是不可控的。又如职工的人数和工资,若部门经理有权决定本部门的职工人数和工资水平,则工资成本是可控的;否则,就是不可控的。

以部门边际贡献 3 000 元作为业绩评价依据,更适合于评价该部门对企业的贡献,而不适合于对部门经理的评价,因为不可控固定成本超出了部门经理的控制范围。部门边际贡献可作为决定取舍某个部门的重要依据,所以这个指标有人又称之为"部门边际贡献",它等于部门经理可控边际贡献减去部门的不可控固定成本。

以税前部门利润 2 000 元作为业绩评价的依据通常是不合适的,因为公司总部的管理费用是部门经理无法控制的成本,因分配公司管理费用而引起部门利润的不利变化,不能由部门经理负责。更何况选择分配管理费用的计算方法(如销售百分比、资产百分比、工资百分比等)又常常是随意的,再者部门本身的活动与分配来的管理费用的高低并无因果关系。但是许多企业将所有的总部费用都分配给下属部门的目的,是要提醒部门经理注意各部门提供的边际贡献必须抵补公司总部的管理费用,否则企业作为一个整体就不会盈利。其实,通过给每个部门建立一个期望能达到的可控边际贡献标准,可以更好地达到上述目的。这样,部门经理就可集中精力增加收入并降低可控成本,而不必在分析那些他们不可控的分配来的管理费用上花费精力。

利润中心的业绩报告又称"成果报告",它要列出销售收入、变动成本、边际贡献、税前利润等指标的预算数、实际数和差异数三栏,其中销售收入与销售成本,应尽可能按其明细项目逐项列示。利润中心只计算和报告本中心的收入和成本。凡不属于本中心的收入和成本,尽管已由本中心实际收进或支付,仍应予以剔除,转给其他有关责任中心。

需要强调一点的是:尽管利润是考核利润中心业绩好坏的一个主要指标,但也应看到,任何一个单独的业绩衡量指标都不能反映出某个组织单位的所有经济效果,利润指标也是如此。因此,尽管利润指标具有综合性,利润计算具有强制性和较好的规范性,但仍需一些非货币的衡量方法作为补充,包括生产率、市场地位、产品质量、职工态度、社会责任、短期目标和长期目标的平衡等。

六、投资中心的业绩评价

投资中心是企业内部业务规模和经营权限都比较大的责任层次,不仅有经营决策的权利,而且拥有投资决策的权利,能对固定资产、存货等进行全面、直接的调节控制。因此它不仅要对成本、收入和利润负责,而且要对其投资承担责任。它既要考核成本收益,又要考核资金效益,要综合衡量投资报酬的大小和投资经济效果的好坏。

对投资中心的考核包括投资项目本身效果的评价和投资中心业绩的评价两方面。对于一些新投资项目或新投资中心,常常需要首先对投资项目本身的投资效果进行评价分析,以反映投资决策的正确程度。对投资效果的评价指标一般有投资回收期、投资回收额、内含报酬率和净现值指数等指标。而对投资中心业绩评价的重点则主要是"投资报酬率"和"剩余收益"这两个指标。

1. 投资报酬率

投资报酬率是考核投资中心业绩的最常见指标。它是投资中心的营业利润与其所拥有的营业资产的比值。即:

$$投资报酬率＝营业利润/营业资产$$

这一指标,还可按下式展开:

$$投资报酬率＝(销售收入/营业资产)\times(销售成本/销售收入)\times(营业利润/销售成本)$$
$$＝资产周转率\times销售成本率\times成本利润率$$

也可分解成:

$$投资报酬率＝(营业利润/销售收入)\times(销售收入/营业资产)$$
$$＝销售利润率\times资产周转率$$

由计算公式可知,要提高投资报酬率,有以下备选途径。

第一,扩大销售量。办法有:(1) 提高销售增长,降低成本增长率;(2) 在营业资产保持相对稳定的情况下,增加销售。

第二,降低成本数额。措施有:(1) 削减固定成本开支,尤其是酌量性固定成本部分。例如,减少广告费、职工培训费等;(2) 降低单位变动成本。

第三,减少营业资产。途径有:(1) 减少流动资产的占用额。例如,严格控制存货数量,加强应收账款的催收工作,以加速流动资金的周转;(2) 减少固定资产占用额。例如,对不需要的固定资产进行处理等。

上述计算公式中的"营业利润",可以是上节中所说的边际贡献或可控边际贡献、部门边际贡献、部门税前利润,也可以是在扣除分配来的所得税费用后的部门净利润。评价投资中心及其责任人表现的指标较为适合的是可控边际贡献和部门边际贡献,但部门税前利润和部门净利润也有一定的意义,可以反映各投资中心对企业的贡献大小,并提醒他们必须使其创造的利润足以支付公司各项费用,整个公司才可能有收益。

公式中的"营业资产"可按经营总资产计算,也可按经营净资产计算。经营总资产是指企业在生产经营中占用的全部资产,而不问其资金来源如何;经营净资产是指经营总资产中扣减对外负债后的余额,即只包括总资产中以企业产权为其资金来源的部分。除此之外,还有人用"实收资本"或"注册资本"来代替营业资产。但因实收资本和注册资本既不能反映企业的投资规模,也不能反映企业实际运用的资本额,所以意义不大。

投资利润率按经营总资产计算,主要用于评价和考核由投资中心掌握、使用的全部资产总体的盈利能力;而按经营净资产计算,则用于说明投资中心运用"企业产权"供应的每一元资金对企业整体利润贡献的大小。相应地,在按经营总资产计算投资利润率时,借入资金的使用代价——利息费用不应作为确定经营净利润的扣减项目;而在按经营净资产计算投资利润率时,利息费用则应作为确定经营净利润的扣减项目。

另外,对于营业资产的范围,根据不同的情况还可有不同的选择。如果投资中心负责人对该中心的全部资产有决策权,可使用全部资产额;如果仅对用于生产的资产有决策权,则可将闲置待用或出租给其他企业的资产以及其他非生产性资产扣除。

计算营业资产时一般取资产的平均占用额,即期初与期末资产的平均数。

在计算营业资产额时,固定资产究竟应采用原值(即原始价值)还是净值(即账面余额或账面价值)呢? 大家的看法还不一致。建议采用净值的人认为,这样计算出的资产数与资产负债表上反映的数值是一致的,而且与营业利润的计算也能保持一致,因为营业利润中已将折旧作为成本扣除了。而建议采用原值的人认为,固定资产的使用能力一般与其原价直接有关,而与它的新旧程度(净值)关系不大。如果采用净值计算,即使经营利润不变,也会表现为投资利润率的逐年提高,从而使人产生错觉,致使投资中心责任人会为保持较高的投资报酬率而拒绝淘汰陈旧、落后的设备,更换新设备,从而造成市场竞争力下降,影响企业的获利能力。再说,固定资产折旧的计算方法不同,也会对投资报酬率的结果产生一定的影响;更何况大部分折旧方法计算出来的折旧额比较主观,采用净值就会导致对投资报酬率产生人为的影响。

例如某公司该年的营业资产评价余额为 15 000 元,其中固定资产原值为 10 000 元,采用直线法计提折旧,折旧年限为 4 年。4 年内资产不发生变化,每年的营业利润皆为 3 750 元。则其按原值和净值计算的投资报酬率分别如表 12-4 所示。

表 12-4　计算结果表

年份	营业利润(元)	按原值		按净值	
		营业资产(元)	投资报酬率	营业资产(元)	投资报酬率
1	3 750	15 000	25%	(15 000+12 500)/2=13 750	27.27%
2	3 750	15 000	25%	(12 500+10 000)/2=11 250	33.33%
3	3 750	15 000	25%	(10 000+7 500)/2=8 750	42.86%
4	3 750	15 000	25%	(7 500+5 000)/2=6 250	60.00%

可见,采用净值计算资产的投资报酬率对业绩的评价结果会产生误导,因此,本文主张采用资产的原值来计算其报酬率。

投资人非常关心这个指标,企业负责人也十分关心这个指标。采用投资报酬率指标来评价投资中心的业绩好坏,好处如下。

第一,促使管理人员关注销售收入、成本费用和投资之间的关系。

第二,用它来评价每个部门的业绩,促使管理人员关注本部门营业资产的使用效率,提高本部门的投资报酬率,从而最终有助于提高整个企业的投资报酬率。

第三,促使管理人员努力降低成本。

第四,能够综合反映一个投资中心、一个企业,甚至一个行业或国家的投资效益和综合盈利能力,因而这一指标可在同一企业的不同投资中心之间,或者同一行业的不同企业之间进行比较,从而可以引导企业进行投资选择,便于企业作出最优投资决策。投资者可以根据不同企业的投资报酬率的高低,作出由某一企业转向另一企业,由某一行业转向另一行业,由某个国家转向另一国家的资本转移决策。

投资报酬率指标也有缺陷。

第一,在通货膨胀严重时,按其计算出来的投资报酬率含有较多的水分,因为通货膨胀使企业资产的账面价值失真,从而每年少提折旧,虚增利润,使计算出来的投资报酬率无法反映现实情况。

第二,依据投资报酬率对投资中心的业绩进行考核与评价,往往会促使一些投资中心过分关注本单位、本部门的局部业绩,而忽视甚至损害企业的整体利益,缺乏全局观。例如,在采用这一指标评价各中心的业绩时,各投资中心为了维持或提高本单位的投资报酬率,会放弃高于资金成本但低于部门现有投资报酬率的投资机会,或为提高本部门的投资报酬率而减少某些投资报酬率较低但高于企业资金成本的资产。实际上,为提高投资报酬率,后一种办法更容易实现。这两种做法,或者直接减少了企业的盈利,或者使企业失去了扩大盈利的机会,它们都对企业的整体利益造成了损害。

[**例 12-4**] 若某投资中心目前有两个投资项目可供选择,资料如下:

	甲项目	乙项目
投资额(万元)	1 100	440
预计营业利润(万元)	143	70.4
投资报酬率	13%	16%

目前本中心的投资报酬率为 15%,营业资产为 5 500 万元,该中心可以申请到 1 650 万元的投资机会。公司总部要求每项投资必须最低获得 10% 的报酬率,各投资中心闲置的资金由公司总部统一进行投资,其收益率为 10%。现在该投资中心经理有四种备选方案可选择,相关资料见表 12-5。

表 12-5 计算结果表 单位:万元

	投资甲项目	投资乙项目	投资甲乙项目	均不投资
营业收益总额	968	895.4	1 038.4	825
营业资产总额	6 600	5 940	7 040	5 500
投资报酬率	14.67%	15.07%	14.75%	15%

显然,站在该投资中心的立场考虑,中心经理会选择第二个备选方案,因为这样可以提高投资报酬率(由 15% 上升到 15.07%)。但是这种选择是以牺牲公司整体利益为代价换来的。

因为如果选择甲项目,公司整体将获得143万元;若该投资中心不对甲项目投资,而是由公司总部利用这1 100万元资金按10%的收益率进行投资,仅获得110万元的利润。这样由于该中心经理只关注本身的投资报酬率,致使公司失去了33万元的利润(143-110=33)。

第三,容易造成短期行为。采用这一指标进行业绩评价,可能会导致投资中心或放弃对整个企业有利的投资项目,或接受对整个企业有损的投资项目,从而造成投资中心的近期目标与整个企业的长远目标相背离。

例如,某投资中心经理对今年前三季度的中心经营业绩十分不满,估计今年的年度投资报酬率不会超过13%,比原投资中心要求的报酬低2%。依据目前实现的业绩而言,该负责人的职位会受到严重影响。该经理十分清楚:在剩余的时间内扩大销售是不现实的(因为销售合同一般要提前签订),为提高本年度投资报酬率,经理决定采取如下措施:(1)将第四季度广告费预算削减50%;(2)将机器维修预算削减60%;(3)卖掉一台投资报酬率只有11%的旧设备;(4)使用便宜的原料组织第四季度的生产。

该负责人预计采取上述措施后会使中心的投资报酬率提高到15.9%的水平。显然,这种做法虽然在本年度可以保证中心的收益和投资报酬率得到提高,但是却给企业未来的长远发展带来不利的影响。削减广告费、使用低廉的原料也可能影响中心的销售市场及产品质量;对机器维修费的削减可能导致停工时间延长及缩短机器寿命;出售旧设备,对整个企业而言并不有利,它会降低整个企业的投资报酬率。

由此看来,投资报酬率有时又不是一个很好的业绩评价指标。造成这一结果的原因是投资报酬率是一相对指标。为克服使用相对指标衡量部门业绩所带来的次优化问题,于是许多企业纷纷采用绝对数指标来实现利润与投资之间的联系,这就是剩余收益。

2. 剩余收益

剩余收益是一个绝对额指标。它是投资中心所获得的营业利润,减去该中心占用的营业资产按规定的报酬率计算的投资报酬后的余额。即:

$$剩余收益=营业利润-部门营业资产应计报酬$$
$$=营业利润-部门营业资产×规定的最低报酬率$$

其中,上式中从投资中心营业利润中扣除的"部门营业资产应计报酬"并非是其实际的资本成本,而是其占用资产的机会成本。另外,"规定的最低报酬率"通常是指整个企业为保证其生产经营健康而持续地进行所必须达到的最低投资报酬率,或为资金成本,或为整个企业各投资中心投资报酬率的加权平均数。

采用剩余收益指标衡量业绩可以克服投资报酬率指标的缺陷,使投资中心的责任人由追求投资报酬率的最大化转为追求剩余收益的最大化,从而使投资中心的利益与企业的整体利益统一起来。

如在例12-4中,甲乙两个项目的剩余收益分别如下:

甲项目的剩余收益=143-10%×1 100=33(万元)

乙项目的剩余收益=70.4-10%×440=26.4(万元)

于是,四个备选方案的剩余收益如表12-6所示。

表 12 - 6 计算结果表　　　　　　　　　　　　　　　　　　　　　　单位:万元

	投资甲项目	投资乙项目	投资甲乙项目	均不投资
营业收益	968	895.4	1 038.4	825
营业资产	6 600	5 940	7 040	5 500
最低投资报酬	660	594	704	550
剩余收益	308	301.4	334.4	275

从上表可知,同时投资于两个项目能够获得最大的剩余收益。

由此可见,以剩余收益作为投资中心的业绩评价指标,只要投资报酬率大于预期的最低收益率,该项投资便是可行的。所以说,剩余收益这个指标有利于防止各投资中心的本位主义,使之既不会拒绝对整个企业有利的投资项目,也不会接受对整个企业不利的投资项目,从而激励投资中心负责人在考虑本投资中心利益的同时,也能兼顾全企业的整体利益,以保证各投资中心的局部目标同整个企业的总体目标保持一致。这是剩余收益指标的第一个优点,即可使业绩评价与企业的目标协调一致,引导部门经理采纳高于企业资金成本的决策。它的第二个优点是在使用剩余收益指标时,可对不同部门或不同资产采用不同的最低报酬率,以反映不同部门和不同类型资产(如现金、短期应收账款和长期资本投资等)的风险程度,使企业在投资于风险程度较高的项目时更加慎重。

不过,剩余收益指标也有其不足,主要是:(1)它是个绝对指标,因而无法在不同规模的投资中心之间进行有意义的比较。因为规模大、投入多的投资中心即使投资报酬率不高,也很容易获得比规模小但投资报酬高的投资中心更高的剩余收益,这就造成引导决策与评价业绩之间的矛盾;(2)以剩余收益作为评价指标,所采用的最低投资报酬率的高低对剩余收益的影响很大,而最低投资报酬率标准是由企业主观决定的,如果掌握不好,则会挫伤投资中心的积极性。

由此可知,投资中心在进行投资决策时,单纯依靠上述两个指标中的一个进行业绩评价,往往会发出错误信息。所以,在实践中许多企业常将这两个指标综合起来作为评价投资中心的依据。但在同时使用这两个指标进行评价时,不仅两者得出的结论可能正好相反,以至难以决断;而且这两个指标均为考核短期绩效的指标,它们所反映的仅仅是一个会计期间的情况,而一个投资中心所面临的投资项目往往不是在较短时间内就能得到很好回报的。这个共同的缺陷使决策者过于看重投资的短期效果,缺乏远见地放弃某些有可能在若干年后为企业带来非常好的收益的项目。

为了避免由于决策者目光短浅而导致决策失误,有些企业放弃了用投资报酬率和剩余收益来考核和评价投资中心的做法,由过去的将利润与投资结合在一起考核变为单独考核,即制定各个期间利润的弹性预算,在执行中和执行后将实际数与预算数进行比较,通过对差异原因的分析来评价投资中心的业绩。

与利润中心类似,投资中心的业绩报告也称"成果报告"。它除了需列出销售收入、销售成本、营业利润的预算数、实际数和差异数以外,还要列示营业资产、投资报酬、剩余收益等指标,以便对投资中心进行全面的考核和评价。

上面介绍了对责任中心进行考核和评价时通常所使用的财务指标,但在衡量责任中心的业绩时非财务指标也能起到非常重要的辅助作用。可供使用的非财务指标一般包括废品率、市场占有率、职工对企业的态度、产品的知名度、短期目标与长期目标的平衡情况等等。在实际运用中应根据各责任中心的特点选定适合的指标。

思考题

1. 分权管理的特点是什么？它对于责任会计有什么影响？
2. 责任中心有哪几种类型？各自的主要特点是什么？
3. 制定内部转移价格的原则是什么？
4. 内部转移价格有哪几种？各有什么优缺点？它们的使用条件是什么？
5. 如何对成本中心、收入中心、利润中心、投资中心进行考核？

拓展案例：转让定价

某元件设备公司，由半导体和微机两个部门组成，每一个部门都是独立的利润中心，半导体部门生产 SC 高效率的大规模集成电路和 TS 普通的集成电路两种产品，有关成本资料如下：

	SC			TS		
材料	元/件		4	元/件		2
人工	2 小时	@28	56	0.5 小时	@28	14

半导体部门的全年固定费用为 80 万元，生产能力为 50 000 小时/年。到目前，只有一个客户需要 SC 产品，该客户每年最大需求量为 15 000 件，单价为 120 元。如果该公司不满足该客户的需要，半导体部门的剩余生产能力可用于生产 TS 产品，单价为 24 元/件，无需求限制。

微机部门只生产单板机一种产品，每台售价 280 元。需要从国外进口一种复杂的电路板，单价 120 元。单板机的有关成本资料如下：

材料	电路板	120 元
	其他元件	16 元
人工	5 小时@20 元	100 元

一项研究表明，若稍做改进，能将 SC 产品改为电路板的代用品。这种改进需人工 1 小时，从而每台单板机的人工为 6 小时/台，微机部门已要求半导体部门制定一个转让价格，以便 SC 能全部销售。试问：

1. 如果预计今年能销售 5 000 台单板机，从公司总体角度来考虑，应将多少 SC 产品转给微机部门来替代电路板？

2. 如果单板机的需求量确定为 5 000 台，而价格是不确定的，那么，SC 产品的转让价格为多少比较适宜？（其他条件不变）

3. 如果单板机的需求上升到 12 000 台，其中多少台使用 SC 产品？（其他条件不变）

解答：

1. 有关计算资料如下分析：

半导体部门：

	SC	TS
售价	120	24
材料	4	2
人工(小时)	56(2小时) 60	14(0.5小时) 16
边际贡献	60	8
小时边际贡献	30	16

生产 SC 产品后的剩余生产能力＝50 000－15 000×2＝20 000(小时)

微机部门：

	用电路板生产单板机	用 SC 替代电路板生产单板机
售价	280	280
材料	136	20(4＋16)
人工-半		56
人工-微	100 236	120(100＋20) 196
边际贡献	44	84

方案一：不转让

SC　　15 000×60＝900 000(元)

TS　　40 000×8＝320 000(元)

微机　5 000×44＝220 000(元)

合计　1 440 000(元)

方案二：转让 5 000 件 SC 产品，需 10 000 小时，则 TS 产品要减产 10 000/0.5＝20 000 (只)

SC　　15 000×60＝900 000(元)

TS　　20 000×8＝160 000(元)

微机　5 000×84＝420 000(元)

合计　1 480 000(元)

所以应将 5 000 件 SC 产品转让给微机部门。

2. 采用 SC 产品的相关成本为：60＋2/0.5×8＝92(元)

电路板的相关成本为：120－20＝100(元)

所以，转让价格应在 92～100 之间。

3. 半导体部门生产外销 SC 产品后剩余生产能力为 20 000 小时，能生产 10 000 件 SC 产品供给微机部门。微机部门生产 12 000 台，其中 2 000 台要外购电路板。

如果外购 2 000 件电路板也改用 SC 代替，则 SC 产品的外销要减少 2 000 件，外销一件 SC 产品有 60 元的边际贡献，代替外购电路板只能增加 40 元边际贡献，不合算。

第十三章 业绩评价

企业是一个为实现一定经济目标而存在的经济实体,在实现目标的过程中,企业制定了一系列战略并执行,为了衡量战略的执行情况,既定目标的实现程度,我们需要对其开展一系列的评价活动。企业业绩评价就是由此诞生的,它也是企业管理活动中的一项重要内容。但是由于企业经营环境的改变,尤其是随着社会的发展,整个社会的经济结构、社会结构发生了深刻的变化,企业的管理模式和思想、企业的价值导向也发生巨大的改变。因此,企业业绩评价的各方面也在不断地演进和改善。

近年来,业绩评价问题也受到实务界和学术界越来越多的关注,尤其是在业绩评价方法的使用上,传统的财务业绩评价指标体系存在许多缺陷,为此,企业开始广泛使用经济增加值和平衡计分卡。

本章主要阐述:什么是业绩评价? 业绩评价的要素有哪些? 业绩评价的过程是什么? 业绩评价指标体系如何构建? 什么是经济增加值? 什么是平衡计分卡? 通过本章的学习,要使读者了解业绩评价的主要内容,学会如何使用业绩评价方法进行业绩评价。

引导案例

廊坊啤酒公司的业绩评价体系[①]

廊坊啤酒公司始建于 1998 年,2000 年被某知名啤酒集团收购成为其全资子公司,公司注册资本 2 000 万元,员工 430 人,资产 1.22 亿元,年啤酒生产能力 8 万千升。

廊坊啤酒公司在创建之初,人员少、产量小;被收购之后,产品市场占有率逐年提高,员工增加,迫切需要一种科学有效的评价业绩的制度。廊坊啤酒公司对业绩评价的总体指导思想是:以食品安全为保障,以提高生产效率、节能降耗为重点,以资本增值为根本,以工资收入与岗位贡献相结合为宗旨,对内具有公平性、激励性,对外具有竞争力。

2010 年公司将财务指标和非财务指标相结合对员工予以考核,将薪酬

---

① 资料来源:杨利云.EVA 与 BSC 相结合的业绩评价体系研究——基于廊坊啤酒公司的案例分析[J]. 会计之友. 2010(9)41 - 43.

分为确保工资和力争工资,力求调动部门和员工的积极性。这套指标实施以后,2010年公司实现产量7.6893万千升,确保利润1 056万元。各个分厂根据公司整体目标分解指标到部门、工段、班组,落实到个人,做到员工绩效明确,收入奖惩兑现有根据。

　　然而指标的设计并未完全得到有效的实施,且公司缺乏长期战略的引导。为了进一步改善,公司以各个分厂为评价客体,以对部门负责人和员工的问卷调查为基础,重新设计业绩评价指标。将战略指标引入业绩评价指标体系,考虑了所有者投入资本的成本,使企业着眼资本的保值增值。力争实现财务指标与非财务指标的平衡,结果指标与动因指标相结合;根据业绩评价指标体系设计激励制度,厂长和员工的薪酬根据业绩完成情况确定,从而激发员工的积极性,推动公司业务向前发展。

　　业绩评价对企业来说是必不可少的一个环节,通过业绩评价,企业不仅可以监测战略和目标的执行情况,发现问题及时沟通与改进,而且也是传递组织价值观和文化的重要机制之一。那么企业应采取何种方法进行业绩评价,如何设置评价指标……这些都有待本章的学习与探索。

第一节　业绩评价概述

一、业绩评价的含义及要素

　　企业业绩评价是指运用数理统计和运筹学方法,采用特定的指标体系,对照统一的评价标准,按照一定的程序,通过定量定性对比分析,对企业一定经营期间的经营效益和经营者业绩,做出客观、公正、正确的综合评判。[①]

　　企业业绩评价作为企业管理的一个相对独立的子系统,一般由以下几个基本要素构成。

(一) 评价主体

　　评价主体是指由谁来对客体进行评价,通常是与评价对象有密切利益关系的利益相关者。从评价主体与被评价对象的关系来划分,业绩评价的主体可以分为两类。

　　第一类,企业外部利益相关者对企业的业绩评价。

　　1. 投资人

　　根据产权关系理论,投资人作为企业的所有者,与管理层之间存在委托—代理关系。对企业所有者来说,他最关心的是其投入资本的安全性和收益性,即实现资本保值增值目标。为了防止信息不对称带来的道德风险和逆向选择,投资者会对管理层进行业绩评价。

　　2. 债权人

　　债权人的收益建立在企业的偿债能力之上,如果企业经营不善,就会有破产倒闭的可能,使债权人蒙受损失。因此,不论是在借款之前还是在借款之后,债权人都会关注企业的经营业绩。

　　3. 政府

　　政府作为社会的管理者会对企业为社会所做的整体贡献进行评价,包括企业提供的税收、

---

　　①　参见:财务部统计评价司《企业效绩评价问答》,北京经济科学出版社,1999年版,第3页。

就业机会、职工福利以及环境保护等责任的履行情况。

第二类,为了管理目的,组织内部的机构或人员对组织整体、各部门或员工的表现所做的内部评价。

(二)评价客体

评价客体是指对谁进行评价,客体是由评价主体根据需要确定的,主要包括整个企业,部门,经营管理者以及普通员工等。评价对象的确定非常重要,因为不同的评价对象具有不同的特性,这就会在设计具体系统时直接影响到指标体系的建立。比如,以企业为评价对象,评价指标则着重反映企业的资产经营水平、盈利能力、偿债能力、发展能力和综合竞争能力等;以经营管理者为评价对象,评价指标则着重反映经营者对企业的经营、成长、发展的贡献和成果等。

(三)评价目标

评价目标是解决为什么进行评价的问题,业绩评价的目的就是通过对企业经营活动进行评价,帮助企业更好地完成既定的目标。评价目标是根据主体的需求来确定的,是从主体的需求中归纳和总结出来的。所以目标不是一成不变的,随着时间和企业外部宏观环境的变化以及企业自身的发展变化,目标也在不断改变。

(四)评价指标

评价指标是指对客体的哪些方面进行评价,根据评价目标和评价主体的需要而设计的、以指标形式体现的能反映评价对象特征的因素,可以是定量指标,也可以是定性指标。指标有财务方面的,如投资报酬率、成本利润率、销售利润率等;也有非财务方面的,如售后服务水平、产品质量、创新速度和能力等。评价指标的选择要尽量避免重复或互相涵盖,在不影响评价结果的情况下,数量越少越好。

(五)评价标准

评价标准是对客体进行分析评判的标准,是基于一定基础所选用的、用以评判评价对象业绩优劣的具体参照物和对比尺度。作为一种标准,它具备相对的稳定性,即在一定的时间和范围内是一定的。但是,标准也会随着时代的发展,外部经济环境的变化而产生相应的变化,所以评价标准也是发展和变化的。我们常用的评价标准有年度预算标准、历史水平标准和竞争对手标准等。具体选用标准时,一般应与评价客体相联系,评价标准的选择对评价结果有重大的影响。而且,按照不同的标准得出的业绩评价信息,所起的作用不同,它们是从不同的角度来满足企业战略性业绩管理的需要。比如评价客体为经营者时,一般采用年度预算标准较为恰当。

(六)评价报告

评价报告是评价工作的最终成果,是系统的输出信息形成的结论性文件。评价报告一般包括评价主体、评价客体、评价执行机构、数据资料来源、评价指标体系和方法、评价标准、评价责任等。

二、业绩评价过程

上面我们已经提到了业绩评价的六个基本要素,这六个基本要素就构成了业绩评价的系统。业绩评价系统的各个部分之间的关系如图 13-1 所示,评价主体依据一定的评价目标,通过会计信息系统及其他信息系统,获取与评价客体有关的信息,并根据预先设立好的评价指标体系进行业绩评价,再将经过分析整理后得出的评价指标数值或状况与选定的评价标准进行对比,找出产生差异的原因,最终得出评价结论形成报告,再将这一报告反馈给评价主体。

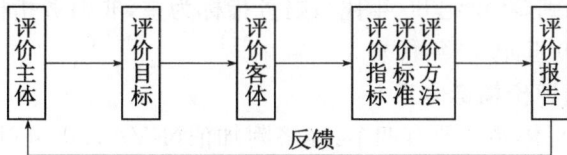

图 13-1　业绩评价系统

三、业绩评价标准

评价标准的选择是建立业绩评价系统的重要环节,其正确性和完整性与否关系到能否真实地反映企业业绩,从而直接影响企业业绩的评价结果,进而影响以业绩评价结果为依据的经营管理、战略定位、结构优化、薪酬计划等企业内部行为,因此选择合适的评价标准便成为十分重要的问题。

从参照标准与企业的关系划分,可以分为两类。

(一) 内部标准

(1) 历史标准。历史标准是企业根据过去的业绩制定的标准,具体分为:基期标准、历史同期标准、上期标准和历史最高水平标准。在与历史数据进行对比时,应注意剔除物价变动、汇率变动、会计政策和会计估计变更等一系列不可比的因素。

(2) 预算标准。预算标准是以企业上期业绩为基础,综合考虑内外因素对一些变量调整而制定的企业力争达到的业绩标准,如全面预算标准。预算标准与激励机制的关系密切。

(二) 外部标准

(1) 行业标准。行业标准是指以企业所在行业的特定指标数值作为业绩评价的标准,如:行业平均水平、行业先进水平(行业前 10 名的指标平均值)。采用行业标准,可以剔除外部更多不确定性因素的影响,有利于揭示企业的行业地位和行业竞争力。

(2) 经验标准。经验标准是在长期的实践中总结出来,被实践证明是比较合理的标准,也称长期有效标准。

(3) 标杆标准,也称竞争标准。是以竞争对手或跨行业中挑选的最有效率的企业为标杆,通常要求开展"标杆瞄准"活动,强调竞争对手分析,在业内、外寻找"标杆"作为战略制定和业绩评价的依据。

第二节　业绩评价指标体系的构建

一、业绩指标体系的演进历史

企业的业绩评价指标体系的演进过程主要分为两个大的阶段——传统的财务指标业绩评价体系和创新性的业绩评价指标体系。

(一) 传统的财务指标业绩评价体系

传统的财务指标业绩评价体系又经历了四个阶段:成本业绩评价时期(19 世纪初到 20 世

纪初),杜邦财务评价体系(20世纪初到20世纪60年代);投资报酬率、销售利润率和预算指标体系(20世纪60年代到20世纪80年代);财务指标为主,非财务指标为补充的业绩评价体系(20世纪80年代到20世纪90年代)。

(二)创新性的业绩评价指标体系

创新性业绩评价指标体系主要有四个:经济附加值(EVA);平衡计分卡(BSC);动态的平衡计分卡(DBSC);TQM和KBEM基础上的计分卡(KBS)。

基本上每个阶段的体系建设都是基于上一阶段体系的不足进行的相应的改进,而且也可以看到业绩指标评价体系已经由单纯的经营业绩的评价,转到为实现企业战略目标服务。

二、财务指标和非财务指标的关系

(一)对传统业绩评价指标的批评

传统的财务评价指标体系在一定程度上很好地反映了企业的经营业绩。有些指标也非常综合,在一定程度上满足了企业大规模、多元化发展后对其业绩评价的需要。但是传统的以财务为核心的指标评价体系更适用于比较稳定的、复杂度较低的环境,而不适合于当前日新月异的复杂环境。不断增长的全球竞争和全面质量管理运动已经扩大了对非财务指标的需求。

用财务指标来衡量业绩的不足之处主要表现如下。

1. 造成企业的短期行为

很多财务指标例如利润等,都是某个阶段的经营业绩,而且偏重于对过去活动结果的财务衡量。以这些指标考察企业或管理层的行为,很容易导致他们在短期业绩评价的压力下做出某些战术性反馈,控制短期经营活动,以维持短期的财务成果。最终使得企业不愿意进行可能会降低当前盈利但是有利于企业长期发展的战略目标,牺牲了对企业更为重要的长期利益。相比之下,顾客满意度、市场占有率等非财务指标则更能体现企业发展的长期态势,鼓励企业注重长期的价值创造。

2. 不利于指导未来

作为管理和控制的手段,业绩评价指标必须能够及时地收集和反馈信息,而且很多时候我们更需要能够对企业未来发展趋势做出预测的业绩评价指标。但是财务指标反映的是过去的事情,信息的反馈也缺乏及时性,用其来指导和评价信息时代的企业就显得捉襟见肘了。

3. 财务数据容易被操控

由于信息的不对称性,管理层或者员工可能为了达到自己的某种目的,利用职权或职务的便利操控财务数据,从而使得出的财务指标扭曲,那么以此为依据进行的业绩评价就不能得出真实公允的结果,大大降低信息的可靠性。

4. 缺乏对无形资产的评价指标

在这个知识经济时代和信息时代,无形资产的重要性早已超过了有形资产,成了企业的核心竞争力的重要来源。我们当前经常提到的轻资产,主要就是指企业的无形资产。不论是微软、耐克还是国内的同仁堂,都是轻资产公司,以无形胜有形。然而,简单的财务指标分析却缺乏对知识和智力等无形资产的评价,不利于形成企业的长期竞争力。

除了以上这些,财务指标衡量业绩还存在很多不足之处。例如,财务指标偏重于企业内部评价,忽视了对外部环境的评价;不支持近来提倡的许多管理战略等。

(二)非财务指标和财务指标的关系

虽然传统的以财务会计指标为核心的业绩评价指标体系长期以来遭受批评,但是非财务指标也不可能完全取代财务指标。我们可以从三个角度来认识财务指标和非财务指标的关系。

1. 补充性关系

目前的会计系统建立在历史成本和权责发生制上,所以财务指标往往反映的是企业历史和现在的经营状况。为了克服财务指标滞后的缺点,企业需要获得更及时、更具体、更详尽的信息。这意味着,我们要把财务指标和非财务指标结合起来使用,用非财务信息作为财务信息的补充,弥补财务指标的缺陷。

2. 前导性关系

2000 年,班克等三位学者在美国《会计评论》上发表的文章《包含非财务业绩的激励计划的经验调查》中得出结论认为,有关客户满意度的非财务指标有助于预测未来的业绩。越来越多研究表明了非财务指标可以作为财务指标的前导性指针。

3. 平衡关系

平衡计分卡已经广泛得到全球企业界的接受与认同,越来越多的企业在平衡计分卡的实践项目中受益。从业绩评价的角度看,平衡计分卡希望实现多种平衡关系。王化成教授在《平衡计分卡——化战略为行动》一书的译校序中概括到,平衡计分卡实现了四个方面的有机协调和平衡:战略管理与经营管理的平衡、财务指标与非财务指标的平衡、内部指标和外部指标的平衡,以及结果指标和动因指标的平衡。

三、多重指标在业绩评价中的使用

大量调查显示,近年来企业在业绩评价中普遍使用多重指标。

为了对中国企业管理创新进程有所了解,南京大学会计学系组织了"企业管理会计创新的现状与趋势——对高层管理人员的一项调查"的问卷。在 2008 年苏文兵、熊焰韧的《业绩评价:指标与效果——中国企业业绩评价的现状调查》一文中,从业绩评价指标体系以及评价效果两个方面入手,分析了我国企业业绩评价体系的应用以及业绩评价的效果。

该调查共发出问卷 800 份,收回问卷 257 份,其中有效问卷 221 份,有效问卷占总问卷的 27.6%,调查对象仅限于中国境内大中型企业的高层管理者和高级财务人员。

在业绩评价指标体系的设计方面,提供了十项方法特征的描述,用 0~6 之间的某个数字表示与企业情况的相符程度,0 表示完全不相符,6 表示符合的程度很高。在 221 个样本中,有 214 个对这部分进行了全面的回答,其他 7 个样本分别在其中的某个问题上未作答,在分析特定的指标时予以剔除。企业业绩评价指标体系的选择情况见表 13-1。

表 13-1 业绩评价方法特征描述

业绩评价方法	均值	标准差	重视程度高的企业
依据财务业绩	3.97	1.525	63.80%
注重客户和市场	3.36	1.636	49.80%
看重内部运行	3.44	1.404	49.30%

(续表)

业绩评价方法	均值	标准差	重视程度高的企业
注重学习和创新	2.73	1.583	30.80%
非财务指标的改善有助于改善财务指标	3.53	1.435	55.50%
局部业绩改善有助于改善整体业绩	3.46	1.431	50.70%
主客观指标结合	3.89	1.534	62.70%
战略实施通过业绩指标反馈	3.95	1.485	66.50%
业绩考核依据内外部信息反馈	3.61	1.685	54.50%

表 13-1 显示,在业绩评价中注重学习与创新的状况较差,均值仅为 2.73。在业绩评价指标的选择方面,大多数企业认为企业的发展战略可以通过业绩指标体现,在业绩评价时主客观指标相结合,业绩考核则主要依据财务业绩,符合程度分别为 66.5%、62.7% 和 63.8%。另外,业绩考核依据内外部信息(54.5%)和非财务业绩指标的改善有助于财务业绩的改善(55.5%)。[1]

从总体上来看,我国企业对业绩评价各项新的理念与方法有较好的认同,在业绩评价指标的选择或使用上能够综合使用各种指标,即在业绩评价时,不仅仅依据传统的财务指标,也注意非财务指标和战略指标的应用。

第三节 业绩评价方法

如前所述,业绩评价使用财务指标和非财务指标,以及多重指标结合构建起一套企业业绩评价指标体系。然而学术界和实务界仍旧在不断地探索,试图找到科学地评价企业业绩的方法。从 20 世纪 90 年代开始,一种新型的企业业绩评价方法——EVA 被设计出来,并且在美国知名公司例如可口可乐、AT&T 等公司广泛运用。EVA 指标强调现代管理中利润创造并不等同于价值创造的理念,它立足于将经营活动转化为可计量的价值创造活动,在业绩计量和评价时给出直观而且充分的证据。

一、经济增加值

(一) EVA 的运用原理

经济增加值(Economic Valve Added,简称 EVA)是由国际著名的管理咨询公司思腾斯特公司于 20 世纪 90 年代提出来的,针对剩余收益指标作为期间的业绩评价指标所存在的局限性,提出用 EVA 取代剩余收益,从而成为对传统业绩衡量指标体系的重要补充。EVA 不同于传统的会计利润,是建立在经济利润的基础之上,不仅要把企业运营的所有费用计入成本还要将所有的资本成本计入成本。EVA 的计算公式为[2]:

---

① 参见:熊焰韧、苏文兵、张思磊、王亮亮,《业绩评价:指标与效果——中国企业业绩评价的现状调查》,管理会计与改革开放 30 年研讨会暨余绪缨教授诞辰 86 周年纪念会,2008 年 10 月。
② 余恕莲等编著,《管理会计》第三版,对外经济贸易大学出版社。

$$经济增加值＝税后净营业利润－资本成本$$
$$＝税后净营业利润－加权平均资本成本×资本总额$$

由于受到会计制度的约束,以及会计政策的可选择性,使得单凭会计报表计算出来的企业的收益可能存在某种程度上的失真。然而 EVA 的计算要求对会计信息加以调整,消除那些运用会计方法带来的扭曲,以求更准确地贴近企业经济现实。EVA 指标将按公认会计原则编制的财务报表转化为"经济账面值"报表,最高可对报表进行高达 165 项的调整。常见的调整项目有:研发费用,商誉,资产处置损益,无形资产等。

经济增加值计算取决于三个变量:税后净营业利润,加权平均资本成本,资本总额。税后净营业利润的调整以利润表中净利润为起点,调增计算 EVA 时予以资本化的原各项费用。同时关注加入投入资本的原费用项目的摊销额,主要有以下调整:① 加上坏账准备的增加;② 加上后进先出法存货的增加;③ 加上商誉的摊销;④ 加上净资本化研究开发费用的增加;⑤ 加上其他营业收入;⑥ 减去现金营业税[①]。加权平均资本成本是指依据债务和股东在资本结构中所占权重,对债务资本和股本资本加权计算出来的成本。债务资本可以根据借款合同、协议或者金融市场利率直接获得。股东资本实际上是股东资本的机会成本,即该资本放弃在其他项目中投资所能获得的最大收益。资本总额强调的是企业当期或者未来期间产生收益所占用的资产总额而不是投入资本的总额,包括债务资本和股本资本。传统的企业业绩计量视股东成本为"免费成本",而 EVA 指标计算下的股东成本是指股东资本的机会成本。当 EVA 大于零时,企业价值增加;EVA 等于零时,企业价值不变;EVA 小于零时,企业价值减少。

(二) EVA 业绩评价方法的优点

1. EVA 考虑了所有资本成本

现行的利润扣除项目只确认和计量债务成本,而股东资本作为隐性成本并未得以揭示。当企业净利润为零时,股东会认为所有的资本都得到了有效补偿,然而实际上只有债务资本获得补偿,这实质上是虚增了利润,既不利于管理层正确评价企业业绩也可能导致投资者做出错误的投资决策。

2. 有利于提高资本使用效率

运用 EVA 作为评价企业业绩的方法,EVA 指标也直接与企业经营者管理水平挂钩。EVA 的大小取决于企业经过调整的税后净利润以及资本使用的多少。因此,企业的经营者不仅要关注企业创造的利润,也要考虑获得该利润所使用的资本量和资本成本。在税后净利润不变的情况下,资本使用效率越高,资本使用越少,EVA 越大,企业价值越大。因此,企业在融资决策中必须考虑企业的资本结构,降低融资风险,同时避免盲目地筹措资金导致资金闲置。股权资本也不再是"免费"使用的,经营者使用股东资本的压力增大,迫使他们将资本投入到更高投资收益的项目中去。

3. 有利于处理好利益相关者关系

现代企业是不同的利益主体的集合,股东、管理层、债权人、员工、政府的利益等都与企业利益息息相关。而不同利益主体的目标不同,会给企业经营带来不稳定性。传统的企业目标例如"股东财富最大化""利润最大化"目标显然已不能满足利益相关者对企业的需要。以"股

---

① 冯巧根著,《高级管理会计》,南京大学出版社。

东财富最大化"为目标的业绩评价方法片面地追求股东价值的提升,而忽视了其他主体的经济要求权,以"利润最大化"为目标的企业业绩指标不符合现代财务的观点,未能考虑货币的时间价值和投资风险价值。EVA业绩评价方法有效地利用激励制度,着眼于企业价值最大化的目标,将经营者与所有者的利益趋于一致,减少了由委托代理关系产生的道德风险和逆向选择。同时,为了获得更高的EVA,提升企业价值,经营者必须处理好顾客、员工、供应商、政府之间的关系。

4. EVA指标立足于企业长远发展

企业一贯实行的年度奖励计划通常会对长期的激励计划造成损害,因为它基本上是对年度绩效的评估,而不会影响下一年的报酬。经营者会想方设法减少可能有利于企业长远发展的支出费用来提高短期收益。为消除这种短视行为,应改变传统的年度奖励制度,设立"奖金存储器"或"奖金库",作为奖励制度的重要组成部分。在正常范围内的奖金随经济增加值的增长每年向员工支付,但超常的奖金则存储起来以后支付,一旦经济增加值下降的时候就会被取消。当管理者意识到如果经济增加值下降存储的奖金就会被取消时,他们就不会再盲目追求短期收益而忽视潜在问题。EVA鼓励经营者关注能给企业带来长远利益的决策,比如人才的培养,新技术的开发和引进等。

(三) EVA评价方法的应用与思考

目前全世界已经有300多家企业成功地运用了EVA业绩评价方法,其中包括西门子、索尼、可口可乐、美国邮政总署、新加坡港务局等。以可口可乐公司为例,它于1987年开始正式引入EVA指标,实践中可口可乐公司通过两种渠道增加公司的经济增加值:一方面将公司的资本集中于盈利能力较高的软饮料部门,逐步摒弃例如意大利面食、速饮茶、塑料餐具等回报低于资本成本的业务;另一方面通过适度增加负债规模降低资本成本,成功地将原来的资本成本由原来的16%降到了12%。结果可口可乐公司的EVA连续六年以27%的速度增长,该公司股票价格也在同时期上涨了300%,远远高于同期标准普尔指数55%的涨幅。不得不说,可口可乐获得的成功,与企业实施的EVA业绩考核方法相关。

尽管EVA作为业绩评价的方法具有一些显著的特点,它改进了传统的评价指标的可能带来的弊端,在世界各大公司中运用获得了较高评价。不可否认的是,该指标仍然存在缺陷和弊端,制约了EVA评价方法在企业的进一步实施运用。

1. EVA的适用范围有限

虽然EVA创立者相信EVA对于所有企业都是优秀的业绩评价方法,但是实证研究并未给出任何有力的支持。EVA并不适用于所有行业所有企业,也未能正确反映企业不同战略阶段的公司业绩。国外研究者Lovata和Lostigan(2002)的研究表明:研发费用和销售费用之比较低的防御型公司更倾向于使用EVA;管理层持股比例一致的情况下,规模较大的公司更可能使用EVA。同时,也有不少学者研究发现:金融机构有特殊法定的资本金要求,而且把贷款总额作为使用的资产将高估资本成本,导致扭曲的结果,因此不适用EVA;EVA更多地表现为一种历史的信息,前瞻性很差,EVA不适用于那些有很强未来预测性的企业和行业;商品价格的起伏导致波动性很大的行业,EVA值随着价格的变动呈现出不稳定的趋势,以至于难以确定EVA的比例值,另外很强的波动性可能导致较高的风险和股本成本。处于初创阶段的企业,由于顾客和企业的关系还不稳定,知名度低,如何迅速地开发和占领市场是企业的经营关键,所以企业的业绩评价重点在市场占有率以及公司的发展潜力上。而已经发展成熟的企业的财务战略基本上能够反映企业的经营绩效,此时 EVA 能较好地反映企业业绩[①]。

2. EVA 计算复杂

企业在计算 EVA 指标的时候,理论上要对 165 项报表项目进行调整,把对外公布的财务报表转化为"经济账面值报表",然而项目调整的方法是否科学,调整后的"经济账面值报表"能否真的反映企业真实情况,是否可靠,都值得思考。理论上调整的项目越多,计算的结果才越准确,但却大大增加了计算的难度,难度的提高又加深了理解的困难。实际工作中,需要调整的项目虽然大大减少,但企业在如何确定调整项目以及如何调整的问题上并未达成共识,限制了 EVA 在企业运用中的广度和深度。另一方面,EVA 的计算需要确定资本成本,资本成本的确定是一项棘手的工作。思腾斯特公司使用 CAPM 来计算资本成本,但是资本资产定价模型假设严格、模型设置简单,假设条件与现实的资本市场相差甚远。就我国而言,我国的资本市场信息非常不对称,股票价格不稳定,难以真正反映公司真实业绩,由此算出的资本成本是否贴合真实的资本成本令人怀疑。除此以外,CAPM 模型计算对使用者的统计学和财务学知识要求很高,需要通过一系列较为复杂的数理统计工具得出。

3. EVA 不能全面反映企业业绩

一方面,EVA 反映的是企业经营的最终成果,不利于分析企业在生产经营中出现的问题。业绩评价的作用不仅是提供激励的依据,还必须要能帮助企业找到问题以改进生产经营。传统的杜邦分析法中将净资产收益率层层分解,并对影响 ROE 的因素做分析,最终找到关键问题所在。与之相比,EVA 作为业绩评价指标,很难像 ROE 一样履行好分析企业业绩的职能。另一方面,EVA 仍然是从财务指标的角度来评价企业的经营活动,尽管在计算中引入了资本成本,一定程度上对企业的投资机会和经营战略的价值前景做了反馈,但是未对企业价值创造过程中的无形资产、人力资源、商誉等非财务因素进行确认、计量、记录和报告,而这些非财务指标在现代企业的发展过程中有着举足轻重的作用。

二、关键绩效指标

关键绩效指标(Key Performance Indicator,KPI)通常是指企业通过将自己的战略目标分解而得到的可以量化的绩效考核指标,这些指标对企业当前的发展和未来的成功具有重要意义。关键绩效指标来源于对企业整体战略目标的分解,反映最能有效影响企业价值创造的关键驱动因素。如此一来,企业经营管理者可以将精力集中于对绩效有最大驱动力的经营活动中来,并针对关键指标的考核对企业业绩做科学的评价。关键绩效指标符合管理学中的一个重要原则——"二八原理",即在一个企业的价值创造过程中,20%的骨干人员创造企业 80%的价值。同样在每一位员工身上,80%的工作任务由 20%的关键行为完成,因此业绩评价必须抓住 20%的关键行为,对之进行分析和衡量,这样才能把握住业绩评价的重心。

KPI 指标可以按照其评价实施主体分为企业级 KPI、部门级 KPI 和个人级 KPI。企业的常规 KPI 由上级绩效管理部门提出,由双方沟通确定。通过对经营管理问题或者短板的发现来改进指标,再对发现的问题或者短板进行追根溯源性的调查直到追溯到员工行为。部门 KPI 由上级主管提出,经双方沟通确定。个人 KPI 分为管理者和非管理者,管理者(企业长及

---

① 曲云翠,"EVA 的适用性和局限性",《中国农业会计》,2008 年第 8 期。

部门长)的 KPI 与其负责的部门 KPI 一致,非管理者的 KPI 依据部门所承担的 KPI 指标和员工所任职岗位的职责,由员工的直接主管与其沟通确定。这样的分类不仅可以将组织的战略目标有效分解到各个部门或者个人,还能帮助管理者、部门、个人明确工作重点、管理责任。同时,通过关键绩效指标上达成的承诺,员工与管理人员就可以进行工作期望、工作表现和未来发展等方面的沟通,成为企业绩效沟通的基石。关键绩效指标是一个标准体系,它必须是定量化的,如果不能量化,也应该是行为化的。

确定关键绩效指标需要遵循 SMART 原则,SMART 由五个英文单词首字母拼写而成。它们分别是:

S 表示 Specific,它是指业绩评价中要有具体的考核指标,不能笼统概括或者模棱两可。

M 表示 Measurable,它是业绩指标是可量化的或者可行为化的,验证这些业绩指标的数据或者信息是可获得的。

A 表示 Attainable,它是指业绩评价指标或者标准在付出努力的情况下可以实现,避免设立过高或过低的标准。

R 表示 Realistic,它是指业绩评价指标是实实在在的,可以评价和观察的。

T 表示 Time-bond,它是指给业绩指标完成设定一定的时间期限。

关键绩效指标是通过设立关键绩效指标来引导、激励员工关注当期业务重点,通过提升自身绩效来实现公司的中短期目标。所以他强调的是对企业有关键作用的指标,而不是与企业经营相关的多个指标,它实际上是一种管理思路。关键绩效指标评价业绩的方法相对简单,且容易重视企业短期的产出而忽略长远发展。对于那些发展战略指定的比较成熟的部门或者团队来说,KPI 是非常有帮助的。多样化的关键性指标能够帮助个人和组织确定他们必须要做好的重要工作,从而为实现更高目标做出贡献。然而,除非将关键指标与企业发展战略建立清晰的联系,否则 KPI 作为业绩评价指标只能带来局部而非全局的战略改进。相对而言,平衡计分卡是依据企业的愿景和战略,考虑各层次指标间的因果关系来制定的,且其涵盖的四个维度间存在驱动关系,这种驱动有利于组织内部各部门间的协调以及效率的提升,加速企业愿景的实现。

第四节　平衡计分卡

平衡计分卡(Balanced Score Card,BSC)是一种平衡财务和经营计量指标,联系业绩报酬以及确认组织目标的多样性业绩评价和报告系统[①]。1990 年罗伯特·S.卡普兰和大卫·P.诺顿在对绩效评价方面处于领先地位的美国 12 家公司的研究后,发现了平衡计分卡,随后在1992 年的《哈弗商业评论》上发表了一篇名为《平衡计分卡—驱动绩效指标》的文章,首次提出了平衡计分卡理论。平衡计分卡是在克服传统的业绩评价体系缺陷的努力下诞生的一种新型的管理创新工具,它将企业的理想和战略转化为有效沟通战略思想的工具。它不同于 EVA侧重于财务业绩评价,从财务、客户、业务流程、学习和成长视角四个方面全面考核企业业绩,且四维度相互连接共同推进企业目标的实现。同时,明确平衡计分卡四维度细分下的关键绩

---

① 查尔斯·T.亨格瑞等著,潘飞等译,《管理会计》第十四版,北京大学出版社。

效指标，又能很好地将平衡计分卡法和关键绩效指标法有效结合，为企业业绩评价提供科学的框架体系。

一、平衡计分卡的内涵

平衡计分卡从四个不同但是相互联系的方面衡量企业的绩效，这四个方面与企业的战略和目标紧密相连。(1)财务视角：主要考虑股东如何评价企业取得的成就。(2)客户视角：考虑我们如何为客户创造价值。(3)业务流程视角：考虑为了使股东和客户满意，企业必须优化哪些业务流程。(4)学习和成长：考虑为了持续的改进业务流程和改善与客户的关系，需要什么样的员工能力、信息系统和组织能力。

(一)财务角度

企业的财务状况和经营成果最终在三大财务报表中得以反映，不同的企业选择不同的财务指标披露公司运营情况，但所有的企业都期望实现企业收入和利润的稳定增长。平衡计分卡财务视角的出发点在细分财务指标，追溯能够提高企业绩效增加股东价值的具体应对策略上。股东价值的增加依赖企业利润的增加，利润增加的渠道多种多样，一方面企业需要增加销售收入，扩大销售渠道，增加市场份额，加强与客户联系。比如银行除了办理传统的借贷业务，还可以承办汽车贷款，办理信用卡等来扩大客户群。除此以外，企业还可以通过研发新产品，占领新市场来增加销售收入，比如亚马逊公司除了销售书籍以外，还出售各式各样的 CD 及音响电子设备，甚至将业务延伸到日用商品、服装设备等领域，大大地拓宽了原本市场。另一方面，企业通过改进生产技术，提高生产效率，调整资本结构等来降低成本费用。日本制造企业十分注重生产效率，致力于细节设计和技术改进最大程度地节约人工成本。比如工厂设备摆放最有利于员工操作，高强度训练员工技能熟练度，在同样时间内达到目标产出；还有通过适时制造流程，降低支持某个销量所需的存货水平。总的来说，从两个大的方向驱动企业财务目标的实现，即销售收入的增加和成本费用的减少，在此基础上寻找细分的财务指标。

(二)客户角度

客户视角明确企业如何为客户创造价值，企业的产品和服务如何与竞争者区别开来，从而保持现有客户，挖掘潜在客户。一旦吸引和增加客户的目标达成，财务上反映为企业利润的增加。客户视角作为平衡计分卡的一个重要维度，使得企业在制定战略时能够时刻关注市场动态，发展战略符合市场发展的趋势，适应外部环境的变化，从而增加企业价值。客户角度的具体衡量指标通常包括：客户满意度；客户忠诚度；市场份额；新客户的获得等等。除了以上核心指标以外，其他的要素包括，产品与服务的功能、价值和质量、交货时间、公司的信誉形象等也是处理客户与企业关系时不可忽视的部分。除了针对客户方面常用的结果和指标以外，公司还必须为自己向客户提供的价值陈述确定目标和指标。价值陈述是一个公司向其目标客户群提供的独特的产品、价格、服务、关系和形象的组合。价值陈述，即公司战略核心，应当与公司向客户提供更好的产品和服务相联系，应当将公司与其竞争对手区别开来。价值陈述分为三种：一是通过在各自领域向客户提供"最优购买"或最低总成本，比如戴尔、沃尔玛；二是强调产品创新和领导能力的价值陈述，比如索尼、英特尔、腾讯；三是价值陈述强调提供完整的客户方案比如 IBM[①]。

(三)业务流程角度

平衡计分卡财务视角和顾客视角分别描述了企业战略结果的两大方面:股东价值、客户满意度。企业要真正实现这样的战略结果,需要在内部开展一系列战略实施的方案,这就是平衡计分卡业务流程所要解决的问题。内部流程主要体现在四个方面:公司运营过程;客户管理;创新;企业环境和社会。

公司运营试图以现有的人员和服务系统实现最卓越的服务,对客户需求提出反映最及时和完美的服务,这也是维持客户满意度吸引新客户的关键。同时发展与供应商的合作关系,建立稳定可靠的供应链。对于生产企业,产品生产流程的高效运作以及将制成品及时送达客户也是流程改进过程中需重点关注的内容。客户管理流程涵盖企业获得客户,保持客户以及增加与客户的往来等一系列过程。针对公司战略制定中的目标客户群体,优先获得客户关系,提供优质服务并对客户的要求积极响应。增加与客户的往来,比如建立会员制,举办企业会员年会等,加强客户对品牌的依赖性和认同感。创新是企业在市场激烈竞争中制胜的法宝,创新是促使企业可持续发展的不竭动力。创新过程主要体现在设计和生产新产品、创新管理方法、开发新市场等方面。最后是企业环境和社会,企业在社会中生存和发展,它必须获得国家以及地方区域的认可,同时履行相关的社会责任。这一点也是与财务,客户,学习和成长相互联系。比如企业环境的改善将减少事故发生的概率,从而降低生产成本;关注员工的健康和安全是学习型组织的基础;慈善事业有利于提高企业声望,加强在客户、员工、投资者心中的良好信誉。

(四)学习和成长角度

学习和成长贯穿于企业的始终,平衡计分卡短期目标与长期目标的有效结合,也在这一维度得以充分体现。企业的学习和成长主要来自三个方面:员工,企业信息系统,组织文化。现代企业的竞争很大程度是人才的竞争,知识的竞争,员工能力对企业的可持续发展有至关重要的作用。市场环境的不断变化,也对员工能力提出更加苛刻的要求:从事销售的员工必须能准确识别客户需求,优秀的谈判技能;致力于技术研发的工作人员需要具有渊博的知识和不断创新的精神。员工能力的提升有赖于企业培训,以及切实可行的激励机制,激发员工潜能,实现价值最大化。在当今这个数据信息化时代,企业获取加工并有效利用信息是实施战略的竞争优势所在。企业是各个利益相关者的集合体,同时处理来自内外部与企业财务、客户、业务流程相关联的信息。建立完善的信息系统,确保信息安全和信息的及时传递有利于企业各部门之间的沟通,减少由信息不对称带来的种种问题。优秀的企业文化能够加强员工凝聚力,使员工个人行为与企业愿景保持一致。

以联通思茅分公司为例,中国联通的使命是成为与中国移动、中国电信实力相当,各具特色的国际性电信运营商,制定了以下战略:建立新机制;建立新网络;采用高技术;实现高增长。

根据中国联通的战略目标,思茅分公司制定出以下的平衡计分卡(如图 13-2 所示)。

---

① 安东尼·A.阿特金森等著,王立彦等译,《管理会计》第五版,清华大学出版社。

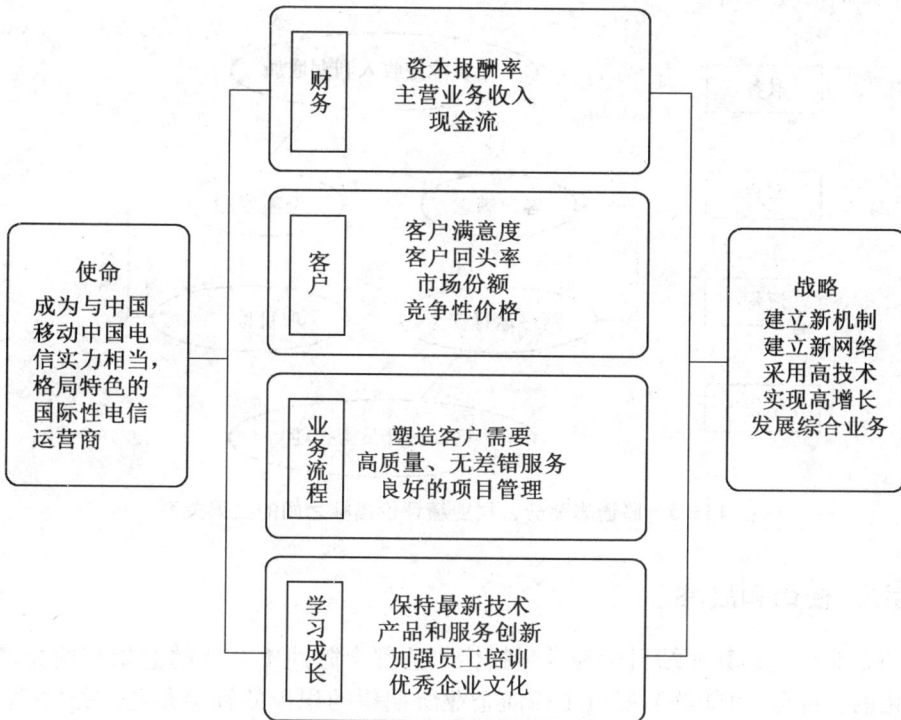

图 13-2　联通思茅分公司平衡计分卡

财务角度：从传统的财务绩效指标中转化而来，设置一系列的财务指标显示公司的经营策略及其执行是否有利于公司利润的增加，公司财务目标是否实现。所使用的财务指标包括利润、主营业务收入、EBITDA 率和百元人工成本创造的收入。

客户角度：在满足客户的价值中获得收益，从客户满意度、市场份额、平均每户每月收入、用户欠费率等来了解客户对公司的评价。这样建立起企业与客户的直接联系，能够获得企业产品或服务的及时反馈，提高客户满意度和市场份额。

业务流程角度：需要解决的问题是，企业如何高效率的运作，必须在公司内部形成一套有效的决策和行动程序。为此设立了一系列内部测量指标，比如：网络运行质量指标、投标成功率、安全事件指数、项目业绩指数，及时反馈影响客户评价的决策和行为及相应程序是否有效。

学习和成长角度：主要侧重于考察员工必须具备哪些素质、技术、技能才能满足以上要求。同时，企业必须认识到对员工进行流程改进业务等方面的培训。

思茅分公司通过平衡计分卡的四个业绩评价指标之间的因果关系描述了公司的战略（如图 13-3 所示）。他们认为：加强对员工的培训提升员工技能将有利于新的项目推广，同时有效监督通信网络安全；安全运行的网络能够为客户提供更优质的服务，减少网络繁忙故障给客户带来的不便，由此增加客户的满意度，同时各种新项目的推进能填补市场空白，开辟新的市场增加客户群；思茅通过各种指数指标及时监测流程运行的质量，并获得来自客户和市场的反馈进而改进流程；客户满意度增加、市场份额的不断扩大当然带来主营业务收入的大幅增加，而流程运作的改进又能提高资源利用效率、减低成本，最终赚取充足利润给股东一个更具吸引力的投资回报。通过对平衡计分卡框架的介绍，现在能够更深入地探讨开发与企业战略紧密联系的四个方面的业绩指标。

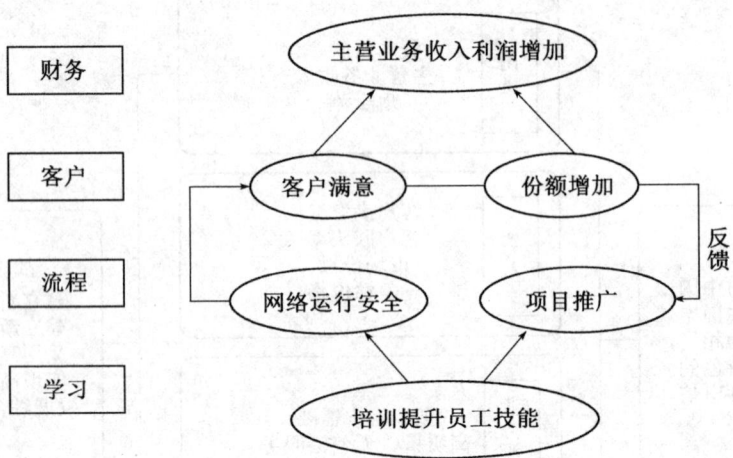

图 13 - 3　联通思茅分公司业绩评价指标之间的因果关系

二、愿景、使命和战略

许多的企业在选择其业绩目标和计量指标之前都会陈述本企业的愿景和使命,它通常构成企业文化的一部分,也能够激发员工扮演企业所期望的积极的社会角色。德鲁克认为企业要思考三个问题:我们的企业是什么? 我们的企业将是什么? 我们的企业应该是什么? 这三个问题集中起来体现了企业愿景。

对企业期望如何参与竞争和为客户创造价值并聚焦组织内部的简要陈述。使命通常陈述企业存在的理由、引导企业活动的基本目的和引导员工活动的价值标准。企业在制定战略之前必须明确企业的使命。

愿景和使命为企业设定了大体上的发展方向,战略使得这些陈述更加具有可操作性。战略领袖迈克尔波特认为战略是选择活动组合使组织形成可持续的市场差异。平衡计分卡提供了一个有力工具,将组织的理想和战略转化为有效沟通战略思想的工具,并推动有助于实现战略目标的业绩。平衡计分卡最本质的地方是业绩指标和战略目标之间联系的清晰性,一旦这种联系被理解,战略目标将能够进一步转换为可行动的指标去帮助组织改善业绩。以平衡计分卡四个方面的目标为核心,分析这四个层面相互关系而绘制的企业战略因果关系图。

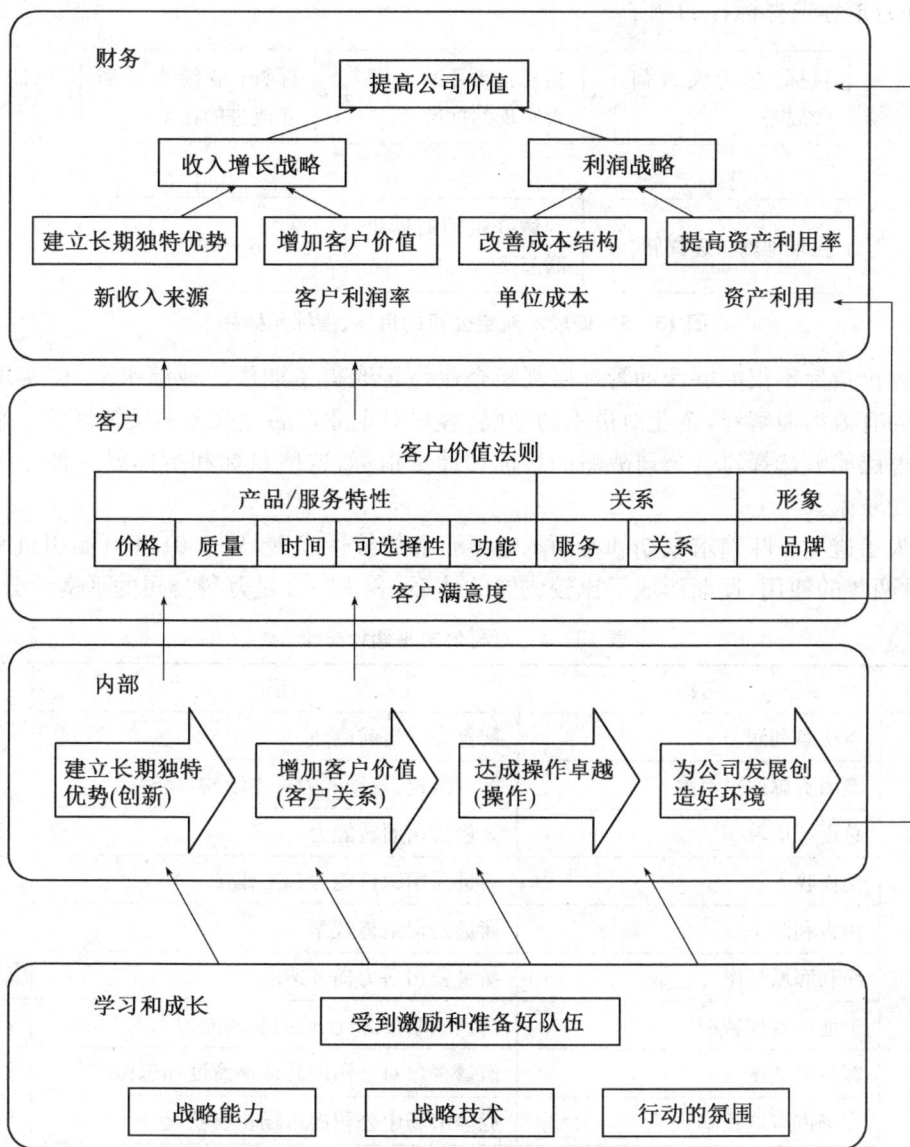

图 13 - 4　某企业的战略因果关系图

三、目标、指标和标杆

企业的愿景、使命和战略建立起来以后,管理人员会选择业绩评价指标来切实履行以上任务,使得该陈述更具有意义和操作性。建立平衡计分卡首先应该确定企业的目标,通常企业目标集中于:通过扩大客户群增加销售收入;改进技术优化流程提高订单完成业绩;建立与企业战略相联系的员工激励机制。指标则用来检验企业是否成功地实现了目标,指标是明确性地降低了对目标语言描述的模糊性,它告诉员工明确的标尺,正确地评价他们改进的努力。标杆是企业选择的参照系,将自己与参照系进行对比,从而发现自身的不足之处,然后运用一系列指标加以改进。图 13 - 5 是低成本航空公司制定何种目标,建立指标考察企业是否成功实现目标,并且为指标选择标杆的例子①。

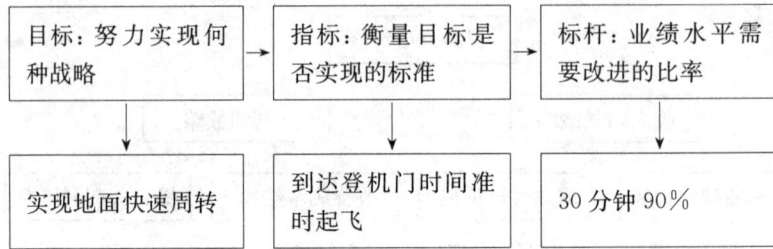

图 13-5　低成本航空公司的目标、指标和标杆

业绩评价指标不仅能够帮助管理层判断企业是否取得了期望的业绩水平,更实现了员工与管理层的有效沟通解释,企业对员工的激励,客户对企业产品及服务的反馈评价。平衡计分卡使得管理层能够选择符合公司战略的目标和计量指标,这些目标和指标以一种因果关系链的形式相互联系。

万科为了避免一味追求短期利益而忽略了企业持续性发展,从 2001 年开始引进平衡计分卡,并经过两年的使用,逐渐形成了比较成熟的体系,表 13-2 是万科公司的平衡计分卡。

表 13-2　万科公司平衡计分卡

指标类型	名称	用途	权重
基准指标	考核净利润	衡量公司当前业绩	用于奖金计算不设权重
	集团资源回报率率	综合衡量:盈利能力资本结构,周转能力	
	总资产周转率	衡量公司周转能力	
	销售收入	衡量公司销售能力和工作量	
	销售利润率	衡量公司销售效率	
财务视角	净利润增长率	衡量公司活力提升速度	17.5%
	土地储备周转期	衡量战略资源-土地的获利能力	7.5%
客户视角	客户忠诚度	衡量客户对公司的总体满意度和忠诚度	20.0%
	市场占有增长率	竞争市场中公司的市场占有状况	5.0%
内部流程视角	项目经营计划关键点完成率	衡量项目经营计划控制能力	10%
	专业工作满意度	衡量产品的总体质量情况	15%
	员工综合满意度	衡量员工的总体满意度及其改善情况	7%
学习成长	人力投入产出	衡量组织效能	11%
	骨干人员价值流失率	衡量公司骨干人员的保有能力	7%

财务视角多用于评价企业的经营成果、财务状况,而万科将土地储备周转期纳入考核范围,衡量对于房地产也具有战略性意义的土地资源能够给企业带来的未来收益。如果土地周转期越短,那么该项资产给企业带来的利润也就越多。

———————
① 安东尼·A.阿特金森等著,王立彦等译,《管理会计》第五版,清华大学出版社。

客户视角,万科采用的是传统的客户忠诚度和市场占有增长率两个指标。万科始终坚持"客户是我们永远的伙伴"这一价值观,以顾客需求为导向,创造出客户满意的产品和服务,这也是对平衡计分卡客户维度的高度总结。不仅如此,万科开展了年度的客户满意度及忠诚度调查,奖励那些提升客户满意度的一线公司。市场占有增长率表示万科不断开拓新市场的能力,客户满意度增加使得万科在行业内的声誉大幅度提高,为开辟新市场奠定基础。

内部流程视角着眼于为了完成财务视角客户视角设定的目标,万科需要何种有竞争力的产品和服务。万科将注意力集中于项目经营计划关键节点的完成情况,这些节点包括取得国土使用权证、交地、完成方案设计、完成初步设计、完成施工图设计等一系列环节。节点完成工作质量越高,企业内部流程运作效率越高。

学习和成长视角,万科高度重视人力资源对企业的价值。人力投入产出是指单位人力成本给企业带来的净利润,骨干人员流失程度可以作为衡量企业未来的发展潜力的指标,流失率越低,万科对于优秀员工的吸引力越大。

思考题

1. 业绩评价系统包括哪些基本要素?
2. 业绩评价标准有哪些类型?
3. 财务业绩评价指标有哪些优势与缺陷?
4. 财务业绩评价指标与非财务业绩评价指标之间的关系?
5. EVA 的计算公式。

拓展案例

案例 1:华润集团的平衡计分卡

华润(集团)有限公司(以下简称"华润"或"华润集团")是一家极具实力的大型多元化控股企业集团。华润集团始建于 1938 年,在 1983 年度对下属经营机构重组后形成以股权为纽带的公司,并成立华润(集团)有限公司,华润集团从代理贸易多元化走上了自营多元化,并展开了一系列实业化投资。然而在 90 年代初期,华润集团在成为横跨多个行业的大型多元化集团的过程中,集团的管控陷入困境,大多数业务在集团内的产业整合效果不理想,集团战略不清,各级子公司、业务单位组织重复混乱,集团对子公司的财务管控乏力。面对集团管控的困境,1999 年,华润集团设计运行了 6S 管理,并在 6S 管理体系中的业绩评价体系中引入了平衡计分卡理念。6S 管理和平衡计分卡的引入与为华润集团的管理带来了一场革命。

华润集团根据集团平衡计分卡,同时结合各战略业务单位的特点,对各利润中心制定平衡计分卡业绩评价体系,体现不同行业和各利润中心发展水平的不同特点,利润中心的评价体系和利润中心经理人的责任考评体系是一级利润中心的年度考核依据。另外,对于定位为服务中心的各职能部门,华润集团建立了服务中心的绩效考评机制。华润集团平衡计分卡的主要指标见下表。

华润集团平衡计分卡主要指标

维度	战略目标	关键指标
财务	提高股东价值 增加收入 提升生产率	• 增加收入 • 提升客户价值 • 提高资产利用率 • 改善成本结构
客户	产品质量保证 客户关系 企业形象	• 客户满意度 • 客户投诉量 • 客户保持度 • 新客户获得率 • 客户获利能力 • 市场份额
流程	创新 高效运营管理 良好客户管理	• 创新方案实现率 • 新产品开发周期 • 主力客户获得率 • 供应商淘汰率 • 客户要求反映时间 • 良品率
学习 与成长	创新的企业文化 关键员工核心能力 客户导向 IT 支持	• 员工创新文化调查 • 关键员工达标率

案例 2：皖能集团的战略因果关系图①

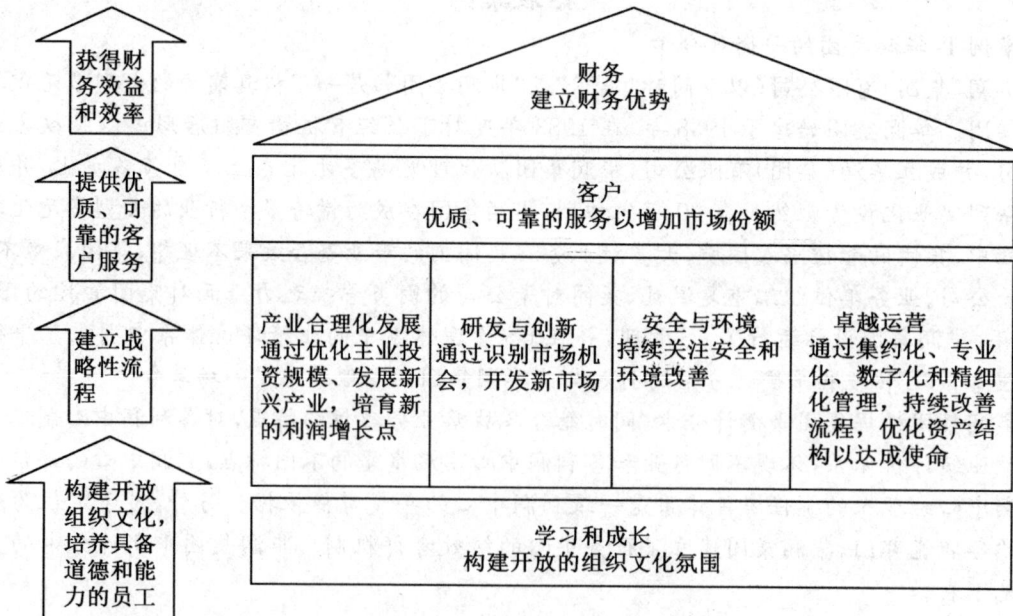

皖能集团战略因果关系图框架

---

① 吴筱影. 皖能集团子公司绩效评价体系构建研究[D]. 南京大学. 2015.

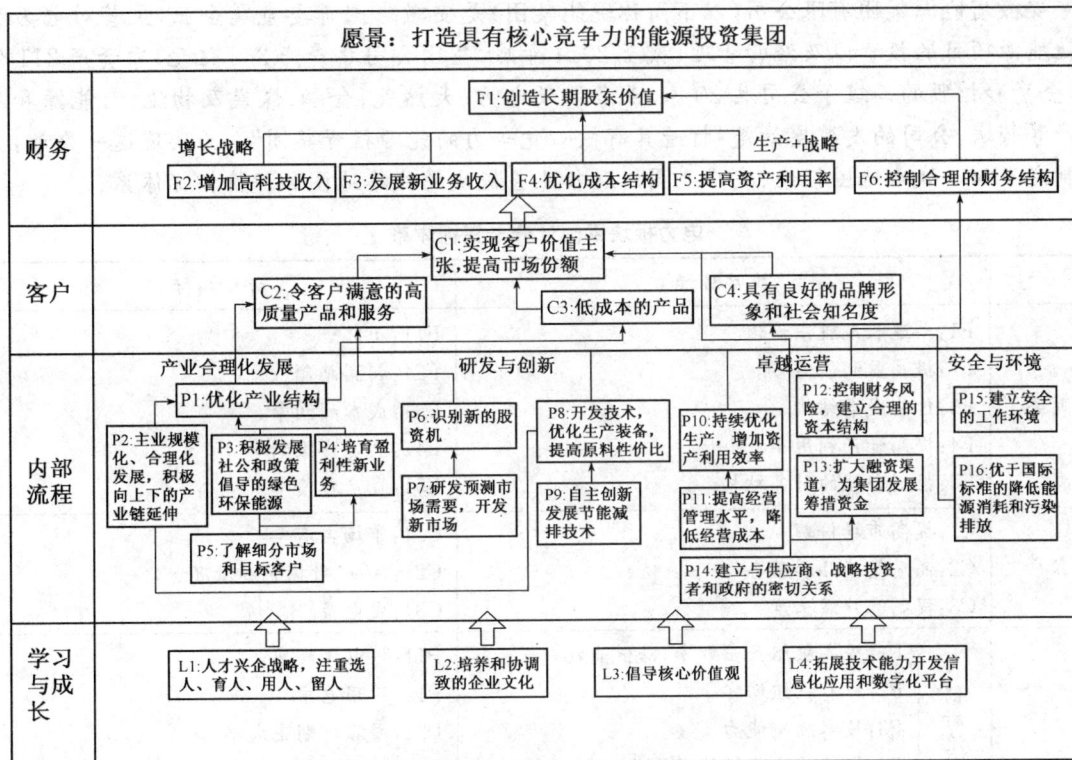

皖能集团战略因果关系图

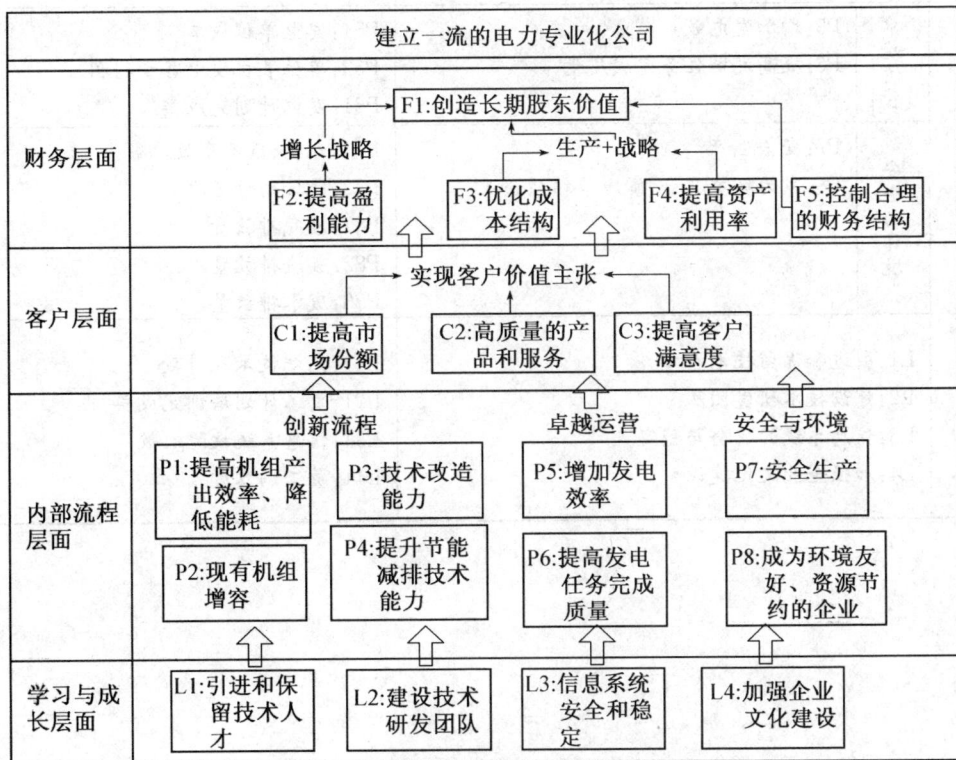

电力板块战略因果关系图

安徽省能源集团有限公司(以下简称皖能集团)是安徽省国资委直属企业,主营对电力和其他能源项目的投资以及经营管理,截至 2014 年底,集团公司总资产 365 亿元,净资产 211 亿元,全资和控股的二级子公司共 20 家,业务涉及电力、天然气、金融、煤炭及物流、新能源和房地产等领域,公司的发展愿景是"打造具有核心竞争力的能源投资集团"。为实现这一愿景,公司制定了如下战略地图框架、战略地图以及各业务板块的战略地图和评价指标体系。

电力板块平衡计分卡指标体系

		战略目标	评价指标
财务		F1:创造长期股东价值 F2:提高盈利能力 F3:优化成本结构 F4:提高资产利用率 F5:控制合理的财务结构	F11:EVA F21:利润总额 F31:成本利润率 F41:总资产报酬率 F51:资产负债率
客户		C1:提高市场份额 C2:高质量产品和服务 C3:提高客户满意度	C11:市场占有率 C21:AGC 数据完成情况 C31:发电量
内部流程	创新流程	P1:提高机组产出效率,降低能耗 P2:现有机组增容 P3:技术改造能力 P4:提升节能减排技术能力	P11:供电煤耗率 P12:厂用电率 P21:增容计划完成率 P31:研发投入回报率 P41:专利数量
	卓越运营	P5:增加发电效益 P6:提高发电任务完成质量	P51:发电单位成本 P52:单位装机发电容量利润 P61:发电计划完成率
	安全与环境	P7:安全生产 P8:成为环境友好、资源节约型企业	P71:人员、设备事故次数 P72:非计划停运次数 P81:废气排放量 P82:废渣排放量 P83:废水排放量
学习与成长		L1:引进和保留技术人才 L2:建设技术研发团队 L3:信息系统的安全与稳定 L4:加强企业文化建设	L11:高端技术人员数 L21:员工计划培训完成率 L31:信息系统故障次数 L41:员工满意度

参考文献

[1] Germany Boer, Margaret Curtin and Louis Hoyt. Environmental cost management[J]. Management Accounting, 1998(9).

[2] Keith Ward. Strategic Management Accounting[M]. Oxford: Butterworth-Heinemann Ltd, 1992.

[3] 安东尼·A·阿特金森. 管理会计(第五版)[M]. 王立彦等译. 北京:清华大学出版社,2009.

[4] 包刚. 企业环境成本核算的探讨[J]. 经济研究导刊,2011(1).

[5] 财务部统计评价司. 企业效绩评价问答[M]. 北京:北京经济科学出版社,1999.

[6] 财政部注册会计考试委员会办公室. 财务成本管理[M]. 大连:东北财经大学出版社,2000.

[7] 曹明才,刘金彬. 企业环境成本核算方法的创新探讨[J]. 商业会计,2012(9).

[8] 曾建民. 知识主管[M]. 长春:长春人民出版社,2002.

[9] 查尔斯·T·亨格瑞等著. 潘飞等译. 管理会计[M]. 第14版. 北京:北京大学出版社,2011.

[10] 查尔斯·T·亨格瑞. 成本会计(上下册)(第8版)[M]. 北京:中国人民大学出版社,1998.

[11] 查尔斯·T·亨格瑞等著. 王立彦等译. 成本与管理会计(第13版)[M]. 北京:中国人民大学出版社,2010.

[12] 查尔斯·亨格瑞等. 管理会计教程[M]. 北京:华夏出版社,1999.

[13] 张文贤. 人力资源会计制度设计[M]. 上海:立信会计出版社,1999.

[14] 陈金菊. 管理会计[M]. 北京:中国对外经济贸易出版社,2001.

[15] 大卫·哈钦斯. 即时制管理[M]. 北京:中国标准出版社,2000.

[16] 杜兴强,李文. 人力资源会计的理论基础及其确认与计量[J]. 会计研究,2000(6).

[17] 冯巧根. 超越预算的实务发展动向与评价[J]. 会计研究,2005(12).

[18] 冯巧根著. 高级管理会计[M]. 南京:南京大学出版社,2009.

[19] 葛家澍,李若山. 九十年代西方会计理论的一个新思潮——环境会计理论[J]. 会计研究,1992(5).

[20] 郭宝柱. 管理会计[M]. 沈阳:东北大学出版社,1999.

[21] 郭加林. EVA优于传统企业业绩评价方法吗?[J]. 会计之友,2009(3).

[22] 黄慧馨等. 管理会计[M]. 北京:企业管理出版社,1999.

[23] 黄梯云. 管理信息系统[M]. 北京:高等教育出版社,2014.

[24] 张涛. 管理成本会计[M]. 北京:经济科学出版社,2001.

[25] 李宏健. 现代管理会计(第九版)[M]. 北京:中国财政经济出版社,1998.

[26] 李来儿. 现代管理会计[M]. 北京:经济管理出版社,2001.

[27] 李苹莉. 管理会计学[M]. 北京:经济科学出版社,1998.

[28] 李苹莉. 战略管理会计:发展与挑战[J]. 会计研究,1999(1).

[29] 李天民. 现代管理会计学[M]. 上海:立信会计出版社,1996.

[30] 刘美华,李婷. 碳会计确认研究[J]. 中南财经政法大学学报,2011(6).

[31] 刘运国. 管理会计学[M]. 北京:中国人民大学出版社.2011.

[32] 邹志仁. 信息学概论[M]. 南京:南京大学出版社,1996.

[33] 刘长翠,耿建新,尚会君. 企业环境信息披露的国际比较[J]. 环境保护,2007(48).

[34] 罗伯特·K·卡普兰. 高级管理会计[M]. 大连:东北财经大学出版社,1999.

[35] 罗伯特·N·安东尼等. 管理会计基础(第9版)[M]. 北京:清华大学出版社,2006.

[36] 罗伯特·N·安东尼等. 管理控制系统(第9版)[M]. 北京:机械工业出版社,1999.

[37] 罗纳德·W·希尔顿. 管理会计[M]. 北京:机械工业出版社,2000.

[38] 毛付根. 管理会计[M]. 北京:高等教育出版社,2000.

[39] 毛付根,王光远等译. 管理会计国际惯例[M]. 北京:中国人民大学出版社,1997.

[40] 孟凡利. 环境会计研究[M]. 大连:东北财经大学出版社,1999.

[41] 孟焰. 西方管理会计的发展对我国的启示[M]. 北京:经济科学出版社,1999.

[42] 欧阳清等. 会计大典——成本会计[M]. 北京:中国财政经济出版社,1999.

[43] 蒲春燕,孙璐. 碳排放权的会计确认.计量和报告研究[J]. 财会月刊,2012(4).

[44] 强殿英,文桂江. 国外碳会计基本内容及对其借鉴意义[J]. 财会月刊,2011(12).

[45] 曲云翠. EVA的适用性和局限性[J]. 中国农业会计,2008(8).

[46] 塞缪尔·A·沃尔珀特. 信息经济学[M]. 长春:吉林大学出版社,1991.

[47] 沙琳·亚黛尔,希莱. 适时管理与人[M]. 上海:上海人民出版社,1995.

[48] 石人瑾等. 管理会计[M]. 北京:三联书店,1994.

[49] 孙继辉. 关联视角下的环境成本计量与环境信息披露研究[J]. 会计之友,2011(1 中).

[50] 孙铮,王霞. 员工认股权计划会计问题的探讨[J]. 会计研究,2000(11)..

[51] 谭浩邦,杨明. 新编价值工程[M]. 广州:暨南大学出版社,1996.

[52] 王化成,杨景岩. 试论战略管理会计[J]. 会计研究,1997(10).

[53] 王立彦. 我国企业环境会计实务调查分析[J]. 会计研究,1998(8).

[54] 王跃堂,赵子夜. 环境成本管理:事前规划法及其在我国的应用[J]. 会计研究,2002(1).

[55] 威廉·罗奇著. 管理会计与控制系统案例[M]. 大连:东北财经大学出版社,2000.

[56] 韦沛文. 管理型会计信息系统[M]. 广州:广东人民出版社,1998.

[57] 魏明海,龚凯颂编. 会计理论[M]. 大连:东北财经大学出版社,2001.

[58] 武亚军. 90年代企业战略管理理论的发展与研究趋势[J]. 南开管理评论,1999(2).

[59] 熊焰韧、苏文兵、张思磊等. 业绩评价:指标与效果——中国企业业绩评价的现状调查[R]. 管理会计与改革开放30年研讨会暨余绪缨教授诞辰86周年纪念会,2008.

[60] 徐国君. 劳动者权益会计[M]. 北京:中国财经出版社,1997.

[61] 闫培金,王成. 企业物流内控精要[M]. 北京:中国经济出版社,2001.

[62] 阎达五,徐国君.人力资本的保值增值与劳动者权益的确立[J].会计研究,1999(6).

[63] 杨凤清.战略管理与战略管理会计研究[J].当代财经,1998(2).

[64] 杨家亲.对股票期权及其会计处理的系统认识[J].会计研究,2000(12).

[65] 尤建新著.质量观念与质量成本管理方法创新[M].石家庄:河北人民出版社,2001.

[66] 余恕莲等编著.管理会计(第三版)[M].北京:对外经济贸易大学出版社,2009.

[67] 余绪缨.管理会计[M].沈阳:辽宁人民出版社,1996.

[68] 余绪缨.管理会计学[M].北京:人民大学出版社,2000.

[69] 周志方,肖序.国外环境财务会计发展评述[J].会计研究,2010(1).

[70] 詹姆斯·范霍恩等.现代企业财务管理[M].北京:经济科学出版社,1998.

[71] 张公绪.现代质量管理学[M].北京:中国财政经济出版社,1999.

[72] 张鹏.CDM下我国碳减排量的会计确认和计量[J].财会研究,2010(1).

[73] 张鹏.碳减排量的会计确认与计量[J].财会月刊,2010(6).

[74] 中国会计学会.管理会计与应用专题[M].北京:中国财政经济出版社,2000.

[75] 中国会计学会.人力资源会计专题[M].北京:中国财政经济出版社,1999.